当代浙江学术文库
DANGDAI ZHEJIANG XUESHU WENKU

浙江省社科联省级社会科学学术著作出版资金资助出版（编号：2015CBQ02）

建立和完善公共财政安全监测预警机制研究

张维平 著

浙江工商大学出版社
ZHEJIANG GONGSHANG UNIVERSITY PRESS

图书在版编目(CIP)数据

建立和完善公共财政安全监测预警机制研究 / 张维平著. — 杭州 ：浙江工商大学出版社，2016.6
ISBN 978-7-5178-1416-0

Ⅰ.①建… Ⅱ.①张… Ⅲ.①公共财政—财政管理—监测系统—预警系统—研究—中国 Ⅳ.①F812.2

中国版本图书馆 CIP 数据核字(2015)第 283804 号

建立和完善公共财政安全监测预警机制研究

张维平 著

出 品 人 鲍观明
策划编辑 任晓燕
责任编辑 穆静雯 蒋红群
封面设计 林朦朦
责任校对 周晓竹 蓝安妮
责任印制 包建辉
出版发行 浙江工商大学出版社
(杭州市教工路 198 号 邮政编码 310012)
(E-mail：zjgsupress@163.com)
(网址：http://www.zjgsupress.com)
电话：0571-88904980，88831806(传真)
排 版 杭州朝曦图文设计有限公司
印 刷 浙江云广印业股份有限公司
开 本 710mm×1000mm 1/16
印 张 24
字 数 418 千
版 印 次 2016 年 6 月第 1 版 2016 年 6 月第 1 次印刷
书 号 ISBN 978-7-5178-1416-0
定 价 49.80 元

前　言

公共财政安全即一国财政基本处于稳固平衡和稳健增长的状态，能以强大的财政实力确保政府应付各种突发事件和危机。因此，习近平指出，财政是国家治理的基础和重要支柱，科学的财税体制是优化资源配置、维护市场统一、促进社会公平、实现国家长治久安的制度保障。[①] 公共财政安全的本质就是防范各种可能引发财政危机的现实或潜在的风险，保证政府履行其职能的财力需要，特别是保证政府始终拥有应付各种突发事件和危机的能力。

公共财政安全作为市场经济风险的最后一道防线，有其无可替代的重要性。但是，在当前研究领域中，却对公共财政安全缺乏相应的研究。因此，课题组根据科学的公共财政安全理论和实践，设计统一的公共财政安全指标体系，测定安全等级标准，建立可靠的财政安全信息采集系统，定期对公共财政安全的形势进行评估分析，对可能发生的公共财政安全问题提出监测预警报告，为公共财政安全的科学决策和管理提供准确、及时、全面、可靠的依据，以确保国家政权稳定与社会和谐发展。这便是本著作研究的基本目标和指导思想。

一、学术价值以及运用价值

本著作的学术价值在于：公共财政是全社会风险的最终承担者；公共财政安全，本质上是防范各种可能引发财政危机的现存或潜在的风险，以保证政府的偿债能力和履行其职能的财力需要，使财政处于稳定增长和持续支持经济社会发展的状态；公共财政风险不仅包括来自经济波动、利率变动、债务扩张等经济方面的风险，还包括来自自然灾害、政治、社会不稳定等非经济方面的风险。公共财政风险从形成来源上又可分为两种类型：

① 《习近平介绍深化财税体制改革》，人民网，2013 年 11 月 15 日，http://politics.people.com.cn/n-2013/1115/c1024-23559554.html。

一为内生的风险，即由于财政本身发债、直接借款或担保而引起的；二为外生的风险，即来自财政外部，诸如国有企业、商业银行及其他金融机构方面转移给公共财政的风险。

中国当前的财政内生的风险，主要存在于债务管理体制和国家债务结构方面。债务管理体制上，主要表现为外债管理权限过于分散，借、用、还不统一；内债上，政府其他部门和机构发行的债务与财政国家债务相互冲突，加大了财政风险。除此外，中国的发债规模一般是少数人根据长官意志而确定，主观色彩比较浓厚，缺少全面的、深入的调查研究和论证。国家债务的结构方面，主要表现为国家债务的品种过少，利率、期限和持有者结构均不够合理。

中国当前的财政外生风险，主要来源于国有企业、国有商业银行和其他金融机构。这些企业、机构的损失和债务构成财政的或有债务。由于财政是全社会风险的最终承担者，以上企业和机构一旦出现严重的问题，公共财政均不可避免地负有连带责任。所以公共财政必须认真地面对这些或有债务。东南亚金融危机引起财政危机和社会混乱的前车之鉴，当警钟长鸣。

本著作的运用价值在于：按泰勒法则①，中国名义利率本应接近两位数，如果央行真的大幅度加息，便意味着中国大多数地方政府将面临破产。课题组不便在本著作中分析中央财政的实际状况。但是，有一点必须说明，中央财政同样不容乐观。古今中外，一切的金融现象，根都在财政之中。一些人刻意用金融危机掩盖财政危机。中国的财政风险一直被小心翼翼地掩盖着。

政治，无非财政、民政、军政。其中，财政是基础。财政一旦出现问题，一切都将成为泡影。苏联解体的经济原因就在于财政失控。财政一旦出现问题，货币将很快陷入崩溃。戈尔巴乔夫最大的过失，就在于主动放弃了对各级财政的实际控制权。当一国财政失控，政府的民政能力和军政能力也会迅速瓦解，亡党亡国是必然的结果。美国人给戈尔巴乔夫送去的“休克疗法”，一言以蔽之，就是瓦解苏联财政能力的系统方案。为什么西方国家高度重视控制通货膨胀？这不仅仅是为了老百姓的生活，更重要的

---

① 约翰·泰勒(Taylor)是美国斯坦福大学的经济学教授，曾任小布什政府的财政部次长，他于 1993 年根据美国的实际数据提出了针对通货膨胀率和产出增长率来调节利率的货币政策规则，被称为泰勒法则。根据该规则，可以比较准确地预测联邦基金名义利率的变动趋势，因此，这一法则不仅受到学术界和美联储的重视，还为广大投资者所瞩目。

是为了政府的生存。通货膨胀本质上是一种无差别消费税，政府不是收税主体，而是现实的被税主体。恶性通货膨胀会迅速瓦解政府的财政收支平衡。政府如果不通过滥发货币筹集资金，必然走向破产；而滥发货币，不过是政府增加负债的一种方式，资不抵债的结果仍然是破产。[①]

2015年是建党94周年，历史的经验教训值得记取。国民党当年最大的失误是没有建立起现代意义的公共财政，由于没有现代公共财政系统作为支撑，国民党始终没有办法建立起现代化的民政与军政。海外很多学者对边区共产党的公共财政能力感到震惊，建立在土地革命基础上的边区财政，已经具有现代化公共财政的基本特征，并为边区共产党提供了强大的民政与军政基础。历史地看，所有强大政权，必然具备强大的公共财政能力。公共财政能力，是执政党组织动员能力的集中体现。任何动摇公共财政能力的行为，都属于严重的叛党卖国行为。

办好中国的事，关键在党。习近平指出："如果管党不力、治党不严，人民群众反映强烈的党内突出问题得不到解决，那我们党迟早会失去执政资格，不可避免被历史淘汰。这决不是危言耸听。"财政威胁是对执政党最严重的威胁，财政危机是国家最严重的危机！因此，我们必须高度警惕财政危机。要把重视公共财政安全提高到关乎执政党生死存亡的认识高度，要将治理财政危机的工作当成各级政府的首要工作。建立和完善公共财政安全监测预警机制，将是今后相当长的历史时期内，中国各级领导干部首要的政治任务。只要保存强大的财政能力，国家就无惧任何风浪。

二、国内外研究的基本现状

财政部于1996年发布的《国家财政困难与风险问题及振兴财政的对策研究》首次提出了"财政风险"的概念，给出了一个定义："财政风险，是指在财政发展过程中由于经济和社会因素影响，给财政运行造成波动和混乱的可能性，集中表现为巨额财政赤字和债务危机。"这个定义相当完整地概括了导致财政风险的两个基本因素，即经济因素和社会因素，并把财政风险的现实形态表述为"财政赤字和债务危机"。这个报告认为财政风险主

① 研究过程中，课题组参考了大量学者在这一领域中的各种原始文献，在课题正文中说明了所引用的各种观念的提出者，并且在最后的"参考文献"中标明了这些观念的原始出处；在脚注中，对文中某一特定内容需要进一步解释或补充说明的，都做了详细的注释，旨在方便读者查阅研究这些原始文献。

要来自以下几个方面：一是财政收入增长弹性不大；二是国家财政捉襟见肘，满足不了各项事业的发展需要；三是财政收支差额可能继续扩大，入不敷出的矛盾将更加尖锐；四是债务规模继续增大，风险问题越来越突出。

这方面较早的论著有王美涵教授主编的《中国财政风险实证研究》，当涉及如何理解财政风险时，书中提出的观点是："财政风险是一种政府性的经济风险，是随着市场经济不断发育而逐步显现的一种风险，因而是市场经济性风险。"财政活动可以理解为政府的经济活动，说财政风险是政府性的经济风险未尝不可，但也不尽然，因为财政不仅仅是一个经济学的概念，还是一个政治学、社会学的概念。"财政风险是财政运行难以有效履行自身职能的状态。"（武彦民，2003）其核心是将财政风险与财政职能的实现程度联系起来，只要有碍财政职能的履行，都是财政风险的形成因素。财政职能很难说是客观的、固有的，在不同的历史阶段，社会对政府财政的要求是不同的。

（一）国外经典的财政安全监测预警模型

国外的证券市场发展比较完善，财政安全监测预警研究成果较多。其中最具代表性的是 Fitzpatrick（1932）的单变量破产预测研究，它将 19 家政府作为样本，并运用单个财政比率，将样本划分为破产和非破产两组，得出净利润/股东权益和股东权益/负债两个比率的判别能力最强的结论。Beaver（1966）最早运用统计方法研究了政府财政安全监测预警问题，提出了单变量判定模型。该模型对 79 家政府组成的样本进行统计分析，发现最好的判别变量是营运资本/负债和净利润/总资产。Altman（1968）对美国破产和非破产生产政府进行观察，采用了 22 个财政指标，经过数理统计，筛选建立了著名的五变量 Z-score 模型。模型选取了 5 种财政指标，并根据按顺序排列的判别函数，为每一种指标确定了其对破产的影响程度。Altman 等人还在 1977 年引入现金流量信息，提出了 ZETA 模型。Ohlson（1980）为代表的一些研究者采用了条件概率模型，主要有对数成败比率模型（LOGIT）和概率单位模型（PROBIT）两种统计方法。Ohlson（1980）利用 Logistic 分析建立了政府财政安全监测预警预测模型，结果发现政府规模、资本结构、资金报酬率、变现能力有显著的预测能力。Odom&Sharda（1990）最早使用 BP 神经网络预测财政安全，结果显示神经网络要优于当时的判别分析模型。此外，国外学者还有利用累计总和模型（Cumulative Sum Model，简称 CUSUM）、混沌理论（Chaos Theory）、粗集理论（Rough Sets Theory，简称 RST）、生存分析（Survival Analysis）等建立财政安全监测预警模型。

(二)国内早期的财政安全监测预警研究

随着我国证券市场的不断发展,财政安全监测预警也成为国内研究的热点问题之一。国内早期的财政安全监测预警研究最具代表性的文献是周首华等(1996)在Z分数模式的基础上加入现金流量预测变量、考虑财政状况的发展及其标准和样本数据量的扩充,提出了F分数模型。陈静(2000)使用了Beaver和Altman的模型进行了单变量分析和多元判定预测。虽然早期的财政安全监测预警研究文献数量较少,研究方法主要是统计方法,但是国内学者已经开始关注财政安全监测预警问题的研究,并且认识到了财政安全监测预警对决策影响的重要性。

(三)近十年国内财政安全监测预警研究回顾

近十年财政安全监测预警研究方法和模型非常之多,模型和方法有阿特曼(奥特曼)Z-score模型及其修改模型、Logistic回归、神经网络(Artificial Neural Networks,简称ANN)、遗传算法(Genetic Algorithms,简称GA)、支持向量机(Support Vector Machine,简称SVM)等机器学习法,数据挖掘如决策树(CHAID)和K最近邻法、主成分分析法、因子分析法、层次分析法(Analytic Hierarchy Process,简称AHP)、功效系数法、模糊综合评价法、粗糙集模型、经济附加值(Economic Value Added,简称EVA)模型、违约距离(KMV)模型、希金斯可持续增长模型、盈余管理模型、Fisher判别法、熵值法、平衡计分法、雷达图分析法(Radar Chart)、可拓方法、EXCEL法、计算智能方法等。除了在模型和方法上有所创新之外,有些文献将某种经典的方法进行了改进或修正,有些文献将财政安全监测预警和指标选择的方法进行结合研究,还有些文献将两种方法进行了财政安全监测预警效果的比较。

近十年财政安全监测预警研究中最具代表性的是吴世农等(2001)以我国政府为研究对象,选取了70个处于财政困境的地方政府和70个财政正常的地方政府为样本,通过应用剖面分析和单变量判定分析,选定6个预测指标,应用Fisher线性判定分析、多元线性回归分析和Logistic回归分析三种方法分别建立了三种预测财政困境的模型。杨淑娥等(2003)先采用了统计方法中的主成分分析法,建立了政府财政安全监测预警模型Y分数模型,初步确定了政府财政状况评价区域。杨淑娥等(2007)又在前期研究的基础上,引入面板数据作为研究样本,构建了BP神经网络模型,对政府的财政状况进行预测，研究精度均有较大的提高。马若微（2006）将基于期权定价理论的KMV模型首次运用到财政困境财政安全监测预警中，引入功率曲线进行对照分析，得出KMV模型运用到中国政府财政安全监测预警中的可行性及其优势。

三、本著作的基本研究思路

公共财政安全监测预警研究的思路是：首先确定研究样本，其次选取财政安全监测预警模型，再次是选择财政指标和重要信息变量，最后是实证研究。关于实证数据来源，在我国，政府比较有代表性，且资料容易获得，大部分数据可以通过政府公开发布的年报、证监会指定的信息发布网站和对外提供各类经济统计类数据的信息服务获得。因此，公共财政安全监测预警的相关实证分析多以政府作为研究对象。相比国外完善的破产制度，我国政府被摘牌或清算的退出机制尚不健全，破产制度尚不完善，因此国内学者一般将政府的特别处理即ST（Special Treatment）作为财政安全监测预警的标志。

本著作的基本研究思路可以这样概括：公共财政安全监测预警机制与评价体系的学术界定与预设—中国公共财政安全监测预警管理存在的问题和原因的反思—公共财政安全监测预警机制的构建基础（国际国内预警指标体系构建评价）—国外公共财政安全监测预警机制成功经验的选择与借鉴—中国公共财政安全监测预警系统的构建设计—公共财政安全监测预警管理体系的运作流程和基本运行（案例分析与试点新模式）—有关政策建议。

四、本著作的基本研究内容

本著作的基本研究内容主要包括：公共财政安全有关理论问题；面临挑战的中国公共财政安全；公共财政安全与监测预警现状；财政风险在诸方面的表现；财政收入分配安全隐患与对策；财政支出安全隐患与对策分析；金融风险导致的财政风险；国外财政安全预警管理及启示；财政安全指标体系与预警机制；公共财政安全预警机制的构建和公共财政安全监测指标体系的构建；等等。

(一)建立和完善财政安全监测预警机制的学术界定与预设

出于各种原因和不可控因素,公共财政资金损失和财政状况恶化,政府无力提供社会经济发展所需要的最基本的公共品和服务,以及对法律所规定的政府支付责任的大规模违约(如政府债务违约,拖欠公务人员工资、养老金、失业补贴等等)的可能性。公共财政安全的综合性、复杂性和动态性决定了公共财政安全的决策和管理绝不能仅仅依靠传统经验,也不能仅仅靠个别部门的意见和个别人的智慧,而必须建立在科学的公共财政安全理论和实践的基础之上。

近几年来,地方财政不断形成对中央财政的倒逼机制,客观上又使中央财政的收支矛盾进一步加大。另外,中国经济运行中的公共风险,如国企的社会压力、金融业的脆弱性、失业引起的贫困人口的增加、基础教育的大量欠缺和生态环境的不断恶化等,都可能引发财政的突发性支出。特别是在市场化过程中,中国经济金融化程度不断提高。届时,政府将较难控制全球性的短期资本流动,公共危机的国际传导机制将会发挥作用。如果考虑到中国银行现有的不良资产率,金融风险转化为金融危机的可能性就更大了。当金融风险超出金融体系自身承受力时,财政的介入和救助不可避免。再如战争,不知名的传染病,气候反常引发的大涝、大旱,社会骚乱,国际恐怖主义,等等此类公共风险和危机,在快速转型的现代中国不断增加。同时,公共风险和危机所产生的影响在时空上有扩大的趋势。无论出现何种危机,都会影响到中国社会的各个方面,甚至触发长期形成的社会隐疾,形成危机叠加效应,导致更大的公共危机,引发巨额的突发性财政支出。

本著作首先对公共财政安全监测预警机制进行了明确的界定,对公共财政安全监测预警机制的重要性和建立公共财政安全监测预警机制的目的和作用进行了明确的阐述。这涉及国家层面的公共财政安全监测预警管理问题部署的基本情况;国内公共财政安全监测预警机制理论研究的进展;国外公共财政安全监测预警管理理论与实践的基本现状、重要发展、主要特点和模式;国外公共财政安全监测预警机制对中国的启示;等等。

(二)中国财政安全监测预警管理存在的问题和原因

相比之下,中国现有的公共财政监测预警管理方式还不适应新时期防范财政危机的需要。

1. 财政预备费的功能弱小

从现行情况看,预备费的设置偏简陋,仅仅是一笔机动财力,缺少单独的管理机制。由于预备费与年度预算绑在一起，没有实行单独管理，即使当年没有发生突发性支出，当年安排的预备费也只能当年花掉，不能单独结转到下一年度，这就使预备费只能是小打小闹，而难以成为财政的“稳定器”。一旦真正发生了数额较大的突发性支出，当年安排的预备费也就只能是杯水车薪，最后还得靠调整预算来解决问题。这势必大大削弱财政的稳定性和可持续性。

2. 财政预警能力的基础薄弱

一是制度基础薄弱。在政府财政方面缺乏一个风险成本分担的法律框架，例如中央与地方之间、政府的各个部门之间、政府与社会公众之间等，在公共危机状态下，无法分担各自的风险成本。现在的状况是“风险大锅饭”，谁也不知道在危机状态下自己应该承担多大的风险成本。如此一来，不仅防范危机的效率大大降低，甚至会延长危机状态，而且将会使中央财政在危机中陷入被动。二是管理基础薄弱。这突出表现在公共财政管理中“风险管理”的缺位。公共危机是公共风险的产物或现实结果。要减少公共危机造成的突发性支出，关键在于防范和化解公共风险。这好比建筑物的防震性能，若在设计中被忽略了，则只要发生地震，建筑物必将坍塌，这时，无论防震的应急反应能力多强，也无济于事。这就是说，如果公共支出的安排不能以防范公共风险为导向，那么，公共财政的应急反应能力将会丧失牢固的基础，一旦出现公共危机，将难以应对。其实，诸如公共安全、公共秩序、生态环境、基础教育、基本生活保障等领域的公共风险早已萌生，公共财政监测预警管理就是如何使这些公共风险最小化。

3. 财政的法律依据不足

当前中国亟须解决在应急状态下法律依据不足的问题。中国《预算法》在第七章只是对“预算调整”做出了一些规定，而没有对危机状态下的公共财政应急反应予以明确说明。这样一来，在危机状态下可能出现这样的结果：政府主管部门的权力膨胀，财政部门被动拨款，有关部门即使乘机“狮子大开口”也难以约束，使预算的编制、执行和监督在危机下趋于一种无序状态。然而，中国公共财政安全监测预警管理存在的问题和原因远不止这些，本著作研究将随着调查的深入进一步反思。

（三）公共财政安全监测预警机制的构建基础

公共财政安全监测预警机制的构建基础主要包括关于公共财政安全监测预警机制构建的指导思想；影响公共财政安全监测预警机制构建的因

素；公共财政安全监测预警机制构建的基本原则；公共财政安全监测预警指标体系分析（国际国内公共财政安全监测预警指标体系构建综述；国际国内公共财政安全监测预警指标体系构建评价；公共财政安全监测预警指标 N 个维度体系构建设计），公共财政安全监测预警指标与权重分析（可能引发公共财政安全监测预警因素的结构体系分析；可能引发公共财政安全问题因素权重赋值的确定；可能引发公共财政安全问题阈值的设定）作为一套层次高、结构复杂、相关性强的网络化运行体系，公共财政安全监测预警管理体系主要包括预警收集、分析、决策和执行系统。

（四）公共财政安全监测预警系统的构建设计

公共财政安全监测预警系统是指政府为了能在公共财政安全问题来临时尽早地发现，所建立的一套能感应公共财政安全问题来临的信号，判断这些信号与公共财政安全问题之间的关系，通过对其风险源和征兆进行不断监测，从而在各种信号显示其来临时及时地向政府有关部门发出警报，提醒政府有关部门采取行动的系统。公共财政安全监测预警系统可分为若干要素，诸如：

1. 公共财政安全监测预警汇报制度

公共财政安全监测预警汇报制度要求明确公共财政安全问题信息的界定和分类；各层级汇报各类公共财政安全监测预警信息的时间期限；公共财政安全监测预警的特殊汇报方式；向国务院直接汇报的要求说明；责任追究细则。

2. 公共财政安全监测预警公告标准

公共财政安全监测预警公告标准由低到高的不同公共财政安全监测预警级别，分为绿色、蓝色、黄色、橙色和红色。

3. 公共财政安全监测预警评估系统

公共财政安全监测预警评估系统包括，公共财政安全监测预警评估指标体系的建构，选定可以作为公共财政安全监测预警防范工作的评估指标，形成科学、实际可行的指标体系；制定定期考核的机制，维持一定程度的待命状况和有效的绩效管理，针对评估的结果，能够有效地推广先进、鞭策后进。

同时，要完善中国公共财政安全监测预警管理法律体系，加强政府管理部门与公众的沟通，建立公共财政安全监测预警中枢指挥和情报系统，提高地方财政系统的自我保护意识和应对技能。

(五)财政安全监测预警管理体系的运作流程和基本运行

财政安全监测预警管理体系主要包括公共财政安全监测预警体系的运作流程;公共财政安全监测预警预测、准则和演练等方法;公共财政安全监测警源、警兆、警情和警度分析;公共财政安全监测预警管理体系与功能。公共财政安全监测预警管理基本方法:在制度和组织层面开展财政一体化审计,其方式转向采用预警与控制形式;通过财政审计组织方式、目标、理念、方法的转变,使有限的审计资源发挥最大效用,及时发现、防范、化解和控制财政风险。

通过公共财政安全监测预警自身新置功能的介入和对原管理系统某些职能的归并,公共财政安全监测预警领域本身就在相关职能部门组织结构中构成一个相对独立的不可缺少的部分,并同相关职能部门组织中的战略管理系统、执行管理系统构建三位一体的组织功能体系。

监测、识别、诊断、评价 4 个环节的公共财政安全监测预警活动,具有顺次的因果关系。监测活动是公共财政安全监测预警领域活动开展的前提,为后三项活动的正常工作提供了可靠的保证,若没有明确而精准的监测信息,以后的活动就没有意义了;识别是重要的环节,它能使政府相关职能部门在复杂的公共财政安全监测预警管理活动中确定公共财政安全监测预警的重点,使诊断和评价活动有目标;诊断活动和评价活动是技术性的分析研究过程,它为政府相关职能部门采取公共财政安全监测预警对策与公共财政安全监测预警管理提供判别依据。整个公共财政安全监测预警活动过程是一个有序、连续的过程,监测活动中的监测信息系统是预警管理系统共享的,识别、诊断、评价该三个活动结果将以信息方式存入监测系统之中,它们使用的评价指标具有共享性和统一性。

公共财政安全监测预警主要信息的管理建议,主要包括建立公共财政安全监测预警信息快速传送渠道;建立健全公共财政安全监测预警管理电子政务分析;建立公共财政安全监测预警报告和信息保证机制;建立公共财政安全监测预警知识体系,逐步走向高科技管理;等等。

本著作的研究拟突破的重点是公共财政安全监测预警管理体系的运作流程和基本运行;难点是设计统一的公共财政安全指标体系,测定安全等级标准,建立可靠的公共财政安全信息采集系统。

五、本著作的基本研究方法

目前国内财政安全监测预警模型算法呈现多样化的趋势，早期研究多以统计类财政安全监测预警模型为主，如单变量分析、多元判别分析、条件概率模型，如Logit回归模型和Probit回归模型等；最近的研究多以人工智能方法的财政安全监测预警模型为主，如神经网络、机器学习模型等。其中，Z计分多元判别、Logistic回归、BP神经网络、SVM支持向量机等方法用得较多。在研究过程中，要进行立面或剖面分析，选取财政安全危机预警和非财政安全危机预警两组样本数据进行配对分析。政府陷入危机、困境、失败、破产是一个渐进的过程，一般情况下政府的财政指标都会有所反映。因此，在指标变量选取上，传统的公共财政安全监测预警研究的思路就是选择财政指标作为建模的变量。由于财政指标的异常状况不能只看某一方面，需要综合考虑，加上财政指标数量非常之多，且有些指标相关性程度高、信息含量不同，公共财政安全监测预警的指标选择成为影响危机预警模型准确率的重要因素。随着政府治理、股权结构、信用风险、市场价值、审计意见、利益相关者行为等非财政指标信息对财政状况恶化带来影响，研究者开始引入除财政指标以外的变量。

近些年来，国内财政安全监测预警模型和方法呈多样化趋势。

在研究对象方面，从不分行业的政府研究到房地产、制造业、金融业、高校等分行业的研究，新的财政安全监测预警模型和方法不断涌现。流程中的人为因素，保证会计系统按业务实际情况真实完整地进行记录、核算和反映。

本著作的基本研究方法主要是：运用财政学以及社会学、政治学、行政学、法学、经济学、公共政策与公共管理理论、系统论、控制论、信息论与经济安全技术及工程等学科，重点对本课题研究的问题进行实证分析和学术探讨；通过国际比较，提出本课题研究的整体战略设计及公共财政安全监测预警机制与评价体系。同时，本著作在实证分析和学术探讨中采取了定性与定量、文献研究与案例分析相结合的方法，对研究的问题和应对模式进行了学术探讨与实证分析，并提出了能反映规律性的参考对策。课题组研究中采取了如下具体方法：

(1)以内部讨论的方式开展研究。课题组在校内外利用寒暑假和节假日的时间，就面临挑战的中国公共财政安全问题、公共财政安全与监测预警管理问题、财政风险在诸方面的表现问题、财政收入分配安全隐患与对策问题、财政支出安全隐患与对策分析问题、金融风险会导致财政风险问题、国外财政安全预警管理及启示问题、财政安全指标体系与预警机制问题、公共财政安全预警机制的构建问题和公共财政安全监测指标体系的构建问题等诸多问题展开了十多次讨论。讨论中,大家畅所欲言,各抒己见,集思广益,最终达成了共识。

(2)收集整理公共财政安全问题的案例,对世界各国公共财政安全问题案例进行分析。课题组收集整理了国内近些年来有关财政风险在诸方面的表现的诸多案例,如赤字引起的债务问题、债务引起的赤字问题、改革前的财政赤字问题、改革后的财政赤字问题、近些年的财政赤字问题、国家债务规模的风险问题、"风险大锅饭"的制度性存在问题、国家预算对地方政府行为软约束问题、地区间财力不平等程度加剧问题、改革的协同性潜藏风险问题和地方政府面临资金链"大考"等诸多问题,为我国公共财政安全与监测预警管理提供了事实依据和理论依据。同时,课题组还收集整理了美国公共财政安全监测预警管理、巴西公共财政安全监测预警管理、哥伦比亚财政安全监测预警管理、新西兰的财政安全监测预警管理、捷克财政安全隐患监测预警管理、匈牙利的财政安全监测预警管理、保加利亚财政安全监测预警管理、印度尼西亚和泰国财政安全管理、南非公共财政安全监测预警管理、亚美尼亚财政安全监测预警管理和其他相关国家的财政安全监测预警管理的公共财政安全问题的案例,为我国公共财政安全与监测预警管理提供了借鉴和启示。

(3)充分掌握近年来公共财政安全监测预警理论研究成果,为项目提供理论基础。项目主持人和课题组成员在此方面有相当的认知,在本项目研究期间参考了国内 400 多篇和国外 100 多篇相关文章(见本著作的"参考文献"部分);项目组成员还与日本名古屋大学等研究机构在网络上开展过多次有关公共财政危机管理的问题的讨论,一定程度上提升了本著作的理论研究水平。

(4)认真构建定量模型。与国外有关专家(如 Alcxandru M. and V. Patrick;Karl D. ,Z. Jacopo and Davidson P.)就公共财政安全监测预警定量模型问题进行了讨论和交流,充分利用了项目主持人在公共财政安全监测预警模型方面的前期积累。例如,2013 年 1 月中国书籍出版社出版的《公共安全管理研究》,2010 年 1 月安徽大学出版社出版的《政府应急管理——"一案三制"创新研究》,2011 年 4 月线装书局出版社出版的《预警和应急——建立和完善突发事件预警和应急机制研究》和 2013 年 11 月在《财经论丛》上发表的《论面临挑战的公共财政安全》。

六、本著作的主要学术贡献

本著作充分消化、分析了已有的相关资料，特别是近期有关公共财政安全预警方面的资料，重点跟踪了国外重要的期刊，了解了相关方面的最新进展。

课题组就2010年底全国地方政府性债务规模情况图，1979年以来全国地方政府性债务余额增长率变化情况图，2010年底全国地方政府性债务余额层级分布情况图，2008—2012年中国累计财政支出及累计增速图，2012年4月—2014年4月中国累计财政支出及累计增速图，2009—2012年中国履行的重点职能以及变化趋势图，公共财政支出与收入分配的循环互动关系示意图，公共财政应急风险预警运作流程图，进行了反复的讨论和修改，最终达成了共识。

同时，还就公共财政风险矩阵一览表，欧元区部分国家2009年与2011年赤字和债务水平，2003—2012年中国基尼系数一览表，2000—2011年世界主要国家医疗卫生支出占同期财政支出的比重，公共财政安全变量定义一览表，公共财政安全模型Ⅲ回归值一览表，2010—2013年中国各项财政支出情况一览表，过去一些国家解决金融危机的成本一览表，估计各国未来解决银行危机的成本一览表，中国财政风险监测指标体系一览表，中国财政风险综合评价结果一览表，2008—2013年中央本级预备费支出情况一览表，提取比例调整后的预备费提取区间(2008—2013)一览表，进行了反复的讨论和修改，最终达成了共识。

本著作研究的前沿性和创新性在于：将公共财政安全预警指标设计系统化、科学化和简洁化。

课题研究认为：公共财政安全监测预警有效运作需要三大机制。

(1)政策支持机制：需要制定明确、周详的政策，确定公共财政安全监测预警和公共财政安全应急管理的目标，合理授权给各级政府、团体、社区，制定其在公共财政安全监测预警和公共财政安全应急管理中应对财政危机的各项预案。政策可以是法律文件、政策指南、规定或是协议。例如本书第五章，财政收入分配安全隐患与对策；第六章，财政支出安全隐患与对策分析。在公共财政安全监测预警和公共财政安全应急管理循环中，通过战略规划和咨询流程形成的政策才能够有效地发现管理中现存的漏洞。

(2)制度设计机制：建立全国财政预警中心；设计财政安全预警系统；确立财政预警系统方法；公共财政安全预警系统评分定级；公共财政风险

监测指标体系构建；公共财政风险监测指标体系应用；组织结构及其制度设计应该便于各界的合作和发挥整个社会的力量。例如本书第二章，面临挑战的中国公共财政安全。还包括建立和强化中央和地方的合作团体，形成应对财政危机的关注焦点，等等。

(3)能力提升机制：强化中央和地方建立并执行应对财政危机措施，特别是薄弱环节和弱势社区的预防财政危机的预警机制建设，必须持久进行。例如本书第十章，公共财政安全预警机制的构建；第十一章，公共财政安全监测指标体系的构建。当然，还应注重在预防财政危机和相关领域的教育和培训工作，这是下一步深入研究的相关问题。这体现了十八大报告的“加强政府债务管理，构建有效防范财政金融风险的财政政策体系”的思想。

本著作研究的突出特色在于：社会抽样调查、适时案例分析、SPSS14.0软件和互联网信息的充分运用。本著作整体上体现了党的十八大报告关于财政改革的精神，坚持总体目标——围绕一条主线，兼顾两大职责，遵循三项原则，突出四个重点，即以全面提升预算执行质量为主线，认真履行严格监管和优质服务职责，准确把握安全、规范、效率的工作原则，重点推进支付管理、现金运作、机制完善和队伍建设。

目　录

第一章　公共财政安全的有关理论问题

公共财政安全是现代财政学领域的一个重要范畴，也是研究和开拓现代财政学的重要理论前沿。如何防范财政风险，保持财政的稳定性与可持续性，已成为公共财政安全的一个世界性课题。近年，中国对公共财政安全的研究日益深入，但与实践要求相比，这方面的理论研究仍显滞后。本课题正是为了弥补这一不足，进行了一定程度的深入研究。

第一节　对公共财政风险的理论研究

在我们生活的这个世界，财政危机几乎每天都在发生。曾经美国橙县因采用共享基金进行投资，致使利率陡升而引发的雪崩式财政危机；有闹得沸沸扬扬的加州财政危机，令加州教育面临经费被削减的危险；还有所谓黎巴嫩的财政危机；联合国“没钱的欠着，有钱的赖着”，导致经费不足的财政危机；以及世界上普遍对日本的债务已经超出其财政承受能力而将爆发严重的财政危机的预期；等等，财政危机的事例不一而足。

一、研究的背景

公共财政风险的研究始于 20 世纪 90 年代中期，世界银行专家 Hana Polackova Brixi 就公共财政风险矩阵进行了比较深入的研究，她主要侧重于或有负债研究。而在中国，刘尚希提出，他本人对公共财政风险的研究始于 90 年代初期，当时凭着一种直觉，认为财政不可能完全受政治权力的依托，其本身也有规律。传统财政理论认为财政无风险，但在现实中却能够直观地感觉到风险。1996 年，中国政府提出防范金融风险，而金融与财政很相似，因此这一年底开始了公共财政风险研究，初步提出一些看法，如立足于社会各个领域的风险都会转移到财政,公共财政是社会最终风险的承担者;准国家债务规模也不应该太大,不能只看账面债务,还要看政府各部门发行的债务。20 世纪 80 年代政府各部门都可以借债,国家企业也可以发行企业债券,由于都以政府名义发行债务,国家计委并不知道到底有多少债务,整个财政也不知道有多少债务。[①] 国有企业改革只强调利益,而忽视风险,最终都需要各国有银行承担。同时,世界银行开始关注公共财政风险。世界银行的研究既有其优势,也有其劣势。一方面,世界银行可以站在国际视野的角度对公共财政风险进行研究;另一方面,世界银行一般以政策研究为主,不太强调理论研究。

财政风险一般是微观经济学关注的问题,微观经济学的风险研究主要关注企业如何进行风险管理。从宏观角度研究风险的理论较少,一般都是运用企业风险管理模式来从事宏观风险管理。而公共风险和企业风险之间存在很大差别,公共风险是社会大众的,具有传染性,具有相互信赖性。

公共财政风险事实上指的是不确定性,人类自身就处于不确定性状态。对于不确定性,不仅量子力学有研究,数学也有研究,数学家认为数学本身就是不确定的。这说明了不确定性的普遍存在,确定性不过是不确定性的一种特例。风险既包括客观风险,也包括主观风险。公共财政风险理论表明人们研究问题的视角发生了转变,由确定性研究转向不确定性研究。

二、概念的界定

目前对于公共财政风险的概念还没有一个公认的统一说法。世界银行和国际货币基金组织将其定义为未来政府面临的筹资压力,即政府的负债,包括政府的借款和支出。中国学者的现状是:一种情况是不讲什么是公共财政风险,另一种情况是认为公共财政风险由风险概念推导而来。以刘尚希为例,他说公共财政风险指财政不能提供足够的财力,致使国家机器的正常运转遭受损失的可能性,还认为公共财政风险不是财政部门的风险,而是整个国家和政府的风险。前者对公共财政风险的定义具有明显性,但缺乏内在的联系,无法形成一个对公共财政风险的整体性认识。课题组认为,单纯从某一个方面出发是不够的,如研究债务风险,仅仅就债务论债务没有意义,必须把它和清偿债务的资源联系起来。而且,不仅仅是借债才会形成债务,拖欠的款项、应办而没有办的事务,实际上都构成债

---

① 侯荣华等:《中国财政风险研究》,中国计划出版社 2005 年版,第 45—48 页。

务。债务是未来的支出成本,反映的是未来的支出压力。后者的概念解释虽较为规范,但忽视了其他的财政行为,把公共财政风险等同于国家风险。课题组认为,公共财政风险是财政行为发生损失的可能性。具体而言,公共财政风险也有其预期目标,如存在财政行为达不到其预期目标,从而给该行为主体带来损失的可能性。在这里,财政行为的主体是政府,财政行为的内容包括3个层次:财政制度、财政预期、财政政策。财政行为的损失指财政不能履行或不能很好地履行其职能所导致的不利后果。

三、公共财政风险的产生

所有公共财政风险的产生至少与以下三个方面中的一个或多个有关:(1)与发挥各自职能的特定财政工具的基本性质有关;(2)与政府官员驾驭这些财政工具的能力,包括协调财政政策目标的能力以及优化财政政策与其他宏观经济政策关系的能力有关;(3)最重要的是与国家预算程序、预算体制、预算管理原则等制度因素有关。现代社会面临的挑战不是来自于市场制度方面,而是来自政治制度方面。就内生性公共财政风险的诱发原因看,人们会很自然地归纳出公共财政风险的本质,即公共财政风险本质上是社会、政治、经济诸矛盾在公共财政上的集中反映。①

风险是指向未来的,而未来是不确定的。公共财政风险来自不确定性。这种不确定性,既来自政府管理、政策调整,也来自宏观经济环境以及社会结构的变化。一般而言,以下三种情况中的任意一种的出现都意味着公共财政风险:一是公共资源确定,而支出责任与义务不确定;二是支出责任与义务确定,而公共资源不确定;三是两者均不确定。

政府拥有的公共资源包括资产存量和收入流量,后者主要包括税收和收费两种形式。而政府支出责任和义务的不确定性更多地与经济结构、社会结构以及社会心理有关。政府为未来支出的责任和义务,包括法定的和推定的责任和义务。债务既包括显性债务,又包括隐性债务;既包括直接负债,又包括或有负债。除此之外,政府支出的责任和义务还包括政府应该做而没有做的。政府需要防止公共风险,政府不可能对此撒手不管。例如,如果政府不从事基础教育,那么必然导致文盲增多,而文盲增多会导致国民素质下降,最终会导致贫困和犯罪率上升,社会最终为此承担了成本。

现代社会更多的是面临第三种情况,即公共资源不确定,公共支出也

---

① 程艳:《对财政风险的理论研究》,《山西高等学校社会科学学报》2008年第1期。

不确定。人类社会越来越进步,不确定性也越来越大。非典就是一个例子,政府需建立公共应急机制,政府应该在危机状态中承担更大的责任。如果政府不能够处理好危机,就有可能发生金融危机,接着是财政支付危机,最后是国际社会援助,主权部分让渡。另一方面,如果一个私营企业足够大时,政府也需要援助,否则会带来社会不稳定。

总之,政府的公共资源越来越不确定,政府的公共支出越来越确定。社会危机一般从财政危机出发,接着是政治危机,然后是经济危机,最后是社会危机。

四、公共财政风险的类型

对公共财政风险大体有两种分类。第一种分类是根据公共财政风险的成因,可分为内生性公共财政风险和外生性公共财政风险。其中,内生性公共财政风险由财政行为直接产生,包括财政的体制风险、财政运行风险和财政政策风险。外生性公共财政风险是由政府的非财政行为引致的公共财政风险,包括政府的其他经济行为风险,如国有企业、政府担保等,政府的非经济行为风险,如社会保障、基础设施,还有非政府行为风险,如社会动乱、自然灾害、国际政治经济形势变化等。第二种分类是世界银行和国际货币基金组织研究公共财政风险的专家 Hana Polackova Brixi 以公共财政风险矩阵形式对其进行的分类。她认为政府面临四种公共财政风险:显形的、隐性的、直接的和或有的公共财政风险。每一种风险从广义上都可定义为负债,于是她将政府负债分为四种类型:直接显性负债、直接隐性负债、或有显性负债及或有隐性负债(见表 1-1)。其中,直接负债是可预见的,例如国家债务,而或有负债(间接负债)是与特定事件发生有关的负债[①],显性负债即国家的法律或合同所要求的政府负债,如社会保障,而隐性负债不受国家法律上的制约和约束,是由公众期望和政治压力所产生的负债,如社会救济、戒严等。

① 程艳:《对财政风险的理论研究》,《山西高等学校社会科学学报》2008 年第 1 期。

表 1-1　公共财政风险矩阵一览表

负债	直接	或有
显性	・对内和对外的政府借款（签订合同的政府债务和中央政府发行的有价证券） ・预算法规定的支出 ・具有法律约束力的长期预算支出（公务员支出、公务员养老金）	・中央政府借款为非政府借款。地方政府以及公共部门为民运部门实体的责任提供的担保 ・为各种类型的贷款提供的一揽子政府担保（如为抵押贷款、学生学习贷款、农业贷款和小企业贷款提供的担保） ・为贸易汇率、外国政府借款和私人投资提供的担保 ・国家保险体系（针对存款、私人养老基金最低收益，农作物、洪水和战争风险等）
隐性	・公共投资项目的未来经常性费用 ・法律没有规定的未来公共养老金（与公务员养老金相对照） ・法律没有规定的社会保障体系 ・法律没有规定的未来医疗融资	・不享有中央政府担保的地方政府公共或私人实体的无法偿付的债务或其他负债 ・清偿民营经济了的企业的负债 ・银行破产（国家保险范围之外） ・不享有担保的养老金，就业金或社会保障基金的投资失败（针对小投资者的社会保护） ・中央银行无法履行的职责（外汇合约本国货币保护和国际收支稳定） ・反向于私人资本流动的救援行动 ・现有环境的破坏灾害救助、军事上的融资等。

五、公共财政风险的量度

随着经济学研究手段与工具的创新，人们逐步采用了一些量化公共财政风险的方法。国际上通行的公共财政风险指标是年度财政赤字比率不能超3%。但是按传统的财政预算方式，只有直接显性负债是直接、即时地被纳入财政预算中去的，而其余的三种类型都具有不同程度的隐蔽性，比如，把大量政府活动转移到预算外，以大量积累或有债务及隐性负债的形式隐藏一部分预算内的政府赤字和债务。所以，相对于仅从赤字率、负债率、国家债务负担率、国家债务依存度、外债偿还率以及外债借入率等具体指标来判断一国的公共财政风险，公共财政风险矩阵可以更全面地认识国家的负债及公共财政风险状况。

六、风险的防范

所有公共财政风险都具有潜在性、隐蔽性、长期性、间接性、混合性等特点，某一财政活动的实际风险程度往往取决于众多因素的影响。[①] 因此，一般情况下人们只能根据有限的理论与不断积累的实践经验，找出关键因素并采取相应的防范措施来规避风险。

第一，让政府公开所面临的各类型公共财政风险。

第二，将公共财政风险因素融入正在进行的预算程序，从而使政府能够将直接支出和间接支出（实际上的风险支出）进行比较。

第三，对公共财政风险进行事前控制和管理，政府在事前对公共财政风险进行评估并且预先制定出政府能够承担的公共财政风险的标准，对于那些超过标准的公共财政风险等级，政府将采取拒绝承担其风险费用的政策。

第四，市场化的管理方式，即政府可以依靠市场机制，将所有或者一部分公共财政风险转嫁给私人单位。

第五，适度控制赤字规模，加强国家债务管理，确保国家的财政安全及国民经济的稳健运行。

人们之所以特别注重研究经济过程的变化与发展规律，不仅是为了给自己有目的的活动选择相对更好的实现方式或路径，更重要的还是为了在自己的活动过程中尽量减少风险，增加确定性，以便节约活动成本并提高其价值。但是，目前所取得的成就，远不足以使人们认识全部风险。正如米塞斯所说："科学并不给我们绝对的、最终的确定性。它仅在我们心智能力所及范围内，在现行科学思维状态下给我们某种保证。"科学体系无非是对知识进行无穷尽的累进性搜索和获取。因此，经济学对公共财政风险的研究不可能是充分的，它只能对人们经济活动所采取的各种方法、所使用的各种手段进行有限的科学评价。

第二节　财政风险威胁国家政权稳定

一个社会的风险是多种多样的：有自然风险，如地震、风暴、旱涝等，这类风险往往是人类现有的力量难以抗拒的；有经济风险，包括投资风险、债务风险、价格风险等；有社会风险，如道德风险、法律风险等。对单位或个人来说，上述风险都可以通过各种途径转移、分散出去，如各类保险公司、担保公司以及期货市场上的套期保值就是适应这种需要而产生的。但对

---

① 亚当·斯密：《国民财富的性质和原因的研究（下卷）》，商务印书馆 1974 年版，第 470—495 页。

整个社会、对国家来说，上述风险最终会综合成公共财政风险，尤其当风险范围扩大到一定程度时，表现更为明显。这几年中国出现的洪涝灾害，都会引起财政不同程度的减收增支。对于经济风险来说，更是如此。国有企业亏损的弥补、银行呆账的核销，都离不开财政。这就是说，投资风险、信贷风险等经济风险累积到一定的程度，就会变成财政的风险。

一、公共财政是社会风险的最终承担者

我们知道，财政是社会经济、政治的综合反映。所谓公共财政风险是指财政不能提供足够的财力，致使国家机器的正常运转遭受严重损害的可能性。公共财政风险越大，国家机器正常运转遭受严重损害的可能性越大。从这里我们可以看出，公共财政风险并不是财政部门的风险，而是整个国家及政府的风险。但与单位和个人相比较，公共财政风险具有一定的隐蔽性。因为财政是以国家政权为依托的，可以强制性地扩大收入来源，如发行货币、扩征税收等，而一般单位和个人却不具备这种能力。只有在这种“强制性”超出了整个国民经济的承受能力的情况下，公共财政风险才会显现出来，并进而变为现实的财政危机。[①] 正是公共财政风险的这种隐蔽性特征，造成了人们对公共财政风险的麻木，缺乏敏感性。“年年难过年年过，年年过得还不错”，这句顺口溜就是一个很好的证明。也许正是公共财政风险的隐蔽性，致使公共财政风险不是动态地化解，而往往是不断地累积。一旦达到某个临界点，公共财政风险就会像火山爆发一样，突发为财政危机，并由此演化为经济、政治的全面危机，引起社会动荡。在中外历史上，因财政问题而政权垮台的例子并不鲜见。历史上孙科政府的垮台，直接导火索就是政府债信的破产。再如苏联的解体、东欧的巨变，都是因财政丧失了支付能力。没有一个强有力的财政，就意味着没有一个强有力的政府。在财权分割、财力分散的情况下，财政承担风险的能力便会弱化，稍大的经济、社会风险都可能导致财政全面崩溃。而财政一旦出现危机，其后果是不言而喻的。公共财政风险正悄悄地走来，我们决不能掉以轻心！

---

① 王惠岩：《政治学原理》，高等教育出版社 1999 年版，第 126—127 页。

二、当前公共财政风险加剧的突出表现

财权分割肇始于改革之初的放权让利，形成于“诸侯经济”和“王爷经济”。历史地看，这并非改革之初的方向性错误，而是改革进程中整个分配机制的功能性缺陷所致。这表现在以下几个方面：从收入方面来看，自1980年以来，公共财政收入一直呈下滑趋势。公共财政收入占GDP的比重从1978年的32.1%下降到1995年的10.7%，平均每年下降超过11个百分点，20世纪90年代更呈加速下滑之势。到1996年，这种状况受到了一定程度的遏制，但下滑趋势还未得到根本扭转。地方收入快速增长，相比之下，中央财政实际可支配收入增长缓慢，债务依存度跳跃攀升，已经达到55%。财政是政治的经济基础。公共财政，特别是中央财政的极度困难将严重削弱政府的宏观调控能力，降低政府威信，影响国家机器的正常运转。更为严重的是，各部门、各地方在预算外收入的征收过程中，缺乏有效的制度规范及严格的监督，名目繁多，使企业和居民不堪重负，而且滋生出各种腐败现象，严重损害了政府形象。例如1994年，全国平均农业税负担率为2.5%（正税、附税之和），但许多地方的农民负担却超过了5%的规定，有的甚至达到10%—15%。究其根源，是国家统一的财权被部门分割，以致“三乱”恶性膨胀。所谓“头税轻、二税重，三税是个无底洞”，就是财权被分割的一种形象描述。与此同时，在这种格局下，国有资产流失和税收流失极其严重。据估算，这些年每年流失的国有资产和税收达到1500亿元，相当于近几年每年财政收入的25%—30%。这不只是单纯收入的流失，更重要的是，在收入流失过程中造成了分配秩序的混乱和社会分配的严重不公。① 当前违法现象愈演愈烈，非法经营获取的高收入严重影响了合法经营者的生产积极性，破坏了人们守法经营的意愿，阻碍了市场经济新秩序的建立，以权谋私、权钱交易、非法经营、偷税漏税等行为，加剧了收入分配不公。

从支出方面来看，公共财政，特别是中央财政的有限财力只够“吃饭”，严重拖后经济发展。一是妨碍了生产力再生产的顺利进行。教育、科技、文化、卫生环境等都是实现生产力再生的基本条件，同时也是构成社会生产力的基本因素。由于财政投入的严重不足，影响了这些社会事业的发展，如国民素质的提高、科学技术的进步就受到了很大的限制，从长远来

---

① 黄敏、黄春姣编著：《债权债务理论与实务》，四川科学技术出版社1991年版，第78—98页。

看，将大大削弱经济发展的后劲。二是影响经济的稳定。财力不足使中央的宏观调控、结构调整缺乏力度，国民经济快速、稳定、健康发展失去保障，国家债务规模的迅猛扩张又增大了这种不稳定性。此外，日益膨胀的预算外资金乱支滥用的情况非常严重。预算外资金是国家机关、事业单位和社会团体为履行或代行政府职能，依据国家法律、法规和有关法律效力的规章而收取、提取和安排使用的，未纳入国家预算管理的各种财政性资金。其主要弊端是：

（一）扩大了收费部门的收入差距，造成苦乐不均

一些职权部门权力大，收费项目多，收费也多，财大气粗，其经济实力和社会地位明显高于其他部门，造成各部门之间相互攀比，千方百计地增加预算外资金的收入，这既是收费带来的不良后果，也是乱收费现象屡禁不止的一个重要原因。一些部门和单位还把收费当作本部门唯一的或主要的目标，而忽视了政府管理服务职能的发挥，使得政府行为扭曲。收费部门有了充足的收入来源，花钱大手大脚，各项经费支出标准超出国家规定，各种装备设施、办公的条件、职工的待遇都高于单靠财政拨款过日子的部门，加剧了收入分配不公，产生了部门之间权力、利益的矛盾冲突。

（二）冲击财政分配，脱离财政监管，滋生腐败

收费单位将资金上缴财政专户实行收支两条线，只是象征性地在财政专户“旅游”一遍，很快又划拨回收费单位使用，使收费单位有借口称其资金是财政拨回的，是经收支两条线的合法资金。财政部门对划拨回收费单位的经费又不及时追踪其支出情况，使体现政府职能的财政性资金长期在体外循环，这就很不利于集中财力支持基础产业等方面的发展，削弱了财政分配的主导地位，影响了财政宏观调控能力。预算外资金脱离了财政监督管理，收支随意性大、自主性强，变成了无人过问的“自留地”或难以解决的“小金库”，这就成了滋生腐败的土壤和温床。

例如，预算外资金乱支滥用情况容易引发腐败现象，加强对预算外资金的管理，成为整顿和规范财经秩序，深入开展反腐败斗争的重要举措。一些地方和部门在这方面做了大量工作，进行了有益的尝试。他们在清理检查、摸清家底的基础上，由财政部门直接统一征收或委托某一机构统一征收预算外资金，征收的预算外资金全部缴入财政专户，由政府统筹安排资金支出规模，并仍由原管部门按政府确定的支出规模使用资金；对金额或部分预算外资金的收入或结余，按照定比定额的原则集中，统筹安排，主

要用于加强地方财源建设以及补充预算内的不足。同时，对预算内外资金统筹考虑，综合平衡，年初确定收支计划，统一支出标准，按收支计划完成情况进行奖罚。类似方法使预算外资金的管理工作取得了成效。为掌握全国贯彻落实八项规定精神的情况，中央纪委在32个省、自治区、直辖市，新疆生产建设兵团，59个中央和国家机关建立了落实中央八项规定精神情况月报制度。2014年1月至12月，全国共查处违反中央八项规定精神问题53085起，处理党员干部71748人，其中，给予党纪政纪处分23646人。八项规定实施以来，截至2014年12月31日，全国共查处违反中央八项规定精神问题77606起，102168人受到处理，31338人受到党纪政纪处分。其中，2014年12月份查处问题4238起，其中违反工作纪律2299起，接受或用公款参与高消费娱乐和健身活动等1025起，违规配备使用公务用车321起，婚丧大操大办213起，公款旅游115起，收送节礼129起，公款大吃大喝113起，楼堂馆所违规问题23起。12月当月因八项规定被给予党纪政纪处分的干部中地厅级7人，县处级87人。

据统计，中国贪官外逃现象越来越严重，中国的资料显示，涉及贪污的，90%以上是党政官员。北京市2001年处理的120个贪污案件中，70%涉及的人员是大、中国有企业的负责人，而贪污情况最严重的，在公共建筑领域。

国家社科规划的"中国惩治和预防腐败重大对策研究"课题组资料显示，中国外逃的4000多名贪官中，金融系统、国有企事业单位工作人员约占87.5%，其他部门约占12.5%。但是要准确估计出中国外逃贪官的人数，确实是一件相当困难的事情。与贪官外逃相伴的是资金外逃。中国在1988年至2002年这15年间，资金外逃额共1913.57亿美元，年均127.57亿美元。从1990年开始，资金外逃额在每年100亿美元上下波动，总体呈上升趋势。事实上，腐败案件案发率一直居高不下，2001年后，年案发量均在40000件以上；100万元以上的案件也从1993年的57件持续上升到2000年的1335件，达到最高峰，2001年后，则在每年1300件左右波动。据课题组调查，在目前已查处的腐败案件中，有60%—70%的大要案是通过群众举报发现的。[①] 就在2014年7月底，王岐山领导的机构——中共中央纪律检查委员会(简称中纪委)——正式启动了对周永康的调查。周永康曾经主管中国国家安全事务，是1949年以来以腐败罪名被公开指控的最

---

① 资料来源：中国惩治和预防腐败重大对策研究课题组，综合人民网、新华网、《环球时报》、《新华社》、《瞭望》、《东方周刊》等国内官方媒体的报道。

高级别官员。

(三)加剧了固定资产投资规模和消费基金双膨胀

由于缺乏政策引导、制度约束和必要的监督管理,预算外资金在使用方向和范围上较多地偏向两个方面:一是用于项目建设和非生产性建设,地方政府一般立足于本地利益,计划能力和投资重点与国家不一致,缺乏科学性,造成盲目建设、重复建设、非生产性建设比重过高,建设使用效力低下的情况。二是用于本单位自身的日益增长的经费开支,为职工发奖金、搞福利,扩大了个人消费基金,破坏了国家的分配政策和分配秩序,出现非工资性收入高于工资性收入,不直接创造价值的行政事业人员收入远高于产业工人收入的不合理现象,造成有收费收入和无收费收入部门之间,以及收费多与收费少的单位之间分配不公。

就投资而言,源于财权分割而致使各部门、各地方的预算外资金投入往往从本部门利益出发,分散且规模不经济,而且造成了新的重复建设,不但不能集中有限的财力来加强国民经济中的薄弱环节,反而使不合理的经济结构雪上加霜。

古人云:“利出一空(孔)者,其国无敌;利出二空者,国半利;利出十空者,其国不宁。”财权分割破坏了国家预算的完整性、统一性,使得公共财政风险加剧,甚至进而威胁到社会稳定。财政是和“政”联系在一起的,财政出了问题,并不是一个简单的经济问题,往往是政治、社会状况的一种综合反映。

三、准国债的失控使公共财政风险增加

所谓准国债是指政府部门、政府机构所发生的由政府来担保的债券,如行业主管部门、政策性银行发行的债券等。从中国的情况来看,行业性的经济组织,如铁道、煤炭、石油、石化等,它们发行的债券,实际上也属于准国债的范畴,因为这些行业不论发生什么情况都不可能破产,一旦偿债出现困难,政府不可避免地负有连带责任,以政府投入的资本,只承担有限责任实际上是不可能的。在国家集中性的资金非常有限,而社会资金比较充裕的情况下,为了加快社会基础设施建设,强化基础工业,政府部门或政府机构独自适当发行一些债券来筹集资金是可行的,这样也减轻了财政集中性筹资的压力,同时在某种意义上也分散了社会的注意力,减少了政府发行债券的社会压力。但有一个重要前提,即在观念上要意识到政府非财政部门发生的债务也是政府的债务,必须统筹规划、严格控制。如果片面

地认为这是企业的事情，与政府无关，那就大错特错了。然而，现实的情况恰恰就走进了这个误区。近几年来，一些行业主管部门和国有单位纷纷发行债券，诸如铁道债券、电力债券、三峡债券、银行债券等，并且发行利率都高于同期发行的国家债务。这实际上是政府自我竞争，大大增加了政府筹资的总成本。更重要的是，这容易使人们对政府的债务规模产生错觉，淡化了社会各界对政府债务的风险意识。截至 2013 年 6 月底，中央政府负有偿还责任的债务约 9.8 万亿元，负有担保责任的债务约 0.26 万亿元，可能承担一定救助责任的债务约 2.3 万亿元，合计约 12.38 万亿元。6 月底，地方政府负有偿还责任的债务约 10.89 万亿元，负有担保责任的债务约 2.67 万亿元，可能承担一定救助责任的债务约 4.34 万亿元，等等。总体看，截至 2012 年底，全国政府负有偿还责任的债务余额与当年 GDP 的比率约为 36.74%。考虑或有负债的历史偿还情况看，2012 年底全国政府性债务的总负债率或有提升。债务率方面，截至 2012 年底，全国政府负有偿还责任债务的债务率约为 105.66%。考虑或有负债后，总债务率为亦有所提升。① 从投资者的角度来看，准国债是国家担保的，和"金边证券"没有什么两样，而且收益率更高，因而争相购买。这无形中助长了准国债的盲目发行，扭曲了利率结构，扰乱了金融市场秩序。一种流行的说法是通过对各举债主体的信用等级的评定来规范债券市场的举债行为。但这对准国债实际上是无用的，因为不可能由此割断准国债对公共财政的风险依存性。一条可行的路子是加强政府筹资的统一规划，让负有风险连带责任的公共财政参与政府筹资规划的制定，更多地通过财政举债转拨的方式来进行，以避免多头举债带来混乱。

四、国企的低效无活力放大了财政风险

国有企业能否良性发展，关系到社会稳定和经济发展全局，也是检验中国经济改革成败的标志。现实的问题是，在财政陷入困境的同时，国有企业也陷入了高负债、低效益的困境，从根本上制约了财政状况的好转，使公共财政风险成倍放大。国有企业的大面积亏损，一方面使财源日益枯萎，削弱了财政收入的增长后劲；另一方面使公共财政承受的亏损补贴进一步扩大。尽管从账面来看，财政用于企业的亏损补贴从 1991 年的 510 亿

① 据审计署公布的数据，截至 2013 年 6 月底，全国各级政府负有偿还责任的债务约 20.7 万亿元人民币。

元下降到1995年的327亿元，但实际上是转化给了银行，再通过银行转化给了财政。银行不良资产增加，不只是减少了银行上缴利润，而且成为财政的沉重包袱。银行危机最终都会变成财政危机。国有企业陷入困境，不只是直接使财政减收增支，而且还会引发许多社会问题，成为财政的负担。如失业问题就会产生沉重的支出压力，企业破产、停工或部分停工会直接导致失业增加。企业效益低下，难以提供更多新的就业机会。这一增一减，将直接促使失业率上升。根据人力与社会保障部发布的《2013年度人力资源和社会保障事业发展统计公报》：2013年末中国城镇登记失业人数为926万人。登记失业率为4.05%。据分析推算，国有单位投资中约有1/3的资金成为“社会游资”，投入泡沫经济中去了，严重威胁着宏观经济的稳定。国有单位大量投资处于严重的宏观失控状态，随意性极大，不仅进一步扭曲了经济结构，而且加大了宏观经济的不稳定性。不言而喻，这使公共财政风险剧增。

五、外资失控使财政风险变为主权风险

所谓外资，是指相对于本国资本的外国资本，主要来自外债、直接投资和其他投资三个方面。商务部发布的最新外贸数据显示，2014年1月，中国实际利用外资金额达到了107.6亿美元，同比增长超过16%；同期，中国实现非金融类对外直接投资72.3亿美元，同比增长47.2%。商务部新闻发言人沈丹阳表示，实际利用外资出现两位数增长的原因一方面来自中国政府推动的各项政策显现成效，另一方面是中国吸引外资的综合优势逐步显现，使全球对华投资总体看好。他说：“当前中国政治、经济、社会稳定向好，内需潜力巨大，人才竞争力不断增长，产业配套能力日益完善，并且集聚效应突出。基础设施日益完善等等都体现了这种综合优势。加上2013年以来全国各地更加注重提高机关行政效能，完善投资便利化措施，切实改善投资软硬环境，这就使越来越多的跨国公司把中国作为主要的投资目的地。”数据显示，服务业利用外资高速增长是1月份中国利用外资明显增长的最直接原因。1月份中国服务业实际利用外资金额同比增长了57%，金额达到63.3亿美元，创下历史最高水平。

但是，也应该看到，随着中国经济的迅速发展和资本的积累，国内资金短缺状况已得到缓解，目前出现了庞大的银行存贷差额，闲置资金不断增加，外汇储备逐年攀升，过去资本与外汇的双缺口已被双剩余所取代，此时外资作为资金补充的功能越来越小。随着国内经济拉动因素从出口向内

需转变，外资在推动经济增长方面的作用也进一步弱化。在这种情况下，早期以填补资金缺口为导向实施的各种优惠政策越来越暴露出诸多弊端，致使外商投资没有限制地大规模进入，对中国经济运行产生了一系列负面影响。

(一)对国内民间资本的挤出效应

这种挤出效应的产生，主要有以下几方面原因：首先，外商投资将导致对国内资本和其他生产要素的占用、对国内市场的垄断，进而阻碍国内投资的可持续增加，这是外商投资产生挤出效应的根本原因。外商投资的挤出效应可以通过两种途径产生：一是在产品市场，通过对当地企业的产品、服务、学习过程以及成长历程产生影响，挤出当地企业与投资；另一种是在要素市场，通过影响当地企业可以获得的资金、劳动力以及其他生产要素，或者影响当地企业获得这些要素的成本来挤出当地企业与投资。

其次，流入外资的投向、来源与技术特征等是外商投资产生挤出效应的直接原因。从外商投资的实际情况来看，在结构上，内外资存在很大的相似性；在技术上，外资主要投向技术密集程度不高的一般加工业；在来源上，来自港澳台地区的中小企业投资占有较高比例。在中央提出4万亿投资刺激计划之后，截至2008年12月19日，共有18个省市公布未来一至两年的投资计划，投资总规模超过25万亿元。其后一至两年，这18个省市政府性投资约为3.4万亿元，政府资金预计带动社会资金的平均比例为1∶5。这意味着政府资金要在更大力度上撬动民间投资。但目前的种种迹象显示，民间资本不仅要面临由于政府“大包大揽”的投资习惯造成的“挤出效应”，还要面临无法参与绝大多数资源和优质项目的“行政挤出”。

从理论上讲，过度投资把综合要素生产率的作用给挤出去了。综合要素生产率包括科技进步、劳动者素质的提高和企业管理的加强。当投资增长快的时候就容易忽略一些因素，比如说有钱了，就会更重视引进技术，而不是自己开发技术。挤出效应是很危险的，要下决心按照十八大精神保持投资适度增长，不能过度依靠投资拉动经济。公共财政资金的投资会提高市场利率，从而造成对社会投资的“挤出效应”①。例如，国家统计局2008

---

① 挤出效应：国债的挤出效应，即国债的信用风险很小，在市场上很受欢迎，很多投资者喜好这种投资工具，因而大量购买，导致资金用于非生产，使企业用于生产的资金减少，造成企业与政府争资金的情况。如果政府将用国债所凑集的资金用于弥补财政赤字，那么这种国债的挤出效应就非常明显，是有害于生产的，所以，很多古典经济学家提出“国债有害论”。当国债所筹集的资金完全是游余资金，即处于游离状态的资金，并且用于国家项目投资而不是用于弥补财政赤字(即用于社会生产)，使这种“挤出效应”的不利之处就会降到最小。

年12月16日公布的数据显示，2008年1—11月，城镇固定资产投资127614亿元，同比增长26.8%，较前10个月27.2%的增幅下滑0.4个百分点。从项目隶属关系看，中央项目投资13124亿元，同比增长31.8%；地方项目投资114490亿元，增长26.3%。中央项目投资的持续增长，显示出11月初出台的经济刺激计划，已在投资上显现出效果，相比之下，地方项目投资略有走软则明显地折射出由于投资者信心缺乏引发的民间资本投资缺位对投资增长的影响。的确，在经济低迷时期，民间资本更愿意持有现金而不是投资，除此之外，公共财政大包大揽、不计效益的投资习惯，无疑也为民间投资设置了很高的门槛。如此一来，不仅没有带动私人投资，反而造成了“挤出效应”。

(二)影响国际收支，加剧通货膨胀

外资的大量流入将导致国际收支的不平衡，并可能引发通货膨胀。从外需来看，2012年由于世界经济复苏进程缓慢以及贸易保护主义进一步强化等，中国进出口增长低于预期，据海关统计，2012年中国进出口比上年只增长6.2%，其中出口增长7.9%，进口增长4.3%，在与主要贸易国的双边贸易中，中日、中欧双边贸易下降，中美、中国与欧盟双边贸易及与俄罗斯和巴西双边贸易不同程度地增长。2012年，出口对中国的经济增长贡献虽不是负值，但由于出口增长是一位数，因而对经济增长的贡献事实上不到1个百分点，而净出口对GDP贡献率则为5.5%，下拉GDP0.4个百分点。

(三)技术水平低、环境污染问题突出

在外资流入拉动中国经济增长的同时，一些高污染产业也纷纷转移过来，造成局部地区的环境恶化和经济的不可持续增长。在利用外资发展经济的迫切愿望下，一些地区在引进外资的过程中具有较大的盲目性，对项目审批把关不严，缺乏对地区经济可持续发展的考虑，给发达国家转移污染产业和夕阳产业提供了机会。制革、印染、电镀、杀虫剂、造纸、橡胶、塑料等产业一般具有高消耗、高污染的特点，是造成环境污染的主要产业。以铸造行业为例，中国铸造行业的能耗占机械工业总耗能的25%—30%，能源平均利用率为17%，能耗约为铸造发达国家的2倍。中国每生产1吨合格铸铁件的能耗为550—700千克标准煤，国外为300—400千克标准煤，中国每生产1吨合格铸钢件的能耗为800—1000千克标准煤，国外为500—800千克标准煤。据统计，铸件生产过程中材料和能源的投入约占产值的55%—70%。中国铸件毛重比国外平均高出10%—20%，铸钢件工艺

出品率平均为55%，国外可达70%。

中国除少数大型企业，如一汽、二汽、大起大重、沈阳黎明公司等生产设备精良、铸造技术先进、环保措施基本到位以外，多数铸造厂点生产设备陈旧、技术落后，一般很少顾及环保问题。20世纪80年代，政府对规模小、技术水平低、污染严重的企业进行了专业化调整，提高了企业的集约化程度，但铸造生产的粗放型特征没有得到根本改变。生产现场环境恶劣、作业条件差、技术落后，粗放式生产的铸造企业占90%以上。1998年在匈牙利举办的第63届世界铸造会议上颁发了环境保护奖，获奖铸造厂中没有一个在中国，这与中国的铸造大国地位极不相称。中国铸造业的环境问题还表现在对自然资源的超量消耗上。铸造生产中，炉料主要是生铁、废钢、焦炭、石灰石、型砂、芯砂等。就其作业来讲，有的是在机械振动和噪声中进行，有的还在高温环境中进行，如熔化、浇注作业。一些会产生刺激性气味，粉尘的作业环境更是恶劣。在中国铸造车间，每生产1吨铸件，约产生50千克粉尘，熔炼和浇注过程排放废渣200千克、废气20立方米，造型和清理排废砂13—15吨。以年产2200万吨铸件计，每年排污物总量为：废渣约440万吨、废砂近1650万吨、废气4亿立方米。这些数据足以说明中国铸造行业环境问题的严峻程度，采用高技术实现绿色铸造是当前需要重点解决的关键问题。然而，这些产业一度成为外商在沿海地区投资的"热点"。更重要的是，由于环保标准的缺失或较低，发达国家有可能将不符合本国环境保护要求的产业与生产技术转移到中国。中国没有为外资企业设立单独的环保标准，虽然《中外合资经营企业法实施条例》明确规定造成环境污染的项目不予审批，《外资企业法实施细则》也做了类似的规定，但仍有不少外资企业利用中国环境管理、引资可行性分析与审批中的漏洞，向中国转移具有较高污染的产业、生产技术和设备等，造成环境污染，严重损害了我国社会公共利益。如一些外商通过直接投资，向中国转移别国限制的生产设备和技术流程，有些投资者甚至把外国垃圾转移到中国，进行循环再利用。在1993年以前，台湾地区是美国危险废弃物的再加工基地，但随着台湾当局对废弃金属物贸易的禁止，大批台商将其生产设备转移到中国沿海地区。废弃物的进口与再利用对周边环境造成巨大的环境影响。

（四）加剧了地区差距的扩大趋势

中国的对外开放是从沿海向内地逐步推进的。受地理位置、经济基础和优惠政策等诸多因素的影响，目前外商在华直接投资仍高度集中在沿海地区，尤其是珠三角、长三角和环渤海湾地区。根据2013年中国国有企业

500强榜单统计，川、渝、湘、鄂、赣、皖六省市的国有企业上榜数总计仅51个，平均每省市不足9个，而江、浙、沪三地是136个。除了在数量上远远落后，六省市中的500强企业的结构问题也很严重:川、渝、赣三省市各自仅有2家民企上榜，湘鄂各自仅1家入围，安徽13家中国500强企业全是国有企业，而江、浙、沪入围的民企数量分别为10家、12家、7家，江、浙两省民企和国有企业几乎是各占半壁江山。

再来看2013年中国民企500强的分布。浙江和江苏不仅是长江经济带的冠亚军，也是全国的冠亚军，分别有141家、93家企业上榜。上海是国有企业重地，有16家入围。其他川、渝、湘、鄂、赣、皖六省市共计仅62家，其中唯一的亮点是湖北，以18家民企的数量在全国仅次于浙江、江苏、山东和广东。六省市中，安徽和江西的民企竞争力最弱，各自仅3家、4家入围。

江浙不仅在数量上占绝对优势，而且行业集中度较高，这也印证了区域经济竞争力来自产业集聚。例如，浙江建筑业集中了40家民企500强，电器制造业有16家上榜，金属冶炼和压延加工业17家入围，化纤和化学制品业11家上榜。与浙江类似，江苏民企500强中，23家属于建筑地产业，17家属于金属冶炼和压延加工业，化纤和化学制品业、电器制造业都有11家入围。川、渝、湘、鄂、赣、皖该中上游六省市入围企业的行业集中度极低，湖北的18个企业分属9个行业，四川15家企业分属7个行业，湖南、重庆也类似，平均一个行业集中了不到2家企业。除了行业集中度外，中上游六省市入围企业90%以上集中于省会和次中心城市，而江浙的分布较为均匀。中上游省市在协调发展上任重道远。

强者恒强，在企业自主创新能力上，中上游六省市也被长三角三省市远远抛在了身后。2013年末，国务院发展研究中心和中国企业评价协会联合发布《中国企业自主创新评价报告(2013)》，公布了高端制造业、电子信息业、生物业和节能环保业4个行业自主创新能力前100强的名单。这4个行业被视为战略性新兴产业，自主创新能力的高低直接反映出产业后劲的强弱。

高端制造业前100强中，江浙沪占据26强，中上游六省市仅17家上榜；生物业前100强中，江浙沪21家入围，川、渝、湘、鄂、赣、皖六省市15家上榜；再看电子信息业，江浙沪以25家远超六省市的7家，其中江西、重庆没有企业入围；最后是节能环保业，江浙沪有30家上榜，六省市上榜企业数仅前者的一半。

与上述的500强企业结构类似，自主创新前百强中，江浙入围企业中民企数量超过了国有企业，而川渝湘鄂赣皖六省市相反，入围民企寥若晨星。在民企越来越成为创新主体的大形势下，该中上游六省市尤需奋起直追。

虽然在整体上长三角完胜中上游六省市，但六省市中也有一些在点上取胜的企业，其中三家民营企业的崛起之路，对企业家稀缺的中上游发展不无启示意义。

(五)造成行业垄断，制约民族产业的发展

外资企业的进入一方面促进了市场竞争，促进了国内企业改善管理、提高技术，产生了一定的技术溢出效应；但另一方面，外资企业也依靠技术、管理方面的优势及品牌等无形资产，在国内市场获得较强的垄断势力。在“以市场换技术”的方针指导下，这个问题表现得更加突出。如前所述，各种超国民待遇使得外资企业在国内获得很大的竞争力，即使是一些不具备先进生产技术与管理经验的企业，也能够据此获得市场优势。外资企业的垄断势力对国内产业的发展具有诸多不利影响。

首先，这种垄断势力将会制约国内企业生产效率的提高，甚至使之下降。外资企业的进入将导致国内企业市场份额的下降，平均固定成本上升，并有可能导致国内企业生产效率的下降。

其次，由于在分工中处于劣势地位，国内企业往往主要从事加工环节，技术含量与附加价值都较低。从实际情况来看，外资企业的进入并没有完全改变中国工业品出口低水平扩张的局面，在部分行业，随着外资企业出口的增加，甚至出现了内资企业出口竞争力的弱化。外资企业垄断势力对民族产业发展产生较大的制约作用，另一个重要表现就是国内传统品牌受到排挤，其中一些甚至逐渐消亡。另外，在中外合资经营过程中，中方品牌和商标权虽作价出资，但在实际生产经营中，这些品牌和商标往往被搁置、弃用。市场竞争就是品牌的竞争，民族品牌的消亡使外资企业可以获得更大的垄断势力，也使国内企业在面对国际竞争、走向国际市场的过程中失去了支撑，因而只能永远停留在加工工厂的位置，获取微薄的加工费用，在全球价值链中居于末端。

六、国际金融日益动荡将引发财政风险

在国际金融日益动荡的今天，全球银行危机愈发严重。2013 年是美元指数最纠结的一年，制造业只撤回 7034.52 万人，重返近 5 年低点。

第一，美国想要彻底击垮新经济体国家，在2014年只是试探性地进行攻击，重要的是引发新经济体国家资产泡沫的自行破灭。新经济体国家一个最大的特点就是为了GDP不顾一切地开动印钞机，而国际资本最终的目的就是摧毁这个国家的房价泡沫、债务泡沫和货币泡沫，重点摧毁这个国家的汇率体系，甚至政治体系。

第二，国际资本对中国经济的攻略。中国属于金砖四国之一，理所当然地属于新经济体国家，所有新经济体国家有的毛病中国也有。2013年，俄罗斯总统普京在第十七届圣彼得堡国际经济论坛全体会议上发表主旨演讲，他说俄罗斯未来25年每年将向中国供应4600万吨石油，该协议总价值高达2700亿美元。这件事的后果将会发生在2014年美元指数突破100点的时候，一旦石油价格跌破50美元，与中国进出口有关的原材料价格将全部跌到谷底，铁矿石和铜铝镍锌锡等，与黄金石油价格一样都将跌入低谷，中国出口的廉价资源将失去优势，中国进口的作为储备的铁矿石、原油等将面临巨额缩水，经济萧条将进一步加剧。

第三节 财政风险的累积会爆发财政危机

确保公共财政安全，实际上就是积极防范公共财政危机，避免财政发生危机。公共财政危机指财政运行长期处于困境而引发的政府支付危机，即公共财政无法按时支付应该支付的款项。财政危机有多种表现形式，最基本的财政危机是财政无法偿付到期国家债务，出现政府信用危机。

一、财政安全是市场经济风险的最后防线

公共财政安全作为市场经济风险的最后一道防线，有着其无可替代的重要性。

但是在当前研究领域中，却对公共财政安全这一领域缺乏相应的研究，所以我们可以通过对公共财政风险方面的研究，来认识公共财政安全。归纳对公共财政风险的种种表述可以看出，尽管对公共财政风险的理解由于缺乏统一性，表述上出入很大，但综合各种观点，其本质的东西基本上是一致的：(1)公共财政风险是一种经济风险。(2)公共财政风险是由财政制度、财政手段本身缺陷及经济生活中诸多不确定因素引起的。(3)公共财政风险是一种损失的可能性。(4)公共财政风险在某种程度上是一种主观

风险。①

公共财政风险是一种系统风险，它既来自政府在处理公共事务中的管理体制、政策调整，也来自宏观经济环境以及社会结构的变化等。决定公共财政风险转化为财政危机的临界条件应当是政府在某时点的支出责任和义务超出了其拥有（可支配）的公共资源。因此，决定公共财政风险大小的因素有两个：一是政府拥有的公共资源；二是政府的支出责任和义务。②

同时，中国的公共财政风险还存在一定的特殊性，包括：一是从风险所处的社会发展阶段看具有转轨性特征。二是从风险涵盖的范围看具有广泛性特征。三是从风险达到的程度看具有深刻性的特征。四是从风险的发展方向看具有机遇性特征。五是从公共财政风险的影响因素看具有复杂性特征。③

二、公共财政风险诸多方面的运作机制

公共财政风险诸多方面的运作机制主要涉及公共财政风险的集中机制、转化机制和传导机制。

（一）公共财政风险的形成机制

中国公共财政风险的形成主要受两大因素的制约：

一是各种不确定性。不确定性指事物未来属性、状态的不稳定性或不可确知性。这是影响中国公共财政风险的客观因素。中国所进行的改革没有现成的模式可以借鉴，整个进程是“摸着石头过河”，带有明显的探索性。虽然在改革过程中不断地总结经验教训，取得了举世瞩目的伟大成就，但改革的任务依然艰巨，一些改革的难点问题，如国有企业改革、社会保障制度改革、金融制度改革，就发展方向来看，仍然具有不确定性。由此而隐含的风险构成中国隐性公共财政风险的主要内容。

就财政改革本身而言，虽然有西方国家的公共财政模式可以借鉴，但如何实现由建设性财政向公共财政模式的转化，以及如何实现公共财政和公有制的制度基础的结合，都是复杂的系统工程，在现实中暴露出的种种

---

① 阎文谦：《关于财政风险的理论分析》，《山西财政税务专科学校学报》2003 年第 4 期。

② 单大栋等：《当前我国财政风险的主要问题及对策》，《宏观经济研究》2005 年第 8 期。

③ 山东财政学院“财政风险问题研究”课题组：《我国财政风险的理论分析——特征、运作机制及化解对策》，《山东经济》2003 年第 1 期。

问题既表明了改革的难度和复杂性，也意味着改革进程的不确定性，由此带来的公共财政风险构成中国显性公共财政风险的主要内容。

二是主体认识、理解、驾驭规律能力的局限。财政的运作遵循特定的规律，如果行为主体能完全掌握其运作的规律，那么，许多不确定的属性就成为确定的属性，也就不存在由此引起的公共财政风险。但事实上我们认识运用财政规律的能力是有局限的，即便不考虑财政的发展变化，在一定的时间内，我们只能对财政一定层次、一定深度的属性和规律有较为正确的认识，一些较深层次的属性、规律仍有待进一步探索，如果引进时间因素，则我们认识、理解、驾驭规律的能力就更具局限性。通常，我们对计划经济体制下的财政规律有较为清楚、正确的理解和把握，但对市场经济体制下的财政规律却只能借鉴西方公共财政理论及对实践经验的概括、总结来逐步加以认识。这样，我们对财政规律的认识就带有一定的不确定性，继而财政运作必然带有结果上的不确定性，即存在一定的风险。可以说，我们对财政属性、规律的未知程度越深，则我们所面临的公共财政风险就越大。

（二）公共财政风险的集中机制

一个社会存在诸如自然、社会和经济等多种多样的风险。对单位或个人来说，可以通过各种途径转移和分散风险，各类保险公司、担保公司以及期货市场就是为满足这种需要而产生的，但对国家或政府来说，这些风险往往集中表现为公共财政风险。财政是社会经济政治的综合反映，所以公共财政风险不仅仅是财政部门的风险，而且是整个国家和社会的风险，从这个角度讲，所谓的公共财政风险实际是公共风险。这种公共财政风险的集中机制实际是在任何国家的任何历史发展阶段都存在的，起因于财政分配活动的特殊的质的规定。就我们国家来说，这种集中机制就表现得更为明显。国有企业亏损的弥补、银行呆账的核销以及社会保障基金的“空账”问题累积到一定程度，都需要财政来兜底，从而使一般的经济风险集中为公共财政风险。

（三）公共财政风险的转化机制

公共财政风险无处不在、无时不在，但不同类型的公共财政风险造成社会危害的可能性不同。公共财政风险要造成社会危害，往往要通过造成社会危害可能性较小的公共财政风险，向造成社会危害可能性较大的公共财政风险转化。

1. 微观风险向宏观风险的转化

一般而言，微观公共财政风险具有的分散性特征使之不太可能造成社会危害，一旦微观公共财政风险造成社会危害，就说明其不再具有微观性，而带有一定的社会性和宏观性特征了。比如，某一财政部门收入筹集功能弱化而支出压力加大，其所带来的公共财政风险是微观的，对整个社会造成危害的可能性很小，但如果各级财政都存在这样的问题，就会出现微观风险宏观化的现象。就中国的具体情况分析，财政收入的流失，财政支出结构及项目抉择的不合理以及财政资金使用的低效率，这些微观的财政行为已经暗含了宏观的公共财政风险。

2. 地方公共财政风险向中央公共财政风险的转化

地方公共财政风险是地方政府面临的风险，具有分散性特征，一般不会对整个社会造成危害，但如果地方公共财政风险具有了普遍性且风险程度达到一定水平，地方公共财政风险就会转化为中央公共财政风险，进而可能造成严重的社会危害。种种迹象表明，中国地方公共财政风险向中央公共财政风险转化的可能性在加大。

3. 隐性风险向显性风险的转化

隐性风险造成社会危害都要经历向显性风险转化的过程。当前，中国财政的或有负债规模巨大，从整体负债情况来看，截至 2012 年底，政府、企业和居民三部门的负债总额已达到 108.2 万亿元，约占 GDP 比例为 205%。其中，政府部门负债总额约 39 万亿元，占 GDP 比例约为 76%，超过马斯特里赫特条约规定 60%的临界点，接近国际经验表明的 85%政府债务警戒线，若再考虑政府隐性背负的或有负债，政府债务风险不可小觑。而非金融企业部门债务余额为 52.7 万亿元，占 GDP 的 99.9%，[①]已高于 90%的国际警戒线。显然，中国面临的财政风险在相当大的程度上来自与政府或有负债相关联的隐性财政风险，虽然隐性风险必须转化为显性风险才可能造成危害，但由于其隐蔽性强，不像显性风险那样能引起人们的重视，所以隐性风险一旦显性化，就极易导致严重后果。因此，化解或有负债风险，抑制隐性风险向显性风险的转化，是防范和化解中国公共财政风险的重要任务。

4. 调控风险向分配风险的转化

财政调节宏观经济运行离不开对财政收支总量对比关系的调整，当财

---

① 《中国政府性债务 GDP 占比调查》，中国行业研究网，2013 年 9 月 12 日，http://www.chinairn.com/new/20130912/173356790。

政扩张超过总需求时会形成财政赤字，而长期扩张性财政政策的推行会导致赤字的累积、债务规模扩张，由此引发的公共财政风险被称为调控风险。债务总是要清偿的，但由于长期扩张政策的推行，减收增支，财政收入增长机制会弱化，而支出的刚性特征会更加明显，从而给债务的清偿设置障碍。这会使调控风险转化为分配风险。中国自 1998 年开始推行积极财政政策，虽然没有减收，但支出规模迅速扩张，导致债务负担加重。因而在看到积极财政政策的推行取得了理想效果的同时，也不应忽视由此所引发的分配风险。

5. 发展性风险向结局性风险的转化

发展性风险最终都会转化为结局性风险，这是风险发展的一般规律。虽然中国大部分公共财政风险尚处于风险的转化过程，但如果不抓住有利时机，采取切实可行的对策，结局性风险一旦形成，我们就错失了走向好的发展方向的机会。

（四）公共财政风险的传导机制

公共财政风险的集中表现是债务风险。债务风险要造成社会危害，引发债务危机还必须经过一系列的中间环节，具备特定的条件。首先，只有在政府债务规模巨大，且无法通过正常的渠道（包括借新债还旧债）偿还债务时，才可能引发债务危机。其次，面对债务危机，财政要向银行透支，进而引发严重的通货膨胀，并由此演化为经济政治的全面危机，引起社会动荡。在中外历史上，因财政问题而政权垮台的例子并不鲜见。就中国当前的情况看，由债务危机引发财政危机，进而引发经济、政治社会危机的连锁反应；连锁反应尚没有出现征兆，但不能就此否认公共财政风险的这种传导机制的客观存在，更不可认为其在中国完全没有实现的可能。未雨绸缪、防患于未然是研究公共财政风险的目的，而认识和掌握这种传导机制对防范和化解中国的公共财政风险显然具有重要意义。

三、财政风险的累积扩大将爆发财政危机

一般来讲，国家总可以通过继续发新债来偿付旧债。但如果社会对政府信用失去信心，造成国家债务发行困难，或者政府长期发债规模失控，陷入“财政赤字—高利率发债弥补更多的内债—更高的财政赤字”的所谓“滚雪球效应”的恶性循环中时，政府就会担心大量发债引发的通货膨胀会危及社会稳定甚至政局动荡，不得不放弃继续发债，则财政债务支付就不能

实现，最终发生政府信用危机。

另一种情况是，财政预算拨款计划无力执行，使得政府机构不能正常运转甚至引发社会动荡。还有一些国家因财政困难无法按时支付公务员的工资和养老金，影响到政府机构正常运转，并引起罢工、示威游行或社会骚乱等。在中国的一些地方，公共财政（一些县级财政、乡镇财政）长年拖欠工资、政府机构经费等现象，也直接影响到地方政府正常运转。几年前，美国曾出现过财政部门不能按时给白宫拨款，使得部分政府机构停止运行，工作人员停止上班的情况，这也属于一种财政危机。然而，正如对公共财政风险的研究不够，对财政危机问题政府也缺乏必要的理论研究。尽管财政危机说起来并不是什么新词，但由于在长期的计划经济中，即在国家高度集中的经济体制下，一般不存在发生公共财政危机的条件，所以对政府发生财政危机的可能性、危害性认识不足，一般财政经济学文献中关于财政危机问题的论述并不多见。即使有，也多半将财政危机定位于资本主义经济条件下特有的产物，或者只是作为历史上由于战争、灾荒、政权不稳等造成的公共财政严重困难和动荡。常见的解释是，现代社会的财政危机只是发生在资本主义条件下。资本主义财政危机的根源是资本主义的基本矛盾，财政危机与经济危机交织在一起，在经济危机爆发时，百业萧条，财源萎缩，收入下降。这样，财政危机就不仅在经济危机爆发时存在，而且还取得了与经济危机相对独立的存在形式。

有学者认为，社会主义社会不存在资本主义经济危机和财政危机的根源，即使社会主义条件下由于管理工作失误等可能出现财政严重困难，也可以通过有效的措施加以解决。财政危机是经济危机的反映，只要经济不出现危机，就不会有财政危机；即使经济出现危机，只要政治稳定、政权巩固，就不会发生财政危机或财政破产；只要政局稳定，公共财政就不会有危机。另一方面，国家永远不会“没钱花”，因为财政收入不够还可以发债，可以发行钞票。所以，公共财政不会像银行金融那样存在风险，即使出现入不敷出、国库空虚，也只是一时的财政困难而已。

还有的学者把财政危机与财政运行中的困难混为一谈。例如，把发生财政赤字误认为是财政危机。其实，二者是有根本区别的。即使公共财政发生赤字，财政运行发生困难，只要能够通过发行国家债务弥补赤字，能够维持预算拨款和财政债务的按期偿还，就不属于财政危机。财政困难转化为财政危机，往往首先表现为财政信用危机，即财政不能通过发行债务弥补赤字或偿还旧债。出现财政信用危机一般有两种情况，一是社会对政府信用失去信心，不愿购买国家债务；二是在一定条件下，大量发行国家债务会引发通货膨胀，政府如果担心严重的通货膨胀会危及社会稳定甚至引发政局动荡，就会主动放弃发行国家债务，从而被迫停止或延期支付到期的国家债务。

实际上，公共财政不仅存在公共财政风险，而且如果风险长期存在并积累到一定程度，完全可能引发全面财政危机。在国外实践中，对财政危机有广义和狭义的定义。例如美国政府间关系顾问委员会在评价地方公共财政危机时，使用了一种较广的定义，认为政府宣布自己没有偿付能力，或无力支付到期的债券（票据）本息，或无法履行其他义务（如拖欠工资和养老金等），即财政危机的表现。另一种较窄的定义仅仅指政府无力偿付到期债务。不管定义范围宽窄，公共财政风险积累到一定程度，政府无力支付，最终必然发生实际上的财政危机。

即使经济不发生危机，也会存在制度和管理上的原因导致可能出现公共财政危机。而且在向市场经济转轨时期，缺乏健全、规范的公共财政分配制度。历史事实证明了社会经济转型时期制度安排的重要性。可见，从财政危机产生的原因看，可分为："原发性危机"，即国家政治、经济全面危机引发的财政危机；"制度性危机"，即制度安排滞后或不合理造成的公共财政危机；"政策性危机"，即反周期调节中对财政政策掌握失当，最终陷入"赤字—债务"的危机。财政危机的发生可能是单个的原因造成，也可能是几个原因交织在一起，例如制度性原因和政策性原因同时作用，经济危机和政策运用失当等等。从中国目前的实际情况看，制度性和政策性原因可能是造成公共财政风险加剧的主要原因。公共财政安全的最低标准是避免财政危机发生，最高目标是预防公共财政危机，保证稳固的公共财政制度和强大的公共财政实力。

第二章 面临挑战的中国公共财政安全

网络社会曾经流传着这样一种带倾向的观点：资本主义制度产生前，公共财政安全隐患是各国各届政府挥之不去的阴影。资本主义制度确立后，在那些奉行市场经济理念为主的国家，政府的职责被限制在提供公共产品和公共服务的范围之内，税收体现着公共产品和服务的价格，这种财政职能观内含着公共财政的平衡，加上代议制和预算法的保护，公共财政收支平衡得到了国家经济、政治、法律等制度上的保障。即使在相当长时期内财政收支平衡不能实现，政府也可以通过发行国家债务为财政赤字融资。因为政府能控制财政支出，拥有征税权和赤字货币化的主动权，这三大法宝可以保证财政在任何时候和任何情况下都绝不会无钱可用，所以，担心公共财政安全，完全是杞人忧天。[①]

第一节 公共财政是一切社会经济风险的最终承担者

事实上，公共财政安全，一直受到来自资本主义公共财政危机的挑战。20 世纪 70 年代末 80 年代初，一连串的公共财政危机事件发生了。

一、公共财政危机极大影响了金融市场的流动性

21 世纪以来，出现了拉美国家政府债务危机、美国天文财政赤字、高福利国家的“福利病”等。2008 年以来，持续一年多的美国次贷危机进一步恶化，世界经济和国际金融遭遇了百年不遇的“危机海啸”。各国政府不断出

① 这本是带有倾向性网络观念的综合，具体说不上是哪位大家个人的观念，若有雷同，纯属巧合。

台各种救市措施，展开了自“大萧条”以来规模最大的救市行动。先是贝尔斯登因债务杠杆比率太高而遭受“流动性的灾难”，2008年3月24日，在美国政府的主导下，摩根大通将贝尔斯登低价收购。2008年7月，雷曼兄弟发布报告显示，“两房”存在大量不良资产，严重资不抵债，市场陡然震动。2007年7月9日—2008年7月9日，房地美和房利美股价分别从58.14美元、63.03美元跌到10.26美元、15.21美元，分别下跌82.4%、75.9%，[①]引起债市震动，ABX指数大幅下跌。面对市场剧烈震动，2008年9月7日，美国政府以2000亿美元对“两房”进行接管。2008年9月15日，雷曼兄弟终于宣布申请破产保护；同时，承受巨大市场压力的美林被美国银行并购。至此，华尔街五大投资银行损失三家。受雷曼、美林事件的影响，全球信贷市场恐慌升至历史高位，危机极大影响了金融市场的流动性，欧美银行之间的拆借市场几近冻结，银行间拆借市场利率陡然升高。这样，美国从次贷危机开始，到美国最大的保险公司AIG濒临破产被注资850亿美元拯救，全球股市的持续下跌，美国陷入了步履维艰的金融危机之中。

二、西方资本主义制度并没解决公共财政的风险

近几年来，西方在试图努力走出2008年以来的金融危机，却遇上了新一波债务危机的冲击，金融动荡不已，经济复苏艰难，失业率居高不下，社会分化加剧。如今，美欧日债务缠身，债务规模远超产出水平，其财政状况捉襟见肘。各国政治协商难有善终，民主政治遭遇空前的制度失灵。西方内部相互倾轧加剧，政府向私人银行注资加重了本已危险的主权债务包袱，而寻求主权债务脱困的西方政府向外转嫁危机动作频频，从而导致全球陷入一方面资金短缺，一方面却面临游资泛滥的窘局。其实，马克思早已对资本主义生产总过程进行了研究，揭示了资本主义不顾消费的无限扩大和资本积累的不可遏止的趋势，他在《资本论》中指出：“同这个惊人巨大的生产力为之服务的、与财富的增长相比变得越来越狭小的基础相矛盾，同这个日益膨胀的资本的价值增值的条件相矛盾。危机就是这样发生的。”[②]看来，资本主义制度并没有解决公共财政的风险，反倒凸显了公共财政安全的重要性。

---

① 朱民等：《危机挑战政府——全球金融危机中的政府救市措施批判》，《国际金融研究》2009年第2期。

② 马克思：《资本论（第三卷）》，人民出版社1975年版，第296—299页。

三、公共财政是一切社会经济风险的最终承担者

公共财政安全，即一国财政基本处于稳固平衡和稳健增长的状态，能以强大的财政实力提供公共产品和公共服务，确保政府应对各种社会风险和危机。公共财政安全是国家经济安全的最高形式，是国家政治安全和社会安定的重要保障。稳固的财政是国家合法性的基础，是一切社会经济风险的最终承担者，是政府应对各种财政危机和公共危机的物质保证。公共财政安全不只是财政业务自身的安全运转，也不只是财政部门或系统的风险，而是整个国家的安全。一方面，公共财政安全的基本要求是建立稳固的公共财政制度，保证强大的公共财政实力，避免出现财政支付危机；另一方面，公共财政安全的最高目标是确保政府有能力防范各类社会经济风险和危机，从而确保国家政权稳固和社会稳定发展。

第二节　财政赤字和政府债务对财政安全影响的讨论

财政赤字是由财政支出和财政收入两方面决定的。在支出给定的情况下，征税和发行国家债务是政府筹措资金的两种主要方式。[①] 对财政赤字和政府债务的论述可以追溯到李嘉图对其的研究。

一、政府公债无非是一种推迟了的税收

李嘉图在《政治经济学及赋税原理》一书中提出，政府无论是以税收还是公债形式来筹资，对完全理性的个人和整个经济的影响都是一样的，公债无非是推迟了的税收。李嘉图认为发行公债会对生产性投资产生挤出效应，因此，李嘉图极力主张节省开支。李嘉图说："任何可能促进国家和私人节约的措施都可以减轻国家的贫困。但如果认为把国家的实际困难从社会上一个应当承担责任的阶层身上转移到根据任何公平原则都不应担负额外责任的另一阶层身上，就能消除这种困难，这是一个错误和幻

① 林双林：《中国财政赤字和政府债务分析》，《经济科学》2010 年第 3 期。

想。”李嘉图指出：“积欠巨额债务的国家处于极不正常的状态。”①

凯恩斯则认为：经济低迷是社会需求缺乏而导致的短期问题。凯恩斯提出的解决方案是：政府应该通过公共支出来刺激短期社会需求。等经济被刺激起来正常运转之后，政府再通过增税和削减公共支出来弥补预算赤字。显然，政府支出来源于政府税收，扩张性的财政政策将导致财政赤字和政府债务的产生。因此，举债支出虽然浪费，但结果可使社会致富。他在举债支出的附注中说明：举债支出包括一切政府举债净额，不论政府举债是为兴办资本事业，或为弥补预算不足。前者增加投资，后者增加消费倾向。②

阿尔文·汉森在他所著的《二十世纪六十年代的经济问题》一书中分析：公债是经济的内在稳定器，为偿还公债而征收的赋税实际上是为保持经济稳定所收取的保险费。他认为，公债的内在稳定器的作用是通过财富效应和付息制度实现的。在衰退时期，一方面人们由于持有更多的财富而增加消费支出，另一方面人们由于照样得到公债利息而增加消费支出，从而有助于缓和经济衰退。在经济繁荣时期，尽管财富效应不明显，但在累进税率的影响下，赋税的增加快于国民收入的增加，有助于抑制总需求的过度增长而导致的通货膨胀。他强调：没有实际证据表明，公债的增加导致工作和投资积极性的下降。如果将来的纳税人将缴纳更多的赋税，以应付公债持有更多的货币收入，那么其后代因公债而更加富有还是更加贫困，并没有明确的答案。他进一步举例阐述，如战时举债能够使资源转入战争用途，在资源得到充分和有效利用的条件下，社会在战后可以得到更好的发展，后代则因战时举债而受益。③

二、财政预算必须避免浪费和提高效率

可是，汉森的学生萨缪尔森则认为，政府对外债务的增加最终还是需要以增加出口的方式来偿还，这意味着该国居民可以支配的社会资源减少，从而对该国社会福利造成不利影响。因此，政府预算必须避免浪费和提高效率，应以民主的方式决定政府使用多少资源和如何使用资源。④ 汉

① 大卫·李嘉图：《政治经济学及赋税原理》，周洁译，华夏出版社 2005 年版，第 173—174 页。

② 凯恩斯：《就业利息和货币通论》，徐毓枬译，商务印书馆 1963 年版，第 109—110 页。

③ 汉森：《二十世纪六十年代的经济问题》，张伯健等译，商务印书馆 1964 年版，第 180—191 页。

④ 萨缪尔森：《经济学》，高鸿业译，商务印书馆 1979 年版，第 514—516 页。

森的另一学生，曾在肯尼迪总统担任经济顾问委员会成员的托宾认为：联邦预算如果只是作为反周期补偿，即逆着经济周期风向而动，这是不够的；通过任意变动反周期预算来加强这些内在稳定器，也是不够的；必须做到财政政策的长期水平和长期趋势与充分就业的增长轨道一致才行。[①]

然而，戴蒙德认为，国家的内债和外债都会减少资本积累，导致人们的福利损失。因为，政府债务增加，市场上对资金的需求增加，利率上升，企业投资成本增加，资本积累下降。从福利角度看，债务增加，需要付息的税收增加，人们的可支配收入减少，直接减少消费；资本积累减少，劳动生产率和工资降低，也影响消费，进而影响人们的福利水平；内债使资本积累减少得更多。[②] 费舍的跨国实证研究发现，高额的财政赤字不利于长期经济增长。由政府支出增加引起的债务对经济的影响，主要取决于政府支出的效率。政府支出效率越高，债务的正面作用就越大；反之，政府支出效率越低，债务的正面作用就越小。因此如何利用政府支出，是决定政府赤字和债务的关键。[③]

三、债务的增加将导致民众税收的增加

当然，政府举债行为本身并不一定带来公共财政风险。郭玉清在《逾期债务、风险状况与中国财政安全——兼论中国财政风险预警与控制理论框架的构建》一文中这样分析：在对举债项目进行了可行性论证、政府债务能够及时清偿的前提下，通过举借一些外债和内债，地方可以迅速解决财源不足的弊端，拉动本地经济持续平稳增长。他解释说，在某些经济发达地区，政府举债规模远超过落后地区，但其经济发展速度能支撑高债务总量，确保债务及时得以清偿，公共财政风险程度反而低于后者。他指出，在公共财政风险程度比较高的落后地区，地方政府往往大搞形象工程和政绩工程，却不考虑投资项目能否取得稳定而持续的利润流。他进一步分析，项目失败后，投资冲动造成的巨额亏损拖欠，又通过列收列支、买卖税款、拨款空转、寅吃卯粮等手段维持财政收支虚假平衡，潜在的偿债压力与日

---

① 詹姆斯·托宾：《十年来的新经济学》，钟淦恩译，商务印书馆 1980 年版，第 13—19 页。

② Diamond, Peter A.: *National Debt in a Neoclassical Growth Model*, *American Economic Review* 55, P. 25—50.

③ Fischer, Stanley: *The Role of Macroeconomic Factors in Economic Growth*, *Journal of Monetary Economics* 1993, 32, P. 485—512.

俱增。[①]

李翀在《财政赤字观和我国政府债务的分析》一文中提出：赤字和债务的增加将导致利率的上升，从而对消费支出和投资支出产生不良影响；赤字和债务的增加导致越来越多的公共资源从个人和企业转移到政府，假若政府支出效率不高，将导致整个社会效率下降和公共资源浪费。他分析：在赤字和债务不断积累的情况下，政府应对自然灾害、经济动荡和外来侵略的能力下降，从而将对整个经济和社会造成不利。举债终要偿还，他强调，一旦政府不能按期偿还债务的本金和利息，将对经济和社会造成破坏性影响。他进一步分析，政府债务危机导致政府债券价格暴跌，并引起整个金融市场的动荡。在政府债务危机发生的情况下，政府只能选择减少支出和增加税收，从而对经济造成强烈的收缩性的影响。他警告说，政府支出的减少将导致社会福利支出的减少，政府债务的增加将导致民众税收负担的增加，人们必将提出应该由谁来为政府债务危机承担代价的问题，结果将导致罢工和抗议浪潮，造成社会的动荡。[②]

上述讨论从不同学术角度阐释了财政赤字和政府债务对公共财政安全的影响，为我们进一步深入研究公共财政风险提供了理论导航。为此，本著作将运用实证和逻辑分析的方法，从公共财政安全隐患直接危及世界各国的经济安全和全球主权债务危机诱发中国式的公共财政风险这两个方面来论证面临挑战的公共财政安全，为课题“建立和完善公共财政安全监测预警机制”[③]的深入研究提供理论支持，从而为有关决策提供科学依据。

第三节　公共财政安全隐患危及世界各国的经济安全

在我们生活的这个世界，财政安全隐患直接导致财政危机的事件是经常发生的。曾经有美国橙县财务主管罗伯特·西特罗恩为获得巨额的财政增益，用当地的共享基金进行投资，不想利率陡然上升，引发该县一场雪崩式的财政危机；2008 年华尔街金融风暴尚未平息，美国加利福尼亚州又

---

① 郭玉清：《逾期债务、风险状况与中国财政安全——兼论中国财政风险预警与控制理论框架的构建》，《经济研究》2011 年第 8 期。

② 李翀：《财政赤字观和我国政府债务的分析》，《学术研究》2012 年第 1 期。

③ 教育部人文社会科学研究规划基金项目（12YJA810020）“建立和完善公共财政安全监测预警机制研究”。

陷入了严重的财政危机；金融危机阴影下的黎巴嫩，收入下降、失业上升、消费萎缩、债台高筑、经济衰退，截至 2011 年底，财政亦濒临崩溃；[①]联合国“没钱的欠着，有钱的赖着”导致经费严重不足的联合国财政陷入窘境；在美国面临“财政悬崖”困境的同时，日本政府又面临停摆的危机。过往的公共财政危机的案例，不一而足。

一、财政的危机迹象早有呈蔓延趋势

目前欧洲面临两大主要危机，分别是流动性危机和财政危机。其中，流动性危机正在逐渐得到解决，但财政危机却有蔓延之势。

(一)早期工业化国家

20 世纪 80 年代开始，绝大多数福利国家的政府出现被称为“福利病”[②]的公共财政危机。希腊在 2009 年预算赤字就占本国 GDP 的 12.7%，希腊 2011 年财政赤字占国内生产总值的比例为 9.1%，超过欧盟和国际货币基金组织为其设定的 7.6%的标准，2011 年底的债务总额为 3556 亿欧元，相当于国内生产总值的 165.3%。[③] 这已是欧盟成员国赤字上限规定的 4 倍，从而导致该国面临来自欧盟及金融市场的严峻压力。欧元因希腊财政危机面临巨大挑战，如果欧盟成员国不能采取可靠的财政举措来度过此次经济危机，欧元将再次出现剧烈震动；欧元和公共财政危机 2012 年已经成为多数德国人眼中最为急迫的问题。触发爱尔兰危机的是爱尔兰政府耗资 500 亿欧元救助其五大银行，这使爱尔兰 2010 年的财政赤字达 GDP 的 32%，公共债务达 GDP 的 100%。[④] 意大利 2012 年至少有 10 个城市在财

---

① 2008 年 6 月底，黎公共债务总额就达到 445 亿美元，是 GDP 的 185%。公共债务中约 80%为借自本国银行的商业贷款，每年还息压力巨大，债务总额连年攀升。截至 2011 年底，黎公共债务总额为 536 亿美元，同比增长 2%。其中，国内债务为 327 亿美元，同比增长 2.2%；外部债务为 209 亿美元，同比增长 1.7%。本币债务占总债务规模 61%，外币债务占总债务 39%。来源：《黎巴嫩拟于 2012 年增发共 50 亿美元欧洲债券和国债》，中国商务部网站，2012 年 3 月 22 日，http://finance.ifeng.com/roll2012/0322/5789870.shtml。

② “福利病”：20 世纪 80 年代以来，一些国家的社会保险制度开始陷入财务危机，出现了“福利病”的现象，从而引发了一系列问题。诸如，政府社会保障开支猛增，国家财政负担过重；资本投资下降，经济增长放缓；劳动力成本上升，国际竞争力下降；人们的工作积极性降低。

③ 《希腊 2011 年财政赤字仍然超标》，《上海政券报》，2012 年 4 月 25 日，http://news.10jqka.com.cn/20120425/c527388949.shtml。

④ 《欧元区离崩溃只有一步之遥》，人民网，2012 年 5 月 23 日，http://finance.jrj.com.cn/2012/05/23151613238942.shtml。

务管理上存在问题，离崩溃只有一步之遥，即使是繁荣的北部城市，在2012年6月也曾负债1亿欧元宣布进入财政紧急状态。[①]

里根政府大幅减税以刺激经济，从而引发天文数字的财政赤字。小布什政府时期的大规模减税计划、伊拉克和阿富汗两场战争以及2009年奥巴马政府制定的经济刺激方案是美国家债务台高筑的三大推手。小布什总统任期内，美国公共债务总额从他2001年上任初的5.7万亿美元增加至2009年初离任时的大约11万亿美元；奥巴马总统任期内，美国公共债务总额又增加了大约5万亿美元。奥巴马的财政赤字政策使得美国的公共债务总额攀升至16万亿美元，在未来数十年内，美国社会保险和医疗保健计划等福利项目的资金缺口将高达62万亿美元。换而言之，两项债务叠加，意味着每个美国家庭都背负超过50万美元的债务，美国国内关注公共财政安全的呼声鹊起。[②] 20世纪90年代后进入长期萧条的日本，力求通过政府投资带动整个经济复苏，因此大量发行国家债务，日本2011年的债务与GDP之比已高达约200%，是全球工业化国家中最高的。[③]

（二）新兴工业化国家

拉美、东亚、东南亚的新兴工业化国家20世纪80年代以来相继出现外债危机、金融危机、经济危机，三种危机交织到一起，互相作用，使得财政成为这些危机的最终承担者。一些国家的政府不得不求助于国际经济组织，接受结构性重组，丧失了部分财政主权。

拉美国家20世纪70年代普遍实施的“赤字财政—负债增长”战略使该地区的大部分国家比较轻松地避开了当时的世界经济衰退。但是，也正是这一战略的实施，导致了80年代拉丁美洲国家普遍的债务危机，使得80年代成为拉丁美洲“失去的10年”。90年代的经济增长先后两次被1994年的墨西哥金融危机和1999年的巴西货币危机打破。2001年，阿根廷爆发了严重的金融危机。

1989年，外国私人资本面向泰国的流出与流入分别在1000亿泰铢左右，1994年达到15000亿泰铢左右，4年间增加了10多倍。并且，在这些资

---

① 《意大利10个城市面临财政危机》，环球外汇网，2012年7月24日，http://cnforex.com/news/html/2012/7/24/57a9613e76fc698705d9dca062539c76.html。

② 葛相文等：《美国“寅吃卯粮”的财政危机》，2012年8月24日，新华网，http://news.xinhuanet.com/world/2012-08/24c-112833536.html。

③ 《中国成世界第二大经济体》，《北京日报》，2011年2月15日，http://www.chinanews.com/fortune/2011/02-15/2844193.shtml。

本中，短期资本比例较大、增长较快，1995 年、1996 年，非居民泰铢存款、企业短期美元借款、股票市场的国外投资等急剧增加。仅从对银行的债务余额看，泰国 1996 年底的 701 亿美元债务中就有 65.2%为短期债务。到 1997 年 6 月底，泰国外汇储备下降 300 亿美元，失去了继续干预外汇市场的能力。1997 年 7 月 2 日，泰国政府被迫宣布放弃钉住汇率制度，实行有管理的浮动汇率制度，当天泰铢汇率最低曾达到 1 美元兑 32.6 株，贬值幅度高达 30%以上。[①] 泰铢大幅度贬值，不仅给泰国经济造成重大灾难，而且迅速波及菲律宾、马来西亚、新加坡、韩国和印度尼西亚等整个东南亚地区，最终引发了震惊世界的亚洲金融危机。

继泰国等东盟国家金融风波之后，日本金融危机也进一步加深。1997 年 11 月，日本先后有数家银行和证券公司破产或倒闭，美元兑日元也跌破 1 美元兑换 130 日元大关，较年初贬值 17.03%。[②] 从 1998 年 1 月开始，东南亚金融危机的重心又转到印度尼西亚，形成第四波金融危机。

（三）转轨国家的政府

东南亚金融危机之后，中国、俄罗斯、乌克兰、波兰、匈牙利、白俄罗斯等国，面临着公共财政安全的严重挑战。这些转轨国家的政府一方面失去了计划经济时代的收入基础，另一方面还要承担转型的代价，承担市场经济条件下政府支出的责任，同时还要利用财政政策稳定经济，公共财政困难尤甚。

俄罗斯自 1992 年初推行“休克疗法”改革后，经济出现连年下降。1997 年亚洲金融危机爆发以后，俄罗斯经济就不断发出告急和求援的信号。1998 年 5 月，由于国家外汇储备短缺，卢布贬值的压力日益增大，俄罗斯金融局势开始发生动荡。俄罗斯中央银行仅 1997 年就耗费了国家的 190 亿美元的外汇储备。而等到必须干预市场和反映俄罗斯偿债能力时，俄罗斯央行的外汇储备已经不足 130 亿美元（其中还有 50 亿美元的黄金储备），这与它 2000 多亿美元的外债和市场游资相比，简直微不足道。对于央行应该起到的两大功能，保持币值稳定和发展银行体系，俄罗斯央行只能是心有余而力不足。卢布下跌到停止全部交易，推迟外债的还本付息，央行的信用荡然无存。由于油价处于低位，资本外流，工业产值历史性下

---

① 严婷等：《亚洲金融危机的导火线：泰铢》，《第一财经日报》，2011 年 2 月 17 日。

② 《货币战争经典案例回顾：东南亚危机——泰铢沦陷》，山西证券金典网，2010 年 10 月 14 日，http://www.i618.com.cn/news/NewsContent.jsp? docId=1569772。

降，投资出现两位数降幅，到 2009 年，俄罗斯经济就已经被拖入最为严重的危机之中。[①]

乌克兰曾是苏联经济体系中最发达的加盟共和国之一，拥有丰富的资源和良好的人力资本，该国人均 GDP 一度傲视东欧。然而，2012 年乌克兰的国民收入处于欧洲较低水平，相较于另一个国家波兰的 2 万美元人均 GDP，乌克兰的人均 GDP 仅 7200 美元。波兰在 2009 年实现了经济增长，是中东欧地区最大的经济体。尽管如此，波兰的预算赤字也扩大到了整个 GDP 的 7.1%。匈牙利 2012 年的总债务额已经上升到占其 GDP 的 82%，其 10 年期国家债务收益率也突破 8%，[②]匈牙利由此成为债务风险最高的东欧国家。2011 年 5 月 24 日，白俄罗斯卢布对美元汇率由 5 月 23 日的 3155∶1 跌至 4930∶1，贬值幅度达 36%。[③] 国人财富在一夜之间大缩水，人们纷纷上街抢购商品，整个国家一片混乱，2011 年 5 月下旬至 6 月初，白俄罗斯爆发了一场金融危机。

中国改革由政府主导，决定了方方面面的矛盾和问题都将集中到政府身上，并且在很大程度上需要财政支持才能化解。凡重大的制度改革和宏观政策调整，如建立和完善社会保障制度体系、协调区域经济改革和发展、重大经济结构调整和完善等，无不如此；而如若公共财政长期处于困境，则政府对各种支出要求是穷于应付的。而一旦出现重大突发公共事件和公共危机需要巨额财政支出之时，政府财力就有可能难以为继。此时，早已潜在的公共财政安全隐患就将显现，从而爆发谁也不愿看见的公共财政危机。而这绝非危言耸听！

2012 年，中国转轨进入关键时期，各种利益矛盾和社会冲突日益尖锐，国际政治经济形势更为复杂。西方国家冻结利比亚的外汇储备，已经向世界发出了一个十分明确的信号：在人权高于主权的旗号下，除美、欧、日以外的主权国家的外汇储备，是没有任何安全保障的。而截至 2012 年 3 月，

---

① 2011 年 12 月 16 日，俄罗斯结束了长达 18 年的马拉松式谈判，正式获准成为世贸组织新成员，迎来了对外经贸合作和自身经济发展的崭新起点。俄罗斯的对外政策和国际行为表明，在处理国际危机事务的过程中，他们总是善于做出最有利于本国利益的选择。在世界各国疲于应对危机的时候，俄罗斯经济会在乱世中加速崛起。

② 《匈牙利公共债务已达 GDP 总量 82%再次向 IMF 求援》，《人民日报》，2011 年 12 月 13 日。

③ 《白俄罗斯向 IMF 寻求最高达 80 亿美元的贷款》，一财网，2011 年 6 月 2 日，http://www.yicai.com/news/835100.html。

中国外汇储备余额达到3.31万亿美元，[①]已经成为支撑中国财政金融体系正常运行的物质基础。但"天有不测风云"，万一外汇储备被冻结，中国的财政金融体系将面临崩溃的危险。因此，我们必须探索更加积极的外汇储备优化管理方式，并注重政策制定的长远考虑与积极优化。可见，对于中国政府，关注公共财政风险比任何时候都显得更为重要。

二、国外公共财政呈现动荡不安局面

2008年爆发了20世纪30年代以来最严重的全球金融危机，世界经济随之下行。惊恐之余，各国政府纷纷推出大规模非常态经济刺激计划。在各国政府联合行动下，全球经济经过一番挣扎后，在2009年显现出脆弱的企稳复苏态势。然而，金融危机和经济刺激政策却直接暴露了政府的巨额债务问题。2009年底，阿联酋的迪拜政府首当其冲，卷入主权债务的泥潭。希腊、西班牙、爱尔兰等国紧随其后，陷入刺激政策的陷阱，纷纷暴露出财政危机。

(一)从迪拜违约到希腊危机

2009年11月25日，迪拜政府突然宣布，将重组旗下最大的主权投资公司迪拜世界，推迟债务偿还6个月；2009年12月1日，迪拜政府又宣布，不会担保国有控股公司迪拜世界的债务。消息传出当日，世界金融市场为之震荡，"主权债务危机"由此爆发。迪拜世界总负债接近600亿美元，[②]面临破产。外界担心迪拜的违约风险急升，标准普尔与穆迪于是大幅下调迪拜政府的相关资产评级，6家关联实体的评级降至垃圾级别。

迪拜世界债务风波一起，立即引发"蝴蝶效应"。继迪拜政府之后，2009年12月8日，惠誉宣布希腊财政状况的中期前景令人担忧，将调低其长期外币及本币发行人违约评级，使希腊成为主权信用评级最低的欧元区国家。几天后，标准普尔宣布，将希腊长期主权信贷评级下调一档，同时发出警告，如果希腊政府无法在短期内改善财政状况，就有可能进一步降低希腊的主权信用评级。希腊在一周内两次遭受信贷评级下调的打击，引发了希腊股市大幅下跌和国际市场避险情绪大幅升温。穆迪也将希腊列入

---

① 《2012年3月中国外汇储备余额为3.31万亿美元》，中商情报网，2012年4月13日，http://www.askci.com/news/201204/13/85859_05.shtml。

② 《抓住调整时机　布局基金投资》，凤凰网，2009年11月30日，http://finance.ifeng.com-fundjjpl/20091130/1524492.shtml。

观察名单，并有可能调降其信贷评级。2010 年 4 月 27 日，标准普尔下调希腊主权评级 3 个级距，沦为投机或垃圾级的最高级，并给予消极前景展望。2010 年 6 月 14 日，穆迪下调希腊主权债务评级，从 A3 级降为 Ba1 级，下调 4 个等级，沦为垃圾级。穆迪表示下调其信用评级反映了希腊政府实施紧缩政策和改革措施的不确定性。希腊主权债务危机爆发后，市场一度担心它会成为下一个雷曼，发达经济体主权债务问题也开始受到特别关注。

（二）全球性的赤字堪忧

如果说 2009 年各国担心全球经济还未“触底”的话，那么进入 2010 年以后，各国又开始担忧因经济刺激计划而带来的全球性赤字问题。

继迪拜危机之后，2009 年全球对希腊、西班牙等国赤字程度极度担忧。如果希腊“破产”，对欧元区仅是一个“问题”；而如果西班牙“破产”，对欧元区则是一场“灾难”。2010 年，欧盟 27 个成员中有 20 个国家出现赤字超标问题，从迪拜到希腊，从希腊到欧元区，从英国到美国，欧美核心发达经济体国家的巨额政府赤字，就像慢性发展的恶性“肿瘤”，侵蚀着尚未全面复苏的全球经济。世界开始担忧全球性“赤字潮”对经济复苏的无形制约，欧盟为此频频发出预警信号。鉴于此，从希腊到欧盟，从欧盟到美国，各国都推出了多副“猛药”以削减政府赤字。但在经济复苏脆弱的形势下，各国推出的削减赤字计划，面临诸多障碍与风险，这也是笼罩在全球经济复苏上空的一片阴影。

在多副“猛药”的作用下，截至 2011 年，美国政府的财政赤字近 1.3 万亿美元。这是美国公共财政赤字连续第三年超过 1 万亿美元，联邦政府赤字占国内生产总值的比例达到 8.6%左右，是自“二战”以来的最高比例，①显示了美国国家债务风险仍在扩大。而 2010 年三大评级机构也对美国发出警告：到 2013—2015 年，如果赤字不减少，美国主权信用可能会被下调。②

2011 年，欧盟中赤字率最高的是爱尔兰（－13.1%），其次是希腊（－9.1%）、西班牙（－8.5%）、英国（－8.3%）、斯洛文尼亚（－6.4%）、塞浦路斯（－6.3%）、立陶宛（－5.5%）、法国和罗马尼亚（均为－5.2%）以及

---

① 《美国政府 2011 年财政赤字近 1.3 万亿美元》，中国新闻网，2011 年 10 月 15 日，http://www.chinanews.com/gj/2011/10-15/3390759.shtml。

② 《全球出现“赤字潮”经济复苏蒙阴影》，新华网，2010 年 2 月 7 日，http://news.xinhuanet.com/world/2010-02/07/contet_12946590_4.htm。

波兰（－5.1%）。赤字率最低的是芬兰（－0.5%），其次是卢森堡（－0.6%）、德国（－1.0%）。①

大和综研理事长武藤敏郎在出席博鳌亚洲论坛2012年年会时表示，2011年日本政府总体的赤字水平已经占到了GDP的10.1%，日本面临严重的公共财政安全的隐忧。日本内阁官房长官仙谷由人2011年1月6日表示，日本财政赤字占GDP的10%左右，赤字状况正在"临近悬崖"②。在国际金融危机中，原本不佳的英国公共财政状况进一步恶化。

2010年英国财政赤字占GDP的比例达11.4%左右，高于希腊、葡萄牙的8.7%和西班牙的10.4%，成为欧盟27个成员中赤字最高的国家之一。③ 根据英国预算责任办公室（OBR）的政府贷款模型显示，英国结构性赤字2011年比预算高出120亿英镑，上升25%。④

（三）债务的危机蔓延欧元区

在主权信用级别被下调后，希腊主权债务危机成为引发欧洲债务危机的导火索，危机迅速向爱尔兰、意大利、葡萄牙、西班牙等财政赤字严重的欧元区蔓延，各国先后被下调主权信用评级，甚至财政状况相对较好的德国和法国的主权信用也遭受质疑，欧元区债务危机一触即发。

按欧盟制定的《稳定与增长公约》，欧元区成员国财政赤字不能超过GDP的3%，国家公共债务必须低于GDP的60%。而调查显示，2011年欧元区和欧盟的公共财政赤字占其GDP的比重（赤字率）分别为4.1%和4.5%，而政府债务占GDP的比重（负债率）为87.2%和82.5%。2011年，欧元区17国和欧盟27国财政赤字的绝对值均较2009年下降，而政府债务均增加。欧元区的赤字率由2009年的6.3%下降至4.1%，负债率由78.7%增至87.2%（见表2-1）。⑤

---

① 《2011年欧盟各国政府财政赤字及债务情况报告》，元培产业情报，2012年4月24日，http://info.yup.cn/finance/53266.jhtml。

② 吴心韬：《日本财政状况已"临近悬崖"》，《中国证券报》，2011年1月7日。

③ 《英国经济面临财政赤字难题》，腾讯网，2010年5月12日，http://finance.qq.com/a/20100512/005476.htm。

④ 《2011—2012年英国公共财政赤字加剧》，中国产业竞争情报网，2011年9月23日，http://www.chinacir.com.cn/2011_hgsj/276342.shtml。

⑤ 《2011年欧盟各国政府财政赤字及债务情况报告》，元培产业情报，2012年4月24日，http://info.yup.cn/finance/53266.jhtml。

表 2-1　欧元区部分国家 2009 年与 2011 年赤字和债务水平比较[①]

单位：%

指标＼国家	爱尔兰	希腊	西班牙	葡萄牙	法国	德国	意大利	比利时	欧元区平均水平
2009 年财政赤字/GDP	14.3	13.6	11.2	9.4	7.5	3.3	5.3	6.0	6.3
2011 年财政赤字/GDP	13.1	9.1	8.5	4.2	5.2	1.0	3.9	3.7	4.1
2009 年公共债务/GDP	82.9	115.1	66.3	84.6	77.6	76.7	115.8	96.7	78.7
2011 年公共债务/GDP	108.1	162.8	39.6	101.6	85.4	81.7	120.1	97.2	87.2

截至 2011 年末，负债率最低的国家是爱沙尼亚(6.0%)，其次是保加利亚(16.3%)、卢森堡(18.2%)、罗马尼亚(33.3%)、瑞典(38.4%)、立陶宛(38.5%)、捷克(41.2%)、拉脱维亚(42.6%)、斯洛伐克(43.3%)和丹麦(46.5%)。14 国的负债率超过 60.0%，它们分别是希腊(165.3%)、意大利(120.1%)、爱尔兰(108.2%)、葡萄牙(107.8%)、比利时(98.0%)、法国(85.8%)、英国(85.7%)、德国(81.2%)、匈牙利(80.6%)、奥地利(72.2%)、马耳他(72.0%)、塞浦路斯(71.6%)、西班牙(68.5%)以及荷兰(65.2%)。[②]

希腊是欧债危机的"始作俑者"，2012 年可能再次成为债务危机恶化的"排头兵"，关于希腊债务重组的谈判已经陷入僵局。在债务危机阴影下，2012 年对于欧洲人来讲近乎度日如年，正如德国总理默克尔所言，2012 年将是欧洲"艰难的一年"。2011 年，就有预计欧洲经济 2012 年将衰退 0.1%，如果欧洲主权债务危机得不到有效遏制，衰退幅度可能进一步加大。[③] 可见，债务问题已经不仅局限于某一个国家或者地区，而且出现了向全球范围蔓延的趋势。随着全球性公共财政问题的日趋凸显，全球市场再次充斥危机来临的恐慌。

第四节　全球主权债务危机诱发中国式财政风险

2008 年，中国政府的财政政策由"稳健"转向"积极"，货币政策由"从紧"转向"适度宽松"，并制定了在两年内实施总额 4 万亿元人民币的投资

①② 元培产业情报，2012 年 4 月 24 日，http://info.yup.cn/finance/53266.jhtml。

③ 《2012 年欧债危机持续发酵　经济衰退幅度或加大》，中国宁波网，2012 年 1 月 18 日，http://www.cnnb.com.cn。

计划。2012 年，美国、日本经济复苏乏力，欧洲债务危机不断，市场信心下降，世界经济将在较长时期内持续低迷。2012 年是中国经济“在持续回落中逐步趋稳”的一年，中国经济发展面对众多的挑战及很多的不确定性。

一、一系列非常规经济宽松政策传导财政风险

2008 年 11 月的一系列经济数据表明，中国经济的增速下滑超出意料。出口增速从上月的 19.2%下降到−2.2%，进口增速从上月的 15.7%下降到−17.9%。全国规模以上工业企业增加值同比增长 5.4%，比 2007 年同期回落 11.9 个百分点。生铁、粗钢和钢材产量分别下降 16.2%、12.4%和 11%；汽车 71.4 万辆，下降 15.9%。[①] 2008 年以来，受益于 4 万亿积极财政政策，经济运行总体平稳，但是结构性问题并未解决，一些本该淘汰的落后产能反而“因祸得福”，同时资产价格、劳动力成本、通胀水平大幅上升，地方债务负担飙升；产业结构转型未能借此契机实现根本调整，内需亦未能完全启动。

2009 年财政赤字规模或达 9500 亿，地方政府债务规模将接近 11 万亿元，相当于 2009 年地方本级财政收入的 3 倍。[②] 2010 年中国财政支出 89575.38 亿元，增长 17.4%；加上补充中央预算稳定调节基金的 2248 亿元和地方财政结转下年支出的 1356.94 亿元，支出总量为 93180.32 亿元。全国财政收支总量相抵，差额 1 万亿元。[③] 2011 年财政支出规模超过 10 万亿元，财政赤字率高于 3%，债务率超过 20%。[④] 2012 年到期的地方政府债务有 1.84 万亿元，其中政府负有偿还责任的债务达 1.298 万亿元，而政府负有担保责任的债务为 2972 亿元[⑤]。所以，对地方债务潜在的风险必须高度关注。

---

① 《标普：中国仍有可能推出经济刺激计划》，中国证券网，2012 年 8 月 22 日，http://www.cnstock.com/roll/201208/2221243.htm。

② 《地方政府债务规模惊人　据估算已达财政收入 3 倍》，中国经济网，2010 年 7 月 5 日，http://business.sohu.com/20100705/n273280016.shtml。

③ 《关于 2010 年中央和地方预算执行情况与 2011 年中央和地方预算草案的报告》，《人民日报》，2011 年 3 月 17 日。

④ 《人大官员：2011 年中国实际财政赤字率或高于 3%》，财经网，2011 年 1 月 17 日，http://www.caijing.com.cn/2011-01-17/110621123.html。

⑤ 刘英团：《政府举债应开“前门”关“后门”》，《证券时报》，2012 年 1 月 10 日，A3 版。

二、决定抵御风险能力的经济引擎大幅受挫

中国经济增长长期主要依靠投资和出口带动，经济发展模式内外不均，过度依赖外部进口需求与出口贸易的外向型经济存在易受国际市场震动影响和控制的软肋。

由于欧盟在处理希腊债务危机的问题上没有得到有效的解决，希腊债务危机进一步蔓延，导致了银行危机与债务危机并发，逐渐扩散到整个欧元区，致使欧洲出现了严重的债务危机。欧洲债务危机的不断蔓延和加深，波及全球各地，阻碍了世界正常的经济发展秩序，也影响到中国经济的发展。欧盟是中国最为重要的出口贸易伙伴，其对中国的贸易份额一直保持在18%左右。欧洲债务危机爆发后，欧洲各国必然会实行自我保护主义，保护本国市场，减少外国产品对本国市场的冲击来缓解债务危机。与此同时，也会加强对国外市场的竞争力度，提高对外出口的贸易顺差。

面对这样严峻的问题，中国本土市场加强了中国市场的产品倾销，提高中国市场的商品占有率。这不仅严重影响中国市场经济的正常发展，扰乱经济发展秩序，同时也会减少中国对欧洲的对外出口，使中国的出口产品遭受巨大损失，严重影响中国的对外贸易额。以希腊为例，中国是希腊第三大贸易合作国，长期对希腊的出口出现了贸易逆差，希腊的债务危机严重影响了中国与希腊市场的占有率，阻碍了中国与希腊正常的国际贸易往来。欧元区主权债务危机以来，欧元的不断贬值与欧洲经济复苏势头的减缓，都会影响公共债务水平，进而导致政府融资能力的经济增长呈现动力不足的局面。

三、积极财政政策催化下的地方政府债务隐患

在积极财政政策的推动下，全国地方政府所负债务骤然增加。具体形式主要有6种：一是由地方政府出面担保或提供变相担保的债务，这类债务属于或有债务，在地方债务中规模最大。二是国有公司发行的企业债，绕开《预算法》的规定，变相发行地方债务。三是社会保障资金缺口，属于隐性债务。四是国有企业的亏损或破产。五是拖欠中小学教职工工资，属于直接债务。六是地方政府部门拖欠企业工程建设项目施工款等各种“白

条子”，属于直接债务。[①]

以下内容数据来自审计署办公厅发布的《2011 年第 35 号：全国地方政府债务审计结果》。

据审计署公告显示，地方债务数额到 2009 年底，快速增加到 5 万亿元。而在 2009 年底到 2010 年底的 1 年间，地方债务余额翻了一番，从 5 万亿元增加到近 10.72 万亿元。[②] 据审计署发布数据，截至 2010 年年底，全国地方政府性债务余额约 107174.91 亿元，其中：政府负有偿还责任的债务 67109.51 亿元，占 62.62%；政府负有担保责任的或有债务 23369.74 亿元，占 21.80%；政府可能承担一定救助责任的其他相关债务 16695.66 亿元，占 15.58%（见图 2-1）[③]。

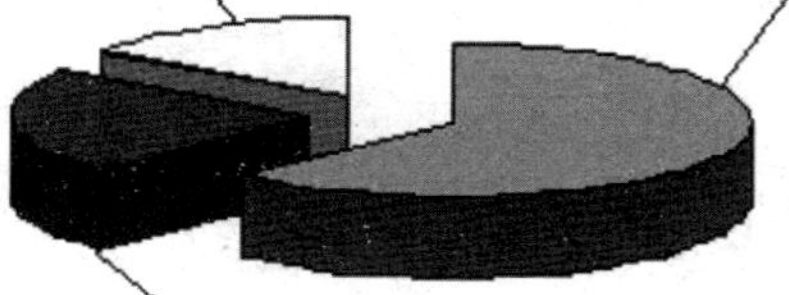

图 2-1　2010 年底全国地方政府性债务规模情况图

在 2010 年底的地方政府性债务余额中，有 51.15%共计 54816.11 亿元是 2008 年及以前年度举借和用于续建 2008 年以前开工项目的，其中：2008 年及以前年度举借 31989.04 亿元，占 29.85%；用于续建以前年度开工项目和偿还以前年度债务本息 22827.07 亿元，占 21.30%。1997 年以来，债务规模的年度变化情况是：中国地方政府性债务规模随着经济社会发展逐年增长。1998 年和 2009 年债务余额分别比上年增长 48.20%和 61.92%。2010 年的债务余额比上年增长 18.86%，但增速下降 43.06 个百分点（见图 2-2）。

截至 2010 年底，全国省级、市级和县级政府性债务余额分别为 32111.94 亿元、46632.06 亿元和 28430.91 亿元，分别占 29.96%、43.51%

---

① 傅道忠：《略论我国地方政府债务风险及防范》，《吉林省经济管理干部学院学报》2004 年第 5 期。

② 党均章等：《中国地方政府债务风险问题探讨》，《银行家》2011 年第 8 期。

③ 审计署办公厅：《2011 年第 35 号全国地方政府性债务审计结果》，2011 年 6 月 27 日，http://www.audit.gov.cn/n1992130/n1992150/n1992500/2752208.html。本部分数据亦来源于此。

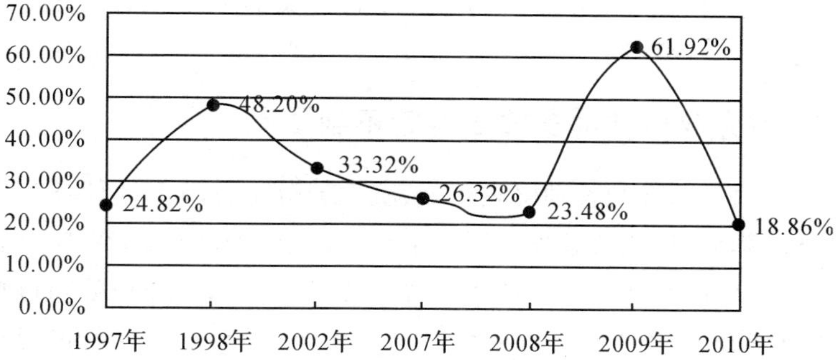

图 2-2　1997 年以来全国地方政府性债务余额增长率变化情况图

和 26.53%(见图 2-3)。

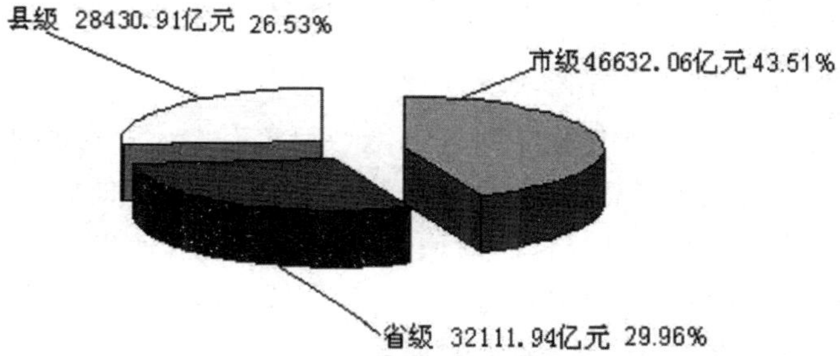

图 2-3　2010 年底全国地方政府性债务余额层级分布情况图

债务负担总体情况是，省、市、县三级地方政府负有偿还责任的债务率，即负有偿还责任的债务余额与地方政府综合财力的比率为 52.25%，加上地方政府负有担保责任的或有债务，债务率为 70.45%。地方政府负有担保责任的或有债务的政府可能承担一定救助责任的其他相关债务，其 2010 年的逾期债务率分别为 2.23%和 1.28%。

审计发现，全国地方政府性债务负担总体情况存在如下主要问题：

(一)地方政府举债融资行为缺乏规范

由于现行规定未赋予地方政府举债权，对地方政府业已存在的举债融资行为缺乏规范，各地举债融资渠道和方式不一，且多头举债、举债程序不透明。大多数地方政府是通过融资平台公司等变相举债的，一些是由政府机构违规提供担保来获得债务资金的，有的政府部门和单位甚至直接举借债务。据审计署 2011 年 3 月至 5 月的审计发现：有 7 个省级、40 个市级和 107 个县级政府及所属部门，以出具承诺函、宽慰函等形式，或以财政收入、行政事业单位国有资产等，违规为融资平台公司等单位举借债务提供担保464.75亿元。

（二）地方政府性债务收支监管不到位

除地方政府债券和各种财政转贷外，大部分地方政府性债务收支未纳入预算管理和监督，相关管理制度也不健全。至2010年底，在31个省级政府中，有7个未出台地方政府性债务管理规定，8个未明确债务归口管理部门，14个未建立政府性债务还贷准备金制度，24个未建立风险预警和控制机制。市级和县级政府债务管理制度不健全的问题更为突出，一些地方长期存在债务规模底数不清、偿债责任未落实等问题。

（三）部分地区和行业偿债缺乏偿债力

1.个别地方政府负有偿还责任的债务负担较重

2010年底，有78个市级和99个县级政府负有偿还责任的债务率高于100%，分别占两级政府总数的19.9%和3.56%。由于偿债能力不足，部分地方政府只能通过举借新债偿还旧债。至2010年底，有22个市级政府和20个县级政府的借新还旧率超过20%。还有部分地区出现了逾期债务，有4个市级政府和23个县级政府逾期债务率超过了10%。

2.部分地方的债务偿还对土地出让收入的依赖较大

2010年底，地方政府负有偿还责任的债务余额中，承诺用土地出让收入作为偿债来源的债务余额为25473.51亿元，共涉及12个省级、307个市级和1131个县级政府。

3.部分地区高速公路、普通高校和医院债务规模大、偿债压力较大

至2010年底，地方政府性债务余额中用于高速公路建设的债务余额为11168.11亿元，其中政府负有偿还责任的债务754.02亿元，政府负有担保责任的债务7809.63亿元，其他相关债务2604.46亿元，分别占6.75%、69.93%和23.32%。部分地区的高速公路处于建设期和运营初期，其收费收入不足以偿还债务本息，主要依靠举借新债偿还，2010年全国高速公路的政府负有担保责任的债务和其他相关债务借新还旧率达54.64%。

至2010年底，1164所地方所属普通高校和3120家公立医院分别有政府性债务2634.98亿元和977.74亿元。其中有387所高校和230家医院的政府负有担保责任的债务和其他相关债务的借新还旧率超过50%，当年借新还旧偿债额分别为542.47亿元和95.29亿元。有95所高校和575家

医院存在债务逾期现象，逾期债务分别为 27.18 亿元和 30.42 亿元。一些地方已安排 441.38 亿元财政资金用于偿债。

（四）部分政府性债务资金未安排使用

至 2010 年底，地方政府性债务余额中尚未支出的金额为 11044.47 亿元，其中 31 个省级、256 个市级和 942 个县级政府所属部分债务单位 2008 年及以前年度举借至 2010 年底未支出的债务余额有 1319.80 亿元，占 11.95%，2010 年为此以财政资金支付利息 67.74 亿元。

（五）部分单位违规取得和使用政府性债务资金

一些地方政府性债务资金的举借、管理和使用不够规范，违规问题金额达 1082.53 亿元。主要是：部分融资平台公司等单位以虚假或不合法的抵（质）押物、高估抵押物价值等方式取得债务资金；一些地方和单位将债务资金违规投入资本市场、房地产市场或用于修建楼堂馆所，部分单位违反国家产业政策，将债务资金投向高能耗、高污染、产能过剩、低水平重复建设项目。此外，审计还发现形成损失浪费 19.94 亿元；涉嫌经济违法违纪案件线索 12 件，正在依法查处。

（六）地方政府融资平台公司数量多，管理不规范

1. 融资平台公司数量多

地方政府融资平台公司产生于 20 世纪 80 年代。至 2010 年底，全国省、市、县三级政府共设立融资平台公司 6576 家，其中：省级 165 家，市级 1648 家，县级 4763 家；有 3 个省级、29 个市级、44 个县级政府设立的融资平台公司数量均达 10 家以上。从这些公司的经营范围看，以政府建设项目融资功能为主的有 3234 家，兼有政府项目融资和投资建设功能的有 1173 家，还有进行其他经营活动的有 2169 家。

2. 融资平台公司债务规模大

2010 年底，融资平台公司政府性债务余额 49710.68 亿元，占地方政府性债务余额的 46.38%，其中：政府负有偿还责任的债务 31375.29 亿元，政府负有担保责任的债务 8143.71 亿元，其他相关债务 10191.68 亿元，分别占 63.12%、16.38%、20.50%。从层级看，省级 8826.67 亿元、市级 26845.75 亿元、县级 14038.26 亿元，分别占 17.76%、54% 和 28.24%。从债务偿还看，有 358 家融资平台公司通过借新还旧方式偿还政府负有担保

责任的债务和其他相关债务1059.71亿元，借新还旧率平均为55.20%；有148家融资平台公司存在逾期债务80.04亿元，逾期债务率平均为16.26%。

3. 部分融资平台公司管理不规范、盈利能力较弱

主要表现为：对融资平台公司缺乏规范的管理制度，部分公司法人治理结构不完善，内部管理级次多、链条长，资本金到位率低等。审计（与上文为同一审计）发现，有1033家融资平台公司存在虚假出资、注册资本未到位、地方政府和部门违规注资、抽走资本等问题，涉及金额2441.5亿元；由于融资平台公司举借的债务资金主要投向回收期较长的公益或准公益性项目，盈利能力较弱，有26.37%共计1734家融资平台公司出现亏损。①

四、地方政府债务的膨胀有其明显的负面效应

由于金融体系缺乏硬预算约束，财政体制不完善，缺乏政府债务风险预警和控制机制，加上地方政府债务种类多，或有债务比重大，而政府债务统计口径又不统一，这就使中央政府无法全面掌握地方政府债务的真实规模，从而使债务负担率、债务依存度、偿债率等指标无法运用。② 这大大削弱了中央政府对地方政府债务风险的监控，使地方政府债务处于失控状态，其负面效应十分明显。

（一）地方债务膨胀降低了政府公信力

据统计，到2004年底，全国竣工项目共拖欠工程款约1780亿元，其中约700亿元来自政府工程。例如，福建龙海市九湖镇政府拖欠一家公司近350万元的工程款近10年，2000年9月被漳州市中级人民法院判决偿付，但九湖镇政府以没有偿还能力为由，每年只偿还1.5万元。这家公司负责人感叹道："照此下去，九湖镇政府还清我的全部工程款需要200多年啊！"③事实表明，在偿债机制不完善的情况下，地方债务膨胀相当程度上降低了政府的公信力，阻碍了市场经济体制的完善。④

---

① 审计署办公厅：《2011年第35号：全国地方政府性债务审计结果》，2011年6月27日，http://www.audit.gov.cn/n1992130/n1992150/n1992500/2752208.html。

② 樊丽明等：《中国地方政府债务管理研究》，经济科学出版社2006年版，第297—299页。

③ 王比学：《人民时评：政府拖欠工程款何时休?》，人民网，2006年9月18日，http://opinion.people.com.cn/GB/4830262.html。

④ 张远：《地方政府债务的效应及形成机制新探》，《南京政治学院学报》2005年第3期。

截至2012年底,36个地方政府本级政府性债务余额约38475.81亿元(政府负有偿还责任的债务18437.10亿元、政府负有担保责任的债务9079.02亿元、其他相关债务10959.69亿元),比2010年增加约4409.81亿元(其中12个地方政府本级减少约1417.42亿元,24个地方政府本级增加5827.23亿元),增长12.94%。从债务形成年度看,2010年及以前年度举借20748.79亿元,占53.93%;2011年举借6307.40亿元,占16.39%;2012年举借11419.62亿元,占29.68%。① 截至2013年6月底,全国各级政府负有偿还责任的债务约20.7万亿元,负有担保责任的债务29256.49亿元,可能承担一定救助责任的债务66504.56亿元。②

(二)扩大了地方政府重复建设的规模

第三次全国工业普查资料显示,中国的彩电、冰箱、洗衣机、空调器、电风扇的生产能力利用率只有50%左右。20世纪90年代,汽车、机械、电子工业成为各地投资的热点。1999年,全国汽车生产企业就达122家,年生产能力达240万辆以上,然而有1/3的产能处于闲置状态。2000年后,新材料、生物医药工程、电子信息等"高薪"项目成了各地竞相争夺的焦点。仅在"长三角"地区,14个城市的"十五"规划中,列为支柱产业的电子信息、新材料、生物医药工程等产业的趋同率达70%。③ 一轮又一轮的重复建设,不仅造成严重的产能过剩、资源闲置,而且造成各地产业结构雷同,比较优势难以发挥,资源配置效率低下,给社会经济带来严重的后果。

(三)支撑了地方财政支出的过快增长

转轨期间,中国的财政支出快速膨胀,财政支出年均增长率高于经济增长率和物价上涨率,很多年份,财政支出增长率超出经济增长率约1倍(1989、1990、1998、1999、2000、2001等年份),超出物价上涨率10倍以上(1998—2003)。财政支出总额1978—1987年翻一倍,1987—1993年翻一倍,1993—1997年翻一倍,1997—2001年翻一倍,总的趋势是翻倍的周期越来越短。1970—1997年27年间,美国的财政支出总额增长了约7.5倍,

---

① 审计署办公厅:《2013年第24号公告:36个地方政府本级政府性债务审计结果》,2013年6月10日,http://www.audit.gov.cn/n1992130/n1992150/n1992379/3291682.html。

② 审计署办公厅:《2013年6月全国政府性债务审计结果》,2013年12月30日,http://www.auditgov.cn/n1992130/n1992150/n1992379/342165.html。

③ 《30年回顾:中国家用电器行业发展历程》,《电器》,2008年9月19日,http://info.homea.hc360.com/2008/09/191559408673-2.shtml。

1978—2005 年 27 年间，中国的财政支出总额增长了约 29 倍。两个相比较，中国的财政支出显示出了超常的高增长。尽管中国一直强调节支，主张实行适度从紧的财政政策，实际结果总是表现为扩张性财政政策的落实。[①]

据西安市统计局数据显示：2008 年 1—9 月，西安市地方财政支出 102.16 亿元，同比增长 31.0%，增幅比 2007 年同期增长 9.8%；地方财政一般预算支出 98.15 亿元，增长 30.8%，加快 11.9 个百分点；一般公共服务支出 18.93 亿元，增长 19.3%；教育支出 16.86 亿元，增长 51.3%；社会保障和就业 13.04 亿元，增长 36.1%；城乡社区事务支出 17.08 亿元，增长 26.1%。[②] 在地方政府组织财政收入的能力相对有限的条件下，其财政支出的快速增长，在很大程度上得益于地方政府债务收入的支持。各地时常出现“比规模”“拼摊子”的现象，忽视本地公众对公共产品的实际需求和地方财政的承受力，进而陷入“财政支出拉动债务，债务膨胀支持地方债务扩张”的恶性循环之中。

据课题组调查数据显示：2011 年中国地方财政支出约 9.27 万亿元；2012 年全国地方财政支出约 10.7 万亿元。2013 年全国财政财政支出约 11.97 万亿元。财政支出大幅提升主要受到地方本级财政支出放量，预算执行进度显著加快带动。当月交通运输、保障性住房、城乡社区事务管理、医疗卫生、教育、文化体育与传媒领域吸引财政资金强劲。受经济下行压力增大影响，2014 年财政部提前通知加强财政支出预算执行，并出台《关于进一步加强财政支出预算执行管理的通知》，要求有效发挥财政资金在稳增长、调结构、惠民生等方面的重要作用，从 5 月地方财政支出情况看，地方政府正在积极调整财政政策稳定增长，同时也加大了财政支出预算管理和资金支付力度。2014 年 3 月以来，财政支出力度均高于历史平均水平，预计地方财政支出仍将继续发力。

（四）地方政府的行政成本居高不下

改革开放以来，中国行政管理支出规模不论是从绝对数还是从相对数来看，都以惊人的速度增长。近年来增长趋势未减，呈现总量成倍增长，占财政支出和 GDP 的比重不断攀升的现状。据调查统计，1995—2006 年，公

---

① 白景明：《行政管理体制特征与财政支出膨胀》，财政部信息网，2012 年 3 月 20 日，http://www.mof.gov.cn/preview/mof/zhengwuxinxi/diaochayanjiu/200806/t20080620_47488.html。

② 西安市统计局：《财政收入快速增长　财政支出不断扩大》，2008 年 10 月 28 日，http://www.xatj.gov.cn/ptl/def/def/index_923_6225_li_tird_993554.html。

共财政支出中行政管理费由 996.54 亿元增加到约 7571.05 亿元，12 年间增长了 6.6 倍；行政管理费用占财政总支出的比重在 1978 年仅为 4.71%，1995 年为 14.60%，到 2006 年上升到 18.73%。[①] 2010 年，中国财政一般预算收入年均增长将超 20%，年均增加 9500 亿元左右，接近 1998 年的全国财政收入。2012 年，全国"两会"期间，九三学社提案指出：目前，全国一年公款吃喝的开销已达 3000 亿元。[②]

从国际横向来看，拿 2006 年预算内的行政管理费占财政总支出的 18.73%这一比例去比较，远远高出日本的 2.38%、英国的 4.19%、韩国的 5.06%、法国的 6.5%、加拿大的 7.1%以及美国的 9.9%。[③] 中国行政成本高居世界第一。诺斯模型证明，国家提供的基本服务是博弈的规则，这些规则服务于国家的基本目标之一，由于降低交易费用，使社会产出最大化。但部分公职人员追求租金最大化的行为，却与此相冲突。结果导致公职人员过分扩充，直至政府支出耗尽全部税收收入。当政府行政成本无法由税收支持时，唯一的选择就是举债。由此可见，正是庞大的债务维持了地方政府过高的行政成本，削弱了政府参与资源配置的经济效率。

(五)膨胀的债务势必向中央财政转移

地方政府的融资项目，都分散在地方商业银行或职能部门所属的信托投资公司运作，缺乏独立的政策性金融机构依托，总量无法控制。例如，近年来，"城投债"[④]遭遇发行和交易困难，甚至抛售的危机，一旦这条资金链断裂，地方政府就会遇到融资瓶颈，如果城投项目被迫停工，则偿还前期的债务将成为无源之水；加之大量融资平台的资质不高、内部控制不力、与银行捆绑、有些地方政府将债务资金挪作他用等，不但加剧了债务风险，也加剧了银行风险，并最终传导给中央财政。同时，地方政府融资管理体制分散，债务融资缺乏整体规划和科学翔实的论证，存在明显的短期行为。中国地方政府债务以政府负有偿还责任的债务为主，但或有债务的比例也相当高，地方政府债务向市级政府、东部地区、融资平台公司、银行贷款集中，

① 唐敏：《中国行政成本高出世界平均水平 25%，五大原因造成》，《瞭望》新闻周刊，2008 年 4 月 29 日。

② 《九三学社：全国一年公款吃喝 3000 亿元 建议三公浪费入刑》，财经网，2012 年 3 月 2 日，http://money.163.com/12/0302/09/7RJ5SBN200253B0H.html

③ 王晓涛：《国民收入分配：政府多了还是少了?》，《中国经济导报》，2009 年 9 月 29 日。

④ 城投债，又称"准市政债"，是地方投融资平台作为发行主体，公开发行企业债和中期票据，其主业多为地方基础设施建设或公益性项目。

在这些环节形成风险的概率较大。一旦资金链条断裂，爆发地方债务危机，中央政府必然要实施救助，如果中央财力不济，也不排除会产生主权债务违约的严重情形，陷入主权债务危机的旋涡。若地方债务危机爆发，政府还款能力欠缺，无力提供最基本的社会服务，势必会向中央政府转移，危及整个国家公共财政体系的稳定和效率，甚至影响整个社会的稳定。[①]

总之，出于各种原因和不可控因素，公共财政资金损失和财政状况恶化，地方政府隐性财政负担日趋严重，无力提供社会经济发展所需要的最基本的公共品和服务，以及对法律所规定的政府支付责任的大规模违约（如政府债务违约，拖欠公务人员、教师的工资及养老金、失业补贴等）的可能性和现实性，公共财政安全的综合性、复杂性和动态性决定了公共财政安全的决策和管理绝不能仅仅依靠传统经验，也不能仅仅靠个别部门的意见和个别人的智慧，而必须建立在科学的公共财政安全理论和实践以及公共财政安全监测预警系统建设的基础之上。

第五节　保证政府偿债能力与防范公共财政风险

中国的公共财政就像是雾中花：看上去很美，却不明就里。诺贝尔经济学奖得主布坎南曾云："中国是个谜，但很管用。"[②]中国的公共财政最奇特之处，就在于它并非标准的公共财政，而是掺杂了许多非公共产品。如政府办国有企业，政府办国有银行，等等。在西方，财政、企业和金融，各自一体；而中国的财政、国有企业和国有银行，三位一体。好比是一根管子插着三个瓶子，只要其中一个瓶子漏水就会全部漏光，具有很强的相互传染效应和安全隐患。[③] 因此，不能简单地用西方标准财政学的收支概念来判断中国的公共财政安全与否。

根据中国公共财政安全的内在规律，财政要安全，国家就必须满足两

---

① 崔盈：《主权债务危机影响下中国财政安全体系的制度构建》，《中国—东盟博览》2011年第7期。

② 詹姆斯·布坎南（James M. Buchanan）英语原文："China is a puzzle, but it works."

③ 中国特有的"企业—银行—财政"三位一体的国有经济基本结构，以及横向各部门间职责不分、纵向各级政府间事权不清的国情，决定了中央财政安全面临来自国有企业普遍困难、银行不良贷款巨大以及各类"民间债务"失控的严重威胁。这种隐患其实是一种政府、银行和企业预算约束构端软化的安全隐患，任何环节出了问题，都会很快传染到其他环节，处理不好将会导致整体崩溃。

个基本条件:保证偿债能力和防范公共财政危机。课题组根据实际工作经验和调查研究的判断,并结合有关专家的学术观点,给出如下两点建议。

一、保证政府偿还债务能力

政府偿债能力是指政府在一定时期内可以用于偿付公债本息的财力。政府不同于一般的经济实体。一般的经济实体,如企业,它无力还债时就要宣布破产;而政府能控制自身的支出、拥有征税权和通货膨胀主动权,因此理论上说,财政在任何时候都应该有偿债能力。但事实上,政府控制收支的能力是有限的,由于国家经济发展水平和财政收入规模有一定联系,通常表现为一方面与国民收入增长速度同方向变化,另一方面与财政收入占国民收入的比重同方向变化。政府支出有刚性,税收受制于经济状况和政治局势,而赤字货币化(通货膨胀)不能轻易使用。一般来说,偿债能力决定负债能力,过低的偿债能力必然导致债务逾期率高,借新债还旧债现象十分普遍。[①] 而债务逾期率过高,也会导致政府无法按期履行还债责任,影响政府声誉,使财政财务状况趋于恶化。所以,若一国财政在政治经济上可行的财政收支调节的情形下,在不援引大幅通货膨胀的前提下仍保有偿债能力,则说明财政是安全的。

(一)建立财政风险预算制度

2014 年是深化财税改革的关键一年。2014 年在完善深化财税体制改革总体方案的同时,重点推进了三方面的改革:

(1)在深化预算管理制度改革方面,主要做好 7 项工作:一是深入推进政府和部门预决算公开。细化政府预决算公开内容,扩大部门预决算公开范围。加大"三公经费"公开力度,所有财政拨款安排的"三公经费"都要公开。二是实行中期财政规划管理。根据国家中长期发展规划和宏观调控需要,确定中期财政政策,研究编制三年财政规划,对规划期内一些重大改革、重要政策和重大项目,研究政策目标、运行机制、评价办法,并强化其对年度预算的约束,提高财政政策的综合性、前瞻性和可持续性。三是改进年度预算控制方式。审核预算重点由平衡状态、赤字规模向支出预算和政策拓展,硬化支出预算约束。预算执行中,原则上不出台新的增支政策。收入预算从约束性转向预期性,促进税收依法征管。四是建立跨年度预算

---

① 戴维·罗默:《高级宏观经济学(第二版)》,上海财经大学出版社 2003 年版,第 470—447 页。

平衡机制。中央财政预算因政策需要可编列赤字,在政策调整后分年弥补。预算执行中如出现超收,原则上用于削减财政赤字、补充预算稳定调节基金;如出现短收,通过调入预算稳定调节基金、削减支出或增列赤字并在经全国人大审定的国债限额内发债平衡。五是全面清理规范财税优惠政策,维护法律的严肃性和公平竞争环境。六是建立定位清晰、分工明确的政府预算体系。明确公共财政预算、政府性基金预算、国有资本经营预算、社会保险基金预算的支出范围和重点,加强统筹协调,避免交叉重复。建立将政府性基金中应统筹使用的资金调入公共财政预算的机制。进一步加大国有资本经营预算资金调入公共财政预算的力度。加强社会保险基金预算管理,做好基金结余的保值增值,在精算平衡的基础上研究社会保险基金预算的可持续性问题。七是加快建立权责发生制政府综合财务报告制度。

(2)在推进税收制度改革方面,也要做好 7 项工作:一是继续推进营改增改革,在全国范围内实施铁路运输和邮政服务业营改增试点,抓紧研究将电信业纳入营改增范围的政策。二是实施鼓励企业年金和职业年金发展的个人所得税递延纳税优惠政策。三是实施煤炭资源税从价计征改革。四是进一步扩展小型微利企业税收优惠政策。五是改革完善消费税制度,调整消费税征收范围、环节和税率。六是加快房地产税立法进程。七是加快推动环境保护税立法工作。

(3)在财政体制改革方面,主要是会同有关部门抓紧研究调整中央与地方的事权和支出责任,在转变政府职能、合理界定政府与市场边界的基础上,合理划分各级政府间事权和支出责任,适度加强中央事权和支出责任;保持现有中央和地方财力格局总体稳定,结合税制改革,考虑税种属性,进一步理顺中央和地方收入划分。同时,积极协同推进养老、医药卫生、教育、科技、住房等相关领域改革。

有代表评价说,2014 年的预算报告写得好,更重要的是财政工作干得好,给人耳目一新的感觉。特别是在十八届三中全会后,出台了很多改革措施,凸显了财政在国家治理中的基础和重要支柱作用。

(二)控制赤字和债务增长速度

目前,世界经济正在复苏,中国应该尽量缩小财政赤字,不然,经济很快又会出现过热。在经济增长稳定后,争取平衡预算。美国、日本在高速增长时候,财政常常有盈余,赤字和债务大都是在经济衰退时形成的。中国改革开放前没有政府债务,为现在发债留下了余地。经过 20 多年的债务积累,债务规模已经相当可观,我们应防患于未然,给经济长远发展留下余地。[①] 防范公共财政危机的重点,不是削减现有的公共债务规模,而是如何对未来各种不确定性做出一个合理和科学的制度安排。因此,应建立项目评审制度,对建设项目的规模、资金来源、成本和偿债资金来源、建设项目效益等进行评审论证,以提高对公共财政风险的可控性,避免举债的盲目性和随意性。转变政府职能,实现政府"归位",花该花的钱,办该办的事。财政收支矛盾加大,也要求在财政支出排序上更加科学合理。"三公消费"、过多过奢的楼堂馆所、公共部门冗员过多、制度外补贴等过度的公耗,致使"富政府"更容易出现。现在,有必要克勤克俭地甘当"穷政府",避免不必要的公耗,缓和收支矛盾。

(三)准备充足的偿债资金的来源

就 2012 年情况看,地方政府偿还负债的资金来源主要为土地出让收入,其收缴是否及时到位,直接影响政府负债还款来源的稳定性和正常性。可以从国家宏观调控政策因素、现有土地存量、存量土地的性质、土地市场价格,来测算政府可收取的土地出让金净收入、土地出让金收缴率、土地价格升降趋势等指标,分析地方政府未来一定时期的土地出让收入情况,政府负债的主要偿还资金是否充足。但在具体分析时,还要结合国家宏观调控政策、国家财政政策、金融政策等国家经济政策变动的不可测因素。

有必要把当前财政收入增幅下降看作是学会做"穷政府"的信号,警示要未雨绸缪地设计和落实财政不太宽裕背景之下完善公共治理、提供较好公共服务的公共政策。每年财政支出从 1996 年前的几千亿元增长到目前的十几万亿元,这样的"富政府"在促增长、进行宏观调控等方面有较大的腾挪空间,如果"紧日子"到来,应对经济等方面的危机和日益增长的公共服务需求,就得有新的思维和手段。

二、必须防范公共财政危机

防范公共财政危机的根本途径在于深化改革,这既包括经济体制改革,也包括行政体制和政治体制改革。通过制度创新来弥补现行体制的内在缺陷。在进一步完善激励机制的同时,要建立覆盖社会经济生活各个方

---

① 林双林:《中国财政赤字和政府债务分析》,《经济科学》2010 年第 3 期。

面的风险责任约束机制，打破“风险大锅饭”，使社会每一个成员、每一个机构、每一级政府、每一个部门和单位都有明晰的风险责任边界，形成一种具有法律效力的风险分担机制。这样，社会经济生活中的各种风险就可以在相应的层次和环节中化解，抑制道德风险，减少风险的积聚和集中，从而达到控制公共财政风险的目的。

（一）界定政企风险责任，形成利益与风险的对称机制

上下级政府之间要防止下级政府随意向上级政府转移自身应当承担的公共财政风险。在优化政府各部门职责配置的基础上，重新审视政府部门之间的财政关系，明确各个部门的风险责任。对于融资、担保等财政经济行为应在统一的框架下实施，建立统一的规则，防止各个部门各行其是，偏离整体目标。应建立新的政府评价机制，从时间上明确各届政府之间的风险责任边界，一定要防止政府某些官员隐藏任期内的责任风险，或向未来转移责任风险。[①]

对于国有企业和非营利组织，既进行了明确的授权，也进行了清晰可操作的风险责任，其在经营权的层次上形成了利益与风险的对称机制。建立内控制度，防止所有者权益被“内部人”控制；同时，形成风险约束，强化经营者避险动机，让经营者自我控制盲目的融资和投资行为，防止拿着国有资产去冒无谓的风险。因此，明晰所有者和经营者各自的风险责任边界，并使这种风险责任建立在法律的基础之上是至关重要的，这比理想化的“政企分开”更具有可行性和可操作性。

（二）界定金融风险责任，完善整个金融业的经营体制

针对金融机构的特殊性，政府的目标不应放在事后的救助上，而是改革和完善整个金融业经营体制，形成一种良好的制度安排，把金融风险控制在萌芽状态。其做法有：一是分业还是混业经营，应尽快明确其方向。二是对小额贷款形成明确的制度框架。三是强化金融机构内部的资产、负债管理，引导其采用先进的管理方法和管理技术，如内部评级、风险敞口评价、风险定量模型等，动态地控制金融风险的产生。四是切实加强对国有单位投资的监管，采取有效措施严防信贷资金进入股票、期货及房地产市场。同时，加快结构调整步伐，引导资金向实业投资方面转移。五是建立规范的地方政府举债融资机制，实施全口径监管和动态监控。对政府负有

---

① 刘尚希：《财政风险：一个分析框架》，《经济研究》2003 年第 5 期。

偿还责任之外的其他相关债务，各级主管部门要严格审批和控制规模，建立备案制度。健全债务监管体系，将债务“借、管、用、还”等情况作为考核地方政府绩效和任期经济责任的重要内容，明确和落实责任，防止违规、过度举债，提高资金使用绩效。

（三）界定政府各类债务，建立财政成本评估分析制度

应借IMF和欧盟披露公共财政风险的规则，建立中国的公共财政风险披露机制，尤其对政府的或有债务，应尽可能全面披露，提高政府债务的透明度。继续推进融资平台公司的清理规范，坚决制止地方政府违规担保行为。[①] 建立针对政府政策措施的未来财政成本的评估分析制度，测量各项政策可能引发的公共财政风险。应动态评估公共财政风险敞口，尽可能让已经发生的风险通过一定的技术手段显现出来，防止在操作层面上（非制度层面）隐藏公共财政风险，为政府科学决策提供有效支持。

考虑到目前中国的财政体制状况及管理水平，地方公债的发行级次应限定在省级比较合适；地方公债的审批权归中央，明确限定地方年度发债额度和债务余额规模，以利于中央对地方债务规模的宏观控制和管理；公债的支出范围应严格限定在主要用地方基础设施建设和弥补公益性支出不足等方面。地方公债的发行应该先采用间接公募形式，即将发行的事项委托商业银行，并限定一定的条件，由银行向公众募集，在金融机构的窗口销售，待以后条件成熟，再逐步过渡到公募招标发行。要建立地方公债的减债制度。为了均衡地方政府各年度间债务负担，保证地方公债的按时偿还，地方政府应在本级预算中设立偿债基金，每年从财政收入中按一定比例计提并存入基金，用于地方公债本金的偿还，利息则通过年度支出预算安排。要建立地方公债风险监控和评价制度，通过地方公债的发行审批、地方信用级次评估和风险监测等措施，对地方公债规模及风险进行控制和防范，确保地方财政运行安全。

同时，要求政府更好地“归位”，更多地专注公共服务而非直接参与市场，更多地减少公耗，将更多的财政收入用于承担民生责任。当前，在民生

---

① 应按照“分类管理、区别对待”的原则，整合并规范融资平台公司。通过兼并重组、关闭改制、充实公司资本金、引进民间投资等方式，促进融资平台公司投资主体多元化和法人治理结构完善。除法律和国务院另有规定外，不得再通过融资平台公司变相举借政府负有偿还责任的债务，坚决禁止为融资平台公司等单位举借债务违规提供担保和承诺。切实处理好融资平台公司新建项目和在建项目的融资问题，严控新开工项目，防止盲目铺摊子、上项目；对在建项目，地方政府应积极通过财政预算安排或市场化方式解决后续资金的来源，防止出现“半拉子”工程。

缺失的同时，中国还存在“民生过度”，如豪华的干部病房等，应以制度使一些社会成员做出必要的利益减让，更加公平地分享发展的成果。

（四）界定财政风险指标，建立财政安全预警体系

预先估计公共财政风险程度，界定公共财政风险指标，做好防范规避风险应急制度安排，是财政工作由被动变主动的基本前提，是建立稳固平衡和强大财政的重要保证。结合地方政府债务的全面清理，利用现有的信息便利条件，中央应逐步形成公共财政风险监控与预警机制，针对中央和地方公共财政风险加强监控，实现公共财政风险规范化、系统化和科学化管理。政府债务预警预报制度的重点是，建立从中央到地方的财政债务风险预警指标体系，结合各地的实际情况，界定公共财政债务风险指标，将预先的风险程度估计值与参考值进行比对分析，实现中央对地方政府债务规模、结构和变动的及时了解和掌握，增强债务风险预警能力。预警指标体系应包括财政赤字、债务水平、预期借款需求占政府收入的比例等指标。地方债务预警制度要形成对中国公共财政风险的常规性预测，定期评估地方政府的公共财政风险，对于改革公共财政风险系数较高的地方政府应及时查找原因，降低风险，并尽早制定公共财政安全应急措施。总之，公共财政安全，本质上是防范各种可能引发财政危机的现实或潜在的风险，以保证政府的偿债能力和履行其职能的财力需要，使财政处于稳定增长和持续支持经济社会发展的状态。

因此，公共财政安全理论研究，有必要从财政赤字和政府债务对财政安全的影响，公共财政安全隐患直接危及世界各国的经济安全和全球主权债务危机诱发中国式的公共财政风险等三个方面来论证面临挑战的公共财政安全。

第三章　公共财政安全与监测预警现状

公共财政安全，即一国财政基本处于稳固平衡和稳健增长的状态，能以强大的财政实力确保政府应付各种财政安全问题和危机。因此，财政安全的本质就是防范各种可能引发财政危机的现实或潜在的风险，保证政府履行其职能的财力需要，特别是保证政府始终拥有应付各种财政安全问题和危机的能力。

第一节　公共财政安全问题的基本性质

公共财政安全不仅是经济问题，更是社会和政治问题。它在当今日益引起人们关注的国家经济安全中处于重要地位，也与国家社会稳定和政治安定有着密切的联系。[①] 财政安全是国家经济安全的最高形式，是国家政治安全和社会安定的重要保障。稳固的财政是国家合法性的基础，是一切社会经济风险的最终承担者，是政府应付各种财政安全问题和危机的能力保证。

一、公共财政安全问题的基本特点与基本性质

20 世纪 80 年代以来，财政的不安全迹象开始出现并呈蔓延之势。先看早期工业化国家：20 世纪 80 年代开始，绝大多数福利国家的政府出现被称为“福利病”的财政危机。里根政府大幅减税以刺激经济从而引发天文数字的财政赤字，美国国内关注财政安全的呼声鹊起。90 年代后，经济进入长期萧条的日本力求通过政府投资带动整个经济复苏，因此大量发行国

① 丛树海：《财政扩张风险与控制》，商务印书馆 2005 年版，第 457—463 页。

家债务，也使财政安全堪忧。拉美、东亚、东南亚的新兴工业化国家20世纪80年代以来相继出现外债危机、金融危机、经济危机，三种危机交织到一起，互为作用，财政是这些危机的最终承担者，一些国家的政府不得不求助于国际经济组织的援助，接受结构性重组，丧失部分财政主权。还有转轨国家的政府，一方面失去了计划经济时代的收入基础，另一方面还要承担转型的代价，承担市场经济条件下政府的支出责任，同时还要利用财政政策稳定经济，财政困难尤甚。根据观察和理论研究，课题组认为，公共财政安全问题具有如下一些基本性质。

（一）公共财政安全问题有着不同程度的福利损失

这意味着国民在消费政府提供的公共产品和公共劳务并获得正效用的同时，也要消费可能伴随而来的副产品——公共财政风险——所带来的负效用。作为一种规则，要求消费的公共产品与劳务越多，可能承担的因公共财政安全问题带来的负效用越多。[①] 20世纪60年代，美国经济学家阿罗与林得提出过“阿罗—林得定理”，该定理论证，公共工程项目，作为政府典型的财政活动之一，涉及的有关人数越多，个人承担的风险损失就越小，甚至微不足道。但是，该“定理”引起了许多质疑：

（1）即使把“定理”中的安全问题局限为财务风险，除非一国的人口是无限的，否则每个人承担的公共工程项目的财务风险也不会为零。因此，这种安全问题也不能忽略。

（2）某些财政活动带来的局部外在性，作为公共财政安全问题，实际上无法被全体国民分担。

（3）特别是当公共财政安全问题以某种“公害”形式出现，并且在全体国民不得不消费这种“公害”情况下，公共财政安全问题，就具有了与普通公共物品一样的性质——非竞争性消费，非排他性消费。换言之，公共财政安全问题最终成为国民福利的减项。

（二）公共财政安全问题具有公共福利再分配的效应

对政府官员来说，公共财政安全问题，即使发生也不会给他们带来真正的福利损失，至多对他们形成进一步活动的外部约束。更严重的情况是，在某些条件下，政府不恰当的财政活动导致的公共财政安全问题，不仅

---

① 大卫·N.海曼：《公共财政现代理论在政策中的应用》，中国财政经济出版社2001年版，第421—437页。

把本应大多数国民享有的公共福利转移给包括政府官员在内的少数利益集团,而且还把公共财政安全问题造成的福利损失转移给大多数国民承担。

公共福利再分配的缺陷主要集中在公共福利制度与政策、税收制度与政策、财政转移支付制度与政策等方面。从公共福利制度与政策来看,鲜明的城乡差别是中国公共福利制度的最大缺陷。除此之外,公共福利制度还存在诸多问题,一是覆盖面不足,各项社会保险制度几乎都存在覆盖面过窄的问题,受到保障的主要是城镇正规单位职工,而非正规部门和非主流群体基本没有或只能享受部分公共福利。二是制度不统一,除城乡的制度性分割外,在城镇还存在企业与事业单位的制度差别,实质上是公共福利的"双轨制"。三是缺乏制度保障,公共福利执行标准的确定和执行还存在较大的主观随意性,如最低生活保障标准,目前在很多地方实际上不是生存标准,而是政府财力标准。

(三)必须把握公共财政安全问题的表现形式和性质

与私人在其各自的经济活动中常常面临的各种风险一样,政府与国民面临的公共财政安全问题本质上也是客观存在的,这主要源于经济生活里大量不确定因素的作用。不过,公共财政安全问题属于可能性范畴,这类风险不是必然要发生的;相反,理论上讲,如果事先采取了有效措施,所有风险都可以防范,或者予以规避。但是如果政府在财政活动过程中表现出较大的随意性且长期置风险于不顾,那么公共财政安全问题就会真的发生,并给政府、国民和社会带来灾难。因此,必须把握公共财政安全问题的表现形式和性质。

1.公共财政安全问题的隐蔽性

当然,政府在其财政活动中往往忽视公共财政安全问题带来的可能影响,这倒不是政府有意识这样做,而是公共财政安全问题的一个重要表现形式特点造成的,即公共财政安全问题的隐蔽性。隐蔽性造成大多数公共财政安全问题难以被及时觉察、发现,往往只能依靠理论和经验进行事前分析,借以选择有关风险防范手段。不过,如果理论分析表明发生公共财政安全问题的可能性极小,而过去的经验又无法借鉴,国民与政府官员就常会忽视公共财政安全问题。

2.公共财政安全问题的长期性

公共财政安全问题的另一个重要表现形式特点是它的长期性。所谓长期性包括两种含义：一是指各种公共财政安全问题从形成到发展，直至发生都有一个长期过程，因此对政府官员短期行为不会造成实质性约束；二是指公共财政安全问题给经济生活带来的负面影响也是长期的，难以短期克服。

3. 公共财政安全问题的间接性

间接性也是公共财政安全问题的一个重要表现形式，即有关公共财政安全问题不断加大的征兆并不直接表现在公共财政领域，而是通过各种方式反映在其他经济领域。公共财政安全问题在表现形式上还有一个混合性特点，即公共财政安全问题往往与其他各种经济风险交织在一起，不仅辨认难，而且防范、治理也难。内生性公共财政安全问题主要源于政府方面，如果政府在财政过程中推行了不恰当的财政活动就必然会给国民经济及社会秩序带来现实的或潜在危害。

按照公共选择理论的观点，所有公共财政安全问题的产生至少与三个方面原因中的一个或多个有关：一是与发挥各自职能的特定财政工具的基本性质有关；二是与政府官员驾驭这些财政工具的能力，包括协调财政政策目标的能力以及优化财政政策与其他宏观经济政策关系的能力有关；三是可能与国家预算程序、预算体制、预算管理原则等制度因素有关，这是最重要的。

该理论认为，现代社会面临的挑战不是来自市场制度方面，而是来自政治制度方面。就内生性公共财政安全问题的诱发原因看，人们会很自然地归纳出公共财政安全问题的本质，即公共财政安全问题本质上是社会、政治、经济诸矛盾在公共财政上的集中反映。

（四）公共财政安全是确保国家政权稳固和社会稳定发展的关键

最简单的对经济活动风险进行定性分析方法，就是所谓的专家制度。比较典型的专家制度较早地产生于商业银行对潜在借款人进行信用风险的评估活动。商业银行在决定是否提供贷款时，往往要求那些经验丰富的信贷官员，对贷款申请单位的资信、偿还能力等进行评估，借此确定每笔贷款的风险暴露程度。根据专家所做的风险评估，商业银行主管最后决定贷款对象、贷款规模以及贷款条件等。

就商业银行活动来说，信贷风险与用款单位的管理水平（包括管理者的道德品位）、经济效率和基本避险手段（最低数量的担保品）呈负相关关系。据此，人们设计了能够体现上述基本关系的商业银行专家制度的评估指标。这种评估指标可以有多种类型，较常使用的有“5C”，即品性

(Character)、资力(Capacity)、资本(Capital)、担保(Collateral)以及条件(Condition)。这一评估指标虽然简单,但内涵丰富。它在诸多影响商业银行贷款潜在风险的因素中,挑选关键的风险因素。例如,政府对某些国营、私营企业的对外债务进行担保活动,如果后者到期不能偿还债务,政府就要替它们偿还,即公共财政活动导致债务偿还风险发生。其结果无非是把这种风险带来的福利损失转嫁给其他国民。就这个意义上讲,大量因道德风险引发的公共财政安全问题具有公共福利再分配的性质,但这种再分配实际上是极不公平的。在此,如果对受影响的国民没有相应的补偿,那么政府的财政活动便在一定程度上失去了它的公平性。如果政府因为局部外在性而对部分国民进行财政补偿,那么就意味着全体国民承担了公共财政安全问题造成的福利损失。

代表性变量,再根据这些变量的性质,来大体反映每笔贷款的风险程度。上述评估指标还体现了专家制度对风险管理的一般原则:控制好关键因素(或敏感因素)是有效控制系统风险的基础,而在所有关键因素(或敏感因素)中,从事有关经济活动的直接当事人的人品与能力又是最重要的因素。鉴于用于信贷风险评估的专家制度具有科学性、实用性,以及简单易行等特点,在公共财政安全问题分析、评估活动中引进这一方法是可行的。基本理由如下所述:

(1)公共选择理论精辟地阐述了政治市场与经济市场的相似性与差异性,公共财政理论也明确阐释了政府组织与企业组织的相似性与差异性,这些理论为确定政府与市场一般关系的性质,确定政府行为与制度性约束一般关系的性质做出了积极贡献,并成为对政府行为进行定性分析的基础。

(2)所有公共财政安全问题都具有潜在性、隐蔽性、长期性、间接性、混合性等特点,某一财政活动的实际风险程度往往取决于众多因素的影响。因此,一般情况下,人们只能根据有限的理论与不断积累的实践经验,找出关键因素(或敏感因素)并建立科学的评估指标体系。所不同的是,不同财政活动具有不同性质,要按照公共财政安全问题分类办法分别建立相应的评估指标体系。另外,鉴于各类财政活动涉及款项规模每每相当巨大,就其风险程度而言,进行大致的估算就可以起到警示效果。

(3)在评估财政安全问题时,关注政府官员的素质和政府机构性质具有不可低估的重要意义,这点与信用风险评估在性质上是一样的。由善意、无私且具有崇高职业道德的公仆式的公职人员组成的政府本身就是最大限度减少、避免内生性公共财政安全问题的基本保证。所以,在研究任何类型的公共财政安全问题时，脱离对现行政府组织机构特点的分析，脱离对政府官员一般素质的分析，脱离对现行财政制度基本性质的分析，都无法阐明特定财政活动的潜在风险程度。

(4)公共财政的本质特征就是把政府主持的财政活动纳入公共选择过程，政府各项财政活动不仅要大体反映国民的偏好，而且活动过程本身也要置于国民(作为纳税人)广泛监督之下。这便为建立旨在量度公共财政安全问题的专家制度创造了基础条件。如果重要财政活动、政策决策能够经常得到对纳税人负责，对立法机构负责的政府机构以外的专家的评估，自然有助于促进公共财政活动有效性之提高，并相应降低其风险。

(5)不断加强的政府会计责任和日趋完善的政府会计制度，为量度公共财政安全问题的专家制度提供了高质量的经济信息来源和充分的信息数据。专家借助专门的信息加工、处理、分析技术，在一定程度上可以改善风险评估的质量。

因此，财政安全不只是财政业务自身的安全运转，也不只是财政部门或系统的风险，而是整个国家及政府的安全。这就是公共财政安全的二重性，即公共财政安全是防范公共财政危机、避免财政出现危机和确保政府应付各类风险和危机的能力这二者的有机统一。一方面，公共财政安全的基本要求是建立稳固的公共财政制度，保证强大的公共财政实力，避免出现财政支付危机；另一方面，公共财政安全的最高目标是确保政府有能力防范各类社会经济风险，从而确保国家政权稳固和社会稳定发展。①

二、公共财政安全是国家经济社会安全的核心

国家经济安全是指一个国家在经济发展过程中能够有效消除和化解潜在风险、抗拒外来冲击，以确保国民经济持续、快速、健康增长，确保国家经济主权不受侵害的一种经济状态。可以看出，国家经济安全除了产业安全、市场安全外，还包括国家在经济主权上不受侵害和政府在抗拒外来冲击、公共财政安全应急管理方面具备一定能力。在当今世界各国，经济安全作为一种非传统安全因素在国家安全中的地位和作用明显上升。而无论是保障国家经济主权安全，还是抗拒冲击、公共财政安全应急管理能力方面，都是与公共财政实力强大和公共财政安全密不可分的。

---

① 刘星等：《中国地方财政风险及其控制与防范》，中国财政经济出版社 2006 年版，第 191—198 页。

(一)公共财政安全与国家经济安全的关系

公共财政安全,本质上是防范各种可能引发财政危机的现实或潜在的风险,以保证政府的偿债能力和履行其职能的财力需要,使财政处于稳定增长和持续支持经济社会发展的状态。从财政作为一种分配关系来讲,它本身是经济的一个构成部分,同时又是经济基础与国家上层建筑之间相互作用的一个重要工具。良好的公共财政植根于良好的经济之中。如果经济结构失衡,运转不灵,甚至发生持续严重的衰退和经济滑坡,必然影响到财政的平稳运行,引起公共财政收入下降,从而加剧公共财政困难,甚至引发财政危机。在经济全球化时代,一国保持其经济存在和发展所需资源有效供给、经济体系独立稳定运行、整体经济福利不受恶意侵害,即为经济安全。古今中外经济发展史也表明,从未有过经济不稳而公共财政稳定、经济危机而公共财政安全的情况。一次次经济危机带来的,必然是公共财政不振,在收入凋零的情况下财政支出激增,其结果自然是入不敷出,政府债台高筑,甚至发生政府信用危机和支付危机。

(二)公共财政安全对国家经济安全的意义

社会主义市场经济条件下,财政安全相对于其他经济部门的安全来讲,最根本的特征在于,它是国家一切社会经济风险的最终承担者,也是确保国家经济安全的最后一道防线。在过去计划经济条件下,高度集中的公共财政是整个国民经济的集中反映,财政安全实际上就是对整个经济安全负责,二者基本上是等同的。在市场经济条件下,尽管财政不再涉及整个国民经济领域,但它作为政府提供公共产品、弥补市场失灵的重要工具,对有可能影响社会公共利益和稳定的系统性经济风险和危机同样负有责任。

公共财政安全是一国经济安全最高层次的风险。可以说,没有公共财政安全就没有国家经济安全。财政安全与一国整体经济安全有着极为密切的互动关系。所谓互动,就是一国的财政安全状态与整体经济安全状态是相互影响和决定的,所以,重视整体经济安全的国家也必须重视财政安全。

从目前中国的现状来看,安全、稳固和实力强大的公共财政对政府适时实行宏观调控、调整经济结构、协调地区经济发展等是极其重要的。特别是在1998年以来,针对内需不足、通货紧缩的经济形势,政府采取了以增发国家债务扩大政府基础设施投资为代表的积极财政政策。实践证明,积极财政政策举措完全正确，对抵御亚洲金融危机对中国经济的冲击、克服经济中各种矛盾、扩大内需、增加就业岗位、促进经济增长和社会稳定都发挥了应有的作用。

（三）风险的隐蔽性使财政安全未引起重视

影响财政安全的诸多风险和危机因素具有隐蔽性、爆发性和全面危害性等特点。长期以来，人们对传统国家安全因素如国防、军事安全了解较多，而对非传统安全因素如国家经济安全、生态安全等知之甚少，只是近年来随着改革开放的深入，才逐渐引起关注，特别是亚洲金融危机和美国次贷危机后，金融安全等问题才引起广泛注意。但是对于财政安全问题还没有引起足够重视，甚至还不认为财政会出现风险。① 这既对财政安全的隐蔽性认识不够，也有可能与不了解财政安全与经济安全、社会政治安全有关。长期以来，人们认为财政不仅具有“强制的、无偿的和固定的”组织收入的手段，还可以通过发行国家债务甚至发行货币来筹集资金以满足其履行职能的需要，因而，政府不可能没有钱花，财政不会有风险。② 所以，可怕的还不仅仅是已经出现或潜在的这些公共财政安全问题和危机因素，更危险的是，人们对公共财政安全问题尚未引起足够的重视。没有危机感就是最大的危机。③

（四）经济全球化使财政安全面临新的考验

自 20 世纪 80 年代以来，财政的风险开始在世界范围内凸显。在世界经济全球化形势下，民族国家的财政风险尤为突出，并且财政安全本身具有了新的内涵和特点。一场突如其来的希腊财政危机不仅搅乱了欧洲，也引起了全球新一轮的恐慌与不安。欧盟在 2010 年 5 月 10 日宣布，将与国际货币基金组织（IMF）共同设立一项高达 7500 亿欧元的危机应对基金，按照中国在 IMF 中占 3.72％的份额来算，中国要付出约 93 亿欧元，摊到每个中国人头上约为 60 元人民币。一个国家出现财政危机需要全世界的人来买单。一个国家的财政危机完全可以超越国界，其危害波及整个世界。如果说过去发生的无论是经济危机，还是金融危机大都来自房地产泡沫的

① 杨肃昌等：《中国国家审计体制问题：实证调查与理论辨析》，中国财政经济出版社 2008 年版，第 55—63 页。

② 刘尚希等：《地方政府或有负债：隐匿的财政风险》，中国财政经济出版社 2002 年版，第 9—18 页。

③ 樊丽明等：《中国地方财政运行分析》，经济科学出版社 2001 年版，第 12—16 页。

破灭，可现时即将发生的又一次金融危机可能源于国家的财政危机。[①]“美国次贷风暴的信用危机还没有结束，消费性贷款呆账又成为蓄势待发的火药库，据美国《工商时报》报道，美国各大银行近来勾销的消费性贷款呆账金额越来越大，联邦存款保险公司(FDIC)承保的银行非不动产贷款呆账于2007年1到9月蹿升至177亿美元，较2006年同期的139亿美元呆账增加27%。这是因为许多美国借贷人还不起贷款所致。”[②]

可见，财政风险出现的根源在于政府职能的扩展，而经济全球化和财政机会主义则加剧了不安全因素，这一切又都是固有经济风险的市场经济制度这大背景的产物。应该看到，经济波动及其带来的风险是市场经济固有的，这些风险不可避免地要通过价格、利率等杠杆传导到财政收支而影响预算平衡。因此，市场经济中财政的不安全是内生的、绝对的、永恒的，安全则是外生的、相对的、暂时的。财政职能扩展是经济现实使然，本也无可厚非，扩展过程中带来的财政的风险在于人们对问题事先没有充分认识和控制。所以，安全是外生的，需要政府和民运部门协作，在手段和制度上建立安全的保障机制。安全是相对的，应该允许风险在一定范围内存在，不能因噎废食，为保安全而无所作为。安全是暂时的，经济风险时刻存在，风险随时发生，需要科学合理的指标体系对安全状况时时监控，警钟长鸣，防患于未然。[③]

民族国家的财政风险突出地表现在全球化条件下，国家主权弱化趋势对财政税收主权的挑战，以及对民族国家自主执行财政政策、抵御外来风险冲击能力的影响等方面。苏联解体的经济原因就在于财政失控。财政一旦出现问题，货币将很快陷入崩溃。戈尔巴乔夫最大的过失，就在于主动放弃了对各级财政的实际控制权。当一国财政失控，政府的民政能力和军政能力就会迅速瓦解，亡党亡国成为必然。如今，资本市场开放压力、资本非法流入流出和外债负面效应，可能引发新一轮的国家主权支付危机，这就对各国公共财政安全提出了新的挑战和要求。

大量事实证明，财政的风险正向各国袭来，我们应该早做准备、早预防。有人认为，根据中国现在的经济规模和外汇储备，可以应对各种危机。但我们不要忘记，美国是当今世界唯一的超级大国，其个人房贷都可引发

---

① 薛昭顺：《财政危机正在向我们袭来》，《金融经济》2010年第11期。

② 薛昭顺：《美国的次贷信用危机警示我们什么》，《金融经济》2008年第21期。

③ 苏明、刘彦博：《我国加强公共突发事件应急管理的财政保障机制研究》，《经济与管理研究》2008年第4期。

全球金融危机，何况我们目前的经济规模和实力还无法与美国相提并论，就是将来我们真正强大了，我们也要以谦恭的心态去应对一切不可预测的问题。总之，心存危机，未雨绸缪，对我们只有好处；只要我们保存强大的财政能力，中华人民共和国就无惧任何风浪。

三、公共财政安全是政权巩固、社会稳定的关键

由于各种原因和不可控因素，公共财政资金损失和财政状况恶化，政府无力提供社会经济发展所需要的最基本的公共品和服务，以及对法律所规定的政府支付责任的大规模违约（如政府债务违约、拖欠公务人员工资及养老金、失业补贴等）的可能性。公共财政安全的综合性、复杂性和动态性决定了公共财政安全的决策和管理绝不能仅仅依靠传统经验，也不能仅仅靠个别部门的意见和个别人的智慧，而必须建立在科学的公共财政安全理论和实践的基础之上。

（一）公共财政的安全可靠是国家合法性基础

财政基础稳固和实力强大，是国家确保社会稳定、政权稳定的基础：公共财政安全问题加剧、危机四伏，往往成为政权更迭或社会大变革的起因。这为世界各国历史所证明。一些经济学家都曾论证过，公共财政制度和财政实力的安全可靠是政府稳定、国家长治久安的基本条件。诺斯在考察西方世界的兴起时，也非常重视财政压力对国家政策调整和制度变迁的影响。他指出，国家面对财政压力挑战时的对策，从长远看将决定一国经济的兴衰。诺斯把16—18世纪这200年视为西方国家崛起的关键时期，也是西方国家相互争夺对世界的领导权的关键时期。在这一时期，不断发展的市场经济和军事技术革新使政府的支出不断扩大，由此导致财政压力加大。不同国家选择不同的对策，也就建立了不同的产权规则。他认为，如果产权规则能够保障市场经济的扩大，那么即使没有技术变革，也能使居民的人均收入增加。

但是，国家在强大的财政压力下，也许会选择阻碍经济增长的所有权。例如在法国和西班牙，由于国家的财政需要而牺牲了改善市场效率的好处。结果，它们没能摆脱17世纪的马尔萨斯危机。毕竟，实施垄断或对垄断者课税相对较容易，转让特权代价也较低，而创立公开的市场规则就困难得多了。最终，在西欧出现了两种不同的产权规则，第一种产权规则导致了英国、荷兰经济的持续增长，第二种则导致了法国经济增长相对迟缓，西

班牙停滞不前，走向衰败。公共财政总是一定时期社会矛盾的集中反映，因为财政分配既决定于当时的生产力水平及生产关系状况，又是经济利益分配关系中占主导地位的分配关系。在人类社会发展过程中，经济基础和上层建筑的矛盾、生产关系和生产力的矛盾所引起的各种社会矛盾，决定了公共财政也是在不断的矛盾中发展，总是不断出现财政压力，当这种财政压力积累到一定程度，就要求通过社会政治变革来消除矛盾和危机。

（二）国外公共财政安全的历史教训值得吸取

社会转型时期公共财政稳定是社会政治稳定的基础。在西方国家社会历史变革中，法国大革命算得上是一个永恒的研究课题。政治学家、经济学家、历史学家都对它有过详尽的、多角度的研究。路易十六统治时期是旧君主制最繁荣的时期，但国家的财政制度和财政管理依然保留着专制政府固有的矛盾，以致财政状况不仅没有随着社会经济形势好转而好转，反而不断恶化。表面上，政府在努力促进公共繁荣，大量开展公共开发工程，发放救济金和奖励，使得财政支出规模迅速扩大，可财政收入却并未按同一比例递增，其结果就是政府陷入越来越严重的财政拮据中。特别是改革后政府和社会发生了变化，使人们对政府抱有越来越大的希望，对财政问题也越来越关心，因为财政不再仅仅是政府的事，而是与老百姓密切相关的。政府大量发债的结果是国家财产与私人财产达到从未有过的紧密结合。公共财政的安危关系到千家万户的利益，财政一旦发生危机，不仅仅是一种公共风险，而是千家万户的私人灾难。政府的公共风险与百姓的私人灾难交织在一起，既得利益损失和分配不公平导致人们对政府的失望和不满。当时，法国政府已欠下大量国家债务，国家债务持有者对政府信誉越来越担心，加上这些债权人本身又是债务人，正像当时一位财政家所说："他们和同受公共财政管理不善之苦的一切人联合起来，将他们的怨恨一齐向政府发泄。""食利者、商人、工业家和其他批发商或贪财者由此产生，他们通常构成一个最敌视新政策、最热爱任何现存政府、最顺从他们所蔑视或厌恶的那些法律的阶级，而这个阶级这一次表现得最急于改革，并且最坚决。它大声疾呼号召在整个财政系统进行彻底革命，而未想到人们若深深震撼了政府的这个部门，其余部门即将全部垮台。"①

托克威尔把社会转折时期公共财政稳定对政权稳定的重要性揭示得淋漓尽致。当一个社会在一段时期内有明显的物质进步，紧接着进入一个

---

① 托克维尔：《旧制度与大革命》，商务印书馆出版社1996年版，第212—213页。

萧条时期，就有发生社会动荡或爆发革命的危险。当社会从发展进入停滞，人们需求满足的实际值与预期值产生了巨大的、难以承受的差距时，心理的不安、不稳定就越来越强烈。这时，效率与公平的矛盾尖锐化，需要作为社会“稳定器”的公共财政分配发挥应有的作用。如果公共财政虚弱，无力实现自己的职能，实际上对社会稳定和政权巩固造成的只能是消极后果。让我们再来看看俄罗斯一个世纪来的历史教训。

俄罗斯一个世纪以来的两次大的社会变革——1917 年沙皇俄国政府垮台以及 1991 年苏联解体，都有明显的财政上的因素，即国家预算彻底崩溃成为政府垮台的先兆。1917 年是沙皇俄国政府（后为临时政府）存在的最后一年，这一年的国家预算没有得到批准和公布。无独有偶，74 年后的 1991 年，苏联中央政府预算也没能得到议会批准并且一直未能公布，成为“没有预算的年度”。到 1991 年底，苏联彻底解体。

90 多年前，第一次世界大战使本来就入不敷出的俄国财政走到了崩溃的边缘。1914 年沙俄政府预算赤字占总支出的 40%。1917 年财政状况已恶化到了极点，国家预算已不能称为预算，到了“无法批准的程度”，结果当年预算无法成立，也一直没有公布。10 个月时间内赤字达 259 亿卢布，占财政总支出的 85%。可以说，“无法批准的预算”早已宣布了其经济和政府的破产，成为“十月革命”推翻沙皇统治、在人类历史上建立第一个社会主义国家的重要因素。

（三）中国面临确保社会政治经济稳定的任务

应该看到，随着中国改革开放的发展，经过 30 多年努力和持续渐进地推进，现在已经到了质的飞跃的关键时刻，能否完成这一飞跃，将决定中国社会主义现代化事业的成败。在现阶段，直接影响中国社会稳定的具体经济社会问题很多。所谓社会稳定，就是指社会经济的协调发展、持续稳定增长、公共生活的有序状态和公众思想的稳定与和谐。其中，与社会稳定关系最为密切的是社会经济的状况。经济繁荣、协调发展与持续稳定增长，社会绝大多数成员的生活日益改善，是社会稳定也是政治稳定的前提和基础。从当今世界来看，政治动乱的国家，除了有的国家有外来干涉因素外，几乎都是与经济贫困、落后直接相关，虽然经济发展与社会稳定并不具有必然联系，但经济萧条、生活停滞，或经济发展较快、社会成员贫富悬殊，这些都会不同程度地影响到社会稳定和政治稳定。从中国实际情况出发，影响中国社会稳定的因素主要有以下几个方面：

1. 城乡贫富差距加大

城乡收入差距扩大已经成为越来越突出的社会问题。这就使一部分居民社会心理失衡,对富裕阶层甚至对整个社会存在不满、嫉恨情绪。根据 CHFS 的数据估算,2010 年中国城镇家庭户均可支配收入为 7.2 万元,是农村家庭的 2.5 倍。从各项收入对城乡差距的贡献来看,生产性收入的差距是城乡收入差距的最主要原因,其中工资性收入和农业生产收入贡献了 27%,这反映了农村的劳动生产回报率远低于城镇。值得注意的是,养老、退休金收入的差距占城乡家庭收入差距的 25.3%,是造成城乡收入差距的重要原因之一。与城镇相比,农村的养老保险覆盖面窄,保障水平低。CHFS 报告显示,2010 年农村户籍人口养老保险的覆盖率仅有 34.5%,而城镇户籍人口的养老保险覆盖率则高达 87.0%。并且领取了养老保险和退休金的城镇家庭的年退休、养老金收入为 3.3 万元,而农村只有 1.2 万元。CHFS 报告还显示,2010 年中国家庭收入的基尼系数为 0.61,城镇家庭内部的基尼系数为 0.56,农村家庭内部的基尼系数为 0.60。东部地区基尼系数为 0.59,中部地区的基尼系数为 0.57,而西部地区的基尼系数较低,为 0.55。中国家庭的基尼系数在全世界处于较高位置(见表 3-1)。根据世界银行数据,2010 年全球基尼系数平均为 0.44。

国家统计局 2014 年 1 月 20 日发布数据,2013 年全国居民收入基尼系数为 0.473。全年城镇居民人均可支配收入 26955 元,扣除价格因素实际增长 7.0%;农村居民人均纯收入 8896 元,实际增长 9.3%。

表 3-1 2003—2012 年中国基尼系数一览表

年份	2003 年	2004 年	2005 年	2006 年	2007 年	2008 年	2009 年	2010 年	2011 年	2012 年
基尼系数	0.479	0.473	0.485	0.487	0.484	0.491	0.490	0.481	0.477	0.474

数据来源:《国家统计局首次公布 2003 至 2012 年中国基尼系数》

2. 地区发展差距扩大

地区间收入上的差距和不平等,说到底是一个资源分配问题,而任何资源分配问题说到底是个政治问题。[①] 地区差距常常引发地区冲突,并由此破坏民族团结和国家统一。这是因为一方面,日益扩大的地区差异容易使生活在低收入地区的人民产生失落感。他们往往认为,本地区状况得不到改善的原因是中央政府对他们缺乏必要的同情和支持。另一方面,发达地区则认为,中央政府采取的任何再分配政策都意味着削减他们对本地区

① 王绍光:《正视不平等的挑战》,《管理世界》1999 年第 4 期。

资源的控制。在他们看来，向落后地区倾斜的政策对自己是不公的。每个地区都希望政策的改变有利于本地区的利益。发达地区在经济发展中占主导地位，在与中央政府或其他地区打交道时，他们往往在政治上具有更大的发言权，使得中央政府处于两难境地，要么加大再分配力度，引起富裕地区不满和对抗；要么照顾既得利益，使地区不平等永久化。无论哪种情况形成并持久化，都有可能导致地区分裂倾向，特别是在与外界联系密切地区、边界地区、少数民族地区、宗教、语言复杂地区，收入分配差距扩大往往成为其离心力扩大的基本原因。从世界各国来看，这方面的例子很多，诸如苏联的一些共和国、南斯拉夫的一些国家以及印度等国家的一些地区，它们都认为从母体分离出去是摆脱“穷亲戚”的好办法。

3.就业形势十分严峻

随着国有企业改革深化和经济结构调整，大批职工下岗失业。在中国转轨的特殊时期，这种大量失业现象已不是一个简单的经济问题，已经成为一个严峻的社会问题和政治问题。在向市场经济转轨过程中，就业稳定和失业安置与救济不仅关系到劳动者的安居乐业，而且关系到国家的稳定和改革大业的成败。失业导致社会公平感丧失，极易引发失业人员对社会不满和敌视。实际上，下岗失业问题已成为影响中国社会发展与安定的一大隐患。

社会稳定是政府合法性的基本保证，一旦出现社会不稳的苗头，如不尽快缓解、消除，就有可能危及政权巩固。而政府自觉行为的关键在于从政策上处理好效率与公平的关系。效率与公平，是各国政府面临的重大问题。改革以来，中国政府强调“效率优先，兼顾公平”的原则，无疑是符合中国国情的明智选择，30多年来中国经济高速发展的事实也证明了这一政策效果是非常明显的。但不可否认的是，我们在政策执行中出现偏差，在确实保证效率优先的同时，对公平却“兼而不顾”。其突出表现正如上述社会不稳的基本原因——收入分配不公。比如农民负担过重，影响农村稳定，在很大程度上与公共财政职能缺位有关。

由于财政长期处于困境之中，实质上一些地方政府早已陷入财政危机，长期入不敷出，别说支持农村地方基础设施建设，连地方政府最基本的运转支出，如行政人员及教师工资都难以保障，唯一出路只能是不断地向农民伸手。再加上财政收入分配的不规范和法制落后，乱收费、乱摊派、乱罚款使得农民怨声载道。另外，城市下岗、失业人员和低收入阶层居民基本生活难以保障，不能说不是公共财政职能不到位。大量国有企业职工下岗失业，是中国市场经济转轨时期，经济结构调整、国有企业改革深化的必经阶段，而确保这部分人员的基本生活，则是公共财政的历史使命，是政府“应该做的事情”。许多地方由于下岗人员问题而引发社会不稳。

中央政府没有调动资源的能力，这是贫富地区居民不能在平等原则下享受政府提供的公共产品服务的重要原因。要缩小省级之间在收入和增长方面的差距，就必须努力缩小省级之间在资源上的差距。财政转移支付是各国用来缩小地区差距的主要形式，可中国1994年分税制改革后，人们盼望已久的转移支付未能充分实现，以致一些贫困地区在财力上与改革之前相比没有改善，甚至恶化。可见，公共财政安全作为市场经济风险的最后一道防线有着其无可替代的重要性。但是在当前研究领域中却对公共财政安全这一领域缺乏相应的研究，因此，我们可以通过对公共财政安全问题方面的研究，来认识公共财政安全。

第二节 公共财政风险与预警的必要性

2014年，世界经济论坛发布了《2014全球危机报告》，该报告预测在10年内可能发生30多个危机，公共财政危机位列第一。发达国家的经济依旧危险，同时新兴市场上的信用危机在近年急速增长，这些都可能导致公共财政危机。主要经济体的公共财政危机将会轻而易举地影响到全球经济。

一、当今中国公共财政风险已不容忽视

在计划经济条件下，几乎所有资源由公共财政集中掌握，公共财政本身一般不会出现明显的安全隐患问题。在成熟市场经济条件下，发达国家积累了几百年来处理政府与市场关系的经验教训，大多建立了稳固的财政制度，政府拥有强大的财政实力，财政风险也不是很突出。但是，当今的中国，由于正处于向市场经济体制转轨过程中，对政府与市场关系的处理还不成熟，符合计划经济下政府需要的旧制度被打破了，而适应新形势变化的规范的制度还在建设中，政府又面临着经济市场化和国家工业化的双重历史使命，使得公共财政存在诸多的安全隐患和潜在危机因素。

中国经济转轨已进入关键时期，也是风险频发的敏感期，各种利益矛盾和社会冲突明显化，国际政治经济形势更加复杂，这对公共财政提出了

更高的要求，降低公共财政风险比任何时候都显得重要。目前中国改革已进入攻坚阶段，是一个随时都可能遇到麻烦，甚至是极大的问题和困难的阶段，这些都将直接或间接地反映到财政上来，都对财政提出财力上的要求。凡重大的制度改革和宏观政策，如社会保障制度的建立、企业破产制度的实行、住房制度的改革，以及中西部开发、扩大内需和经济结构调整政策等，无不如此。财政困难则难以应付各种支出要求，一旦出现财政安全问题需要巨额支出之时，财力就可能难以为继，此时早已潜在的公共财政风险就将显现，从而爆发财政危机。

二、影响财政安全的因素来自诸多方面

人们通常可以把公共财政风险划分为两个大类：内生性公共财政风险和外生性公共财政风险。内生性公共财政风险具有理论意义上的风险属性，而外生性公共财政风险实际上属于财政活动过程中的不确定性。更重要的是，财政过程中人们最有可能有效防范、化解的公共财政风险也就是内生性风险。只要找到诱发内生性公共财政风险的比较具体的原因，然后采取有针对性的制度手段、技术手段，特定财政活动受内生性风险影响的程度完全可以降到最低限度。

外生性风险是指源于财政系统外部各种不利因素引发的风险，如经济运行因素、政治因素、自然因素、技术因素等导致的财政资源浪费或效率下降的风险。内生性风险则是指源于财政系统内部各种不利因素引发的风险，该风险导致财政资源浪费或效率下降。这些因素主要包括：(1)政府职能界定不清导致政府与市场关系不协调。(2)财政立法滞后且有关法规制定不尽合理。(3)财政管理制度与专项管理制度不健全。(4)缺乏必要的公共决策过程。(5)事前、事后财政监督不力。(6)政府官员道德问题和职业技术问题。如前所述，相比之下，内生性风险比较容易化解，而外生性风险更难以控制。

公共财政收支矛盾激化、赤字与国家债务长期化和非正常增长，是公共财政面临风险的表面因素；而制度安排滞后，财政分配机制长期处于不规范、不健全状态，才是影响公共财政安全的最根本的隐患所在。不仅财政本身存在诸多风险因素和风险，中国特有的“企业—银行—财政”三位一体的国有经济基本结构，以及横向各部门间职责不分、纵向各级政府间事权不清的国情，决定了中央财政安全面临来自国有企业普遍困难、银行不

良贷款巨大以及各类“民间债务”失控的严重威胁。[①] 这说明中国公共财政风险的制度性特征非常明显。

如果说财政本身表现出的一些风险因素是直接而明显的，已引起人们关注，而且相对来讲可以通过深化财政体制改革、加强财政管理加以防范的话，那么，外部各领域对公共财政安全的威胁则是间接而隐蔽的，不可能通过财政本身的改革来解决，而要求国家从整个社会经济全局角度实现制度创新，彻底打破既得利益，按照市场经济要求重建公共财政。来自财政外部的风险比财政本身的风险因素更为严重，更难消除。[②] 在中国，人们通常倾向于按照具体财政活动类型划分公共财政风险，这些风险主要包括以下几类并且都属于内生性风险：

1. 收入方面的公共财政风险

如中央政府可调控财力不足，主要收入来源不稳定，财政收入占 GDP 的比重、中央财政收入占国家总财政收入的比重（国际比较）均偏低，预算外资金膨胀、增长过快的势头尚未得到有效控制，税基被侵蚀的问题长期得不到解决，等等。

2. 支出方面的公共财政风险

如支出体制的惯性及经济运行中产生的新问题使财政支出呈刚性增长，在民间投资尚未成功的启动情况下，财政投资也仍面临着继续扩张的压力，财政支出结构不甚合理，财政“越位”和“缺位”现象并存，等等。

3. 公共投资的公共财政风险

中国财政支出中有相当部分用于生产性投资或资本性投资，这种投资与私人投资在风险影响方面具有大体相同的性质。

4. 预算赤字的公共财政风险

中国的财政赤字存在长期化、数额大、增长快的问题，尽管中国赤字率与国际安全警戒线标准相比，仍存在一定的扩大空间，但赤字依存度较高会相应增加公共财政的脆弱性。

5. 国家债务管理的公共财政风险

虽然从债务负担率指标看，中国远低于发达国家的水平，但这并不意味着中国国家债务量偏小，债务发行余地大。由于在中国明显存在国家债务资金使用缺乏经济效益、税收结构不能适应经济结构和所有制结构的变

---

① 谢平等：《金融腐败：非规范融资行为的交易特征和体制动因》，《经济研究》2003 年第 6 期。

② 哈维·S. 罗森：《财政学（第 6 版）》，人民大学出版社 2003 年版，第 400—412 页。

化等问题，导致大部分国家债务几乎都要通过发新债还旧债的方式运作。这样，在财政困难未能扭转的情况下，国家债务规模会像滚雪球一样越滚越大。

6. 公共财政的社会风险

由于中国的经济改革本质上属于政府主导型，这就决定了改革中方方面面的矛盾和问题都会直接、间接地反映到财政上来，这都对财政提出了财力上的要求，因而中国财政所承担的风险是全方位的，且呈扩大趋势。

7. 公共财政的制度风险

目前中国财政体制改革相对滞后，各级公共财政行为中还有很多盲目的、不规范的行为，比较突出的制度风险主要表现在：财政体制建设不稳定，各级公共财政预算约束软化，公共财政决策机制不科学，财政法规建设滞后，等等。

8. 公共财政的系统风险

财政政策系统风险主要是指政府导致的公众心理预期变化，进而自发地采取“理性”或“非理性”行为给公共财政活动带来的不利影响。

9. 官员道德与能力风险

由于政府的权力实际上是通过政府官员行使的，如果政府官员不能正确地使用权力，就会把国民赋予的用以谋求公共福利的权力转变为官员们谋取私利或集团利益的工具。此外，人们即使相信政府官员的职业道德，也没有足够的理由把处理重大社会经济事物的决策权力集中在少数人手中。因为政府官员与普通社会成员一样，不可能保证个人所做出的各种决策总是正确的，而权力则有助于产生实际上是按照个人性格、作风制定的“政府决策”，推行这种决策往往在滥用权力的同时还给经济社会造成效率损失。据外媒报道，在十八大后这场逾期 18 个月的激烈的反腐运动中，已使我国近 25 万干部落马，其中包括 39 名副部级或更高级别官员。

上述风险提法不一定准确，但内生性公共财政风险主要涉及这些方面。对于中国来说，急需规避的风险是前五项，相应的避险工作可以通过发展财政技术手段予以支持；而长期的体制改革则有助于规避后四项风险，这项任务必须依靠科学的制度建设才能完成。

三、经济全球化条件下的公共财政风险

在经济全球化形势下，民族国家的财政风险具有了新的内涵和特点。

它突出地表现在国家主权弱化趋势对财政税收主权的挑战，以及对民族国家自主执行财政政策、抵御外来风险冲击能力的影响等方面。资本市场开放压力、资本非法流入流出和外债的负面效应，可能引发的国家主权支付危机，对公共财政安全提出了新的要求。既积极大胆参与全球化，又谨慎保障国家主权和经济安全；既处处以国家利益为重，又积极主动参与国际合作和协调，这是我们在全球化条件下维护公共财政安全的应有原则。

迄今为止，主要发达国家仍是以货币政策为主，以稳定金融市场为重点，但在刺激实体经济上尚欠缺足够的财政措施。不少国家已将利率降至历史最低水平，但信贷市场仍未解冻。在消费者和企业信心严重受挫以及有效需求萎缩的情况下，货币政策虽然可以增加金融系统的流动性，但无法有效促进实体经济中的信贷增长。历史的经验教训证明，仅仅依靠货币政策不足以阻遏世界经济陷入衰退，更不足以刺激经济尽快复苏。必须配合大规模的财政刺激措施，才能重振经济增长和就业。目前只有少数几个国家出台了财政刺激措施。许多国家仍在犹豫，主要担心扩大财政赤字可能会对经济带来中长期负面影响。面临数十年不遇的金融危机，决策者们应该超出正常的财政预算范畴来考虑问题。

从动态角度看，如果财政刺激能有效地遏制衰退和保护就业，其财政赤字的经济成本很可能会远远小于危机不断恶化最终所造成的经济和社会损失。此外，应对危机的财政刺激措施也可以尽量与各国可持续发展的长期目标相一致。例如，根据各国的具体情况，财政刺激措施可以侧重于基础设施、技术开发、应对气候变化等不同方面的投资。许多发展中国家还可注重农业发展、教育、保健和扶贫方面的公共支出。中国 2008 年出台的规模庞大的经济刺激计划值得不少国家借鉴。其政策重点是刺激国内需求，同时兼顾投资与居民消费需求，兼顾基础设施与公共服务，兼顾总需求与经济结构调整。在经济全球化背景下，一个公共财政措施刺激的效果会通过进口需求惠及其他国家，而对本国经济的效果反而会打折扣。期望搭别人的便车，也是造成许多国家采取观望态度的原因之一。

因此，联合国的报告呼吁加强国际的政策协调。如果世界上主要经济体同时采取财政刺激措施，可以增加对全球经济刺激的乘数效应。2008 年底，全球六大中央银行联手同时削减利率，减少了不必要的国际利率差额波动和由此带来的汇率及金融市场的波动。同理，加强财政刺激措施国际协调也可以减少不必要的金融波动，从而增强对实体经济的作用。加强财政刺激措施国际协调，还应包括发达国家增加而不是减少对发展中国家的援助。随着世界金融危机的不断恶化，许多发展中国家面临日益加深的国际收支冲击：出口下滑，初级产品出口价格跌落，外资减少。这些公共财政收入也因此缩水，极大限制了采取财政刺激的政策空间。增加对这些国家的援助，具有减缓金融危机冲击、刺激全球有效需求的双重作用。

四、公共财政风险有自己的一般特点

风险一般指由不确定性因素导致损失的可能性。公共财政风险指公共财政由于经济失衡、财政制度缺陷或政策操作失误等，对公共财政能力和财政正常运行造成的破坏性威胁。从风险发生的结果来看，它总是和一定的损失联系在一起，风险系数越高，带来的损失越大。公共财政风险与一般经济风险相比又具有自己的特点：

（一）综合性

财政是各种社会经济矛盾最终承担者，社会自然灾害损失、银行呆账核销、社会稳定和对外交往等风险损失以及各种社会体制改革的成本，往往都会通过各种形式转嫁给财政，最终由财政承担。公共财政风险的形成是各种政治、经济、社会矛盾的综合反映。

（二）整体性

中国的财政体系尽管分为相对独立的五级，但它却是一个不可分割的整体。一级财政代表一级政府，任何一级财政出了问题，都会影响到整个财政体系。公共财政风险有可能在各个层次、各个环节上产生和累积，风险防范和治理，必然是一个整体的系统工程。

（三）波及性

某个地区的公共财政风险会波及财政系统，导致收支矛盾激化，降低财政的宏观调控力度和对经济的支持力度，减缓经济增长。严重的公共财政风险会造成财政危机，甚至影响经济及社会的稳定。

（四）渐进性

形成公共财政风险有一渐进过程，财政在艰难的情况下，仍可通过寅吃卯粮、拆东墙补西墙等手段维持运转。公共财政风险不是动态化解，而是不断累积，一旦达到某个临界点，超过社会经济承受能力，就会发生公共财政危机。

（五）隐蔽性

财政是以国家政权为依托，可以运用多种手段强制地扩大收入来源，如增加税收、发行货币、举借内外债等，使得一般情况下，个别地区和领域的财政收支恶化问题，不足以从总体上影响国家基本职能的履行。国家可以用各种隐蔽的方式把风险强制转嫁给整个社会和国民经济承担。例如，可以举借国家债务，基本上没有风险。同样是举债，由于国家债务以国家信誉为担保，即使财政收不抵支，也被认为是最安全的。一般来讲，包括市场风险、投资风险以及金融风险在内的各种经济风险是必然的，是可以事先预计的。市场经济条件下的各经济主体遵循的逐利原则实际上就是冒险原则，因为风险总是与效益成正比，收益越高风险越大，所以明知有风险也必须敢于冒险。这种源于市场不确定性的经营或投资风险实际上是人所共知的；而源于政权强力和政府信誉的财政有可能出现的风险则是鲜为人知的。

（六）复杂性

国家经济高速发展过程中，宏观经济政策的不稳定性导致的政策性风险，因经济体制改革的不成熟性而出现的改革风险，社会制度变迁中人们观念行为的异化而形成的道德风险，以及财政管理内部和社会转嫁的经济风险，交织在一起，内生性与外生性并存，使其远比一般的风险复杂。

1. 财政收支划分方法的技术性手段难以解决权力本质性问题

中国的财政改革一直沿着“分灶吃饭”的思路进行，这无疑是正确的。但问题不是如何分灶，而是谁来分灶，这就是分灶主体的资格与地位问题。为什么财政改革一统就死，一分就乱？原因很简单，技术手段解决不了实质问题。实质问题是什么呢？就是条块矛盾。“条”是业务范畴，它是一级政府权力的垂直延伸，下级对上级是一种从属关系，这种关系首先表现为下级对上级的行政权力依赖，其次才是经济权力的依赖。“块”是地缘范畴。它是政府权力的横向分割，政府间关系是一种地缘关系，这种关系首先表现为经济上的相互依赖性，其次才是行政权力范围的地缘性。

2. 复合税制中税权划分重量轻质容易造成管理的矛盾和冲突

中国税收设计的基本目标首先是保障国家的财政收入，而流转税则是实现这一目标的最佳选择，这也正是中国长期以来将流转税作为主体税种的主要原因，虽然理论界也不乏将所得税作为主体税种的声音。如现阶段实行的增值税，就是在公共财政收入中占很大比重的流转税。地方税中的营业税也属于流转税类。流转税的共同特点是以商品或劳务的流转额为课征对象，深环节多、税源广泛，但缺陷也很明显，它既不能体现公平合理的税收基本原则，也难以体现量能负担的原则。

3.国家和企业关系的复杂性加重了公共财政风险发生的可能性

中国国有企业的现实问题很多，诸如经济结构不合理、高负债率、低利润率，建立现代企业制度的困难，国有企业多余职工的分流和再就业问题，等等。所有这些问题，无不与财政有关。大凡国有企业改革，首先是产权改革，即对产权进行界定，明确投资主体，明确产权的归属，明确资产经营的盈亏责任。政企关系不清集中体现在企业与财政关系不清上，企业改革的各种风险必将形成公共财政风险。

4.税权划分缺乏稳定性和科学性，加大了公共财政风险的因素

税权即税收的管辖权。国家拥有取得税收的权力，但这种权力，必须在中央政府和地方政府间进行合理科学的配置。中国目前在税权划分上缺乏一个明确的规则，立法权过分集中于中央，地方越权、滥权现象较为严重。另外税收征管主体的重复和交叉，也对行使税权产生了一定的障碍，从而导致中央税收保障性下降，地方滥用收费权，且收费规模日益膨胀。这种与市场经济条件下公共财政收入的规范分配方式严重背离的结果，必然导致更深的公共财政风险。

5.政府职能转变的艰巨性和矛盾性成为产生公共财政风险的因素

在当前经济转型过程中，首要问题是实现政府职能的转变，但政府职能的转变过程存在明显的艰巨性和矛盾性。因为在发展中国家经济转轨过程中，市场失效问题更为突出，政府纠正这些失效的能力也更弱，政府行动的局限性也更大，建立和完善市场的任务也更加艰巨。如果政府职能的转变不能适应市场经济的需要，政府很可能成为导致市场混乱的主要因素。

(七)严重性

公共财政风险的危害性极大，在微观经济活动中的风险，如投资风险、商业经营风险等，是一种可估量的、有形的经济风险；而公共财政是一种宏观经济运作，其风险损失不仅包含巨大的经济损失，更可能对国家政治、经济和整个社会造成巨大影响，甚至可能带来积重难返的社会经济动荡和社会政治不稳定。所以，尽管公共财政风险程度可以通过一定的系数来衡量，但公共财政风险集中爆发后形成的后果却是无法估量的。

1. 转移性

转移性，即公共财政风险与其他社会经济风险之间的相互影响和转化。财政内部各种风险因素之间，内生性风险与外生性风险因素之间，都存在互动或相互转移现象，比如公共财政风险与金融风险之间的相互转化。受亚洲金融危机的影响，人们较多地关注金融风险，但中国金融风险在很多方面并不是金融本身的问题，有的甚至就不是金融风险，而是中国经济中各种矛盾的集中表现，是公共财政风险在金融领域里的表现。所以，从公共财政风险产生的根源来看，无论内生的还是外生的，一般不是财政运行引发的，而主要是经济运行、政策调整或体制因素造成的，加上其普遍性和隐蔽性，更容易引发经济运行的不良连锁反应，因而要对公共财政风险高度重视，严加防范。

2. 转轨性

公共财政风险的转轨性是由经济体制的变迁或转轨这一总体背景所决定的，也是中国公共财政风险程度高于发达国家的根本原因所在。这种特征同样也可以从体制结构和政策因素两个层面加以分析。从体制结构上讲，中国具有高公共财政风险的原因，在于转轨时期权利享受结构和风险承担结构的严重扭曲或错位。在传统体制下，如果把经济行为主体分为经济组织员工、经济组织、地方政府、中央部门和国家的话，各经济主体在社会权利结构中的位置和作用是不一样的。从形式上看，经济权力的排列结构依次为：国家—地方—部门—经济组织—经济组织员工。这也是为传统社会主义经济理论所认可的。权力和利益上的这种依次递减关系是不难理解的，它符合社会主义中央集权制的要求，也符合中国文化“大一统”的传统观念。

但是随着改革开放的不断深入，或者说，在经济体制的转轨过程中，这种权利结构发生了重大变化，其根本表现是国家的权利受到了很大的削弱，而地方和部门的利益相对膨胀，其具体表现是：国家实质上已把相当大的资产支配权下放给了中央经济部门（统管中央直属企业）和各级地方政府（省、区、市分地管理），直接由国家支配的完全意义上的国家所拥有的资产，除中央办公机关和设施外，几乎没有生产资料。各中央部门都有相对独立的权力和利益，国务院在正常经济状态下，不便也不必要在多部门之间进行无偿调拨。中央对地方政府的关系就更明显，各省、区、市财政“分灶吃饭”后，地方政府的权力和利益有了相当大的独立性，不仅对地方所属企业，而且对其领导下的各级政府官员，有着几乎完全的决定权。

市场经济中的一个基本命题是：权利与责任相一致，或收益与风险对称。但在中国经济转轨过程中，随着地方和部门及经济组织的权力增长，相应的责任并没有随之增长，相反都在竭力转嫁其应承担的责任和风险。最具这种条件的还是地方政府和中央部门，他们可在国家的旗帜下谋取来自上、下两个方面的利益，同时又推卸掉相应的责任，不承担或少承担风险，即利益留给自己，风险转嫁给国家，由此导致了权利结构与风险结构的严重错位。经济转轨过程中的这一错位导致了经济行为主体的权利和利益扩张冲动，导致了经济行为的随意性，导致了经济秩序的混乱，严重阻碍了经济效益的提高，使国家承担了越来越大的风险。

从政策因素上看，在传统体制下，政策特点可以概括为：体制政策以平等为目标，以分配政策为中心，以利润上交、财政补贴、收入分配、社会福利政策为手段；过程政策则以经济增长为目标，以低利率、低汇率、低工资、低初级产品价格和财政投资政策为手段。两者互相联系，互相渗透，分别从质和量两个方面影响经济发展过程，过程政策也不考虑经济的稳定，而只注重经济的数量增长；两者都以直接的计划手段为主。

随着市场经济改革的不断推进，上述政策目标和手段已经发生了重大变化。体制政策逐步转移到促进和维护竞争、保障和提高市场机制运行的效率，其政策手段也逐步以竞争政策（部门和地区）、结构政策、对外经济政策和社会政策为主。过程政策则逐步转移到保证经济稳定，减少国内和国际不稳定因素对本国经济的影响，政策手段也以财政政策、货币政策为核心。过程政策也逐步尝试间接的宏观调控手段，以经济稳定为目标，但由于经济运行机制的不健全，导致多种政策互相矛盾，政策执行的结果往往脱离决策者的初衷，甚至走向反面，从而增大了政府在政策实施过程中的风险。[①]

无论是财政体制还是财政政策，都是整个经济体制和经济政策极其重要的组成部分，因此，在体制转轨过程中，上述体制和政策特点决定了中国财政的高风险性，或者说，中国财政的高风险性构成了中国宏观经济风险严重性的重要组成部分。

3. 社会性

财政活动是一种政府行为，它不同于某个特定的行业。财政职能要体现政府在市场经济体制下的活动范围和方向，财政要逐步退出应由市场配

---

① 王朝才：《地方财政风险管理与控制研究》，北京经济科学出版社 2003 年版，第 122—124 页。

置资源的经营性和竞争性领域，转到满足社会公共需要方面来，即提高对政权建设、教育文化和科学事业发展及环境保护等公共需要方面的保障能力，因而其行为直接与全体社会公众和经济组织紧密相连。财政体制的安排及变迁，财政政策的实施及其变化，直接影响全社会各类经济行为主体的利益。

4. 传导性

这主要表现在两方面：一是公共财政风险可能首先表现在其他领域，以其他风险的形式表现出来，如表现为企业风险、金融风险等。当前，由于受亚洲金融危机的影响，人们较多地关注金融风险。由于中国与某些东南亚国家在经济发展的主要特点和主要矛盾方面有不少相似之处，所以，当我们认识到中国国有商业银行同样也存在高额不良资产、自有资本率低、企业的负债比率过高等一系列问题，与亚洲国家，特别是与韩国有很多相似之处时，防范金融风险已成为非常迫切的事情。二是其他领域的各种风险最终会转嫁到公共财政风险上。公共财政风险是各种风险的最终承受者，是最深层次的宏观经济风险。也正因如此，我们要更加重视对公共财政风险及其传导机制的研究，加强对公共财政风险的防范，否则，由此导致的后果可能比任何一种其他风险都更为严重。①

第三节 公共财政安全与预警研究的现状

在全面考察中国财政制度和财政运行的内部与外部风险因素的基础上，有关专家提出了公共财政安全战略设想及确保财政安全的对策建议，他们对财政安全这一概念进行了一定程度的界定。而在国外，以世界银行的专家为主，其对公共财政风险的研究，始于 20 世纪 90 年代中后期。② 他们的研究强调对策性，理论解释相对薄弱，这将在后面做进一步的分析。

一、公共财政风险内涵认识的相关理论讨论

尽管现在对公共财政风险的研究日益增多，但对其内涵的界定还没有

① 张国盛：《地方政府债务管理》，中国财政经济出版社 2008 年版，第 78—87 页。

② 戴维·罗默：《高级宏观经济学（第二版）》，上海财经大学出版社 2003 年版，第 470—447 页。

一个公认的统一说法，从我们所接触到的国内文献来看，最早的相关资料是财政部的一个政策报告《公共财政困难与风险问题及振兴财政的对策研究》。这个报告完成于 1996 年 8 月 15 日，它首次提出公共财政风险的概念，并给出了一个定义：公共财政风险，是指在财政发展过程中由于某些经济和社会因素影响，给财政运行造成波动和混乱的可能性，集中表现为巨额财政赤字和债务危机。

这个定义相当完整地概括了公共财政风险的两个基本因素，即经济因素和社会因素，并把公共财政风险的现实形态表述为"财政赤字和债务危机"。但这个定义隐藏了一个潜在的意思，即如果没有了赤字和债务，则公共财政风险也就不存在了，财政也就安全了。这个报告认为公共财政风险主要来自以下几个方面：一是财政收入增长弹性不大，"两个比重"（指全国财政收入占 GDP 的比重和中央财政收入占全国财政收入的比重）仍可能继续下降。二是公共财政捉襟见肘，满足不了各项事业的发展需要。三是财政收支差额可能继续扩大，入不敷出的矛盾将更加尖锐。四是债务规模继续增大，风险问题越来越突出。

当涉及如何理解公共财政风险时，有观点认为，公共财政风险是一种政府性的经济风险，是一种随着市场经济不断发育而逐步显现的风险，因而是市场经济性风险。[①] 财政活动可以理解为政府的经济活动，说公共财政风险是政府性的经济风险未尝不可，但也不尽然，因为财政不仅仅是一个经济学的概念，还是一个政治学的概念、社会学的概念、法学的概念，甚至是一个社会心理学的概念。

也有观点认为，公共财政风险是财政运行难以有效履行自身职能的状态，其核心是将公共财政风险与财政职能的实现程度联系起来。阻碍财政职能的履行都是公共财政风险的形成因素。这个定义如果与财政职能的所谓"固有的客观属性"相联系，则反而模糊了对公共财政风险的理解，因为从中看不出与不确定性有何关联。其实，财政职能很难说是客观的、固有的，在不同的历史阶段，社会对公共财政的要求是不同的。国内还有不少文献提出了对公共财政风险的看法：

——由于财政收入增长的惰性和财政支出的刚性以及两者合力所形成的财政困难，并可能引发财政危机的一种状况。也可以说，公共财政风险是指存在爆发财政危机的隐患。一般而言，公共财政风险表现为收入风险、支出风险、赤字风险和债务风险。

---

① 阿特金森，斯蒂格里茨：《公共经济学》，上海三联书店出版社 1994 年版，第 393—398 页。

——指发生财政收支矛盾激化进而破坏财政稳固与平衡的可能性。

——国家在组织收入和支出过程中，囿于财政制度和手段的缺陷，以及多种因素的不确定性，也会有造成损失的可能性。

诸如此类，不一而足。学术界对公共财政风险的看法尽管有不少差异，但也有许多共性：

一是有共同的研究背景。即对公共财政风险的认识都是从中国财政赤字和债务不断增加的情势出发的，赤字和债务被视为公共财政风险的集中表现。反过来说，如果赤字和债务不是增长得这么快，那么，公共财政风险就会小一点。进一步说，当赤字和债务为零时，公共财政风险也就不存在了。

二是从流量分析出发。诸如收入风险、支出风险、赤字风险、债务风险等，都属于流量分析，而存量分析很少。一般而言，流量的不确定性要大于存量的不确定性，从流量来看具有很大的风险，而从存量来观察，也许风险极小。

三是把财政自身状况当作一个判断的标准来看待公共财政风险的大小，如出现短收增支、赤字时，就视为公共财政风险扩大；当超收节支，变为盈余时，就看作风险变小。毫无疑问，这是把形式当成了内容，把手段当成了目标。

四是在价值判断上，普遍把公共财政风险视为一种“不好”的东西，或是财政运行的一种病态，因而提出的政策主张大都是公共财政风险最小化，最好是彻底规避，而不是现实地考虑我们在一定条件下可接受的风险或风险的可接受性。由此，中国的公共财政风险分析无论在逻辑上，还是在方法上都还存在诸多的不足，须改进之处甚多。最主要的一点是应转变对财政自身的认识，始终把财政视为政府干预经济、干预社会的一种手段，盈余或赤字不能以“好”或“不好”来判断，手段是中性的。公共财政风险不过是政府运用财政手段过程中产生的，不能仅以财政部门自身的状况（包括过去的和现在的）来作为公共财政风险大小的衡量标准。

二、财政安全监测预警指标构建的基本框架

指标是用来反映公共财政安全隐患的，因此，指标选取的科学与否直接决定了公共财政安全监测预警系统的科学性和准确性。对于监测预警指标，中国学者通常会从以下几个角度进行选择。

基于公共财政安全隐患产生和发展机理角度。顾海兵、徐刚遵循自然

现象的预警逻辑“确定警情—寻找警源—分析警兆—预报警度”，根据“财政是否有警主要反应在财政收支的平衡状况上”这一观点，将“财政支出补偿系数”作为财政预警的警情指标；再通过实证分析和理论分析寻找警源；然后根据警源，通过经验和统计两种方法，确立景气警兆和动向警兆两类指标；最后，根据财政警兆的警度预报财政警情。[①] 这种先根据理论分析确定警兆指标范围，然后运用统计方法，根据历史数据来确定警兆指标的做法具有较强的说服力。然而作者是以 1993 年之前的数据作为研究资料，是在中国财税体制大变革之前，研究方法具有借鉴意义，但指标借鉴意义不大。中国不少学者借鉴了这一思路设计了公共财政安全监测预警指标体系。

基于公共资源与公共债务和支出责任相对比的角度。有专家在理性批判公共财政安全隐患矩阵基础上，提出了三个层次安全隐患评估基本框架。一是公共债务与公共资源存量的对比分析，可发现公共财政安全隐患是扩散，还是收敛；二是公共债务与公共资源流量的对比分析，可发现公共财政安全隐患扩散的程度；三是公共债务与经济总规模的对比分析，可发现公共财政安全隐患是否处于可控的范围之内。[②] 这一框架基于“公共资源”与“公共债务”是否相互平衡的观念，从存量和流量两个方面分析并结合了经济发展因素而制定的。

相对公共财政安全隐患矩阵，这个评估框架对公共财政安全监测预警指标的构建更有意义。张国生也指出，评估公共财政安全隐患应从两个方面入手：一是政府所拥有或可获得的公共资源，二是政府应承担的公共支出责任和义务。他对这两个方面进行了更加细致的论述，[③]这些研究虽没有给出具体的指标体系，却为设计监测预警指标设计提供了良好思路。

基于公共财政安全隐患类型划分的视角。丛树海、李生详根据“内生安全隐患和外生安全隐患”的分类选取了 40 个财政内部安全隐患指标、30 个财政外部安全隐患指标，以及 8 个财政抵御安全隐患能力指标。[④] 马恩涛根据公共财政安全隐患在财政运行各环节的具体表现，将监测预警指标划分为 5 个方面：宏观经济安全隐患、财政体制安全隐患、财政收支安全隐

---

① 顾海兵等：《我国财政预警系统初探》，《计划经济研究》1993 年第 3 期。

② 刘尚希：《财政风险：一个分析框架》，《经济研究》2003 年第 5 期。

③ 张国生：《政府财务境况和财政风险：一个分析框架》，《公共管理学报》2006 年第 1 期。

④ 丛树海等：《我国财政风险指数预警方法的研究》，《财贸经济》2004 年第 6 期。

患、财政赤字安全隐患和财政债务安全隐患。[①] 何达之根据“公共财政安全隐患矩阵”将监测预警指标分为4个方面：直接显性安全隐患、或有显性安全隐患、直接隐性安全隐患、或有隐性安全隐患。[②]

基于主观经验提出指标选取原则的视角。如裴育、欧阳华生提出，建立一套高效灵敏的地方债务安全隐患监测预警指标体系，应遵循规范性、重要性、综合性、灵敏性、互补性、可操作性、特殊性等原则，并构建了包括短期偿债能力和长期偿债能力的指标体系。[③]

从现有指标体系来看，无论是指标选择和指标体系的构建理念，还是在具体指标的选择上，都存在很大的差异，这表明，现有研究在监测预警指标选取上存在较大主观随意性，缺乏统一和有效的理论基础。

三、公共财政安全监测预警方法选择与应用

公共财政安全监测预警方法是财政风险预警系统的核心成分，它指导公共财政安全监测预警指标选择、构成及预警模型的创建。现阶段，预警研究主要在3个领域展开：一是对先导指标法的研究；二是对指数合成法的研究；三是对其他统计方法的研究。以上3种预警方法有着很大不同，先导指标法因为有经济周期理论的支撑而相对较为成熟。

1.先导指标法

这类研究主要利用个别先导指标来判断公共财政安全隐患大小。例如刘迎秋通过实证分析，论证和揭示了与中国现阶段国民经济发展相适应的赤字率和债务率及其警戒线，并将赤字率和债务率作为先导指标。[④] 这种方法简单易行，但先导指标如何得到，以及是否具有代表性，决定了预警是否具有科学性和准确性。

2.指数合成法

合成指数的方法是根据历史资料对每个指标设置预警区间，然后根据预警区间确定指数，再对各指标的指数进行简单算术相加，分别得到内部合成指数、外部合成指数，最后得到全部公共财政安全隐患的预警指数。从树海、李生祥首先选取40个财政内部安全隐患指标、30个财政外部安全

---

① 马恩涛：《我国直接显性财政风险预警系统研究》，《广东商学院学报》2007年第1期。

② 何达之：《中国财政风险预警系统的构建与应用》，2007年湖南大学硕士学位论文，第15页。

③ 裴育等：《地方债务财政风险预警程序与指标体系的构建》，《当代财经》2006年第3期。

④ 刘迎秋：《论中国现阶段的赤字率和债务率及其警戒线》，《经济研究》2001年第8期。

隐患指标和8个财政抵御安全隐患能力指标构成监测预警指标体系。然后,又根据财政内部安全隐患和外部安全隐患各指标对安全隐患的影响程度,分别选取8个和12个核心指标编制成衡量和预警公共财政安全隐患的内部合成指数和外部合成指数,最后形成全部公共财政安全隐患的预警指数。[①] 王亚芬、梁云芳利用同样的预警方法,[②]但是在指标权重的确定方法上并没有明确。马恩涛也使用了该种方法[③],但指标筛选的方法和指标合成中权重的确定比较主观和简单。

3.其他统计法

刘谊、刘星等在指标的得分上,采取了统计值法,计算出各指标在空间纬度和时间纬度上的平均值和标准差,再结合专家的意见,确定上限和下限。在指标权重的确定上,建立不同层次因素重要性的专家调查表,运用层次分析法得到判断矩阵,经过一致性检验,得到监控指标的组合权重,在此基础上,刘谊等又借助熵值法给指标客观赋权的方式,通过数据本身的信息对层次分析法确立的权重进行了修正,还对财政债务安全隐患与财政综合安全隐患各要素进行了实证回归分析。这种研究方法对寻找和发现导致财政债务安全隐患的原因具有重要作用。[④] 胡晓敏分别建立了综合危机指数和若干个警兆指标,然后通过聚类分析方法对样本进行分类;再利用因子分析法,对警兆指标进行因子提取,提取出5个因子(主成分),再分别利用判别函数和Logistic建立了预警模型。[⑤] 然而,胡晓敏对以综合危机指数的提出和计算并不能十分令人信服。何达之在指标权重的确定上采用了AHP方法,在指标安全隐患区间的确定上,采用以警戒线为基础的评定法来划分,同时给各个指标确定安全隐患状态并赋值,此外还通过建立时间序列模型来对各类公共财政安全隐患进行了预测。[⑥]

---

① 丛树海等:《我国财政风险指数预警方法的研究》,《财贸经济》2004年第6期。

② 王亚芬等:《我国财政风险预警系统的建立与应用研究》,《财政研究》2004年第11期。

③ 马恩涛:《我国直接显性财政风险预警系统研究》,《广东商学院学报》2007年第1期。

④ 刘谊等:《地方财政风险监控体系的建立及实证分析》,《中央财经大学学报》2004年第7期。

⑤ 胡晓敏:《地方政府财政或有负债评估及预警系统构建——基于浙江省地方政府的实证研究》,2006年浙江大学硕士学位论文,第45—58页。

⑥ 何达之:《中国财政风险预警系统的构建与应用》,2007年湖南大学硕士学位论文,第18—30页。

四、财政预警研究的主要问题与未来的展望

总的来说，中国对公共财政安全监测预警的研究取得了比较多的成果，基本思路比较清晰，但是也仍然存在概念界定不够严谨，指标体系设置过于主观，预警方法简单，研究视角僵化，概念、分类和指标设计相互脱节等问题，课题组试图对这些问题进行剖析并提出未来展望。

首先，对公共财政安全隐患的界定还不够严谨。尽管中国学者在界定公共财政安全隐患时都坚持了"安全隐患"的基本内涵，但观点仍有差异。课题组认为，在界定公共财政安全隐患时，除从"安全隐患"基本含义切入以外，还需要坚持以下两点。

一是公共财政安全隐患区别于企业的财务安全隐患。在市场经济条件下，政府除了像企业一样，是一个市场主体，承担市场主体所应承担的各种责任和义务以外，它还是一个公共主体，这意味着政府还应对其他各种社会安全隐患承担"兜底"责任。政府双重主体属性意味着公共财政安全隐息也应包括广义和狭义两种。这一点已被学者关注，如施青军认为，从广义上理解的公共财政安全隐患包括来自经济波动、利率变动、债务扩张等经济方面的安全隐患和来自自然灾害、政治、社会不稳定等非经济方面的安全隐患；而狭义公共财政安全隐患是指财政的债务安全隐患。[①] 丛树海也指出广义的公共财政安全隐患就是公共安全隐患，即来自经济、自然、社会和政治等方方面面的不利因素致使公共财政、银行信用和货币流通出现混乱和动荡的可能性；而狭义的公共财政安全隐患，指爆发公共财政危机的可能性，即公共财政入不敷出、预算赤字巨大、国家债务剧增、全部或部分国家债券停止兑付的可能性。[②] 显然，狭义公共财政安全隐患类似企业财务安全隐患，而广义公共财政安全隐患则远远超越"财政"或"财务"范畴，变为国家的安全隐患。

二是中国财政安全隐患应区别于国外财政安全隐患。中国在政治制度、财税体制等方面都有别于西方国家，这必然导致公共财政安全隐患的生成机理以及"公共财政危机"的表现形式等将有别于西方国家。

其次，公共财政安全监测预警的基本理念和理论容易被忽视，致使公共财政安全监测预警指标体系的构建太主观。预警理念是整个预警系统

---

① 施青军：《我国当前财政风险分析》，《财政研究》2000 年第 8 期。

② 丛树海：《财政风险扩张与控制》，商务印书馆 2005 年版，第 42—136 页。

的核心，不可或缺。现有的预警研究要么避开理念不谈，要么盲目推崇“公共财政安全隐患矩阵”，这都是十分不可取的，脱离基本预警理念提出一些空洞的原则也无法体现预警系统的科学性和合理性。

课题组认为，公共财政安全监测预警的基本理念应与公共财政安全隐患的基本概念联系在一起，如果将公共财政安全隐患定义为公共财政危机或困难出现的可能性，那么造成公共财政危机或财政困难的最终原因是什么？如果将公共财政安全监测预警建立在这一最终原因之上，那么预警就是科学的。“公共财政安全隐患矩阵”只是从债务方面阐述了公共财政安全隐患，但是公共财政危机的发生必然是“公共资源＋财政收入”小于“支出责任＋公共债务”的结果(反过来并不一定成立)。因此，课题组认为，将刘尚希教授提出的观点作为公共财政安全监测预警的基本理论应是可行的。但是，需要将公共资源、公共债务、财政收入、支出责任等几个方面的内容结合政府的特点以及中国各级政府的特色，进一步深入划分。监测预警指标体系是对公共财政安全隐患的反映，它必须建立在公共财政安全隐患的界定和明确公共财政安全监测预警理念和依据的基础之上，否则指标体系的选择就难以摆脱主观性，公共财政安全监测预警也就不具备科学性。如果将公共财政安全隐患界定与监测预警指标体系构建结合起来看，它们之间也存在相互脱节的情况；现有的公共财政安全隐患界定多出现在世纪之交对“公共财政安全隐患”的大讨论时期。这一时期的讨论出现百家争鸣的局面，但并没有将概念界定限定和收敛于“预警”层面，因此难以对监测预警指标设计及预警工作开展提供更为具体的指导。

再次，目前的各种预警的方法过于简单，有待商榷和进一步完善。现有财政安全监测预警的最终目的是建立财政安全隐患“值”的评估系统，并通过预先设置的预警区间来确定警度，并决定是否应该采取控制方案和措施。然而，不同指标权重的分配确定过于主观，往往根据个人的判断进行赋权，不同的主观赋权对安全隐患计量和评价影响甚大；尽管有些学者通过了 AHP 等相对科学的赋权方法，但是，这些做法也都基于各指标与公共财政安全隐患值之间呈线性相关关系的假设。公共财政安全隐患的形成和发展机理极其复杂，简单的线性关系往往难以奏效。课题组认为，在安全隐患值的度量上，我们还可以引入一些非线性的评价方法，比如神经网络法，来对安全隐患进行评价和预警。

最后，现行的预警研究均是基于历史资料的静态公共财政安全监测预警，难以满足基于未来的公共财政安全隐患控制。这种预警方法和思路均是站在“即时”立场，基于历史数据的静态视角，仅能对当前公共财政安全隐患情况给予评估和预警。然而,由于政府的公共主体特征,公共财政安全隐患所面临的不确定因素远远多于企业的财务安全隐患。基于当前的静态研究无法预测政府未来债务安全隐患情况,必须将研究视角进一步朝未来延伸,建立在动态的基础之上,财政安全监测预警才能更加具有"控制"意义。因此,动态和面向未来的财政安全监测预警系统更具重要意义,这是需要尝试更新的预警方法。

第四章 公共财政风险在诸方面的表现

本章主要涉及公共财政赤字、国家债务、财政制度、财政体制与公共财政安全等关系的问题。

第一节 财政赤字与公共财政安全

在当今世界各国，财政赤字问题是一个较普遍的共性问题，这直接揭示了各国财政面临的尖锐矛盾。财政赤字是一个重要的经济指标，其中包括了众多的经济信息。可以说，作为综合性的财政问题，财政赤字在一定程度上是经济发展的“显示器”，其规模、结构、弥补方式以及控制政策的选择，都会对整个国民经济产生不同的、深刻的影响，从而形成了各种现实的和隐性的风险。例如，美国的巨额财政赤字不仅使政府和国会之间的“预算风波”长年不断，而且对经济至少产生了以下 3 点不良的影响：(1)为弥补巨额财政赤字，政府不得不以高利率从国内市场吸收资金，并由此造成市场资金短缺和利率居高不下。(2)当国内筹资难以弥补赤字，就只能通过国外资金来弥补，从而使美元汇率升高，国际收支逆差加大。(3)财政赤字不仅影响了美国经济，而且危害世界经济。许多国家在对美国高赤字带来的高利率和高汇率表示不满的同时，也相应提高本国利率以防止资金外流，从而避免其经济发展也受到“伤害”。

一、公共财政赤字与公共财政安全的关系

实际上，政府预算赤字的经济影响和经济后果很难进行简单的是非判断，这在本质上源于赤字经济的综合性和不确定性，这种不确定性在不同国家、不同制度及其不同发展时期往往具有不同影响，不会一成不变也难

以一概而论，这一点也反映在各经济学派的赤字理论上。李嘉图学派就认为赤字与税收相等，坚持赤字无关论，即赤字对宏观经济几乎没有影响。凯恩斯学派则认为赤字可以动用未被充分利用的资源以刺激经济增长，声称赤字是无害的，至少适度赤字是有利的。但其经济假定的先天不足也使之缺乏普适性。而新古典学派则认为赤字具有排挤效应，导致私人投资和积累的减少，并给后人留下了更多的债务、更多的税负和更少的财富，即赤字是一种极不负责的有害政策。由于理论假定与实际条件有明显差距，所以，新古典学派的理论观点未免过于夸张。总之，由于假定条件和研究对象不同，对赤字问题的理论认识和政策主张出现分歧是可能的。必须看到，财政赤字对一国经济的影响是综合而复杂的，因而应在结合本国国情的基础上谨慎从事，以防范赤字带来的各种风险损失。

中国经济运行中的财政赤字更具有其特殊性，但似乎一直未得到人们足够的重视。对其分析研究的理论、方法、工具等至今仍不够系统和完善，许多重要的问题在研究中被忽视了，许多实践问题难以找到令人满意的解释——理论研究的滞后和误导本身就是一种现实风险。在某种程度上，这比实践操作中因暂时失误而产生的风险还要严重。因为其产生的问题不但具有极强的累积性，而且还难以纠正。

(一)公共财政赤字的概念及统计口径

对财政赤字概念本身的理解不同，很大程度上直接影响诸如财政赤字有害还是无害的判断，而财政赤字的计算口径又是财政赤字概念的量化，统计处理上的不一致，也直接关系到对财政赤字风险的总体把握、描述和控制。

实际上，财政赤字的概念复杂、种类繁多、五花八门，且每一种财政赤字都有特殊的经济含义。例如赤字预算与预算赤字、结构性赤字与周期性赤字、名义赤字与实际赤字、公开赤字与隐性赤字、基础赤字与常规赤字等。值得指出的是，许多经济学家在分析财政赤字的经济影响时莫衷一是，但若将其运用的财政赤字概念及与此相联系的赤字计算口径统一起来，就会发现其结论并无太大的实质差别。这里，透过各种特定经济条件，所有财政赤字总有其共同的基本含义，主要有两个层次：

(1)从财政角度看，财政赤字是一种政府预算收支逆差，即政府预算中经常性财政支出超过经常性财政收入的那一部分差额。与西方相比，同样作为政府收支逆差，中国改革发展过程中出现的财政赤字所包含的经济内容要丰富得多、复杂得多。可以说，西方的预算赤字主要充当政府调节经济周期的政策工具,而中国的财政赤字则更多地体现经济发展和体制改革中的某些机会成本。

(2)从经济系统看,财政赤字是社会总需求的有机组成部分。从国民收入核算恒等式——C+S+T+M=Y=C+I+G+X,其中,恒等式左边代表总供给的收入流量,由消费C、储蓄S、政府税收T和进口M组成,右边则由代表总需求的消费C、投资I、政府支出G和出口X组成——可以发现,政府的赤字支出和非赤字支出,都要汇入支出流量而构成总需求——这就是财政赤字的第二层经济含义。但在财政赤字与总需求之间的数量关系方面,通常存在一个较普遍的认识误区,即赤字是总需求中超正常分配,导致了总需求的膨胀,也就是说,财政赤字的另一个"名字"就是国民收入的超分配。其一,特定条件下的财政赤字,产生超额需求因素会造成原有总需求水平的膨胀,但是否属于国民收入超分配范畴,还要视具体情况而做出判断,即两者之间并不存在前因后果的必然关系;其二,财政赤字通常会使原有总需求内部出现此增彼减的替代效应,只改变了社会需求结构,而不会造成总需求水平的扩张。

从国民收入核算恒等式不难得出财政赤字的预算恒等式:

G-T=(S-I)+(M-X)

预算恒等式是计量财政赤字的重要起点,其左边表示预算收支状态(G>T意味着财政赤字)。恒等式右边实际上是两个不同账户,即储蓄投资账户和对外贸易经常账户,此预算恒等式可理解为:财政赤字=储蓄投资账户结余+贸易经常账户赤字。其表达的主要意思是,在封闭型经济中,政府预算账户上的赤字必是非政府部门储蓄投资账户上的结余,这时增加的财政赤字,可以不影响需求总量而只改变其结构:在开放型经济中,若整个国内账户(政府和非政府部门)都呈赤字状态,即两部门都需从国外筹集资金,所有赤字都会使总需求扩张。假定国内的储蓄投资账户赤字等于贸易经常账户赤字,政府则无资可筹,极有可能出现增发货币风险,导致国民收入的超分配,并对民间投资产生一定的排挤效应。

计量财政赤字的目的就是为政策决策者提供关于公共财政行为对经济需求总体影响的参数指标,财政赤字的口径就是把财政赤字概念进一步量化,最常见的赤字口径有以下两种:

硬赤字:财政赤字(结余)=(经常收入+债务收入)-(经常支出+债务支出)

软赤字:财政赤字(结余)=经常收入-经常支出(包括债务利息支出)

以上两种口径的区别只在于债务收支的处理不同。中国从1953年以来基本上采用第一种口径，即苏联的计算赤字（结余）方法，不把公债收入作为弥补财政收入的资金来源，按此口径，只有财政向中央银行透支时才会发生财政赤字。这种计算口径至少会导致两种风险：

(1)掩盖了财政赤字的真实状况，会造成财政平衡“幻觉”。按此口径，在财政存在实际赤字的情况下，预算账户两边的收支却可能是平衡甚至结余的，出现了财政结余与国家负债增加并存的奇怪现象。这种口径大大缩小了赤字规模，会使人们对财政困难缺乏足够认识，对财政赤字失去应有警觉，从而导致政府支出的进一步过度扩张。例如，2012 年财政赤字预算为 8000 亿元，若再增加 4000 亿元，将达到 1.2 万亿元。但由于 2012 年除了财政赤字之外，还从中央预算稳定调节基金中调入 2700 亿元，两项相加，可支配总量达 1.07 万亿元，因此 2013 年政府可支配财力的增加幅度将在千亿元左右。这与营业税改增值税千亿量级的减税规模基本匹配。2013 年赤字绝对规模往上升，但从赤字率上看，“回到 2%或 2%出头的水平”。这是政府职能向民生倾斜的通盘考虑，并不会给经济运行带来很大风险。如 2012 年 GDP 增长 7.8%，2013 年增长 8%左右，2013 年 GDP 规模达到 55.1 万亿元，而赤字率大约只有 2.2%。

(2)由于财政赤字规模未得到真实反映，就使人们难以准确把握财政收支对经济运行所产生的各种影响，尤其是财政收支在社会总需求中的调节方向和力度。例如，2013 年 1 月 22 日，财政部公布 2012 年中国财政赤字为 8502 亿元，这一数字比预算安排的赤字规模 8000 亿元超出约 500 亿元。而在经济企稳迹象下，中国仍采取积极的财政政策，因此，2013 年的财政赤字规模继续有所扩大。即 2013 年中央和地方政府安排赤字 1.2 万亿元，其中地方政府 4500 亿元，中央政府 7500 亿元。和 2012 年 8500 亿元的赤字相比，2013 年的赤字规模较之前增加了 50%。[①] 那么从减税和增支两条线看，增支较减税更具有扩张性，会带来更大范围的影响。在某种情况下，这种财政赤字会对总需求产生“雪上加霜”的政策风险。

(二)中国财政赤字统计中的特殊风险

世界银行、国际货币基金组织（IMF）等国际组织为使各国财政数据具有可比性，曾对财政赤字的计算做了许多统一规定，但由于政治体制、经济管理、统计传统等方面存在差异，各国在赤字概念和统计方法上的选择仍

---

① 杜丽娟：《2013 年财政赤字破纪录，营改增扩围减税规模过千亿》，《中国经营报》，2013 年 1 月 26 日。

然千差万别。中国的财政收支统计更具有自己鲜明的特点或问题，主要表现在统计数据的采集、收支项目的设置、计算方法和口径的选择方面。这些特点虽然适应了过去中国的国情和体制，但随着经济发展对决策分析、信息反馈、国际经验借鉴等方面要求日益提高，原有赤字统计带来的数据信息失真、纵向横向不可比等问题就更加突出。概括为以下 4 个方面。

一是预决算统计程序中存在明显的复杂冗长、条块分割的统计程序，加上经济人自身利益的内在驱动，以及监督约束机制的缺乏，中国财政收支数据的真实有效性是值得怀疑的。不难看出，中国财政统计数据严格按照条条块块的隶属关系逐级上报各种主管部门，且条条块块预决算之间各走各的路，互不搭界，最后才报到财政部门。由于预决算数据是各企事业单位自编自报，并由各主管部门自审自批，所报数据往往与其当年或下年利益息息相关(即成为核定下年预算收支的基数)，因此常被扭曲。与此不同，西方发达国家的统计程序和路径要简单得多。由于其企事业单位决算统计数据由社会化、独立化相当高的财务公司、会计公司、审计公司等机构专门办理，大大减少了纵向上报成本和行政命令成本。

中国财务、审计等行业并不发达，其社会化程度短期内难以提高，而现行预决算中条块结构和统计程序所引发的问题就更难以回避。很明显，这种成本高、时间长、讨价还价多(层层争基数、层层争调整)的预决算制度，在财政统计中的最终结果难免就是财政收支统计中的支出额偏大了，而收入则偏小了，反映在财政赤字上，即赤字数据失真——这种问题所带来的可能性与现实性风险必须予以重视和解决。

二是复杂多变的财政统计制度，使财政赤字的纵向比较十分困难。阅读中国财政统计的历史数据可以发现，许多年份的收支陡增或陡减，财政与经济的背离现象十分明显，财政统计制度本身影响赤字变化的因素，归纳起来至少有以下 3 点：

(1)为记账方便等，财政补贴全额长期按冲抵收入处理。为避免赤字数额徒增，将来由财政偿还的一部分企业债券和国家债券未反映在预算中，而考虑到预算数据的真实性和国际可比性，1985 年以后物价补贴等项逐步列收列支。

(2)预算收支项目在预算内和预算外之间经常调整。如教育费附加、企业折旧基金等专项收入或基金，在某些年份属预算管理，而在某些年份却又划归预算外管理。

(3)财政经济体制改革，如拨改贷、税前还贷等措施，使企事业单位财务制度发生较大变化，导致各财政年度数据的不可比性。这类统计制度和计算口径变化使财政收支数据变动幅度相当大，多数年份的不可比性达5%—10%。

三是人为地缩小赤字口径所造成的假象，可能导致相反的结论或错误的决策。中国财政的基本框架是20世纪50年代仿效苏联而建立的。按照世界银行和国际货币基金组织的标准，中国财政赤字的计算口径过于狭小，如将政府对内对外借款形成的债务收入视作财政正常性收入，却不在赤字数额中反映;财政向中央银行或专业银行借款或替代支出(实际为财政筹资)未在财政赤字账户中得到体现等。这些方面造成的财政赤字数量有时很大。2009—2011年，中国地方政府发债额均为2000亿元，2012年增加到2500亿元，2013年为3500亿元。2008—2012年，全国赤字规模分别是1800亿元、9500亿元、1万亿元、8500亿元、8000亿元，2013年为1.2万亿元，增幅达50%。2008—2013年，全国财政赤字率分别为0.6%、2.8%、2.5%、1.8%、1.5%和2.1%。[①]

四是财政与银行关系扭曲所带来的大量隐性赤字。隐性财政赤字，指实际上已经发生或必然发生，但没有或不会在赤字数额中反映的那部分赤字。隐性财政赤字在财政统计中反映不出来，并不等于其不存在。据IMF调查表明，许多发展中国家的中央银行因财政透支而造成了亏损。中国经济体制正处于过渡转轨时期，财政与银行之间不规范的混乱关系，为隐性赤字的存在提供了可能性。可以说，各级银行迫于政府行政压力和政策性规定而进行的超额贷款，都可列为准财政性支出划入财政赤字范畴。隐性赤字主要包括两部分，地方政府尤其是县乡一级政府的隐蔽的借债和未来社保基金缺口。目前人们担心的是表外隐含负债和长期负担加重，前者如部分地方政府负债，后者如社会保障基金。在经济增速下降，政府收入减少的背景下，这些都存在潜在风险。

例如，2009年，在金融危机爆发的背景下，地方政府的投资冲动强烈，地方融资平台债务大幅增加，引发社会关注。2011年审计署派出4万多名审计人员对地方债务进行审计。数据显示，截至2010年底，全国省、市、县三级政府负债总额达10.7万亿元。2013年财政部认为，部分地区和行业偿债能力弱，存在风险隐患，个别地方政府负有偿还责任的债务负担较重，部分地方的债务偿还对土地出让收入的依赖较大，部分地区高速公路、普通高校和医院债务规模大、偿债压力较大等。据有关研究结果显示，政府

① 《2014年全国财政赤字拟增至1.3万亿》，财新网，2013年12月17日，http://economy.caixin.com/2013-12-17/100618480.html。

广义负债率(包括国家债务和四大资产管理公司债务,还包括地方、铁路债务)自 2002 年以来始终在 40%左右,而从 2009 年开始急剧上升。政府广义负债率从 2008 年的 41.6%上升到 2010 年的 51.5%,突然上升 9.9 个百分点。[①]

(三)公共财政赤字的弥补约束及风险

在很大程度上或多数情况下,赤字对经济的影响并不取决于赤字规模,而取决于财政赤字的弥补方式。同样规模赤字,采取发行货币方式与举借债务方式弥补,对经济的影响可能不一样(前者可能引起通货膨胀,后者可能引起通货紧缩)。同时,采取举借内债与举借外债的政策效果也大不一样(前者可能导致利率上升,后者可能导致汇率下降)。任何赤字的弥补方式,都是在一组约束条件下(体制背景或经济发展等)进行的收益和风险的选择。虽然在没有严格界定的条件下,我们很难得出一些定性分析结论,但对财政赤字的弥补来说,政府永远找不到"免费的午餐"。也就是说,弥补赤字的每种方式对政府都意味着一种风险和收益的组合。赤字的产生和赤字的弥补,需结合特定经济和体制背景进行具体分析。

1. 财政赤字的弥补方式:国民收入超分配的可能性

不可否认,财政赤字有可能引起国民收入超分配,但这只是一种可能性,这种可能性要变为现实性,需有特定的经济条件,即看财政赤字如何来弥补。弥补财政赤字的方式无外乎:(1)动用财政历年结余。(2)举借债务(内债和外债)。(3)发行货币(包括向银行透支)。这里,依据"来源等于运用"的经济学原理,从筹资角度可将赤字的计算公式表示为:

赤字=动用财政结余+国内借款+国外借款+发行货币

弥补财政赤字的 3 种方式,每种都有自己的资金来源,受着不同条件的制约,并对宏观经济产生不同的影响。假定财政赤字全部动用财政结余弥补,引起国民收入超分配的可能性并不大,但前提是必须有财政结余的存在。国家举债只是货币使用权的转移,一般也不会引起国民收入的超分配,因而是弥补赤字的重要和经常方式。至于财政向银行透支能否导致国民收入超分配,须做具体分析。

假定银行的信贷规模能适当进行压缩调整,这时的财政透支一般难以导致国民收入超分配;但若银行对财政透支的承受能力较弱,即在财政赤

---

① 《1.2 万亿"安全赤字规模"解读》,《新京报》,2013 年 3 月 27 日,第 B10 版。

字情况下难以压缩其信贷规模，而只能通过增加货币供应量来满足财政支出需要，这必然使国民收入超分配由可能性转变为现实性。

2.货币发行中的拉弗现象：弥补赤字的通货膨胀风险

事实上，财政赤字和货币发行量之间有着密切联系，这就使财政赤字与通货膨胀之间有着“难解之缘”。在中国，财政实践中“财政出赤字，银行发票子”的流行语就是一种印证，反映了财政赤字与货币供应量的因果关系。

从历史上看，发行货币是政府弥补财政赤字的重要手段。而通过发行货币来弥补财政赤字，客观上又有两种不同的形式：政府直接发行货币和通过银行发行货币。中国是世界上纸币流通最早的国家。在纸币出现并逐渐取代铸币的情况下，政府通过直接发行纸币来弥补财政赤字，就极易引发通货膨胀。据统计，中国南宋、明、清等时期都有大量的纸币发行，这与封建政府弥补财政亏空有关。在货币信用经济十分发达的现代经济，流通纸币不再由政府直接发行，而是由银行（中央银行）来发行，并由中央银行来代理财政金库。这样，当财政支出超过财政收入，财政就有可能定期或不定期地向银行发行透支，换句话说，政府转而采取向银行进行透支的办法来弥补财政赤字。而在信贷资金不足情况下，银行为弥补财政赤字就只有扩大货币发行，使货币发行量超过货币流通量，从而导致通货膨胀。这种货币发行直接起因于财政赤字，所以在经济学上被称为“财政性发行”，以区别于银行为满足经济发展而进行的“经济性发行”。其实，这两种发行并无本质区别，加上现实中很多国家的货币发行权掌握在中央政府手里，要严格划分财政性发行与经济性发行的界限十分困难。但可以肯定的是，财政通过向银行透支这种间接货币发行方式来弥补赤字的情形，在现代经济中是时常出现的。

不难发现，政府无论采取直接发行货币还是间接通过银行发行货币来弥补赤字，只要货币发行量超过了经济的客观需要量，必然会造成通货膨胀，危害经济发展和人民生活。不难发现，政府至少可获得三方面好处：一是可从货币发行中得到更多收入；二是可从通货膨胀中再获得一笔收入；三是可使自己所欠的国内债务价值降低，从而“有意无意地”课征了一道“暗税”。显然，政府从通货膨胀中取得了额外的财政利益，美国经济学家弗里德曼称之为“通货膨胀税”。当然，政府为减少财政赤字，也可以采取增加税收的办法，但增税会直接加重纳税人的负担，减少纳税人的经济利益，并引起社会的普遍不满，可能遭到巨大的政治风险（即失去大量的政治选票）。通过货币发行来弥补财政赤字，纳税人的经济利益实际也会受到影响，但其反应将是迟钝的或滞后的，因为其名义税收负担并未增加。即使纳税人感受到因通货膨胀而遭到货币贬值损失，也往往意识不到这与政府征税有关。由此看来，这种以货币发行形式的征税，对政府来说是一种隐蔽的、特殊的税收，而且实行起来要比增税政策容易得多，加上又不具有国家债务的偿还性和负担压力，因而在特定条件下就自然成为一种收益高、风险小的弥补赤字政策。这或许容易解释为什么在出现财政赤字的情况下，政府不采取增税或国家债务办法来减少赤字，而是用货币发行方式来弥补财政赤字。

此外，即使从纯经济角度考虑，通过征税或国家债务来弥补财政赤字的方法更为安全有效，但这也缺乏普遍适用性。首先，财政性的货币发行与通货膨胀之间只是一种可能关系，这同财政赤字的发生并不必然导致货币发行一样，并非必然的前因后果关系，通货膨胀是一种极其复杂的货币现象，财政赤字虽然是通货膨胀的重要原因或直接原因，但一般也不会是唯一原因。这里的问题是：在财政性发行情况下，是否可以避免通货膨胀呢？应当说，这种可能性是存在的。关键看财政信贷是否实现了综合平衡；进一步讲，只要货币流通总量或增长率得到适当控制，财政性发行就不会诱发通货膨胀。此外，当市场中的货币流通速度呈下降趋势，且其下降速率能够补偿因财政赤字带来的货币供应压力时，人们所担心的通货膨胀预期便不会发生——因为货币流通总量并没有增加。严格地讲，通货膨胀只有在充分就业情况下，当货币供应量超过其需要量时才会真正发生。如果政府弥补赤字的货币发行增量在经济发展必需的货币增量之内，通货膨胀就不会真正发生。显然，把改革开放以来财政向银行的透支借款和货币发行都视为通货膨胀的导因，在理论上和实践上是站不住脚的。

政府在进行弥补赤字的政策选择时，必须考虑具体的经济条件，如征税成本和效率、货币流通速度、税基大小及其赤字规模等。在西方国家，一般税基较宽，征税效率较高，货币流通速度较大，这样，通过货币发行来弥补财政赤字的通货膨胀预期或风险就相对较大，而采取增税办法来弥补财政赤字的政策就较为合理。在中国，由于税基较窄，征税手段落后且效率低下，加上货币流通速度相对较慢（从中国银行几次降息效果不佳就不难看出），使中国在许多情况下将发行货币作为更好的选择。当然，货币发行应随经济情况进行调整。从财政角度讲：当货币供大于求时，政府可增加国家债务发行来回笼货币；当货币需求不足时，政府可通过货币发行，既可增加收入来偿还一部分国家债务以减少未来的债务负担，同时又可刺激经济发展；当货币供求平衡时，政府仍可发行一定的货币来增加政府收入，支援国家重点建设，只要货币发行所造成的货币增量未超过经济增长所需的货币追加量，就不必担心会产生通货膨胀的压力。即使是货币发行这种有争议的弥补赤字手段，也是实现经济稳定和增长目标的不可缺少的政策工具。问题关键是政策运用中对其量的把握，即不能超过特定的货币发行警戒线——政府既要从货币发行中获得最大收入去支持国家重点项目或基础设施建设，同时又不会引发对经济有破坏作用的通货膨胀。

从财政角度分析，通货膨胀会从财政收入与财政支出两方面对财政赤字发生影响，其扩大支出和增加收入的两方面因素会相互抵消。因此，通货膨胀究竟是扩大财政赤字还是减少财政赤字往往难以进行量化分析。可以肯定的是，如果货币发行量超过了警戒线，其对财政和经济的消极影响将加大，并极有可能陷入"财政赤字—通货膨胀—更大的赤字—更严重的通货膨胀"的恶性循环。政府在货币发行的最初阶段，其边际收益是上升的，当政府货币发行扩张后，政府向经济注入的任何一笔货币都将"事与愿违"，其带来的通货膨胀不但不会使政府的货币发行收益增加，相反会使之下降，甚至可能趋近于零。

许多国家都经历过货币发行中的"拉弗曲线现象"[①]。例如，据统计，1984—1985 年间，玻利维亚的通货膨胀率高达 10000%，而政府货币发行收入所占 GNP 的比重却从 14%下降到 8%。目前，中国财政出现困难，并直接或间接进行了一定量的财政性发行，虽然也面临通货膨胀的潜在威胁，但远未达到恶性通货膨胀导致拉弗曲线下降的程度。有一点需警惕，货币发行中的拉弗现象对中国同样适用，且中国的货币发行警戒线还要低。因为中国政府承担着大量的物价补贴和亏损补贴，不能完全从通货膨胀中获得好处，且中国的金融市场和税收制度尚不完善，政府对货币发行的依赖性相对较高，因此，中国必须加强财政和金融风险指标的监控，以防患于未然。

(四)互为因果的财政赤字与政府债务

政府举债是财政赤字筹资中最普遍的方式。从历史上看，产生国家债务最直接的、根本的原因就在于财政赤字。换言之，政府最初举债的目的就是弥补财政赤字。否认财政赤字与政府债务之间的因果关系，就难以解

---

① 一般情况下，税率越高，政府的税收就越多；但税率的提高超过一定的限度时，企业的经营成本提高，投资减少，收入减少，即税基减小，反而导致政府的税收减少，描绘这种税收与税率关系的曲线叫作拉弗曲线现象。

释国家债务的产生和发展。

1. 赤字引起的债务

瓦尔纳法则告诉我们：政府职能无论从外延还是内涵讲都在扩大，这导致政府支出日益膨胀，而当税收所得已不满足政府支出需要时，加上政府也不能再通过货币发行办法来弥补财政赤字，就不得不举债以填补财政“缺口”。在货币发行量既定的情况下，赤字增加就意味着政府债务增加，可用公式表示为：

国家债务（内债和外债）＝财政赤字－货币发行量

实践经验表明，财政赤字的增加总会引起政府债务的增加。这是因为，中央银行的货币发行能力总是有限的，且过多的货币发行会产生更大的通货膨胀风险。从稳定社会经济的目标出发，债务筹资手段虽有还本付息压力，但风险比货币发行要小，因而就经常成为政府弥补财政赤字的手段。分析发现，在既定的财政赤字水平上，政府会首先考虑货币发行弥补赤字的可能性，这是因为货币发行可视为政府的“无息债务”，成本低廉。如果货币发行会引起通货膨胀威胁或仍不足以弥补财政赤字时，政府便会退而求其次，考虑举借内债。内债与外债相比，虽都要还本付息，但前者更缺乏预算的强硬约束。原因是政府最终完全可能以货币发行方式来清偿内债，当然其预期成本将是通货膨胀。而通货膨胀同时又会使政府的未偿债务规模相对缩小——因为这实际上是对债权人征收了“通货膨胀税”，再进一步讲，在一国政府的财政状况严重恶化情况下，发生在内债上的“拖欠”“赖债”可能性会陡然增大。这些都软化了内债的预算约束。当内债仍难以弥补赤字时，最后办法才是举借外债，外债的约束是强硬的，因为任何一国无权发行别国的货币，而考虑到严重后果，其“拖欠”外债的可能性相对较小。因此，拉丁美洲、欧洲一些国家在20世纪80年代都曾因财政赤字过大而陷入严重的外债危机。

当前，无论发达国家还是发展中国家，都面临赤字增加导致债务增加的财政局面。从债务的最终偿还来看，规模巨大的债务会带来货币化、税收化的可能后果。换句话说，在政府支出未能有效削减的情况下，政府债务将是预期的或延期的货币发行或税负增加。① 一般地讲，发达国家更担心赤字和债务引起的“排挤效应”，即政府筹资排斥了私人投资并导致经济疲软，同时，也看到巨额赤字的货币化后果，于是也开始关注远期通货膨胀

---

① 章江益：《财政分权条件下的地方政府负债——美国市政公债制度研究》，中国财政经济出版社2009年版，第1—6页。

风险。发展中国家为了发展,政府支出的范围和规模普遍偏大,而在财政收入弹性小于经济增长的现实条件下,不可避免地导致财政赤字的发生,并进而使政府债务加重。对于发展中国家来说,债务筹资至少面临4种风险:(1)导致政府信用下降,新债券发行困难或发行成本过高。(2)债务货币化导致通货膨胀加剧,使本来不稳定的经济更加"雪上加霜"。(3)为削减财政赤字,政府不得不提高税率或砍掉部分支出,从而可能抑制经济发展速度。(4)巨额赤字带来的巨额债务,导致本国货币信任危机——可以说,1997年发生的东南亚金融危机与此不无关系。

2.债务引起的赤字

政府债务大都需要付息,而随着债务规模的扩大,利息支付将有可能成为产生赤字的重要因素,即存在赤字引起的债务使赤字可能进一步扩大的风险。唯有极少数国家能在某些时候利用税收手段筹资来偿还债务的利息支出,绝大多数国家则是通过发行货币或举借新债来偿还债务利息。而发行货币和举借新债本身就是财政赤字,因此,巨额利息支付导致更大的财政赤字的风险是客观存在的。债务、利息和赤字三者关系密切。国际经验表明,控制赤字规模的关键,就是控制未偿债务规模和利息支付(债务利率)。例如,欧盟统计局2012年公布数据显示,西班牙财政赤字比重最大,占GDP的10.6%,其次为希腊(10.0%)、爱尔兰(7.6%)、葡萄牙(6.4%),塞浦路斯和英国均为(6.3%)。法国也没有能够完成财政赤字占GDP4.5%的目标,2012年赤字率为4.8%。[①] 为克服债务危机,实现欧盟规定赤字占GDP比重3%的标准,近年来欧元区政府大幅削减财政预算。政府削减开支、企业裁员,欧洲经济陷入恶性循环,失业率居高不下,引发全社会对紧缩政策的不满和反思。

欧盟统计局2012年还公布了欧盟成员国财政赤字与债务的有关数据,欧元区17国财政赤字占GDP的比重从2011年的4.2%降至3.7%,欧盟27国赤字水平则从2011年的4.4%降至4.0%。但从国别来看,只有德国实现了微弱盈余,有17个国家的赤字超出了欧盟规定的3%的警戒线。其中财政赤字最高的国家是西班牙和希腊,分别为10.6%和10.0%。2012年在公共债务方面,欧元区17国国家债务占GDP的比重从2011年的87.3%上升到90.6%,而欧盟27国的债务水平则从2011年的82.5%升至85.3%。其中希腊是债务水平最高的国家,占GDP比重达156.9%,紧随

① 《欧盟公布2012年债务和赤字数据》,中国网,2013年4月22日,http://news.china.com.cn/live/2013-04/22/content_19640447.htm。

其后的是意大利(127.0%),葡萄牙(123.6%),和爱尔兰(117.6%)。[①] 这些数据表明,欧洲经济并未走出衰退。可以看出,有些国家并没有达到各自的赤字目标,如西班牙和法国。之所以各国的赤字水平都有所降低,是因为它们实施紧缩政策而削减了公共开支。但欧洲各国的失业率因此居高不下,示威游行此起彼伏,这让政治家们开始重新权衡紧缩政策的利弊,转而倾向于增长友好型政策。但是改变幅度会有多大,还有待观察。

3.政府控制债务筹资风险的两难选择

美国经济学家曾提出 PONZI 定理:在政府债务的实际利率低于国民经济实际增长率的条件下,债务的实际规模会随着经济增长而下降——只要这种状态存在,政府就可用举借新债来偿还旧债的利息,而永远不会发生实际的利息支付,这是政府债务筹资的理想条件,在此条件下,政府便不会担心陷入债务危机,而且还不用掏腰包付利息,获得了“免费的午餐”。

从理论上讲,由于市场供求“无形的手”的力量,这种理想状态不可能永远存在,但短期内出现实际债务利率低于实际经济增长率是可能的。20世纪 70 年代的高通货膨胀率使很多国家的实际债务利率处于负数,而“亚洲四小龙”经济增长率很快,使这种理想状态存在了较长时期。随着政府债务的不断增加,由货币供求关系决定的利率便会受其压力而出现上升趋势,而利率的上升又会抑制经济的发展速度,最终会促使利率高于经济增长率。退一步讲,假定政府有力量控制实际利率并使之处于负水平——这相当于对债券持有人课征了一道税,于是政府又会面临另一种风险:投资者选择其他金融资产,使国家债务发行不出去,这迫使政府不得不提高债券利率,从而导致未来赤字的进一步扩大。这时,政府的政策选择往往是两难的:

政府为控制货币发行筹资所带来的通货膨胀远期风险,而选择债务筹资来弥补当期财政赤字。这种政策使债务规模积累到一定程度时,为防止财政赤字的进一步扩大,政府最后只能更多地依靠货币发行手段来弥补财政赤字——这意味着远期的通货膨胀风险会加大。而未来的通货膨胀预期,通过改变消费和投资行为,往往极有可能引起当期或近期的通货膨胀。综上所述,只要出现巨额的财政赤字,政府的经济决策就不可避免地会在某种程度上的“两难困境”中艰难运行。

中国目前的经济状态处于发展的初级阶段,具有极强的过渡性,因而

---

① 《欧盟发布 2012 年赤字债务数据 成员国经济状况不容乐观》,国际在线专稿,2013 年 4 月 23 日,http://gb.cri.cn/42071-04/23/6611s4093103.htm。

短期内政府不大可能陷入严重的“两难困境”。理由是：(1)金融市场不完善，政府债务增加的压力不足以导致利率上升。(2)中国政府在以后较长时期内对利率的控制能力较强。(3)即使利率真的提高，但由于存在预算软约束，其严重阻碍实际经济增长的可能性较小。(4)中国的资金融通目前有银行存款、债券和股票，由于资本市场不是很发达，即使存在政府压低利率的隐性税收，只要国家债务条件略高于银行储蓄，就难以出现国家债务饱和情况。(5)改革和开放带来了较高的国民经济增长率。

二、财政赤字与公共财政安全的实证分析

理论上说，财政收支平衡是财政的最佳情况，在现实中就是财政收支相抵或略有节余。但是，在现实中，国家经常需要大量的财富解决大批的问题，这就会出现入不敷出的局面。这是现在财政赤字无法避免的一个原因。不过，这也反映出财政赤字的一定作用，即在一定限度内，可以刺激经济增长。当居民消费不足的情况下，政府通常的做法就是加大政府投资，以拉动经济的增长，但这绝不是长久之计。中国财政赤字的基本考察如下：

(一)改革前的财政赤字

改革前(1950—1978)，中国实行高度集中的经济管理体制和统收统支的财政管理体制。在这段传统管理体制时期，多数年份有财政结余，1/3的年份出现了赤字——而各年的财政赤字又有着不同的经济条件和体制背景。

国民经济恢复时期(1950—1952)，在“一穷二白”的基础上和“内忧外患”的环境中，中国财政的收支矛盾十分尖锐：虚弱的经济和不足的税源使财政收入增长缓慢，而财政困难更表现在支出压力太大——稳定政权、革命战争、经济建设、抗美援朝等都需要财政保障。从此角度讲，新中国成立初期出现财政赤字是必然的。新中国成立后中国编制了第一个不平衡预算，其赤字的弥补“一是靠发行公债解决赤字的38.4%；另一个是依靠银行透支，解决赤字的61.6%”。从预算执行结果看，财政赤字占财政支出16.7%，是预算赤字的96.0%。赤字除发行折实公债和苏联贷款弥补，银行透支比预算减少13%，缓和了货币发行和通货膨胀压力。

随着财政经济状况的好转，中国财政收支逐渐从不平衡走向了平衡，这在当时是很不容易的。1950—1952年3年总财政结余达15.49亿元，说

明中国财政已从战时财政、供给财政转向建设财政。

1953 年中国开始实行经济建设的第一个五年计划。1953 年的财政预算表面上是平衡的，但由于不顾客观条件，盲目加大基建投资规模和追求发展速度，财政收支盘子定得很大，加上不恰当地将上年财政结余列为当年收入，实际上的预算收支从一开始就是不平衡的。预算执行在 1—7 月份就累计出现了 20 多亿元的赤字，对此，财政部提出许多增收节支补救措施，将财政赤字压缩为 5.97 亿元（不包括债务收支）。1957 年在纠正冒进倾向的基础上统筹兼顾，财政收支出现 7.17 亿元结余。总的来说，“一五”时期的财政赤字是开展大规模经济建设的结果，属于建设性赤字，问题在于，“一五”时期出现了 3 年赤字，为什么国民经济运行依然基本良好？主要是财政赤字的弥补采取了动用历年结余、发行公债及国外借款等方式，货币发行基本适量，国民经济总量基本平衡。可见，财政赤字在有可靠弥补来源情况下，并不会对经济发展造成太大危害。

1958—1960 年“大跃进”的 3 年中，中国财政经济形势表面似乎很好，但在“高指标”、“瞎指挥”、“浮夸风”的影响下，财政收支出现了典型的“假结余、真赤字”现象。这种隐性赤字经“还原”后高达 169.39 亿元，这时的赤字加剧了经济比例关系的失调，加上三年严重困难时期和中苏关系恶化，使中国经济陷入了极度困难境地。从赤字的发生看，“大跃进”时期的赤字，与其说是个财政问题，还不如说是整个经济出了问题。所以，要消除财政赤字，有赖于整个国民经济的改变。

1961—1964 年，在中央“调整、巩固、充实、提高”的方针下，主要经济比例关系开始趋向协调，除 1961 年仍出现财政赤字外，其余各年都是收支平衡、略有结余。但 1966—1976 年的“文化大革命”又使国民经济处于崩溃的边缘，许多年份国民收入出现负增长，受经济影响，这些年的财政收支陷入被动应付局面，考虑到财政收支中的虚假成分，许多年份出现了财政赤字，更为严重的是，财政在国民经济中的地位和作用被大大地削弱了。

（二）改革后的财政赤字

1979 年起中国开始经济体制改革，进入了经济建设的正常轨道，国民经济也逐渐“雨过天晴”。按一般逻辑，财政收支是经济发展的综合显示器，经济好转理应促使财政状况改善。但事实是，1979—1988 年的 10 年间，中国国民收入从 3010 亿元增至 11533 亿元，增加了 2.7 倍；而财政收入却从 1132 亿元增至 2357 亿元，只增加了 1.1 倍，财政收入对国民收入的弹性系数（两者增长率之比）除 1983 年、1984 年、1985 年 3 年外都低于 1。若按第二种口径计算，1985 年也是赤字。1978—1988 年中国财政赤字累积额达 1243.9 亿元。问题还在于，时至 1997 年，中国财政近 20 年已连续出现财政赤字，而且何时能消灭财政赤字尚是一个未知数。

1979 年改革后，中国财政赤字是在经济形势较好而非恶化的背景下出现的。这说明了改革和转轨时期的财政赤字具有的特殊性。其主要表现在：产生于改革和发展中的中国财政赤字，很大程度上是推动各种社会改革和经济发展的财政后果。换句话说，财政赤字和财政困境是保障改革发展的一种机会成本。例如，1979 年农村承包责任制改革后，财政调整了农产品收购价格补贴政策；1980 年企业实行承包责任制改革后，财政统收局面被打破；1981 年固定资产投资体制实行“拨改贷”改革后，初步改变财政统支局面；1983 年的“利改税”及其以后各种金融体制改革、价格体制改革、流通体制改革等，基本上都带来了增支减收的财政影响。在市场经济体制下，国民收入分配过多集中于财政是不合时宜的。但也必须看到，改革后连年的财政赤字也直接或间接地导致了预算约束软化、政府职能过大、经济效益低下、通货膨胀等问题。

(三)近些年的财政赤字

2009—2012 年，中国连续 4 年实施了积极的财政政策。中国的财政赤字相对规模远低于美国和欧盟的水平，也长期低于财政赤字占 GDP 的 3% 这一“安全警戒线”。由于近几年中国财政收入基本保持了两位数的增幅，再加上中国 GDP 规模已经“进二冲一”，因此在中短期内，中国财政赤字的绝对数还有进一步扩大的空间。2014 年，中国继续以提高经济增长质量和效益为中心，继续实行积极财政政策，适当扩大财政赤字和国债规模，进一步完善结构性减税政策，进一步调整财政支出结构，着力保障和改善民生，同时，进一步深化财税改革，促进经济转型升级，增强经济内生增长动力。

首先，由于经济体制改革的进行，打破了业已形成的财政收入机制，财政收入占国民收入的比重大幅度下降。随着经济体制改革的进行，国家先后几次大幅度调整农副产品的收购价格，使得别的部门利润向农业部门转移，使财政通过农业产品价格剪刀差这种形式取得的财政收入相应减少。与此同时，国家与企业的分配关系也进行调整，先后实行了企业基金制度、利润留成制度、两步利改税、承包经营责任制以及利税分流等一系列制度。随着改革的逐步深入，企业的留利率逐渐增长，而公共财政收入却相应下降。此外，国家税收大量流失在新旧体制转变的交替时期，由于税收政策和税收制度的不完善，出现了盲目减免和偷税、漏税等现象。国家税收每年流失近千亿和预算外资金急剧膨胀也使得财政收入占国民收入的比重逐年下降，滑到了历史上的最低点。

其次，随着改革的逐渐深化，财政支出呈现刚性增长的势态。随着经济体制改革的不断推进，国家相继出台了很多改革措施。但由于改革不配套，其他相应措施没及时跟上，使得公共财政不得不以增加支出或减少收入为代价来维持改革的顺利进行，如价格补贴等。同时，政府机构改革、公共财政职能的转变未能及时随着整个经济条件的变化而调整，再加上企业在改革中出现管理水平低下、资源配置失衡，导致了成本上升、利润下降，经济效益不尽人意。在这样的情况下，财政补贴成为减少财政收入、增加财政支出的重要因素，从而使得财政支出结构僵化，调整弹性很少，呈现刚性增长趋势。让人们记忆犹新的是中国 2008 年底推出史无前例的 4 万亿元财政扩张。2008 年底，中国经济学家们都大声高叫 4 万亿元财政刺激是多么的重要和明智。甚至，至今许多中国经济学者还在为 2008 年 4 万亿元财政扩张辩解。

三、财政赤字的风险表现及实际评价

在中国特定的经济体制框架下，改革和发展过程中出现了通货膨胀，可以肯定的是，这与财政赤字不无关系。需要进一步分析的是，通货膨胀的主要“元凶”是不是财政赤字？财政赤字在多大程度上导致了通货膨胀？

（一）财政赤字的弥补：通货膨胀风险

财政赤字对通货膨胀的影响，关键取决于赤字如何弥补。由于不存在财政结余，中国的财政赤字弥补方式主要分债务弥补方式和货币发行弥补两种类型。债务弥补的赤字额，指当年政府债务收入减去债务还本付息后的余额。货币弥补的赤字额，是当年全部财政赤字减去债务弥补赤字额后的剩余赤字，即通过货币供应向中央银行透支或借款来弥补。

假定其他条件不变，单从财政角度讲，任何财政赤字都是扩张性的，即增加了社会总需求。但财政收支只是经济运行系统的一部分。债务弥补中，外债在增加国内需求的同时也增加了国内供给，内债的政府支出扩张又会被其“排挤效应”抵消，即这两者都不会改变总需求，至多转移了货币购买力——所以，通常不会引起货币供应扩张而产生通货膨胀。因此，问题的关键是货币弥补的赤字。应看到，改革前后财政赤字的经济影响是有区别的。改革前的传统体制下，银行基本从属于财政，而财政则几乎包揽了国民收入分配，出现在收支上的赤字就常“求助”于银行的货币创造，也就极易出现“财政出赤字—银行发票子—经济上通货膨胀”的逻辑结果；但改革后，财政在国民收入分配中的统治地位已下降，银行（特别是中央银行）的经济调节作用也日益突出和独立化，因此，再坚持认定“财政出赤字—银行发票子—经济上通货膨胀”的判断，就缺乏理论根据和说服力。众所周知，通货膨胀终究是一种货币现象，主要原因在于货币供应量的失控。不可否认，财政性发行及其带来的乘数效应是造成通货膨胀的原因之一，但货币量失控并不是财政赤字一手造成的。如1988年货币弥补的赤字约78亿元，而当年货币供应量为1605亿元，前者只占货币发行总量的4.9%。实际上，1979年以来，货币弥补的赤字额占当年货币发行量平均不到10%，1985年财政实现了结余，而当年仍发行了约885亿元货币，可见，改革后货币供应量的迅速扩张主要不是起因于财政赤字——将改革过程出现的通货膨胀主要归咎于财政赤字是值得商榷的——而应从改革过程中政府、企业的短期行为和扩张冲动、宏观信贷管理不力等方面来寻求解释。但必须指出，随着财政赤字和政府债务的进一步扩大，财政赤字的货币化及其带来的通货膨胀风险将是可能的。

（二）赤字性政策措施：不稳定性风险

如前所述，改革过程中的中国财政赤字是一种建设性赤字，是政府减收增支的财政后果。为了突破和革新高度僵化的旧体制，不可避免地要实行放权、让利和减税政策。这反映在国民收入分配上，就是收入分配明显向地方、企业和个人倾斜。例如许多地方预算外资金已等于或超过财政预算资金，工资增长速度超过国民经济增长速度（这既削减了企业的税基，同时又增加了行政事业单位的财政支出压力），以及税前还贷等。大幅度提高农副产品收购价格和大量的国有企业亏损补贴，虽有利于社会稳定，但却使财政背上了从此难卸的“包袱”。

从实践看，不论中国财政赤字是预算赤字还是决算赤字，改革以来中国财政表现一直是不平衡的，与其说坚持“收支平衡、略有结余”政策，还不如说实行了一种隐蔽性的赤字政策——这无疑是各种减收增支的改革政策综合作用的必然结果。财政赤字本身就是一种财政压力。而中国财政负担范围过大，大体超过其正常承受能力的20%，经济不发达时期，中国政府的财政预算资金会出现严重的供不应求。但是，中国财政预算不能总是这样超负荷运转，为削减财政赤字，要么提高国民经济的税收负担率，要么减少各种财政支出。发展中的中国，大幅提高税率会抑制经济发展速度，可能性不大。而基础设施等各项事业都需要发展，财政支出的刚性也较大，所有这些，都将对财政收支政策产生很深刻的影响，使政府处于比较为难的境地：为了减少财政缺口就不得不提高财政收入或减少财政支出，否则，财政赤字不但难以缩小而且有可能扩大。可以说，在经济体制的过渡时期出现不稳定性政策是难免的——因为许多规则最终会走向其反面。

但不平衡性政策会破坏人们的未来预期，造成国民收入分配秩序的混乱，同时也会减低政府的信誉和政策的效果，使财税制度的约束软化，甚至出现新旧政策相互抵触和摩擦。

此外，中国财政赤字中还隐藏着政府行为风险。政府行为风险包括两方面：一是庞大的政府人员和机构带来的巨大财政支出压力。目前很多数据显示，中国改革的过程就是政府人员和机构膨胀的过程，这些财政支出呈较大刚性，对财政平衡极为不利。二是政府的职能过大，短期行为明显，地方经济建设超过财力可能而大铺基建摊子"撒胡椒面"的现象较普遍。政府在经济建设中的盲目决策、盲目投资以及替代市场投资的行为，既干扰了市场经济的正常运作，也给财政带来了极大的支出压力。总之，财政是政府的理财部门，如果政府职能混乱、支出过大，必然会破坏财政预算的秩序和平衡。

必须指出，中国的财政赤字问题具有极强的特殊性，应当结合中国的经济发展背景才能得出正确结论。总体来讲，中国经济运行呈现非均衡性发展状态，因此，预算平衡并非在任何情况下都是值得追求的政策目标，而预算赤字也并非在任何情况下都是坏事——毕竟，财政应该服从和服务于国民经济的长远发展，为此付出一些机会成本和风险代价也许是合理的。但也必须指出，财政赤字难免会留下许多"后遗症"，财政赤字的存在就必然伴随各种赤字风险，而人为的财政赤字往往又是导致市场总供求失衡的重要因素，任其发展膨胀下去，其累积的风险就极可能成为爆发经济危机的巨大"隐患"。

（三）中国的财政赤字与国家债务关系

在中国，为适应改革和发展的需求，1978 年以来基本上实行赤字财政政策，且财政赤字有逐年扩张的倾向。无疑，中国的财政赤字对缓解财政负担、促进经济建设和体制改革起到了一定的作用。但财政赤字对国家债务以及经济增长的影响究竟有多大呢？下面我们运用实证分析方法来研究中国财政赤字的增长规律以及财政赤字与国家债务发行、经济增长的相关关系。

在宏观计量经济模型中，常用指数增长模型，即假定某段时期内存在一个常数增长率 a($a=\triangle y/y$)。于是，得到一组增长模型：

Dt＝Do. e(Bt＋u1t)　(1)

Bt＝Bo. e(Bt＋u2t)　(2)

GNPt＝Go. e(Bt＋u3t)　(3)

其中:Dt, Bt, GNPt 分别是第 t 年的财政赤字、国家债务发行量与国民生产总值。

a,b,c 分别是三者的相对指数增长率为时间(年)。

Uit(i＝1,2,3)分别是随机干扰项。

将方程式(1),(2),(3)两边取对数线性化。然后,分别采用 1981—1995 年间的数据(共 15 个样本观测值,符合实证分析中所需求的最低标准)、1979—1995 年间的数据和 1978—1995 年间的数据,运用普通最小二乘法(OLS)进行估计,可得到下述回归结果:

LDt＝3. 874＋0. 2396t　(4)

R^2＝0. 9254,S. E. R＝0. 3858,D. W＝2. 3423

LBt＝3. 2656＋0. 2264t　(5)

R^2＝0. 9739,S. E. R＝0. 1934,D. W＝0. 8593

LGNPt＝7. 8834＋0. 1586t　(6)

R^2＝0. 9776,S. E. R＝0. 1319,D. W＝0. 3385

从回归分析结果可知,方程拟合优度 R^2 值令人满意,S. E. R 值(即回归标准误差)也说明了该回归方程基本具有解释能力,而 D. W 值则说明回归分析中无自相关问题产生。结论是:1985—1995 年间中国财政赤字(软赤字)的相对指数增长为 23. 96%。原因可能是社会主义初级阶段大量进行经济建设及其体制改革所造成的。例如,2009—2011 年,中国地方政府发债额均为 2000 亿元,2012 年增加到 2500 亿元,2013 年为 3500 亿元。2008—2012 年,全国赤字规模分别是 1800 亿元、9500 亿元、1 万亿元、8500 亿元、8000 亿元,2013 年为 1. 2 万亿元,增幅达 50%。2008—2013 年,全国财政赤字率分别为 0. 6%、2. 8%、2. 5%、1. 8%、1. 5%和 2. 2%。① 可见,财政支出比重往往以刚性和僵化为特征而迅速增长,这种支出增长快于收入增长的发展趋势加剧了财政赤字的生成。

由此可见,中国的财政赤字是经济发展和体制改革的机会成本。由回归方程(5)可知,国家债务发行的相对指数增长率为 22. 64%,与财政赤字几乎相当。而由回归方程(6)可知,中国 GNP 相对指数增长率为 15. 86%,

① 《2014 年中国财政赤字规模拟增长至 1. 3 万亿元》,《东方早报》,2013 年 12 月 18 日,第 A26 版。

显然,财政赤字增长率明显高于 GNP 的增长率,两者相关关系并不明显。可以预期,随着改革深化和市场经济的发展,中国的财政赤字增长是完全可以减缓的,并与经济发展达到一种均衡状态。

此外,采用 2008—2013 年间数据进行测算,可知国家债务的将来值、现在值及过去值也是国家债务的解释因素,而财政赤字的将来值、现在值及过去值也是国家债务的解释因素。而 GNP 的将来值、现在值及过去值不是财政赤字的解释因素,相应财政赤字的将来值、现在值及过去值也不是 GNP 的解释因素。西幕兹定理对此的解释是:中国的财政赤字与国家债务之间存在着格兰杰意义上的因果关系,而财政赤字与 GNP 则不存在格兰杰意义上的因果关系。从统计检验结果并结合实践经验,可发现中国的财政赤字与国家债务的关系可能是:财政赤字引起国家债务发行,国家债务发行反过来加大赤字,从而两者互为因果共同“促进”。从中不难发现,虽然国家债务被认为是弥补财政赤字的可靠方怯,但由于任何债务都需还本付息,所以债务的增加反过来会扩大赤字,其风险不容忽视。这也就暗示了,消灭财政赤字根本途径只能是发展经济。值得指出,统计检验显示了财政赤字与 GNP 之间不存在因果关系,可能有两方面原因:(1)中国的财政赤字虽然增速很快,但占 GNP 的相对比重仍然较小。因而其对经济的影响力度不大。(2)现实中,由于财政赤字筹资用于非投资性项目比重较大,从而对经济增长的贡献率较弱小。从长远来看,中国的财政赤字与 GNP 较弱的相互影响关系暗示了对国民经济增长而言财政赤字非必要。因此,中国今后应尽量降低财政赤字以实现真正的财政平衡。

第二节　国家债务与公共财政安全

国家债务的举借是建立在政府信用的基础上,而且国家债务的偿还是以税收收入为保障的。国家债务的使用一般都是以安排财政支出方式实现的,所以存在政府预算软约束。这种软约束使国家债务资金的使用和管理部门在掌握资源后出现浪费、腐败、寻租等行为,不仅会降低资源使用效率,而且对整个社会资源的配置效率和社会福利造成伤害。故国家债务资金的使用风险主要隐含于国家债务资金的使用方向选择的不确定性上。在市场经济条件下,市场是配置资源的主体,政府的职能只是弥补市场缺陷,提供公共服务,而不能成为配置资源的主体。因此,大规模地发行国家债务来支持经济的增长,有可能导致资源配置的效率损失。

一、国家债务风险的一般分析

中国国家债务利用的收益率较低，同样带来了一定的风险。其主要原因有：一是基础设施建设投资本身具有投资额大、周期长、效益低的特性，存在较大风险；二是中国现行的基础设施建设投资体制具有较明显的市场性特点，而资金的使用却具有较强的计划性特点，也影响其效益的发挥；三是存在工作组织不力，建设环境不佳，地方配套资金不到位，管理松弛，不能按期建成投产等情况。

根据布坎南的理论假定，每个国家的政府都有一种追求最大预算的冲动。这种冲动必然会直接或间接地破坏财政收支平衡，导致财政产生"缺口"。在发展经济和稳定化政策的压力下，提高税收、货币化等政策常常会被否定，但发行债务筹资来弥补财政"缺口"则是各国政府的通常选择。政府举债本身就意味政府未来的、扩大了的财政支出，也就是说，原来的"缺口"并未消失，而是转移到了未来的某个时期。换言之，国家债务虽暂时缓解了财政困境，但从此留下了"隐患"，并造成了短期内无负担的财政幻觉。特别是由于政府具有主权位，政府的借款一般被认为是风险较小的。发展中国家的政府通常乐意利用其特殊地位在国内外大量举债，为各种政府投资规划大规模筹资，以保持国内经济增长，但事后情况可能不如人意。许多国家政府的举债决定常常是不谨慎的，造成国家债务负担过大。这样，当政府债务量累积到一定程度时就会产生债务危机，使进一步借款的难度增加。而在不能有效提高税收或压缩预算支出的情况下，政府债务的货币化风险将不可避免，即政府会通过更快地发行货币、征收"通货膨胀税"来增加收入或减少其债务负担。这种通货膨胀在工资指数化、财政补贴等制度下会产生一种通货膨胀惯性。国际经验表明，一国政府的债务危机所带来的通货膨胀预期及其惯性，常常会导致大规模的资本外流，即驱使储蓄者和投资者将资金转移到国外。这也是这次亚洲国家金融危机爆发的主要原因。政府债务危机带来的货币化风险或代价，在社会成员之间分摊方面往往又是不公平的。当然，政府出于经济稳定的考虑，往往会实行紧缩性的财政政策和货币政策以治理通货膨胀，但紧缩性政策的后果将更为痛苦，经济增长速度可能遭受严重打击。

政府债务危机的出现往往与债务资金的不合理、低效益使用有关。如果债务筹资能较好地促进本国经济的快速协调发展，即债务筹资的预期收益大于其预期成本，那么，发生债务危机的可能性就较小，就无所谓货币化风险。这是因为，良好的经济增长速度不但会补偿政府的债务成本，而且还会抵消一部分债务风险。这无疑是一种政府债务筹资的理想状态：债务风险在经济发展过程中产生，又在经济发展过程中慢慢地消失。

政府债务筹资任何时候都是需要支付成本的，世界上没有免费的午餐。就政府债务而言，其成本就是债务利息。一般说来，债务筹资成本是与政府信誉相关的，一国政府信誉越高，其借债的费用成本就越低，其举债能力就强。但是，即使信誉度高的政府也不能做到一味地以低利率在国内外无限量地借款。其理由是：大规模借款会增加政府的债务量。政府债务量增加降低了政府的偿债能力，同时导致政府债务风险加大，而政府债务风险的增加在限制政府以后借款数量的同时，必然也使其筹资成本或借款利率提升。在一般条件下，债台高筑的政府信誉级别与其债务规模呈反方向变化，而政府的债务风险却又随债务规模的扩大、信誉级别的下降而增加。例如，1998 年俄罗斯金融危机之前，鉴于其迅速扩大的债务规模和日益下降的外汇储备，国际主权债务评级机构将其吸外汇贷款的信用等级从 AB2 降到 BA3，导致其国家债务成本和预期筹资成本大幅度提高。这对于其不断恶化的财政状况无疑是雪上加霜，成为促使其财政危机迅速爆发的一个因素。

二、国家债务机制的风险分析

中国国家债务发行就是以当年的偿债额加上当年的赤字额确定发行量。由于 1994 年以来国家债务发行量剧增，又没有建立国家债务使用偿还的制度，结果国家债务债量一年比一年大，即一年比一年用新债还旧债的量要大。如果要保证旧债兑付，就必须保证新债的顺利发行。如果新债发不出去，那么立刻就会使财政信用陷入危机之中。当然，造成这种对新债的依赖的还债机制，从根本上讲，是没有实行财政信用资本的使用返还制度，所以才只能以新债抵旧债。但是，这确实已经成了一种现实的、直接的风险存在。而更让人担忧的是，中国国家债务的发行与市场经济国家通行的做法不同。发达市场经济国家，国家债务的发行主要是面向金融机构，很少向居民个人发售。据交通银行有关数据显示，2013 年，长期电子式储蓄国家债务相对具有优势。一方面，电子式储蓄国家债务可以通过网银购买，较为方便；另一方面，出于对未来货币政策的预期，一些投资者希望通过长期限的产品锁定利率收益，而相比定期储蓄，电子式国家债务利率高些。如 5 年期定期储蓄目前的利率基准水平为 4.75%，而 2012 年 11 月发行的电子国家债务,5年期品种的利率为5.32%。另外,定期储蓄计息为单利,电子式国家债务计息为复利。国家债务是由国家信用做担保发行的一种债券,一直以其较高的安全性和高于定期的收益率博得广大投资者的喜爱。在家庭资产配置中,国家债务也因其极低的风险性,成了资产配置中很重要的一部分。

国家债务有“金边债券”的美誉,近两三年,储蓄式国家债务在发行首日即被抢购一空的情况屡见不鲜。新的一年,普通投资者投资国家债务又会是怎样一番“风景”? 业内人士曾从2013年国家债务计划发行规模、各投资市场的现状和趋势分析预计,认为国家债务的投资热度或将有所降温。但实际上中国国家债务利率表现得恰好相反,国家债务利率高于其他债券,原因是中国的银行金融债券和企业债券几乎都是没有任何风险的,甚至包括银行存款也是没有风险的。银行和企业都是国有的,一旦发生银行和企业无力偿债的风险,为了“稳定”,这些风险最终都会由政府来“挽救”,这是国内市场机制不健全和体制不顺引起的,国家债务成本增加,债务负担加重。

最重要的是,财政信用资金的使用效益低造成的财政效益的高风险。例如,2013年发布的关键期限国家债务的计划发行量有望达到9800亿元,这比2012年多出1120亿元。[①] 可是,关于这部分资金的返还,从现实情况看不能令人放心。首先,在传统体制下,人们对财政资金无偿使用已经习惯了,根本不具备返还意识,口头或合同都表示一定还钱,实际上并无还钱诚意,而且如果不还,政府也毫无办法,如何惩罚保证不了信用资金的一定收回。其次,项目的选择可能出现差错,不能保证经济效益,造成财政信用资金的投入血本全无。本来是好项目,管理上不去,结果还是一样没有效益。没有效益,财政投入的资金就无法偿还。

总之,在匆忙之下,在老体制的惯性作用之下,积极财政政策下扩大内需的专项国家债务投入,很可能像以前国家计划的建设项目投入一样,或许有少数是好的,但大部分则要成为新的包袱。这些项目至少要3年时间才能建成,3年后并不能马上还钱,还要等到产生盈利后才能还钱。在现行体制下,经过这么长时间的折腾,没有强有力的约束,安全收回资金的可能性很小。过去一些无须还本付息的项目都没有建好,可想而知对这些要付息还本的项目能否有好结果,任何担心都不是多余的。几年后,财政还是收不回来投入的信用资金,将可能会引发严重的通货膨胀。而就财政本身

① 《今年国债发行或破万亿》,《新商报》2013年1月22日。

来说，财政信用就无法运行了。政府背不起这个“包袱”，不可能再用发新债还旧债的办法维持了。在大规模举债之后，必须进行信用的自身循环能力，否则，举债规模越大风险越高。不仅如此，现在财政信用的投入都有银行资金的配合（与市场经济国家不同的是，这种配合仍是国家对国有银行的指令性资金安排），1000 亿元国家债务启动金，配套了 1000 亿元银行贷款，2000 亿元捆在一起，都没效益，这对财政安全、金融安全的影响将是强烈的。

而如果财政信用瘫痪，那么我们就会失去一种重要的经济发展的手段，这就不是几千亿元的问题，而是财政调整经济力量的削弱，是有违市场经济运行基本要求的。财政信用直接联系的是银行信用，只要财政信用出问题，就会影响到中枢神经的银行信用，这就不仅仅是通货膨胀严重的问题，而是可能形成对整个银行系统的冲击，甚至引发全面金融和经济危机，那样造成的损失就大了。

国家债务越来越多地用于消费性支出，偿债能力大大降低。政府发行公债的目的主要是弥补财政赤字和筹集经济建设资金。按照复式预算的原理，政府的经常预算是不允许出现赤字的，但允许建设预算（资本预算）出现赤字。国家债务用于弥补财政赤字，也就是国家债务实际上应用于公共财政投资性支出；公债发行的基政赤字，也就是国家债务实际上应用于公共财政投资性支出。因此，公债发行的基本目的就是为政府基础设施建设筹集更多的资金。按照西方的财政理论，政府公债用于财政投资，目的是通过投资项目的效益逐步偿还投资，尽管这种投资回收不是都有保证的，但借此可以形成“以债养债”的良性循环机制，确保国家债务到期偿还。实际上中国从恢复发行国家债务以来，无论是前期主要弥补财政赤字，还是后期主要用于偿还国家债务本息，真正用于投资性支出的不多。因为中国财政赤字的产生很大程度上也是由于目前财政支出 80％都用于“吃饭”（1997 年基本建设支出财政支出的比重为 11.0％），也就是说财政赤字主要是由政府消费性支出膨胀引起的。而后期国家债务主要用于还本付息，这部分支出大部分属于居民的消费性支出，即使单位和居民用于投资，也与国家债务的偿还毫不相干。但是，债务支出主要用于消费性支出，带来的严重后果就是国家债务的偿还不能通过债务使用的投资性支出的定期回收来实现，而只能通过发行新债或者靠增税来实现，形成“财政赤字化—赤字债务化—债务消费化”的恶性循环，最终将引发可怕的债务危机，危及政权的稳定和经济社会的有序运行。

三、国家债务规模的风险分析

自恢复国债发行以来，国债规模日益扩大。国债政策在拉动投资、扩大内需方面起到了积极作用，对中国经济快速增长做出了极大贡献。同时，国债规模的迅速扩大引起了各方面的关注和担忧。

（一）中国国债水平已创下历史新高

近年来，中国国家债务水平已经创下了历史新高，并且还将持续下去。穆迪的预测和标普的预测都认为中国国家债务达到了比较高的水平。然而中国国家债务在2002—2008年的时候占GDP比重比较稳定，只是过去4年增长非常快。据估计，中国国家债务占GDP比重在2015年超过200%，这是令人担忧的。2008年以来债务总额已经翻倍，大多数新增债务来自"影子银行"[①]和债券，在过去2008—2012年这4年新增债务相当于2012年GDP的110%，等于4年来GDP增长的2.9倍。2013年中央政府举债有7.8万亿元，占到GDP的15%；原铁道部为2.7亿元元，占5%，至于地方债务，里昂证券约为18万亿元。总的来说，2013年政府债务占到GDP的57%，而家庭债务占31%，企业债务占到了59.2%。[②] 人们开始担心中国是否会陷入中等收入陷阱的问题。近些年有个非常明显的趋势，政府想尽一切办法来保护银行，银行贷款占总体社会融资比例在下降，现在更多的贷款是来自于"影子银行"和债券的发行。而提供信贷的一方，银行系统之外的机构占到了GDP的43%，[③] 因此需要警惕"影子银行"。2013年，国际评级机构惠誉宣布将中国偿还长期本币债务的评级从"AA－"降至"A＋"，主要理由就是中国式"影子银行"和地方政府债务问题的债务风险。惠誉对地方政府债务规模的庞大及不透明表示警惕和担忧。因此，相对于13万亿元的银行理财产品，人们更担心未受监管的借贷。现在的信托系统还不够规范，只有让整个金融系统变得更加规范和高效，才能把资金成本降下来。

地方政府债务一直被广泛关注，是因为会影响中国的经济安全和社会

---

① 影子银行：指游离于银行监管体系之外、可能引发系统性风险和监管套利等问题的信用中介体系（包括各类相关机构和业务活动）。影子银行引发系统性风险的因素主要包括4个方面：期限错配、流动性转换、信用转换和高杠杆。

②③④ 《机构称2015年中国债务将占GDP比重将升至245%》，新浪财经，2013年5月13日，http://finance.sina.com.cn/china/20130513/211515446243.shtml。

稳定。从公开披露的数据来看，截至2011年底，中央和地方政府债务是30多万亿元，债务率为37.8%。2012年债务数量比2011年增加了几万亿元，债务率基本在40%左右。[④]由于银监部门对政府融资平台的政策限制，除了显性政府债务外，隐性政府债务大量存在——在政府部门的“动员”下，职工“被贷款”后，再借给作为政府腰包的国有资产管理公司，由政府支配使用。

近几年，地方融资平台在为市政建设和公用事业发展带来了庞大资金的同时，也令地方政府债台高筑。地方政府债务到底有多少？仍然缺乏准数。不过披露出来的数据却一个比一个大：2009年5月末的统计数据显示，全国政府融资平台有3800多家，其中70%以上为县区级政府的平台公司，它们的负债总额由2008年初的1.7万亿元，在不到一年半时间里升至5.26万亿元，其中85%来自银行贷款。2010年6月23日，审计署公布了该署审计调查的18个省、16个市和36个县本级财政数据。其中显示，截至2009年底，上述地方各级融资平台公司307家，其政府性债务余额共计1.45万亿元，分别占省、市、县各本级政府性债务总额的44%、71%和78%。这些地方政府的债务总额近2.8万亿元。审计还发现，各地融资平台公司的政府性债务平均占本级债务余额的一半以上。到了2013年初，银监会透露，目前地方融资平台贷款规模为9.3万亿元，该数字甚至超过了印度2012年的GDP(约合8.9万亿元)。[①]

有关数据显示，银行贷款约占地方融资平台贷款的75%，政府及平台类相关项目是银行资产质量面临的最大不确定性，而不断延期和借新还旧的地方政府银行债务，使得相关风险始终在银行系统内部无法消化。从2008年到2013年这4年时间内，中国政府债务约为7万亿—8万亿元，地方政府约为20万亿元以内，这样算来中国政府的债务约为30万亿元。长此以往，将加大财政运行风险，威胁国家政权的稳定。

(二)地方债务加剧系统性经济风险

根据国家审计署的数据，2011年中国的中央政府债务率仅为25.8%。但综合考虑中国的中央政府债务(包括中央财政债务、四大资产管理公司债务、铁道债)和地方政府债务(包括省市县乡镇地方政府债务、养老保险

① 《机构称2015年中国债务将占GDP比重将升至245%》，新浪财经，2013年5月13日，http://finance.sina.com.cn/china/20130513/211515446243.shtml。

隐性债务、地方公路债务)，则2010年中国的广义政府债务率为59.2%。[①]考虑到未在统计之列的灰色地带，无法估计债务的规模，且由于统计口径、数据来源和不同领域债务规模估计之不同，对债务规模的估计也有很大差异。因此中国的广义政府债务占GDP比重估计已达75%，甚至更高。因此，尽管从显性指标来看，中国的地方债规模并未高到足以触发系统性金融风险的程度，但膨胀趋势一点不容忽视。假如不能有效遏制地方政府的发债冲动，则未来5年，中国的地方债规模有可能突破20万亿元甚至更多，如果5年内地方政府的财政收入增长不能赶上地方债的增长速度，则显性风险将急剧上升。中国在2003—2007年的经济发展黄金时期，就很少有地方债务问题。目前的问题是：在投资效率难有实质性改进，经济增长质量低位徘徊，而地方政府基于政绩考核压力不得不在低效率的情况下，做大经济规模蛋糕，但财税收入并未呈现显著增长态势，甚至有可能低于地方债的增长速度，这就有可能发生违约风险。当今中国，经济不仅存在严重的内部失衡，外部失衡亦很严重，在这种约束条件下，必须格外小心资产泡沫膨胀之后引致的系统性经济风险，必须格外小心地方债务危机引致的系统性金融风险。中国也许能在5年内将经济规模做大到与美国比肩的水平。但业已出现的部分领域突出问题使得我们必须格外警惕可能遭遇的诸多风险。

如果不能有效制止收入分配格局向政府和企业，特别是少数富人的倾斜和集中，不能改变可供民众分配的最终财富较少以及民众消费的产品高度市场化的格局，继续放任在制造业基础不很巩固且金融体系并不健全的情况下就将经济发展的着力点放在风险极大的房地产领域，继续放任地方政府饮鸩止渴式的增长逻辑，不切实际加大金融风险管控，则不仅难以实现经济发展方式的真正转型，亦很难承受得起一场大规模的金融危机的冲击。

假如以楼市为代表的资产泡沫最终破灭，且主要发达国家又在贸易和人民币汇率方面频频对中国发难，假如经济战略转型迟迟不能落到实处，不能有效约束地方政府的举债冲动，假如中央和地方之间的非合作性博弈格局迟迟不能破除，则显性与隐性风险不断放大的地方债务问题，最终有可能成为引爆系统性经济风险的导火索。无法对外辐射经济成本的中国，有可能在经济遭受重创之后，错过重振的时间窗口。而民生福利和财富增

---

① 《中国地方债规模成黑箱》，价值中国网，2013年5月13日，2013年5月3日，http://www.chinavalue.net/Finance/Article/2013-5-3/202279.html。

长的不协调问题已经不再局限于经济领域，如若不能找到有效的对策，很有可能成为激化社会矛盾的定时炸弹。

（三）中国国家债务风险将达到临界点

中国会不会发生大规模系统性金融危机，这是国内外人士普遍关注的重大问题，也是很难达成一致结论的复杂问题。数据来源不同，统计口径不同，观察视角不同，分析方法不同，乃至个人情绪态度（悲观或乐观）不同，都会导致互不相同甚至相反的结论。其中，所谓的危机派给出了六大理由。

一是过去数年来尤其是 2008 年以来，中国经济体系（包括家庭、企业和政府）总负债规模和总负债与 GDP 之比均大幅快速上升。依照有些经济学理论和有些国家的历史经验，经济体系债务总规模和债务比率大幅上升，往往会酿成系统性金融危机。“去杠杆化”或“去债务化”本身就是一个漫长而痛苦的过程，经常会伴随企业和银行破产。然而，债务率或杠杆率究竟达到多高就会发生危机？债务率或杠杆率究竟维持哪个水平才算安全？却没有逻辑一致的答案。

二是中国经济体系三大类债务里，市场人士尤其担忧非金融企业的高负债率和地方政府融资平台的债务规模。他们认为中国非金融企业债务规模和负债率，地方政府债务规模、负债率和偿债能力均跨越国际公认的危险水平，债务危机和随之而来的金融危机恐难避免。

三是中国商业银行收入和利润高速增长难以为继，随着经济增速持续放缓，商业银行收入和利润增速必然大幅下降，不良贷款则会大幅上升，商业银行收入利润下降、不良贷款急剧增加和资本金不足，爆发流动性危机或支付危机的可能性不容低估。有人认为，2013 年 6 月中国商业银行发生流动性事件，可能是未来大规模流动性危机的预演。

四是近年来中国“影子银行”业务快速增长。许多国家的经验表明，“影子银行”业务过度膨胀，往往会演变成某种形式的“庞氏骗局”，最终导致大规模违约、坏账和金融机构相互拖欠，酿成系统性金融危机。

五是中国房地产市场价格狂飙必然逆转。房地产市场已经存在严重泡沫，泡沫必然破灭，泡沫破灭将导致债务拖欠、负资产、贱价抛售和银行坏账，这就是典型的资产价格泡沫破灭所诱发的金融危机。

六是随着美联储决定退出量化宽松货币政策，国际资金或投机热钱开始撤离新兴市场，极可能触发新兴市场国家的汇率危机、债务危机、流动性危机、银行危机和金融危机。近期印度、印尼、巴西、土耳其等国家汇率急剧贬值、股市下跌、利率飙升、外汇储备快速下降、经济增速大幅放缓，这就是严重的危机信号，预示美联储退出量化宽松货币政策必然导致新兴市场国家剧烈的金融动荡和金融危机。中国亦是新兴市场经济国家，恐怕难以独善其身。[①]

此六点理由固然是存在并需要保持警惕的，但以此为据却有失说服力。而中国是否会出现大规模系统性金融危机，是值得我们认真研究解决的问题。

第三节 财政制度与公共财政安全

无论从可用于抵御债务风险的经济资源来分析，还是从经济运行变化引出的政府支出责任和义务来观察，我们不难发现，中国公共财政风险具有明显的发散性特征，已经在日益接近失控的临界点。

政府的公共资源，无论是存量，还是流量，实际上仍处于割据的状态。财政改革取得了一定的成效，财政流量规模在不断地扩大，其占GDP的比重在不断提高，但财政能力受整体制度的约束而难以增强。目前财政实际上处于需要各方面“照看”的婴儿阶段，还缺乏自主性的发展能力和适应能力。经济总量（流量）在不断地扩大，而公共债务却在飞速增长，这不只是表现在中央政府，也反映在地方各级政府。法律上禁止地方政府发行公债，但各级政府大搞“准财政”活动，政府融资在部门利益的推动下迅速扩大，未来资源被加速使用，在转型过程中，社会“推定”给政府的支出责任和义务也不断增加，这使政府承受着很大的未来支出压力。

这是在全球经济变革的大背景下出现的。就中国来看，这是在国民经济的市场化、工业化、金融化和城市化的环境中产生的，是这种环境的迅速变化超出了制度变迁的速度所导致的一种结果。因此，要究其原因的话，公共财政风险的不断扩大是制度安排出现时滞造成的。换句话说，这是改革滞后于发展导致的。

进一层分析，整个改革的滞后，形成了一种风险传导机制，使社会经济生活中各个过程和各个环节的风险不断地积聚和集中，“百川入海”，致使公共财政风险不断扩大。那么，这种风险传导机制是怎样形成的呢？

---

① 向松祚：《为什么中国不会爆发系统性金融危机》，《第一财经日报》，2013年9月23日。

一、“风险大锅饭”的制度性存在

改革打破了“利益大锅饭”,而“风险大锅饭”依然如故。改革是从物质刺激入手的,使社会形成了多元化的利益主体,并使其各自有了明确的利益边界,原来你中有我,我中有你的“利益大锅饭”被彻底打破。通过20多年的改革,形成了一个有效的激励机制,各个不同层次的利益主体都有了强烈的利益动机。企业、个人、各级政府及其各个部门的利益日渐清晰,由此形成了一种以“逐利”为动力的竞争局面。

但另一方面,风险责任界定却是相当模糊,甚至根本就没有界定,仍在吃“风险大锅饭”。这导致公共风险扩大,最后不得不由财政来“兜底”。自1998年以来,政府几次为四大国有银行注资,通过成立资产管理公司来处理其不良资产等措施最典型地说明了“财政兜底”这个客观事实。

(一)政府替国有企业承担了风险

自20世纪80年代以来,国有企业改革一直是整个经济改革的中心,但无论是两步“利改税”、承包制,还是现代企业制度,都只是从激励的角度调整了政府与国有企业的财政关系。1993年提出的“产权清晰、权责明确、政企分开、管理科学”国有企业改革目标至今也没有达成,“盈了归己,亏了国家”的局面并没有发生实质性的变化,政府承担着无限的责任和风险。其关键在于忽视了风险的分担界定。给予了国有企业各种经营权,如融资权、投资权、资产处置权、分配权等各种权利,但经营过程中的各种风险,如债务风险、投资失败风险等却没有规定由谁来承担、承担多少。可以说,我们是在无风险的假设条件下来进行国有企业改革的。这样一来,企业经营者的避险动机严重不足,在融资、投资过程中往往是注重短期的利益,忽视未来的成本,从而使企业处于巨大的风险状态之中。因此,国有企业改革实际上从一开始就是以政府承担全部风险为前提条件的。

以由政府承担全部风险的办法来调动企业的积极性,也许在改革的初期有一定合理性。但这个改革初期的措施却造成了严重的路径依赖,并一直持续到现在。

1.激励与约束的不对称

搞活国有企业是从给企业以看得见的物质利益开始的。从20世纪70年代末的“企业基金”“利润留成”,到80年代的“利润承包”,都以“减税让利”为主要的改革思路,寄希望于通过利益诱导来调动企业的积极性;到90

年代，提出转换企业经营机制，建立现代企业制度，改革思路从一味地“减税让利”转到了落实“经营自主权”上，试图让国有企业变成真正具有自我发展、自我约束能力的企业。但随着国有企业经营自主权的落实，却造成了普遍的“内部人”控制，所有者的监督形同虚设，所有者的权益得不到保障，而且经营者常常采取拿国有资产冒险，或大量借债的方式来追求自身的短期利益。在这种激励与约束不对称的条件下，国有资产的保值增值成了无法兑现的空头支票。尤其在市场化进程不断深入、市场竞争日益激烈的环境下，强烈的逐利动机更促使经营者采取冒险的举动，至于其背后的风险则考虑不多，甚至不予考虑。大量国有企业的这种行为造成严重的公共风险——经济效率的普遍低下。

激励与约束不对称造成的后果，不仅是导致政府拥有的经济资源减少（资产流失和资产收益流失），而且还会因国有企业的高风险偏好而带来大量的债务，并通过“国有企业—银行—财政”这根链条转化为政府的债务。广东国际信托投资公司的破产、中国农业信托投资公司的清盘、大量国有企业实行“债转股”等，这些活生生的案例，最终都给政府带来了大量的债务。这些债务的处理通常不透明，没有在政府的预算报告中反映出来，表现为政府的隐性债务。

2.国有企业信息的不透明

每一个国有企业的经营绩效几乎都是一个“黑箱”，不仅社会公众不了解，政府主管部门也未必清楚。许多账面上连续盈利的企业，实际上处于严重的亏损状态。即使是改组上市的公司，这种状况也未有实质性的改变，尽管对信息披露有强制性规定，但是信息不透明造成了多层的危害，如虚盈实亏，使所有者权益虚假；资产转移，使所有者权益受损；高风险投融资，给所有者带来大量隐性债务；监控失效，造成“内部人”控制。上海财经大学公共政策研究中心在连续3年的国有企业财务透明度的调查中，发现没有一家非上市的国有企业公开利润分配状况和资产负债状况，更别提薪酬和福利了。更为令人担忧的是，高管薪酬也存在不透明。例如，2009年，民进上海市委在提交上海“两会”的一份提案中披露：上海部分国有控股上市公司董事长和总裁平均薪酬，是国有企业在岗职工年平均工资的14.38倍，是私营单位就业人员年平均工资的27.71倍。国有企业高管薪酬远远高于普通劳动者。如此等等，不一而足。但信息不透明的最大危害，是隐藏了企业经营过程中的各种风险，这不仅仅是给所有者权益造成潜在损害，而且会误导政府宏观决策，容易误判国有经济的整体状况。同时，这也给社会公众造成错觉，引起相关利益者产生损失。这些都会导致公共风险，加大政府作为公共主体的未来支出压力。

3.国有企业职工的"人质"效应

人的问题一直都是各级政府的一块"心病"。对政府来说，不怕资产流失，不怕企业亏损，最怕国有企业职工的安置以及由此引起的社会问题。因此，长期以来，政府采取了一种"通过养企业来养人"的办法，明明知道企业亏损严重，债台高筑，但各级政府还是想方设法为企业筹资金、找贷款，让企业苟延残喘。其目的就是一个，把那些国有企业职工养起来，以减少公共风险，稳定社会。在社会保障制度还不健全，或国有企业职工长期形成的对企业依恋心理没有得到根本性的转变以前，政府不得不以高昂的代价来稳定国有企业职工。这样一来，国有企业职工成了各级政府的"软肋"，同时也成为经营者转移风险的最佳借口。

在某种意义上，经营者以企业职工为"人质"，可以不断向政府提出各种要求，政府的国有企业改革目标往往在这种要求下变异为"安抚"政策，如提供"安定团结贷款"、税费减免等。曾经风靡一时的匈牙利经济学家科尔奈所说的"软约束"，在这种情况下就变得更软了。但这时，政府与国有企业的关系已经不再是"父子"关系，而是讨价还价的"对手"关系。随着这种关系的转变，政府对国有企业的政策只能是"激励＋激励"，而约束仍是踪影难觅。这种"单边政策"的后果就是政府总是被动地替国有企业承担各种各样的风险，政府名义上是以国有资本承担有限责任，实际上却承担了无限的支出责任和义务。尽管政府从社会保障和再就业等方面采取了多种措施，试图把"养人"和支持企业分开来，减弱国有企业职工的"人质"效应，但效果并不理想，同时这也成为经营者转移风险的最佳借口。

(二)国家预算对政府行为软约束

财政是政府活动的经济基础。一般而言，政府政策、政府行为和政府活动都应体现在政府的预算之中，正如毛泽东在1949年12月12日的中央人民政府第四次会议上所指出的："国家的预算是一个重大的问题，里面反映着整个国家的政策，因为它规定政府活动的范围和方向。"预算的形成过程本身就是一个决策过程，并以法律的形式确定下来，政府其他决策都应建立在预算决策的基础之上。但在我们现实生活中，政府的活动并不受预算的限制。其实，不是因为大量的预算外资金支撑了政府的大量预算外活动，而是政府的大量预算外活动引起了大量的预算外资金。尤其在地方政府，普遍形成了这样一种思维模式：预算内保吃饭，预算外搞建设。在立法机关对行政机关缺乏严格监督的情况下，预算无法约束政府行为，相反，政府的行为处处在左右预算。

缺乏预算约束，政府活动的范围可以说“漫无边际”，几乎是想干什么就可以干什么，基本不用考虑所需的资金是否列入了预算。在这种行为方式下，政府产生了大量的“准财政”活动，其引发的后果不只是预算外资金的泛滥，削弱了健全的财政基础，增大了财政的脆弱性，而且给政府带来大量债务。各部门官员为了把事情干成，在预算没有安排资金或安排的资金不够的情况下，要么是通过收费，要么是通过借款、发债等手段来解决所需的资金问题。一旦背上了债务包袱，就交给财政兜着。短期内，这不会造成什么大的问题，但若长期这样，就会给公共财政累积下大量的不透明债务。

看起来，超越预算行事是一种积极的举动，实际上是不顾公共财政风险的短期行为，也许对短期的事业发展和经济增长有利，但长此以往不可持续，累积的风险会毁掉一时繁荣带来的短期成果。

(三)中央与地方的财政关系模糊

在现行行政体制下，下级政府的一切债务实质上都是上级政府的“或有债务”，上级政府承担着替下级政府最后清偿债务的潜在义务，而1994年的分税制改革只是解决了一个利益的分配问题。

分税制设立中央税、地方税和共享税，建立了一个利益共享的机制。虽然中央政府在利益共享机制中具有更大的发言权，完全控制了税权，而且也集中了超过50%的全国财政收入，但由于中央政府对地方政府的财政活动缺乏有效的监督途径和手段，地方政府实际上具有很大的财政自主权，没有税权。但地方可以“自赋”收费权；没有发债权，但可以借债；缺少发言权，但可以用地方公共风险来增加讨价还价的筹码。一方面看，在利益分配中，中央占有优势；但从另一个方面来看，在风险分配中，地方占有优势。当下一级财政濒临破产的时候，上一级财政不可能袖手旁观，置之不理。在风险责任不明晰且没有建立分担机制的情况下，上一级财政往往承担了风险事件的全部风险。既然上一级财政不可能不最后兜底，那么，下一级财政就可以无视风险的存在，大肆从事各种“准财政”活动，以谋求政府任期内的各种政绩。

因此，在既无风险分担机制，又没有健全的监控手段条件下，势必会引发普遍的道德风险，导致地方隐性债务增加，从而恶化整个公共财政风险状况。例如，中国地方债务到底有多少？摆在桌面上的数字有3个。国家审计署2011年的审计结果显示，截至2010年底，全国地方政府的相关债务达10.7万亿元。国家审计署副审计长董大胜2014年表示，估计各级政府总债务规模在15万亿—18万亿元；财政部原部长项怀诚2013年透露，地方政府负债估计超过20万亿元。[①] 不同的数字说明地方债务统计的难度。

据了解，中国目前还没有专门的机构和标准来统计地方债务。同时，各地融资平台越来越多样化、隐蔽化，很多资金的来源和数量无从知道，负债规模也就难以统计。正因为这部分藏在黑箱里的隐性债务是个未知数，更加剧了人们对地方债务风险的担忧。特别是近来地方政府换届完成，新任领导们继续举新债搞建设以拉动GDP增长，这一做法进一步加重了债务负担。不过，一个明显的事实是，不少地方政府已开始借新债还旧债。根据中国国家审计署公布的数据，地方政府在2012年需偿还的债务高达1.3万亿元。而商业银行2012年迫不得已地将不少贷款展期，而且数额高达3万亿元人民币，[②]在向市场发出系统性金融风险开始累积的信号。

总之，在中央政府与地方政府的关系中，中央政府总是最后承担了地方政府的全部风险，给予地方政府的只是"激励＋激励"。在政府的各个部门之间，各个部门都有权力在预算决策范围之外进行各种"准财政"活动，却不承担风险责任。在各级政府之间，下一级政府的所有债务实际上都是上一级政府的"或有负债"。另外，在各届政府之间，本届政府可以通过大量融资来搞各种"建设"，享受由此带来的各种好处，而风险却可以推给下一届政府。这种缺乏风险约束的激励，犹如脱缰的野马，随时可能把经济、社会之车带入沟壑，甚至深渊。

改革的使命仅仅完成了一半，建成了激励机制。而另一半，构建风险约束（分担）机制，还只是刚刚破题。打破"风险大锅饭"应是今后整个经济体制改革的重心。

二、"风险大锅饭"的制度性后果

利益与风险对称，是市场经济社会的基本原则。作为经济原则，每一个经济主体在追逐自身利益时，就必须承担相应的风险，而且是低利低风险，高利高风险。这既是规则，更是一种理念，约束着各个经济利益主体的

---

① 《中国隐性地方债务难统计　部分地区偿债存疑》，新华网，2013年5月20日，http://news.xinhuanet.com/fortune/2013-05/20/c_115825302.htm。

② 《中国地方债规模成黑箱》，价值中国网，2013年5月30日，http://www.chinavalue.net/Finance/Article/2013-5-3/202279.html。

行为方式，只有这样，市场竞争才会有序而富有效率。作为社会原则，它映射到社会的各个层面，政府也不例外。作为公共机构。政府自身及其各个组成部分，都有自身的利益，同样，不论其以何种形式去追求利益(如政绩、权力、影响力、经济利益等)，也应当承担相应的风险(法律追究、行政处罚、经济损失、名誉扫地等)；而不论其动机是不是出于公共利益，也只有这样，政府政策、政府行为、政府活动才能有序而富有效率，公共利益才不会沦为一个谁都可以打的旗号。但“风险大锅饭”打破了利益与风险对称这条基本原则，并形成了一种普遍的社会心理(如不找市场找市长)，大家都只想得到利益，而不想承担任何风险。“风险自担”的理念在中国还只是一棵幼苗，随时都可能夭折。

在这样一种环境下，由于失去了风险的约束，各级政府以及各个政府部门在面对公共风险以及干预公共风险过程中的态度、行为随之发生变异，导致政府干预失当，表现为追逐高风险，避险动机和避险能力严重不足。

(一)规避风险的动机不强

缺乏避险动机是十分普遍的现象，无论是国有企业、国有金融机构，还是各级政府和政府的各个部门，对于各项决策往往强调了有利的一面，而忽视了可能引致风险的另一面。漠视风险的态度，使风险分析难以展开、深入，更谈不上卓有成效地进行风险评估。

1. 大规模的招商引资存在的问题

对政府来说，促进经济增长是头等目标。至于如何促进经济增长，采用什么手段，以及不同手段的风险成本大小，通常是考虑不多的。在政府预算内财力较为紧张的情况下，政府会采用扩大赤字，增发国家债务的方式来刺激经济。事实上，从一开始，实施积极财政政策有没有风险、风险多大，并没有展开讨论，当然也谈不上对其进行全面的风险评估。风险，是决策者常常忌讳的字眼。在这样一种态度下，政策制定、调整不大可能去研究其中隐含的风险。

由于《预算法》规定地方政府不允许搞赤字政策，上述办法只有中央政府才能采用。因此，对地方政府而言，更倾向于采取预算外的支持形式，如利用地方金融机构贷款，提供各种担保，对投资者给予某种承诺，设立“窗口公司”筹资，等等。在各地方“政绩”竞争的推动下，各级地方政府的主要精力都是用在这方面。至于这样做引致的风险是什么，会不会给地方财政背上债务包袱，地方政府未来的支出压力是否会增大等问题，一般是不予考虑的。

目前不少地方政府开展了大规模的招商引资活动，不少省份甚至将招商引资定为各级政府的首要任务，并将招商引资任务层层分解，落实到单位和个人。这种运动式的招商引资，势必以政府的大量承诺、优惠政策为条件，其风险是不言而喻的。当招商引资作为一种政治任务来完成的时候，其风险就被彻底地抛在一边。对于上级政府的各种转贷资金，如过去的周转金、现在的各种国际金融机构贷款、外国政府贷款的转贷资金、国家债务转贷资金等，地方政府多数都是全力争取，根本不考虑还贷能力，有的甚至从一开始就没有打算还款。如在实施积极财政政策期间，各地“哄抢”国家债务转贷资金，就是一个生动的实例。

由于缺乏避险动机，地方政府背上了沉重的债务负担，只得采取拖欠、逃债等方式来搪塞，使地方公共财政风险状况恶化。但最后买单的可能还是中央财政。一方面，中央财政对地方政府的债务拖欠采取强制性的扣款措施；另一方面，中央财政又不得不加大对地方财政的转移支付力度，以至于连地方工资也由中央财政通过转移支付来拨付。地方的公共财政风险正在向中央转移。

目前中国一些城市还停留在单靠拼资源、卖土地、提供优惠政策的粗放式初级招商引资水平上。招商引资过程中缺少对潜在投资项目税收贡献度的考察，过于夸大招商引资对城市经济发展的带动作用，往往采取减免税、低价转让土地、降低企业环保标准等优惠政策来吸引企业与资金，对要素价格进行扭曲。这种粗放的招商引资是城市营销中短期行为的集中体现，往往重数量、轻质量，重产值、轻效益，重指标、轻民生，重表象、轻实绩，容易软化企业的外部约束，刺激企业非理性扩张，导致一批脱离实际、劳民伤财、破坏环境、浪费资源、低水平重复的“形象工程”和“政绩工程”匆匆上马又纷纷落马，造成既得利益者对所在地的矿产、土地、生态环境、劳动力资源进行掠夺性开发和采用，致使地区福利下降，进而影响城市长期可持续发展。

2. 审慎看待地方政府债务风险

随着我国审计署开启新一轮全国范围内的城市地方债审计摸底，一直为媒体关注的地方债风险问题便又跃上舆论的“风口浪尖”。这里说的“地方债”主要是指地方政府债务。从财政学概念上看，地方政府债务按其是否可预见发生分为直接债务和或有债务；按其是否具有法律约束也可分为显性债务和隐性债务。

所谓“直接债务”就是指政府在任何条件下都必须承担的、可以预见的债务责任，包括地方政府接受的外国政府和国际金融组织的贷款，国内各类银行的贷款、国家债务转贷资金等负债。这些债务是以政府名义实施的各种借款，是由法律合同认可的政府负债，“有借就有还”，这被称为“直接显性债务”；而地方政府出于政府和道义责任，以及满足公众期望等，虽未经法律确认但也必须承担所形成的债务，如社会保障资金缺口、拖欠工资、拖欠离退休人员基本养老金等，这部分则称为“直接隐性负债”。还有一类债务就是在特定条件下才会出现的、不可预见其偿付时间的债务，我们称其为“或有债务”，比如由政府出面进行担保的外国政府和国际国内金融组织提供的贷款、地方政府成立的为政府融资服务的金融公司不良资产等这些具有法律合同效应所形成的负债，叫作“或有显性债务”；再有就是在地方金融机构出现不良资产、下级政府出现财政收支缺口、地方国有企业出现亏损以及发生债务清偿时政府必须承担的追索债务，称为“或有隐性债务”。

这样看，地方政府债务就包括直接显性负债、直接隐性负债、或有显性负债和或有隐性负债 4 类。而我们一般说的政府债务，主要是指政府的“显性直接债务”，这些债务是需要通过财政预算安排并经过一定法定程序批准的债务，它们可以事先预见和计算，需要按照法律合同约定，通过财政收支关系按期偿付的。其他三类债务则是在特定条件发生时，政府出于职责、道义、信誉和公信力要求，必须间接承担的债务，这些债务来自预算外，由于看不见又不当期发生但必须承担，这些债务一般难以估算和推测。

按照现代民主财政理论和公共产品理论，无论是中央政府还是地方政府，必须要为经济社会发展提供公共产品生产。为此，中央政府和地方政府进行了财权和事权划分。在当今世界各国越来越强调分权化的趋势下，许多国家的中央政府通过放权赋予地方政府更多的税收权力、支出权限和举债能力，地方政府发挥着更大的作用。进入新世纪以来，世界各国特别是发展中国家又进入了史无前例的城市化进程，地方政府必须为城市基础设施建设和提升基本公共服务水平进行大规模融资，以满足不断融入城市生活的人口需要。与此同时，现代金融的快速发展，也为地方政府进入竞争性的城市信贷市场创造了越来越多的融资工具。

地方城市政府通过各种债务手段融资，的确大大加快了地方经济发展和城市化进程，越来越多的农村人口进入了城市，城市品质和服务水平也随之大大提升。但地方政府债务同时也是一把“双刃剑”，如果地方财源状况不好，没有源源不断的财政收入补给，各种债务又不当运用，就会带来巨大的财政包袱和金融风险。所谓地方债务风险，也就是地方政府在各种不确定因素影响下发生了偿债危机，进而造成经济、社会不稳定和发展持续性受到损害。

最直观地说，地方政府发生债务危机，就是财政收入支付不了应偿债务，到了偿债期还不了债。如何衡量可能出现的债务风险呢？经济学家在地方债务的“借、用、还”三个环节设定了一系列预警指标。一般情况下，我们使用债务负担率和债务偿债率两个指标。前者是地方政府债务余额与地方当年 GDP 的比值，警戒线是 60%，超过 60%即意味着重度风险；后者是当年到期以偿债务与当年地方财政收入的比值，25%是警戒线。中国目前政府债务总规模究竟有多少，目前各方口径不一。根据各大银行 2011 年 6 月 30 日发布的报告，截至 2010 年底中国中央和地方政府的债务余额约为 28 万亿元，约占 GDP 的 70%，超过了警戒线。从中国审计部门已经公布的地方政府债务指标看，2011 年我国审计署审计了 1979 年以来到 2010 年底全国 31 个省区市（未包括港澳台数据）的政府性债务，结果表明当时地方债务的总额为 10.72 万亿元，如果加上 2010 年末中央政府的国家债务余额 6.75 万亿元，中央、省、市、县四级政府的债务余额约为 17.47 万亿元，约占总债务的 62.3%。审计署 2013 年第 24 号审计结果公告又透露了 31 个地方政府本级政府性债务审计结果，如加上政府负有担保责任的债务，2012 年有 16 个地区债务率超过 100%。其中有 9 个省会城市本级政府负有偿还责任的债务率超过 100%，最高的达 188.95%，如加上政府负有担保责任的债务，债务率最高的达 219.57%。[①] 足见中国地方政府负债之重。

3. 地方政府债务出现风险将带来的影响

有关部门近年已多次对地方债敲响警钟，提醒地方政府债台高筑、资不抵债并诱发违规融资变相集资等问题之严重状况已不可小觑。

一是直接形成金融机构不良资产，加大金融风险。地方政府进行城市建设资金，目前大部分靠的是各类金融机构贷款，形成大量直接和或有债务。一些金融机构认为地方政府贷款是优质贷款而不断进行信用扩张，因此许多投资项目风险就向金融机构集中。一旦经济走入低谷，部分企业出现偿债困难，就会引致政府税收降低，金融机构难以及时收回本息，便累积了大量不良资产。债务的增加也会反过来加大财政赤字以及大量隐形债务的增加，依次循环，风险逐渐被积累放大。当各方债务超过一定极限后，

---

① 《审慎看待地方政府债务风险》，中国经济新闻网，2013 年 10 月 15 日，http://www.cet.com.cn/ycpd/sdyd/1994415.shtml。

金融危机的“多米诺骨牌”就会倒塌。

二是直接影响地方政府正常运转，制约地方经济发展。地方政府债务负担过重，不仅会严重弱化财政吸取能力，导致政府缺乏履行正常职能所需要的基本手段和能力，而且会激励其借新偿旧，寅吃卯粮，不断增加长期负债。目前，中国地方政府普遍存在财政预算的随意性、决算超预算的高弹性，以及多口径的糊涂账、不透明的过度负债账、虚高的资产评估等，严重透支了政府的融资能力。如今，地方政府与融资平台又相互“绑架”，公共财政风险和金融风险在一定程度上出现叠加。巨额地方债务的背后，是地方政府信用在做隐性担保，但地方政府又算不上一个合格的市场主体。地方政府的信用以市场规则“兑现”，才具备进入市场游戏的资格，但某些地方政府的花钱习惯使得这种资格大打折扣。这种过度负债不仅严重制约了地方经济发展，而且将丧失其必须承担的大量或有债务责任、担保责任和兜底责任，严重损害地方政府在群众中的公信力和最后的安全感。

三是地方债务累积到一定程度，就会爆发危机，这包括信任危机、债务危机、经济危机，最后导致连带银行破产的政府破产危机。最后化解危机的办法就是通过廉价变卖国有资产，或者让上级政府乃至中央政府去兜底损益，这就要通过资产出让、债务重组、货币贬值来平摊债务，这实际上降低了货币购买力，牺牲的是城镇居民实际生活水平和福利，进一步增大社会保障资金缺口。这样的债务转嫁最终是让全体老百姓集体来买单，就此也会引发社会的不稳定。

中国近年来出现的地方政府债务风险，还有一个特殊的情况，就是随着各地城镇化步伐加快，各级地方政府甚至包括县乡一级政府以经营城市、加快市政建设为名，以大量土地抵押来获得银行贷款，并通过设立大量的城投公司为融资平台进行融资，还以融资租赁、集资、信托债、回购、垫资施工、延期付款或拖欠等方式多头举债、变相举债，形成大量的举债主体和举债方式。这不仅增加了筹资成本、加大了风险隐蔽性、扩大了寻租空间，而且直接助推了城市一级土地出让金不断上涨进而形成房地产泡沫。

从2010年开始，国家加强宏观调控，特别是不断加大城市房地产调控力度，同时对地方政府融资平台进行整顿，对地方政府土地财政严格约束。“土地”和“融资平台”都被不同程度地收紧，一方面直接抑制了地方政府税源，另一方面大量地方政府公共项目开始被资金锁喉，资金链的断裂直接导致各地“僵尸”项目频现，使得许多城投公司陷入债务危机，也形成了政府与企业之间、债权人与债务人之间、新债和旧债之间的多重“三角债”困境。此间风险一旦蔓延开来，中央财政也将难以兜底。

当然，化解地方债务风险之道，关键在于加快预算体制改革和地方投融资体制改革，尽快理顺中央与地方财权事权的对应体制，切实转变地方政府职能，完善地方政府官员的激励约束机制。在强调更多盘活存量资产的同时，要加大改革力度，引入社会资本进入城市基础设施建设，更多地放开地方竞争性信贷市场，并有序、有步骤地推进地方政府开展发行债券试点工作。

（二）风险避险能力不足

"风险大锅饭"不仅造成了避险动机的弱化，而且也使政府避险能力不足。这是在既定体制环境下造就的一种结果。

1. 风险辨识能力不足

公共财政风险是政府干预公共风险过程中形成的。如果不能及时有效地识别公共风险，那么，政府在干预公共风险时很容易出现偏颇，如出现政府介入不及时，就会错过干预公共风险的最佳时机；一旦介入，急于求成，往往介入过度，包揽太多。无论在经济领域，还是在社会领域，都有这类案例存在，就近而言，2003 年上半年出现的 SARS 危机就是一个典型案例。一开始，政府介入不及时，以至于星星之火演变为燎原之势。而政府介入时，又造成了普遍的介入过度，导致了一些不必要的财政成本。在经济领域，对一些破产金融机构的救助存在同样的问题，这都反映出公共应急能力不足。由于手足无措，匆忙应对，从而导致了代价惨重的后果，使短期公共财政风险加大。

因此，避险能力不足首先反映在风险辨识能力不足。这包括两个方面：一是对风险的态度和理解，二是对风险的分析。对风险采取讳疾忌医的态度，这是一种十分普遍的现象，学术界对公共财政风险探讨的热情有加，而各级政府对本级政府面对的公共风险和公共财政风险状况大都是讳莫如深。对一些发生的公共危机事件，多数都是采取隐瞒的方式来"内部处理"，而不愿意对社会公布。在这种风险态度下，对公共财政风险所产生的后果难以有深刻的理解。在认识上是个侏儒，在行动上不可能是个巨人，思想认识上的局限性自然限制了对公共财政风险的深入分析，包括对各种风险来源的分类、识别、评估等，更谈不上对公共风险向公共财政风险转化的跟踪研究和全面监控。

2. 缺乏风险内在化的政策和体制

政策和体制是避险能力的载体。政府避险能力的高低是通过一定时期的政策和体制显现出来。在“风险大锅饭”的环境中，由于没有风险约束，难以制定和实施谨慎的财政政策，于是容易出现两种倾向：一是就预算内谈论政策，忽视预算外活动给政府带来的未来支出压力。二是静态地考虑当前的情况，忽视未来各种不确定性所引致的风险，风险内在化的财政政策应当是既全面评估财政状况，又充分考虑各种不确定性的谨慎政策。

风险内在化体制是指不同层面的风险分担制度、准备金制度、风险披露制度和有效的风险监控制度。风险分担制度是风险内在化体制的基础，它使风险在不同层面相应化解，减少公共风险出现的频率，同时也就减少了财政运行的不确定性和政府未来支出压力。准备金制度是一旦出现突发性支出的情况下，保持财政稳定性及可持续性的基本保证。有效的风险监控制度是协调政府各个部门行为，保证前面各项制度有效运行的后盾。当缺少其中的某一项制度时，风险就会外溢，并通过或明或暗的途径转化为公共财政风险。这就意味着政府避险能力的降低。从现实来看，我们还没有建立起风险内在化的体制，这是导致避险能力严重不足的根本因素。

3. 缺乏具体的财政避险方法

这是针对一些政府项目和操作性措施而言的。具体的避险方法应当融合在部门预算的编制过程之中。实际上，项目预算的编制过程，也就是对各个项目的风险评估过程，包括该项目是否符合政府的政策目标，是否符合立项标准，是否与其风险管理能力相匹配，是否有相应的权力和责任，以及在整个项目周期中政府的承诺与介入标准，等等。由于部门预算的改革还没有到位，项目预算的编制还较粗略，基本上还谈不上风险评估，更无须说各种避险方法了。就全球而言，“财政悬崖”[①]成为全球经济最大隐忧。

首先，“财政悬崖”体现在美国政府税收收入将大幅提高上。2001—2003 年，为了刺激经济增长和就业，时任美国总统的小布什曾颁布一系列减税法案：2001 年，小布什颁布了《经济增长与税收减免协调法案》，将最高所得税税率从 39.6%降低到 35%；2002 年，小布什又将资本利得税税率从 20%降到 15%，并将对股息征收的个人所得税税率从 35%降到 15%。按照时间表，最高所得税率的降税本应在 2011 年底结束，但因 2008 年的金融危机，2009 年 1 月 20 日就任总统的奥巴马被迫将小布什政府的减税时间延长两年，此举得到国会的支持。与此同时，从 2011 年起，奥巴马还将美国工资税从 6.2%下调至 4.2%，同时出台失业救济金计划，这两项政策的

① 财政悬崖：该概念由美联储主席伯克南于 2012 年 2 月 7 日在国会听证会上首次提出，是指美国将在 2013 年 1 月 1 日同时出现税收减少与开支增加局面。

周期也为两年。也就是说，到 2013 年 1 月 1 日，各个减税政策和失业救济金计划都将面临失效。

其次，美国“自动削减赤字机制”也于 2013 年 1 月 1 日正式生效。在 2011 年下半年，由于当时即将到期的美国国家债务规模超过当时 14.3 万亿美元的债务上限，美国政府面临违约风险，奥巴马不得不向国会提出调高债务上限的要求，但民主党和共和党因争斗而迟迟未能达成共识，直到 7 月 31 日晚间才达成债务上限紧急方案，协议提高债务上限。但是这一“缓兵之计”未能从根本上解决美国国家债务问题。因参众两院并未就今后 10 年的减赤方案达成一致，为防万一，他们同意启动“自动削减赤字机制”，即假如一个特别委员会拿不出折中方案，那么一系列令人不快的国防与福利开支削减方案就会自动生效，而该减支方案计划自 2013 年 1 月 1 日起生效。

“增税”和“减支”叠加在一起就被称为“财政悬崖”，虽然增税和削减政府支出有助于降低财政赤字，但它会给至今不够强劲的美国经济复苏带来沉重打击。分析认为，“财政悬崖”的威力将达到 8000 亿美元的规模，相当于 2013 年美国国内生产总值的 5%。截至 2013 年，“财政悬崖”已经超过欧洲主权债务危机，成为全球投资者担忧的头号问题。例如，美国国会预算办公室（CBO）曾估计，如果 2012 年减税和减支法案到期，那么 2013 年美国就会遭遇 0.5% 的 GDP 负增长以及 9.1% 的高失业率。又如高盛于 2012 年 9 月 15 日发布的经济报告显示，如果 2012 年年末美国国会无法解决“财政悬崖”问题，则会对美国 2013 年上半年经济增长产生近 4 个百分点的拖累；而如果减税政策得以延续，同时开支削减警报解除，美国经济 2013 年的增速就为 3%，失业率接近 8%。可看出，避险能力的不足是一种“综合征”，非单一因素所致，只有通过改革的全面深化，并不断提高对风险问题的认识，政府的避险能力才能逐步得以提高。

（三）财政资金浪费严重

据课题组调查，2010 年广东省交通厅部门经费近 9.4 亿元，省级交通事业建设经费预算 2.36 亿元，省级交通基本建设资金预算 78 亿元，按照前几年的统计，广东省全省总的省级交通部门的预算资金可达 200 多亿元。课题组认为，这些预算项目中的交通建设资金是比较合理的，对全省的交通建设是有益的；但交通厅部门经费和省级交通事业建设经费的预算制定没有做到科学、合理，预算项目、金额完全是由政府自定，预算项目的制定没有经过一个合理的科学决策程序，没有公众参与，这些预算项目没有一个合理的项目管理制度，可以说是花国家的钱不心痛。“一到节假日甚至不是节假日，有些人就到处跑，还带着一大家子，吃好的，住好的，玩好的，大江南北，长城内外，哪儿好就往哪儿去。不少是公款消费……”①这些资金的使用根本没有有效监督，所以就造成了国家大量资金的浪费。

在交通统计工作方面，就有公路水路运输量统计经费约 430 万元，交通统计抽样调查经费约 230 万元，全国公路水路运输量调查经费约 330 万元，港口普查经费约 430 万元等统计的费用，还不包括这些政府部门工作人员的办公经费。如在交通信息化建设方面，有道路运政管理信息系统建设经费约 1700 万元、交通信息化建设和维护经费约 1900 万元、交通综合监控中心建设经费约 950 万元等，这还只是一年的维护费用。这些计算机系统前些年已经投入了大量的建设、维护资金，如农村公路养护从业人员培训补助经费达 300 万元等。

同时，财政资金“合法性浪费”皆因缺乏被问责。课题组调查发现，广东省清远市某县搞活动，要租 6 头牛做“群众演员”。但是这个县的组织方又不放心把此项任务交给清远的广告公司，非要交给广州的一家大型广告公司。广州这家广告公司的报价是租用一头牛，2000 元/天。但实际上，这个远在广州的广告公司，把找牛这项任务又交给了清远当地的一家广告公司去执行。这家清远广告公司的报价是 600 元/天。清远此家广告公司在实际操作中，又找了具体执行者。具体执行者又找另一个具体执行者。到了最后，给到农民手中的钱是，租用一头牛，30 元/天。清远广告公司的老总说了一句话，很耐人寻味：“广告公司之所以能够存活下来，就是因为政府活动搞得多。”

本来 30 元就可以搞定的一头牛，非要出价 2000 元。买一头牛才多少钱？有没有想想这其中的不合情理处？可是，就是这么看似不合情理的事情，到了政府官员那里，却很顺理成章。说到底，这花的不是自己的钱。如果是花自己的钱，他愿意为只值 30 元租金的牛出价 2000 元吗？反正这是“公家”的钱，所以他们才会花得这样心安理得，这样理直气壮，这样毫不心疼！当民众盯着“三公”经费时，殊不知，在其他方面，财政资金的使用也存在不少问题。租金 30 元变 2000 元，就是一个典型！类似于搞活动庆典这样的政府采购，在预算、管理上，是不是掺杂着“水分”？支出计划是否科学、合理、必需？有没有人为这些实际上不该花的冤枉钱负责呢？

---

① 这是收录在由中央文献研究室编辑的《十八大以来重要文献选编》上册中，一个习近平同志未公开发表过的谈话中的片段。

或许查找了一圈，也找不出什么问题，程序合法，也没有什么回扣之类的腐败现象。这种似乎找不出毛病的花钱方法，我们只能美其名曰财政资金的“合法性浪费”。这也是使用财政资金效率不高的重要原因，而且是极容易被忽视、极容易得到容忍的原因。类似于此类“30 变 2000”的财政资金使用绩效差的问题，看似没有明显的违法，虽经整改却屡禁不止，究其原因很多，其中重要的一点就是，缺乏问责。

经济学中有“破窗效应”概念，说的是有人打坏了建筑物窗户，而这扇窗户又得不到及时维修，其他人受到某些暗示性纵容，就会打烂更多的窗户。久而久之，这些破窗户给人造成无序的感觉。“缺乏问责”就如同破窗户无序一样。执法不严的结果，一定程度上会造成法不责众的感觉，会使公众处在麻木不仁的氛围中，违法行为就会滋生、蔓延。如果我们任由这种“30 变 2000”的事情发生，所谓的监督、问责就无从谈起。现实中我们也不难发现，有的地方尚未建立有效的责任追究机制，责任追究没有落实，不敢追究、不愿追究的问题突出。很多事情就是这样大事化小，小事化了。

三、公共财政风险积聚与风险集中

现代社会是一个风险社会。尤其在中国，正处于急剧的社会转型时期，各类公共风险发生的频率加大，风险总水平大大提高。但在既定的体制框架下，公共风险是人们的主观活动造成的，是各自从理性出发产生的不确定性的“合成谬误”。这需要政府来化解，即通过政府的干预来防止各种可能的“合成谬误”的形成。但如果现行体制存在许多的漏洞和缺陷，则社会、经济运行过程中及其各个环节出现的风险就不能在相应的层次化解掉，最后汇聚形成公共风险。这个过程是公共风险的形成过程，也是公共风险的积聚与集中的过程。而我们现实中“风险大锅饭”的制度性存在，说明现行体制存在大量的漏洞和缺陷，为公共风险的积聚和集中提供了条件。“风险大锅饭”使企业、个人等经济主体的边际风险得以转移给社会，构成公共风险，并最终体现为公共财政风险。在经济市场化和工业化的过程中，这类公共风险不是在减少，而是在不断增加。因此，在体制不完善的情况下，政府面对的公共风险就像滔滔洪水，在积聚与集中的过程中不断扩大，这使处于分散状态的公共财政风险加剧。

而另一方面，政府对公共风险的干预并非总是恰当，由于避险动机和避险能力严重不足，公共财政风险进一步加大。如政府对公共风险干预失当，在介入时机、介入标准等方面出现失误，就会导致干预成本增加，即增大公共财政风险。特别是当公共部门内部不协调，风险责任不清，“风险大锅饭”严重的情况下，政府在干预公共风险过程中往往会产生新的风险。如政府成立资产管理公司来化解金融风险，在处置金融不良资产过程中，避险动机和避险能力不足，很可能不但收不回几个钱，甚至反而要搭进去不少财政资金，若是这种结局，倒不如一次性核销，这样财政成本更低。要防范这种情况的出现，就必须对政府干预给予严密的风险监控。但问题是，在现实当中，政府干预公共风险失当的例子比比皆是。“风险大锅饭”带来的利益与风险的不对称，导致风险责任不明晰，使风险不断地向中央财政积聚和集中。国有企业、金融机构的风险，如亏损或破产，最后的债务清偿总是转移到各级政府身上；政府各部门的融资、担保债务清偿的责任往往最后全部转移到公共财政部门；下级政府的公共财政风险，如工资拖欠、无力清偿债务，上级政府很难“见死不救”，层层传递，最后中央兜底；本届政府面临的风险总是可以“金蝉脱壳”转移给下届政府。这种不以风险责任的界定为基础的风险转移，导致风险快速积聚和集中，使公共财政风险悄无声息地急剧放大。“风险大锅饭”是当前经济体制和行政体制的根本缺陷，也是导致公共财政风险呈不断扩大趋势的深层原因。如何打破“风险大锅饭”应成为今后深化改革的核心内容。

四、财政体制风险的表现分析

财政体制风险，是指财政体制的不确定性或其自身的缺陷可能会给国民经济造成的损失。财政体制风险的大小，可以用财政体制可能造成的损失或产生的负面影响的大小来衡量。当然，要具体量化体制的损失是极为复杂和困难的。但量化上的复杂和困难，并不意味着概念本身的不对或无用。过去在社会科学中有许多概念都是很难用数学来精确计量的，但随着经济科学的发展和发现，人们的经济活动，作为人的集合行为，是可以表现出一定的数学规律的，也是可以用数量来进行描绘的。财政体制造成的损失包括由体制造成的各种弊病，从某种意义上讲，这些弊病便是财政体制风险的表现形式，主要有了以下几方面：

（一）地区间财力不平等程度加剧

地区发展不平衡是各国经济发展的普遍规律，中国经济的发展也不例外。改革开放以来，东部率先发展，带动了中西部的发展。同时，东部地区与中西部地区的差距也相对扩大[①]。东部在全国所占的经济总量份额不断提高。东、中、西部人均GDP差距迅速扩大，中、西部地区趋于相对贫困。

造成这种情况的原因，除了东部地区本身所具有的良好区位优势和人力优势外，也得益于这些年来财政体制的改革。从20世纪80年代实行财政承包制以来，由于承包制中收支基数核定的方法基本上沿用传统的基数法，即以上一年或上几年的收支决算数为依据来核定上交或补助的数额，这样，不管地方收支是否合理，都予以承认。加上地区之间经济发展不平衡，财政收入增长快慢不同，各地区在财力分配上的差距拉大。经济实力差的地区，财力增长相对较慢，对经济的投入能力也相对较弱；经济实力强的地区，财力增长较快，对经济建设的投入能力相对较强。这样，就会进一步拉大地区间经济发展的差距，扩大贫富差别。

2009年全国有819个县存在基本财力缺口，缺口额达894亿元。从2010年开始，财政部采取以地方为主、中央财政适当奖补的办法，引导各地对县级政府"托底"保障。近年来，中央财政不断加大对县级基本财力保障的投入力度。2010—2013年，分别安排奖补资金475亿元、775亿元、1075亿元和1525亿元，在中央政策和资金的引导下，各地通过调整省以下财政体制、完善省以下转移支付制度等方式，使县级财政运行状况得到明显改善。截至2012年底，基本财力缺口县仅剩8个，缺口资金1.2亿元，基本实现了让县级政府吃上"低保"的既定目标。"缺口"补上后，下一步工作重点将是逐步提高保障水平，改善县级财力均衡度。从全国看，目前地区间县级财力分布并不均衡。按照总人口计算的县级人均公共财政支出，高的地区与低的地区相差近20倍；即使是同一省份内，部分地区也有近5倍的差异。

（二）改革的协同性问题潜藏风险

"省直管县"财政体制改革作为1994年财政体制改革的一个延续，为省以下的政府间财政关系处理提供了制度依据。然而由于"省直管县"改革起初仅是一种地方创新活动，所以当这一改革被提升到国家层面时，必然与同期正在推进的其他改革存在一个协同问题。既然有协同，就一定存

---

① 按照我国经济学术界公认的分类，我国东、中、西部三大经济带的划分（不包括台湾、香港、澳门）如下：东部地区包括北京、天津、河北、辽宁、上海、江苏、浙江、福建、山东、广东、广西、海南12个省、区、市；中部地区包括山西、内蒙古、吉林、黑龙江、安徽、江西、河南、湖北、湖南9个省、区。西部地区包括四川、重庆、贵州、云南、西藏、陕西、甘肃、青海、宁夏、新疆10个省、区。

在风险,风险大小随改革间协同难度累进上升,严重时可能会导致整体改革停滞或强制性二次改革。这种因协同问题产生的风险集中表现在如下三个方面。

一是“省直管县”财政体制改革对发展方式转型带来的潜在风险。中国经济增长的显著特征,就是政府主导。长期以来,中国经济增长方式粗放,主要表现为基层政府推动经济增长行为或决策粗放,而后者又源于中国分权型经济和集权型政治体制,以及上下级政府间财政收入分成合约制度安排。由于“省直管县”财政体制改革是在上述体制制度框架内进行的,所以不仅不会降低政府粗放式竞争行为,而且会进一步强化县(市)政府间业已激烈的竞争关系。竞争行为的粗放度在资源约束相对更紧和管理能力相对较弱的县(市)政府层面将会更高。所以,“省直管县”财政体制改革可能会激发县(市)政府新一轮粗放式发展。

二是“省直管县”财政体制改革对地区间协调发展带来的潜在风险。地区间持续扩大的发展差距,与中国1994年以来分权型财政体制有关。在“省直管县”财政体制改革前,地区间发展差距在相邻县(市)间相对较小,所以尽管在宏观上地区间发展差距非常严重,但在微观上这种差距因某种体制安排却保持相对稳定。在“省直管县”财政体制改革后,这种情况可能会发生变化。因为新体制有可能会强化邻近县(市)政府间竞争,使政府间竞争逐步趋于原子化。原子式竞争格局的形成,不仅使县(市)间经济发展差距开始扩大,而且破坏了公共服务领域内均等化机制。所以“省直管县”财政体制,在某种程度上可能会增加地区间协调发展张力。

三是“省直管县”财政体制改革对以城带乡发展战略带来的潜在风险。城乡差距扩大威胁到农村社会稳定。只有中心城市带动一体化发展,城乡隔阂和发展差距才能真正得到有效解决。但在现行体制下,“省直管县”财政体制改革可能会造成中心城市发展萎缩。因为“省直管县”财政体制无形中分割了区域内有限资源,造成中心城市难以实施一体化发展战略和发挥经济集聚功能,同时原子式竞争形成块状化县(市)发展格局和对立型市县财政关系。所以“省直管县”财政体制改革后一种可能的状态是,中心城市得不到发展,辐射作用和集聚功能迅速弱化,县(市)经济增长受规模约束难以持续,农村发展空间难以拓展,出现更加固化的城乡分割发展格局。

(三)地方政府面临资金链“大考”

2013年6月,全国政府性债务达20.7万亿元,考虑或有债务后,全国各级政府债务约30.28万亿元,其中地方政府债务余额17.9万亿元,政府性负债率为36.4%，远低于国际上通行负债警戒线的60%。尽管风险在可控范围之内，但资金链“大考”所产生的溢出风险仍不可小觑。地方债务风险不在于规模，而在于价格和利率风险所导致的金融脆弱性。根本而言，地方债务的流动性风险，体现在地方资产负债表的期限错配和资产收益低下。资产方往往是期限较长的固定资产投资，现金流不足；而负债方则是各种类型和期限的债务。随着宏观调控的持续推进，特别是平台贷款“降旧控新”的管理，新借债务可能期限缩短而资金成本偏高，因此地方债务看似是债务问题，实际上对整个社会的溢出风险非常大。

从资金结构来看，54%的地方政府贷款期限在5年以上，2011—2015年，大量地方债将进入还本付息期。2010年底地方政府性债务余额中，2011年、2012年到期偿还的占24.49%和17.17%，2013—2015年到期偿还的分别占11.37%、9.28%和7.48%，2016年以后到期偿还的占30.21%。

从债务分布来看，政府负有偿还责任的债务在2011年和2012年到期较多，这直接导致地方政府这两年还本付息压力较大。根据模型预测，2014年以后，地方政府在渐渐出现资金缺口(地方可支配收入－地方支出－还本付息)。即使考虑到借新还旧，即部分资金缺口可由银行新增信贷进行弥补，2015年后也逐渐出现了绝对资金缺口(地方可支配收入＋新增债务融资－地方支出－还本付息)。

以2014年美联储退出QE为标志，全球利率中枢在逐步抬升。根据美国国会预算办公室(CBO)预计，美国10年期国债收益率可能在未来几年中高于5%。由于全球利率是以美国利率为基准的体系，随着未来几年美国真实利率趋势性上行，全球低利率环境很可能会在几年内结束，这将会大大抬高中国利率的整体水平。对国内而言，随着利率市场化加速推进，利率上升压力将进一步凸显。从国际经验看，利率市场化初期，无论是发达国家还是发展中国家，利率普遍上升。世界银行统计数据显示，以名义利率衡量的20个国家中，15个国家名义利率上升，5个国家名义利率下降；以实际利率衡量的18个国家中，17个国家实际利率上升，仅1个国家实际利率下降。下一步惊险一跃是存款利率上限放开，利率市场化以后，存款利率将逐步和理财接轨。目前，3个月理财产品预期收益率是4.6%，但是3个月的定期存款利率约是2.8%，利率还面临较大的上升压力，这使得高利率下的债务偿付压力越来越大，并对实体融资产生较大的“挤出效应”。

据统计，2013年中国地方债务到期还款3万亿元，同比增长超过60%，约占当年地方财政收入的50%。随着2014年平台融资集中到期,到期债务规模增长更快,而财政收入增幅难以大幅提升,届时地方政府以及融资平台面临着更大的还本付息压力。

(四)高度重视实体部门债务风险

事实上,相比地方债务风险,实体部门的债务风险更值得重视。当前,无论是中国的金融部门还是非金融部门,无论是政府部门还是私人部门,都面临着巨大的资产负债表压力,高债务杠杆模式已经变得不可持续。高杠杆对应信贷过度投放与结构失衡。目前,中国的信贷规模已经名列世界第一,中国的M2与GDP之比达到2,远超过日本的1和美国的0.7。当前,中国国有企业信贷占GDP的比重达130%。中国社会的信贷杠杆在2008年之前的若干年一直都维持在150%的水平上,且波动幅度不大,其中企业信贷占比为96%。2009年以后,信贷规模出现了快速上涨,2010年升至124%,2012年升至130%。信贷资金投放一直存在"重大轻小"的结构性矛盾。金融机构尤其是商业银行的巨额利润,很大程度上成为以制造业为主体的实体经济的资金成本,这对实体部门造成了明显的"挤出效应"。与其他经济周期一样,债务周期也有自身规律,一般而言,负债会提高当期需求,带动收入和资产价格的上升,改善经济体的偿债能力,经济预期回报较高则会有更多债务需求,形成一个正反馈的加杠杆周期,去杠杆正好相反。转折点往往是资产价格不断上涨的预期开始转向,背后是货币政策收紧应对资产泡沫。企业部门的债务周期表现为产能周期。典型的产能周期是企业对未来预期上升,增加借贷,扩大产能,供给增加,利润下滑,企业去杠杆、去产能。企业部门的乐观预期如果受到普遍认同,则可能造成社会产能过剩危机。

20世纪70年代后,美国发生了4次产能过剩危机,都对经济造成了一定的打击。目前,中国实际产能利用率仅为70%左右。企业高债务杠杆与中国投资驱动模式存在极大的正相关性。本轮中国国有企业杠杆比例高是2008年以来中国大规模投资刺激之后出现的现象。2008年全球金融危机使中国一直以来"大进大出"的经济循环被打破,在这种情况下,"周期性和结构性"产能过剩的叠加使矛盾进一步凸显。中国国有企业面临的宏观环境发生了结构性改变,特别是对于大企业而言,黄金增长期已趋于结束。从趋势上看,人口年龄结构变动导致的劳动力供给的变化、由政策和人口结构导致的储蓄率变化,以及由劳动力再配置格局导致的全要素生产率都会出现变化。当前,对于大部分制造业企业而言,"人口红利"优势将会逐步衰减，劳动力供给增速下降，劳动力成本提高，整体经济进入了生产要素成本周期性上升的阶段，工农业产品的剪刀差正在供求不平衡推动下逐步回补，这样工业企业部门的利润有可能越来越薄。而在企业盈利大幅下降的同时，一些大企业却寄希望于通过借贷进行资本套利。

数据显示，截至 2012 年底，中国非金融部门借入的外债余额约为 4879.38 亿美元，以当年汇率平均价计算，折合人民币 3.07 万亿元。企业部门通过非正规渠道借入的外币私债可能存在相当规模（比如通过境外募资，然后与国内企业在境外机构进行货币互换交易转入境内）。在过去的人民币渐进升值过程中（特别是近 3 年），由于美元的利率水平较低，其贷款利率甚至低于人民币的存款利率。因此，如果负债外币化，企业可以轻易地从中获得显著收益，这是当前企业如此热衷于借贷的一个重要原因。

此外，国际金融危机以来，以地方政府为主导的投资扩张，使得渴望得到资金的地方政府通过表外贷款、银行间债务融资等形式与其对接，大量资金流向了地方融资平台和政府驱动投资的行业，特别是大型国有企业。这一方面导致了政府、大型国有企业资产负债率的大幅上升，资产负债表出现了明显恶化。与此同时，由于“预算软约束”的存在，也导致金融资源过度倾斜，继续错配到产能过剩的大型国有企业之中，由于国有企业与政府之间的关系始终无法理清，即便在实施自负盈亏之后，也可以享受政府的隐形担保，这样就大大推升了这些企业的资产负债率。

另一方面，“政府失灵”的效应也进一步凸显出来：地方政府的政策性补贴，扭曲了要素市场价格，压低了投资成本，体制上的根本性弊端扭曲了地方政府和国有企业的投资行为，大量增量资金投向投资驱动型领域，造成了普遍性的结构性生产过剩和投资效率与资源配置效率的下降。实体部门的“去杠杆”，特别是国有大型企业的“去杠杆”，涉及中国投资驱动型经济增长方式的改变，投资效率与资源配置效率的提高，以及对“政府失灵”的矫正，中国必须着眼于解决债务依赖型增长的制度成因，而这一过程确实还任重道远。

第五章　财政收入分配安全隐患与对策

公共财政收入分配制度关系到国家和人民群众的利益、经济的发展和社会的稳定，这一直是政治社会学[①]研究的重要内容。党的十八大报告指出："要坚持社会主义基本经济制度和分配制度，调整国民收入分配格局，加大再分配调节力度，着力解决收入分配差距较大问题，使发展成果更多更公平地惠及全体人民。"[②]在中国经济转型过程中，公共财政改革的核心问题就是调控收入分配关系，促进公平分配。因此，研究如何充分发挥公共财政应有的调控功能，推进经济发展和社会公平，对保证公共财政安全，进一步提升社会和谐水平和人民的幸福指数，逐步实现伟大的"中国梦"[③]有着重要的现实意义。

第一节　目前财政收入分配存在的安全隐患

从2013年上半年公共财政收入增长情况来看，受经济增长趋缓，实施结构性减税，企业利润增幅降低，一般贸易进口增长放缓以及往年清缴入库部分进口税收基数较高等影响，全国财政与税收收入增幅都处于回落状态。客观地看，目前中国公共财政收入分配存在的安全隐患主要有如下方面。

---

① 政治社会学是政治学和社会学的跨学科产物，把政治现象和政治行为放到社会背景下进行分析考察，从社会的角度去观察和解释政治生活，寻求政治现象的社会基础，研究社会与政治之间的互动关系，政治权威的产生及其对社会的影响。

② 胡锦涛：《坚定不移沿着中国特色社会主义道路前进，为全面建成小康社会而奋斗——在中国共产党第十八次全国代表大会上的报告》（2012年11月8日），《十八大报告学习辅导百问》，党建读物出版社、学习出版社2012年版，第13页。

③ "中国梦"的本质内涵是实现国家富强、民族复兴、人民幸福、社会和谐。

一、财政收入结构与分配上的主要问题

财政收入结构与分配上的问题研究的理论和实践意义并非仅有利于财政工作，而更有利于准确把握和协调政府同企业、居民个人的关系，有利于国家政治经济的稳定和社会的和谐进步。[①]

（一）组成结构上存在的问题

据财政部有关数据显示：2012 年 8 月，中国个人所得税 420 亿元，同比减少 64 亿元，下降 13.2%。其中，工薪所得税同比减少 51 亿元，下降 16.8%；个体工商户生产经营所得税同比减少 12 亿元，下降 23.2%。[②] 主要是受提高个人所得税工薪所得减除费用标准，以及调整个体工商户经营所得税率结构减收影响。2013 年 2 月，全国居民消费价格总体水平同比上涨 3.2%。[③] 居民可支配收入明显下降。

（二）收入分配上存在的问题

收入分配是一个复杂的社会现象，是政治经济制度变迁、不同利益集团博弈的结果。

1. 收入分配不公问题突出

目前，中国收入分配格局存在明显的"三个集中"倾向。一是财富不断向政府集中，而居民收入持续降低。近几年公共财政收入占 GDP 的比重不断上升，从 1994 年的 10.39%提高到 2011 年的 21%；从 1990—2010 年，中国的公共财政收入增长 28.3 倍，而城乡居民收入仅增长 10 倍左右。1996—2007 年，居民可支配收入占国民可支配总收入的比重从 66.83%下降到 50.63%。1992 年居民收入占 GDP 的比重为 68.8%，2007 年只有 52.3%，16 年下降 16%，平均每年下降 1%；与此同时，政府和企业收入上

---

① 基于政治社会学的视角，政府职能的革新不仅是行政问题，更是重要的社会政治问题。面对当代社会快速转型的基本国情，政府必须强化责任意识、规范自身行为、凸显服务功能。政府职能的有效转变可以提升化解社会矛盾和维持政治稳定的能力，从而为和谐社会的构建和小康社会的建成保驾护航。

② 《财政部：8 月个人所得税 420 亿元 同比下降 13.2%》，中国网，2012 年 9 月 11 日，http://finance.china.com.cn/news/gnjj/20120911/1012594.shtml.。

③ 《国家统计局 2013 年 2 月份居民消费价格同比上涨 3.2%》，中国证券网，2013 年 3 月 9 日，http://news.cnstock.com/news/sns-bookx/201603/3731467.htm。

升16%。[①] 中国劳动报酬占GDP比重连续22年下降。[②] 二是财富不断向资方集中，而贫富差距不断拉大。2006年中国就已成为贫富差距最悬殊的国家之一。20%的最高收入家庭与最低收入家庭，实际收入差距达到18倍左右。[③] 2011年，城镇私营单位"公共管理和社会组织"行业年平均工资为11738元，而非私营单位"金融业"年平均工资达91364元，两者相差8倍。中国收入最高的10%群体和收入最低的10%群体的收入差距，已经从1988年的7.3倍上升到2012年的23倍。[④] 三是财富不断向垄断行业集中，且行业间工资收入差距悬殊。2012年全国"两会"期间，群众反映最多的问题就是收入差距太大，尤其是电力、电信、石油、烟草、金融等垄断行业的80%的职工，占据了全社会职工工资总额的55%。[⑤] 2011年央企及其上市子公司在职员工平均工资为10.3万元，对比当年城镇私营单位在职员工年平均工资约2.5万元，央企在岗职工平均工资高达后者的4.2倍。而城镇非私营单位在职员工年平均工资为42452元，垄断行业的工资目前远远高于社会平均工资。[⑥] 2010年，上海浦发银行员工工资及奖金人均为29.66万元，员工的其他福利人均约6.08万元，两者合计人均约35.74万元，是当年城镇单位企业在岗职工平均工资的10倍。[⑦]

2. 个人所得税征管的失调

2010年，中国4837亿元的个税收入中，工资薪金所得项目约2805亿元，占个税总收入的58%，可见，中国目前的工薪阶层已经构成中国个人所得税的主力军。这种现象和个人所得税保障公平的立法初衷大相径庭。

3. 个人消费税征管的失调

中国虽已对贵重首饰及珠宝玉石、高档手表、游艇、高尔夫球及球具征税，但还有一些高档商品的销售价格远远超过其本身价值，对普通公民而言是一种奢侈品，如高档服装、家具和装饰品等尚未纳入征税范围。当前社会上一些高档娱乐消费行为，消费价格畸高，如高档洗浴、桑拿、酒吧、餐饮与夜总会消费等，也没有纳入征税范围。这与抑制超前消费，正确引导消费方向，增加公共财政收入的消费税征税目的是相违背的。同时，也没

---

① 《专家：需改变国民收入分配向政府企业倾斜局面》，《瞭望》新闻周刊，2009年5月18日。
② 《财政部官员回应"我国劳动报酬占比连续22年下降"》，《人民日报》，2010年5月18日。
③ 《中国收入最高20%家庭是最低收入20%家庭的19倍》，《法制晚报》，2015年5月13日。
④ 《收入分配改革方案10月推出，正征求部级官员意见》，《经济参考报》，2012年8月27日。
⑤ 《人大代表称收入分配不公已成严重问题》，《河南商报》，2012年3月13日。
⑥ 刘熠：《央企行业差距大，金融业年均工资高达26万》，《南方日报》，2012年8月15日。
⑦ 《人社部工资研究所发布报告吁抑制垄断行业薪酬》，《京华时报》，2012年10月17日。

有将水、森林等资源纳入征税范围，这就造成了生产和消费者对这些资源的掠夺性开发和消费，甚至浪费，以致生态环境日益恶化。①

二、地税部门征收管理存在的主要问题

近年来由于税收超收任务压力过大，有些地方税务部门采取预征下年度税款、动用财政资金纳税、向银行贷款，以及向内部职工集资等方式虚增税收，扰乱了税收征管秩序；也有些尚有税收潜力的地方，少征欠征税收；另外，漏征漏管、混征混管，执行纳税申报制度不严，违规办理税收缓缴免缴手续等问题仍普遍存在。除此以外，还存在如下问题：

（一）资源税收体系不够完善

一是资源税征税对象不明。资源税征税对象的确定，是以矿山为标准，并不区分矿山的富贫状况，这就使得部分企业采取采易弃难、采富弃贫、采大弃小的方式加大矿产资源的开采率，尽最大可能增加资源税的实现数量，急功近利。这一行为直接导致了资源的开发和利用效益降低，助长了破坏和浪费国家资源的行为。二是资源税性质定位不准。中国的资源税以企业因开采条件不同而形成的级差收入为调节对象，属于对级差地租的征收，客观上虽然具有保护资源的作用，但制定法律的初衷没有过多考虑绿色环保，在一定程度上影响了该税作用的发挥，不能从根本上遏制资源的浪费。三是资源税征税范围过窄。由于目前资源税的征税范围仅限于矿产和盐，而更多的资源如水、地热、滩涂、森林等没有征税，使得企业对这些资源进行无序乃至疯狂开采，这不仅违背了税收公平原则，也造成了应税与非税资源产品生产企业经济利益的不公平。四是资源税税负明显偏低。资源税采用定额幅度税率，只反映了劣等资源和优等资源的级差收益，不能根据资源市场变化进行调整，与市场机制要求相背离。同时，中国资源税的单位税额多年来没有怎么调整，使得税负明显偏低，难以发挥税收的保护和调节作用。五是资源税计税不尽合理。目前的资源税根据销售量或生产量计税，不能随资源的价格变化。在资源价格持续上涨的今天，不能有效调节企业利润，进而发挥税收“内在稳定器”的作用，这不仅使国家经济利益受损，而且促使个别企业通过对资源产品疯狂涨价来攫取更

---

① 杨志银：《新的经济背景下消费税征收范围的选择问题探讨》，《经济研究导刊》2012 年第 20 期。

多利益。[①]

(二)有的地税部门随意免税行为

国家三令五申要求省级以下取消自定的税收优惠政策，以保证国家税收政策的统一性和严肃性。但有的地方对企业的扶持逐步由原来的税收返还转为财政扶持，纷纷出台按企业实际入库税收收入地方留成部分的一定比例进行财政返还的政策。有的在企业改制方面，对兼并、被兼并、破产重组企业等违规制定的优惠税前弥补亏损及实行税收减、免、缓政策。有的在加快国有企业发展方面，对重点技改项目和现代企业制度试点的股份制企业，违规制定减、免、缓政策。有的在鼓励外商投资、促进开发区建设方面，在发展个体、民营经济和解决下岗职工再就业方面，违规制定税收优惠政策。[②] 这种做法不仅是一种变相的越权减免税行为，而且不少税收难以作为可用收入安排使用，加之对返还的税款未在国有资产管理部门核算，这就造成了国有资产的严重流失。

(三)部分税种的征管不到位

营业税方面：《中华人民共和国营业税暂行条例》规定，凡从事建筑、安装、修缮、装饰及其他工程作业的行为，都要按照建筑业项目征收营业税。但从目前征收的税款看，由于装饰业分散、规模小、结算方式复杂等，征管难度大，对装饰业征收的税款屈指可数。

房产税方面：眼下个人出租房屋的管理比较松散，只要甲乙双方达成协议，签订合同就能够实施，收入带有很大的隐蔽性，其流失难以控制。

隐形收入方面：主要是纳税人不进行工商、税务登记，无证经营，偷逃税款，用不申报或不实申报、匿报收入等方式进行偷税。[③]

---

① 仇娴：《我国环境税收体系存在的问题及其成因分析》，《北京电力高等专科学校学报(社会科学版)》2011年第10期。

② 据调查：中国2010年社会商品零售总额7000亿元；餐饮娱乐消费6000亿元；合计13000亿元，扣去农村消费、团体消费(国家买单)、大宗消费(家电等必须开票)，还有约4000亿元现金流动。按5%的税率(餐饮娱乐税率更高)，每年流失的税收为200亿元。

③ 崔志功、张红霞：《当前地税征管中存在的问题及审计对策》，审计署官网，2009年9月19日，http://avdit.govcn/n6/n41/c17235/content.html。

三、财政专项资金[1]管理存在的主要问题

财政专项资金的分配和使用，一直是社会各方面比较关注的问题。如何保证财政专项资金的安全，是政府部门必须加强管理和不断探索的重要课题。

（一）对专项资金的管理财务控制意识薄弱

据调查，许多单位财务人员在专项资金的管理中只承担了会计核算与资金支付等简单服务性工作，对专项资金的概念不明晰，对具体业务与决策了解不够，财会人员对各财务活动的事前、事中的辅助控制不到位，这就造成了资金管理的真空效应。

（二）专项资金的预算基础组织工作不到位

近年来，地方财政预算编制普遍推行部门与细化预算的编制方法，实行的是人员经费按标准，公用经费按定额，专项经费按实际的分配模式。这就使得财政专项资金预算编制存在较大的主观随意性。同时，对申请的专项资金缺乏细致调研，以致一些单位专项资金形成沉淀，而一些单位专项资金又供给不足，从而影响事业发展和政府职能的实现。

（三）专项资金管理没有真正实行专款专用

据调查，有的单位对专项资金不实行单独核算，项目经费与经常性经费混合使用，用款单位领导、财务管理人员专款专用意识模糊，因而挤占、挪用专项资金现象很普遍。被挤占、挪用的专项资金多用于弥补经费不足、发放福利和补贴等公共及福利性开支，专项结余无法正确体现。

（四）财政部门对专项资金的监管缺乏力度

据调查，一些用款单位为了不上缴专款结余，年终突击采购、花钱，或将尚未开工的项目专项支出提前拨付等。财政部门虽然对金额较大的专项资金实行跟踪，但大多是将款项拨下后，具体余款有多少，是怎么花的，

---

① 财政专项资金，是指中央和省级财政部门、财政部门会同有关主管部门下达，以及市县各级政府安排用于社会管理、公共事业发展、社会保障、经济建设以及政策补贴等方面具有指定用途的资金。

都不太清楚。按制度规定，行政事业单位的专项支出，应定期向财政部门报送专项支出情况表和文字报告，但实际上各单位上报专项资金用款说明却不多，财政部门也缺乏应有的监管。①

第二节　财政收入分配安全隐患的原因分析

中国公共财政收入结构与分配，地税部门征收管理和财政专项资金管理等方面存在的主要问题，构成了当前公共财政收入分配一定程度上的安全隐患，其原因是多方面的，主要原因分析如下：

一、收入结构与分配问题的主要原因

转型社会的生产和分配的模式向“市场社会”并拢的前提，是政府作用及职能的转变。诺斯曾经说过，国家可以是经济增长的基本要素，但也可以造成社会经济“人为的衰落”②。

（一）资本投资回报率不断下降影响了经济增长

由于政府占有每年经济增长成果的大部分，居民的消费需求增长缓慢，所以下一年的增长只能靠政府支出拉动，这就逐渐形成了“投资—增长—再投资”的循环。凯恩斯的“有效需求不足论”为政府以投资拉动经济提供了理论依据，但由于投资需求终究不能取代消费需求，伴随投资过热现象的出现，其拉动经济的效应也越发不明显，这就意味着中国依靠基础建设投资拉动经济增长的模式较难奏效。且存在投资过热的部门，其产品往往和民众需求不符，这就导致产能过剩、重复建设、资源配置不当等浪费现象，这样的经济增长是与提高人民生活水平的最终目的背道而驰的。

（二）重资本轻劳动的现状拉大了社会贫富差距

中国在转型经济体制中，虽然按劳分配依然被强调为主体地位，但相

---

① 孙旭：《财政专项资金管理中存在的问题及对策》，《现代经济信息》2011年第7期。

② Douglass C. North: *Structure and Change in Economic History*. W. W. Norton & Company, 1981, p20.

应的体制设计还很不完善，甚至有些方面存在严重“缺位”现象。劳动报酬占 GDP 比重偏低乃至连年下降。首先，不能充分体现劳动者的价值，不利其生活水平逐步提高；其次，还会进一步拉大社会贫富差距，影响社会和谐与稳定；最后，广大劳动者难以充分享受改革与发展的成果，同时也未能充分彰显社会公平。农村劳动力在向城市转移的过程中，农民身份在就业、收入分配以及公共品分享方面，仍然受到一定程度的歧视。特别是劳动集体谈判的权利没有得到应有的重视，使得劳动要素在参与分配过程中始终处于弱势地位。同时，由于资本凭借对劳动的支配权在分配过程中占据有利地位，资本报酬率远远高于劳动报酬率，资本压低劳动收益的必然结果只能是消费率不断下滑。[①] 而消费的低迷使得中国经济长期受到内需不足的困扰。

(三)贫富两极分化制约了中国的内需扩大

随着农村剩余劳动力的大量转移，越来越多的农村老人缺乏基本生活保障。由于社会保障制度还不完善，社会保障资金的缺乏，失业人口、老弱病残等弱势群体缺乏收入来源，从而导致城市贫困人口急剧上升，农村“因病返贫”现象日趋严重，进一步拉大了收入差距。贫富分化日益加剧的负面影响，已严重压制了内需，从而抑制了国内市场发展。以往中国采用出口导向型经济发展模式，利用西方发达国家的外需来弥补国内需求不足，中国庞大的产能才得以维持运转。随着海外债务危机的爆发，中国产品的海外需求急剧萎缩，内需增长缓慢无法弥补外需萎缩导致的需求短缺，这就使得中国国有企业产能过剩的矛盾日益凸显。

(四)垄断行业的员工高薪强化了人们不公平感

这里的原因不在于垄断行业的员工的生产效率有多高，而是垄断行业凭借特殊地位和定价权，获得高额垄断利润，造成了行业的收入差距不断扩大。企业高管和一般员工的收入也相差悬殊的原因，在于收入形成机制混乱，多种薪酬制度并存，管理层为自己制定不合理的超高非工资性收入，却很少受到约束和监督。[②] 一些部门存在通过行政性垄断取得更多收入的

---

① 2000 年中国居民消费率为 46.4%，到 2009 年只有 35.1%。

② 全国总工会调研结果显示：据上市公司年报分析，208 家国有企业高管与一线职工的收入差距，从 2006 年 6.72 倍扩至 2008 年 17.95 倍。《全国总工会：国企高管与职工收入差 18 倍》，《北京晚报》，2010 年 3 月 9 日。http://finance.sina.com.cn/g/20100309/15417529951.shtml。

偏好，只进行了利于部门收入的增长，对垄断行为听之任之，进而加以保护。尤其是供电、供水、供气和电信等行业长期处于独家垄断地位，造成了不同行业职工收入的长期性差异。同时，由于中国对权力的监督机制不完善，个别掌权的官员往往有不菲的隐性收入，有些官员更是通过权力寻租、贪污受贿获得高额回报，这就必然导致腐败官员与民众的收入差距极大悬殊。[①]

可见，非劳动因素、机会不平等导致的过大收入差距，很容易强化人们的不公平感，挫伤人们的工作积极性、主动性，降低经济运行效率。更为严重的是，由于贫困阶层的不满和反感情绪的剧增，“仇不公”心理必然发酵成“仇官”“仇富”心理，这将成为创建和谐社会和全面建成小康社会的不稳定因素。

二、税务机关税收征纳问题主要原因

随着中国经济发展和社会进步，经过征纳双方的共同努力，税收征纳关系已得到明显改善，税务机关执法行为日趋规范，服务质量和效率明显提升，纳税人依法纳税的自觉性逐步提高，征纳双方的矛盾明显减少，纳税人对税务机关的满意度稳步上升，税收征纳环境得到进一步改善，税收征纳关系正在趋向和谐。但与和谐社会的总体要求相比，征纳双方仍然存在一些不容忽视的矛盾和问题，不和谐因素还不同程度地存在。

(一)税制的设计存在缺陷

目前中国的个人所得税税制，采用的是分类所得税制，将个人收入分为 11 类分别计税。这种征税方法的不利影响是纳税人可以通过分解收入、多次扣除的方法来偷逃个人所得税。同时，也加大了税收征管的难度，因为税务部门每年都需要消耗大量精力去认定个人各项应税所得的类型。税制设计本身的不严密，会造成偷税、逃税、漏税现象，从而导致地方经济发展、财源规模不断壮大，而公共财政收入却未能同步增长的非正常局面。

(二)征收管理机制有些失控

一是征纳双方信息不对称。有些纳税人上报的财务会计报表与纳税申报表所反映的税源状况不真实，假账现象、少报和隐匿收入时有发生。由于税务机关难以准确掌握税源信息，很多税源在生产、销售等诸多环节中被转移或隐匿，从而造成税收一定程度上流失。二是税收执法不严。虽

① 孙翔宇:《浅谈收入分配问题的现状及改革措施》,《中国集体经济》2012 年第 19 期。

然近几年在打击税收犯罪方面取得了很大的成绩，但目前在税务机关内部仍有责权不清、以权谋私、执法随意的现象。三是代扣代缴制度难落实。据统计，目前将近70%的个人所得税来自支付单位的代扣代缴。[①] 但由于规模较小的、新成立的私营企业普遍不愿意履行代扣代缴的义务；一些公司为了实现职工福利，又不愿意认真地履行代扣代缴的义务，以致税款代扣代缴制度落实困难重重。四是税务机关业务考核指标导向偏差。近些年，一些地方政府为完成创收任务，将创收指标分解后分配给基层税务机关，年终考核也以创收完成多少为主要依据，这就造成税收执法人员片面地追求创收，税源好的地方怕计划递增，完成计划后搞藏富于企业，有税不收。税源差的地方为保计划，寅吃卯粮，借税入库。照章纳税、依率计征只能是纸上谈兵，坐而论道。

（三）公民纳税意识淡薄

中国传统文化一直将“赋税”视为统治阶级搜刮民脂民膏的手段，再加上长期以来计划经济体制的影响，这就使得一些民众认为缴税就意味着财富被掠夺，在潜意识中对缴税怀有隐约反感与抵触情绪。

三、财政专项资金管理问题主要原因

有些财会人员对内控的重视程度不高，财政资金安全管理意识淡薄，内部执行力度不大。具体在工作中表现为不按时进行对账，部分单位未按要求建立货币固定资产台账与资金日记账，内控制度不健全。

（一）财政专项资金制度设计不完善

在财政资金改革过程中，新旧制度规定不一，这就使得财政部门在账户管理与资金拨付时处于矛盾状态。国库机构没有合理设置，资金管理链条过短，不能很好保障资金的安全运行。国库在进行支付改革时，有些操作不规范，改革范围不太全面，这就给财政资金带来了一定的安全隐患。资金开设账户过多，分散管理现象严重，新增账户也没有很好地履行规定程序，在设置财政资金账户名称时不规范处理，有的利用财政部门内部机构命名专户名称，当专户人员发生变动时，又不能及时交接相关信息。有些机构缺少财政资金核算和定期对账制度。单位出纳会计不分，降低了预

---

① 唐霏：《我国个人所得税偷逃税问题探讨》，《财会月刊》，2011年第17期。

算单位执行管理核算的地位，加大了资金运行风险。

（二）财政专项资金安全管理不严格

虽然上级与本单位制定了各类财政资金管理办法和制度，但个别部门、经办人员制度意识薄弱，缺乏责任心，未吃透项目资金管理政策，凭经验办事。由于缺乏必要的控制程序或检查监督，部分内控人员相关业务素质不够，经常误解内控程序或措施。特别是在执行项目公告公示制、验收制度等方面的不严格，从而造成在财政专项资金管理过程中不执行预算、擅自改变资金用途、挤占挪用和虚列支出等违规违纪现象。

（三）财政专项资金管理监督不到位

这主要是财政专项资金接受财政、审计、纪检等部门的监管，在实际工作中表现为多头监管，责权划分不明晰，责任落实不到位的现象。财政专项资金透明度不高，缺乏完善的举报系统，社会公众舆论未能发挥应有的监管作用。还有事前、事中监管缺乏，主要表现为对项目立项、招投标、监理、合同、质量、验收、结算、公示等环节的监管淡化和缺位。[①]

第三节 维护财政收入分配安全格局的对策

根据以上对财政收入结构与分配、地税部门征收管理和财政专项资金管理等方面存在的主要问题原因的分析，维护财政收入分配安全格局的政府对策创新，经调查讨论，课题组认为主要应该从如下方面着手：

一、加大财政调整收入分配格局的引导力度

当前，完善收入分配并不是简单地调整收入分配差距，而是要“加紧建设对保障社会公平正义具有重大作用的制度，逐步建立以权利公平、机会公平、规则公平为主要内容的社会保障体系，努力营造公平的社会环境，保证人民平等参与、平等发展权利”[②]。

---

① 田建明：《加强财政专项资金管理，确保安全有效运行》，《时代金融》2011 年第 24 期。

② 胡锦涛：《坚定不移沿着中国特色社会主义道路前进，为全面建成小康社会而奋斗——在中国共产党第十八次全国代表大会上的报告》（2012 年 11 月 8 日），《十八大报告学习辅导百问》，党建读物出版社、学习出版社 2012 年版，第 13 页。

(一)理顺公共财政收入的分配关系

目前,国家与国有企业间分配关系长期向企业倾斜,同时,行政事业国有资产有偿使用收入流失比较严重。因此,必须完善国资经营制度,理顺国家与国有企业之间的分配关系。

1.理顺国家与国有企业间分配关系

目前,国资经营预算基本上仅限中央和省级层面,且试行范围较窄,文化教育、劳改劳教、农林水利等部门管理企业均未纳入试行范围。要建立国资经营预算制度,并逐步向金融类以及部门所属国有企业扩展,最终将所有符合条件的企业全部纳入国资经营预算实施范围。

国资经营预算支出应逐步加大资本性支出的投入,强化对国有企业科技创新、技术进步、节能减排、兼并重组与实施"走出去"战略的支持力度,推动国有资本向关系国家安全与国民经济命脉的重要行业与关键领域集中。企业上交的部分国资经营收益可用于社会保障支出、教育、医疗等领域,发挥国资经营预算收益在征管收入分配中的作用。

2.理顺资源环境收益分配关系

对国有土地、矿产、场地、海域、河道(航道)、水、砂、石、旅游景点,以及自然环境等各类自然资源和矿产资源等公共资源,实行有偿使用;探索建立地方矿业权交易中心,新设矿业权,一律以招标、拍卖、挂牌等市场竞争方法出让;建立矿产资源战略性储备制度,采取收购、回收、置换等方式,谋求国家权益最大化;发挥土地收入政策的宏观调控作用,抓好土地闲置费征收管理;推进资源税改革,按照价、税、费、租联动机制,理顺资源环境税费制度。

资源性产品价格是国民收入再分配的重要形式,要按照"先工业,后生活"的思路,推进能源价格改革。加快理顺煤、电价格,完善天然气价格形成机制;深化水资源价格改革,积极推行居民用水、用电阶梯式价格政策。按照成本补偿原则,完善垃圾处理、医疗废物和工业危险废物处置收费政策,提高城镇污水处理和排污收费标准。地方财政要选择二氧化硫等有总量控制要求的污染物,开展"限额—交易"体系下的节能指标和二氧化碳排放权交易试点,建立排污权市场交易体系;借鉴陆地生态补偿经验,启动海洋生态补偿机制建设试点,促进海域生态保护和环境治理。对于闲置的国有资产,要由财政部门集中管理、统一调配。

(二)构建完善的财政运行机制

完善公共财政运行机制,推进财税体制改革,调整财政支出结构,对调整收入分配格局最直接,见效也最快。

1. 推进公共服务的均等化

要结合推进区域协调发展、实施主体功能区规划、推进基本公共服务均等化等政策措施,完善激励型财政机制,理顺省以下各级政府的分配关系;加大转移支付力度,建立县级基本财力保障机制,对综合财力不能满足基本支出需求的财政困难县给予保障性奖励;将对口支援政策制度化,探索促进基本公共服务均等化的横向财政转移支付机制。

应制定区域基本公共服务均等化规划纲要。地方财政应明确基本公共服务的范围和标准,合理划分各级政府在公共服务中的事权和财权,围绕义务教育、公共卫生、基本医疗、社会保障、防灾减灾、公共安全等关键领域,进一步加大财政投入力度,强化政府社会管理和公共服务职能,建立可持续公共服务体系,使基本公共服务均等化水平明显提高。

2. 清理规范政府非税收入

在中央减免中小微利企业税赋的同时,地方财政要继续清理和取消不合理、不合法收费基金,特别要坚决查处地方、部门违规设立的涉及企业和民生收费基金;将体现政府职能、收入规模较大、来源稳定、具有税收特征的收费基金,逐步用税收取代;对不再体现政府公共管理职能的收费基金,转为经营服务性收费,照章纳税;对按不同部门设立但性质功能相近的非税收入项目进行兼并;对符合规定的非税收入,实行严格规范管理,将非税收入规模控制在合理范围之内。①

(三)调整收入分配结构性差距

从当前收入分配的实际情况来看,逐步缩小城乡和地区发展差距,努力解决收入分配不公,必须从制度安排的层面上来解决如下问题。

1. 不仅要把蛋糕做大,而且要把蛋糕分好

"在今后收入分配中,要必须深化收入分配制度改革,努力实现居民收入增长和经济发展同步、劳动报酬增长和劳动生产率提高同步,提高居民收入在国民收入分配中的比重,提高劳动报酬在初次分配中的比重。"②要提高低收入者的工资和低保保障水平,对于收入过高的行业,要采取从总

① 朱厚玉:《财政调整收入分配格局问题研究》,《东岳论丛》2011 年第 7 期。

② 胡锦涛:《坚定不移沿着中国特色社会主义道路前进,为全面建成小康社会而奋斗——在中国共产党第十八次全国代表大会上的报告》(2012 年 11 月 8 日),《十八大报告学习辅导百问》,党建读物出版社、学习出版社 2012 年版,第 32 页。

量和水平两个方面加以限制；要努力做到“收入分配差距缩小，中等收入群体持续扩大，扶贫对象大幅减少”[①]。

2. 最大限度地体现收入与贡献的对等

各种非市场化导向的收入分配方式，是造成分配秩序混乱及不公的主要因素，必须在加快完善市场运行机制和健全法制环境的基础上，尽快使其消亡。而分配秩序混乱是当前社会不满的主要根源，也是导致收入悬殊的重要因素。解决的根本出路在于完善市场经济体制及规则，积极营造公平、规范的竞争环境，最大限度地体现收入与贡献的对等。为此，要完善劳动、资本、技术、管理等要素按贡献参与分配的初次分配机制，加快健全以税收、社会保障、转移支付为主要手段的再分配调节机制。

3. 强化国家税收对收入分配的调节功能

要看到，市场化导向驱动的收入分配在更有效地提高货币（实物）资本的效率、激励人力资本开发的同时，不可避免地会带来收入分配差距扩大的负面影响。由于不同人群和地区的货币和实物资本以及人力资本等要素的自然禀赋差异所带来的贡献率不同，势必产生收入分配差距，而且在动态过程中还存在马太效应[②]。因此，在一次分配中，城乡、地区以及不同社会阶层的收入分配差距将进一步扩大。这就要求政府强化国家税收对收入分配的调节功能。当前，中国城镇居民收入与可支配收入的洛伦茨曲线[③]基本重叠，表明政府通过个人所得税手段调节居民收入差距的作用几乎没有体现。为此，要进一步完善个人所得税法，开征遗产税，加大税收征管力度；同时，健全法律法规，加强民主和制度监督，严惩贪污腐败。收入分配差距的结构性调整及增强国家税收对收入分配的调节职能，最终要解决当前收入分配问题中不同收入群体分布结构不合理的矛盾，以形成一种稳定的社会结构。

---

① 胡锦涛：《坚定不移沿着中国特色社会主义道路前进，为全面建成小康社会而奋斗——在中国共产党第十八次全国代表大会上的报告》（2012 年 11 月 8 日），《十八大报告学习辅导百问》，党建读物出版社、学习出版社 2012 年版，第 13 页。

② 马太效应（Matthew Effect）：指好的愈好，坏的愈坏，多的愈多，少的愈少的一种社会现象。它揭示了一个不断增长个人和企业资源的需求原理，关系到个人的成功和生活幸福，是影响企业发展和个人成功的一条重要法则。

③ 洛伦茨曲线（Lorenz curve）：在一个总体（国家、地区）内，以“最贫穷的人口计算起一直到最富有人口”的人口百分比，对应各个人口百分比的收入百分比的点组成曲线。

(四)加大社会保障和引导力度

“要坚持全覆盖、保基本、多层次、可持续方针,以增强公平性、适应流动性、保证可持续性为重点,全面建成覆盖城乡居民的社会保障体系。”①

1. 完善企业工资调控体系

要努力“推行企业工资集体协商制度,保护劳动所得”②。结合 GDP 增长、物价上涨、劳动就业以及地区差异等因素,参照社会平均工资水平,建立多层次的最低工资标准并定期调整;以当地重点支柱行业平均工资为基准制定工资指导线,使区域间、行业间工资差距保持在合理范围内;建立企业职工工资正常增长和支付保障机制,提高工资总额在企业成本费用中的比重,改革和完善企业社会保险制度。同时,实施职工持股计划,让职工无偿或低价获得企业股票,参与分红,以提高企业经营效率。

企业应将职工工资增长和提高低收入职工工资水平,作为经济社会发展的核心指标、宏观调控的重要目标和对各级政府的考核目标。地方财政应落实在有利于劳动者创业的税费优惠政策、资金补贴政策,开展创业咨询、风险项目评估、开业指导、融资服务等创业服务上。完善有利于激活民间投资的政策和办法,尤其是加强对民营经济的扶持,对进城务工人员、大学生创业落实税费减免政策,对劳动密集型中小企业实施税收优惠政策。

2. 落实强农惠农资金政策

要发展高效特色产业,挖掘农业内部增收潜力,增加农民经营性收入。实施农民培训工程,组织好农民创业培训、新型农民科技培训和劳动力转移培训。鼓励农民本地非农就业、外出务工和回乡创业,增加工资性收入。扩大粮食直补、农资综合、农机购置和社会保障等涉农补贴和家电下乡等政策,提高农民的转移性收入,促进农业农村经济结构战略性调整的支持力度。要通过明晰农村土地产权,在国家、集体和农民之间合理分配土地增值收益,构建农民财产性收入的体制基础。加紧对农村宅基地使用权、土地承包权等各类产权进行确权登记和颁证,允许农民通过转让、租赁、入股、抵押等形式实现自由流动和取得财产性收入。鼓励农村土地承包经营权依法流转,允许鼓励城市工商企业通过租赁、入股、接受土地承包经营权等形式,进行农村土地开发经营。应开展以土地承包经营权置换城镇社会

---

①② 胡锦涛:《坚定不移沿着中国特色社会主义道路前进,为全面建成小康社会而奋斗——在中国共产党第十八次全国代表大会上的报告》(2012 年 11 月 8 日),《十八大报告学习辅导百问》,党建读物出版社、学习出版社 2012 年版,第 32 页。

保障，以农村宅基地和农民住房置换城镇产权住房，以集体资产所有权置换股份合作社股权的试点工作，推进工业向园区集中，农业向规模经营集中，居住向社区集中。建设用地土地出让收益应主要用于农民身份转换的社会保障支出和基础设施建设；城市污水与垃圾处理专项资金、预算内基建投资的分配，要重点向城镇化进度快的中心镇倾斜。①

3. 提高低收入群体的收入

要努力“规范收入分配秩序，保护合法收入，增加低收入者收入，调节过高收入，取缔非法收入”②。对提高农民收入，要通过农业优惠政策、集约耕作和推进城镇化加以解决；对提高城乡贫困居民收入，要通过提高低保水平和加大公共福利投入加以解决；对提高企业退休人员收入，要通过提高养老金和社会保障水平加以解决；对提高低收入工薪劳动者收入，要通过提高薪酬水平加以解决。

要制订切实可行的培训计划，采取多种形式，对特困人员、下岗失业人员，开展“短、平、快”的实用培训，力争做到及时培训出满足市场需求的各种适用人员。同时，要加大政策扶持，改善就业环境。一是资金投入，即政府花钱购买就业岗位、培训成果和职业介绍成果，帮助、扶持下岗失业人员就业；二是税收扶持，鼓励低收入群体自我创业和企业录用低收入群体就业；三是政策引导，要制定政策扶持一些下岗职工再就业行业的发展。加强社区就业组织和服务网络建设，建立社区就业责任制，提高社区就业的组织程度，使下岗职工得到充分就业。如发展劳动密集产业，创造对文化、年龄、技能等相对要求不高的就业岗位；发展第三产业，特别是要发展社区服务业、旅游业，挖掘更多的就业岗位；加大社会公益事业的开发力度，大力挖掘社会福利、市政工程、卫生保洁、保绿保安等公益性岗位和社区服务岗位，积极鼓励用人单位吸纳大龄下岗失业人就业。

要按照保基本、广覆盖、可持续的原则，“完善社会救助体系，健全社会福利制度，支持发展慈善事业，做好优抚安置工作”③。必须“积极应对人口老龄化，大力发展老龄服务事业和产业。健全残疾人社会保障和服务体系，确实保障残疾人权益。健全社会保障经办管理体制，建立更加便民快捷的服务体系。”④。优先发展覆盖面广的最低生活、医疗卫生和基本养老

---

① 朱厚玉：《财政调整收入分配格局问题研究》，《东岳论丛》2011 年第 7 期。

②③④ 胡锦涛：《坚定不移沿着中国特色社会主义道路前进，为全面建成小康社会而奋斗——在中国共产党第十八次全国代表大会上的报告》（2012 年 11 月 8 日），《十八大报告学习辅导百问》，党建读物出版社、学习出版社 2012 年版，第 32 页。

等保障，提高扶贫、低保、抚恤、社会救助标准和养老金发放水平，可降低社会保障费缴费比例，“化费为薪”，使低收入群体的收入短时间内有较大增长。要“整合城乡居民基本养老保险和基本医疗保险制度，逐步做实养老保险个人账户，实现基础养老金全国统筹，建立兼顾各类人员的社会保障待遇确定机制和正常调整机制”①。社会救助是最困难群体的基本保障，要“扩大社会保障基金筹资渠道，建立社会保险基金投资运营制度，确保基金安全和保值增值”②。要通过加大财政投入、统筹彩票公益金以及慈善和社会捐赠等多通道筹集资金，建立城乡一体化的社会救助制度，要“建立市场配置和政府保障相结合的住房制度，加强保障性住房建设和管理，满足困难家庭基本需求。坚持男女平等基本国策，保障妇女儿童合法权益”③。保障弱势群体最基本的生存权和发展权。

4. 建立合理收入增长机制

按照限高、稳中、提低的原则，健全行政与经济手段相结合的公务员津贴补贴调控体系，逐步建立科学合理的公务员收入正常增长机制。适当提高县乡基层机关津贴补贴水平，缩小地区差距；调整公务员收入结构，完善级别晋升制度，实行干部职务、职级与待遇挂钩并行制度，建立地区附加津贴制度，改变低工资、高补贴现象；建立公务员工资正常增长机制。统筹考虑公务员与事业单位人员收入的关系，完善大专院校、义务教育学校、公共卫生、基层医疗卫生事业单位实施绩效工资制度。构建与事业单位人事制度相衔接的绩效考核体系，建立符合各类事业单位特点、体现岗位绩效和分级分类管理的事业单位收入分配制度。

逐步完善公务员福利待遇制度，推进机关事业单位福利货币化改革，将职工的供暖、交通等福利待遇和职务消费纳入工资，形成公开、公正、合理的收入分配秩序；推进职务消费制度改革，规范公务用车、接待等职务消费；将个人收入与单位占有的国有资产和行政权力脱钩，有效控制单位之间的不合理收入差距。

二、探索个人所得税纳税管理服务的新路径

个人所得税是中国当前税收征管的第一难税，严重的税收流失问题弱

①②③ 胡锦涛：《坚定不移沿着中国特色社会主义道路前进，为全面建成小康社会而奋斗——在中国共产党第十八次全国代表大会上的报告》（2012 年 11 月 8 日），《十八大报告学习辅导百问》，党建读物出版社、学习出版社 2012 年版，第 32 页。

化了个人所得税组织财政收入、调节收入分配等方面的功效，还给中国经济、社会生活带来了负面影响。应该从如下几方面探索其新路径。

(一)加强个人所得税法的宣传

受传统文化和以往税收宣传片面强调奉献的影响，中国纳税人对税收普遍有种抵触心理。鉴于此，可引导人们认识税收是公共品价格，纳税人实际是在为自己纳税。因为只有纳税，政府才能够提供市场所必需的各类公共品，所以，纳税并非单纯义务之举，而是一种权利与义务对立统一的行为。

(二)完善个人所得税税制体系

完善个人所得税的税制体系，应当将当前分类所得税制，转变为分类和综合征收相结合的混合所得税模式。实行混合制个人所得税制度，将工资薪金、劳务报酬、个体工商户的生产经营、对企事业单位的承包承租经营、特许权使用费、财产租赁等具有较强连续或经常性的收入，列入综合所得征收项目实行综合申报纳税，按月预缴、年终汇算清缴、多退少补。对利息股息红利、财产转让、特许权使用费、偶然等一次性所得等实行分类征收，从源头上进行扣缴。

(三)强化个人所得税税收征管

一是完善自行申报制度。不仅要通过对税法的宣传，使纳税人主观上自觉申报纳税，而且要通过健全个人收入申报法规和财产登记审核制度，使纳税人客观上自觉申报纳税。二是健全代扣代缴制度。政府要明确代扣代缴人的权利和义务，建立严格的奖惩制度，并与代扣代缴人签订协议。对故意不履行扣缴义务的，除了对扣缴义务人进行处罚外，还应当依法追究相关责任人员的法律责任。三是加大对偷逃税的处罚力度。对查出的偷逃税行为，要按照《税收征收管理法》规定，严肃处理，该移送司法机关的应及时移送处理，决不能以补代罚，以罚代刑，以维护税法的严肃和权威性。[①]

(四)增强对税源的监控能力

一是建立纳税人信息档案。要建立个人唯一永久账号制度，将个人从事各种活动的收入和支出信息均记录在此税务账号下，从而更有效地控制和审核个人纳税申报。二是实现多部门信息共享。税务机关应积极与银

---

① 唐霏:《我国个人所得税偷逃税问题探讨》,《财会月刊》,2011 年第 17 期。

行、工商、海关、公安等部门配合，逐步实现多部门的信息共享，加强信息交流，增强税务部门对税源的监控能力。三是改善金融系统基础设施。应通过改善金融系统基础设施，强制推行非货币化个人收入结算制度，减少现金流通，广泛使用银行卡和支票。

三、加强对财政专项资金使用的管理和监督

应根据项目建设的轻重缓急，合理分配财政资金，加强与部门的沟通，按照财力情况认真核定部门预算。依据预算定额标准，建立收支分类体系，约束财政资金的分配行为，不断提高资金使用效益。

（一）强化财务控制意识，完善项目资金管理体制

将财务的职能定位于全面参与资金使用的决策与控制，必须改革预算编制方式，推广零基预算编制方法，切实提高预算编制的精准度和科学性。根据资金流动与管理相结合的思想，以保证资金使用的高效率。财政部门应完善严格立项、筛选、论证制度，组织专家组对财政项目进行可行性研究与评审。应制定详尽的费用预算，在项目开展过程中应严格按照预算标准执行。各财政部门应奉公执法，不能无故滞留专项资金，以保证项目的顺利进行。

（二）健全专项资金监控制度，规范依法理财的行为

一是要强化财政监督，加大财政监督执法力度。对各项专项资金不仅要进行财务收支情况检查，而且要对资金运作全过程进行事前、事中、事后全方位监管。重点对资金管理使用、项目计划落实、工程建设组织、项目施工质量、工程验收结果等方面进行检查。监督检查要经常化与不定期或有针对性地突击检查相结合。对查出的问题要切实纠正，严肃追究责任。应通过建立考核和奖惩机制，来鼓励大家遵照制度的要求执行。二是要建立切实有效的项目管理制度，并从流程上规范化。各资金使用单位应通过建立专项资金管理制度，对资金的申请、下发、使用、报销、结算的全过程进行制度规范，并完善相应的操作流程。[①]

---

① 孙旭：《财政专项资金管理中存在的问题及对策》，《现代经济信息》2011年第7期。

（三）加强财政专项资金项目监督管理，实施绩效评价

财政资金管理部门要对用款单位专项资金申请进行严格审核、筛选；同时根据各专项资金在履行政府职能方面的轻重缓急程度进行先后排序，并提供给预算部门，再由预算部门结合财力情况进行预算安排或追加。各部门在专项资金使用方面要形成合力，健全专项资金专户管理和使用督查制度，制定本地区有关专项资金的相关制度，对专项资金实行全程跟踪管理；应通过绩效评价机制，调动各资金使用单位节约资金的积极性。根据项目的不同特点立不同的评价指标，采用科学的方法对专项资金的使用情况进行评价和奖惩。

总之，从2012年到2013年上半年的公共财政收入增长状况分析来看，受经济增长趋缓，实施结构性减税，一些企业利润增幅下降，一般贸易进口增长放缓以及往年清缴入库部分进口税收基数较高等影响，全国财政与税收收入增幅都处于回落状态。资本投资回报率不断下降影响了经济增长，重资本轻劳动的现状拉大了社会贫富差距；贫富两极分化严重制约了中国的内需扩大；垄断行业的员工高薪强化了人们不公平感，这些构成了收入结构与分配不公的主要原因。税制的设计存在缺陷、征收管理机制的失控、公民纳税意识的淡薄，是税务机关税收征纳不善的主要原因。财政专项资金制度设计不完善、安全管理不严格和管理监督不到位，是财政专项资金管理不善的主要原因。

我们只有按照党的十八大报告精神，理顺公共财政收入分配关系，构建完善财政运行机制，调整收入分配结构性差距，加大社会保障和财政调整收入分配格局引导力度；加强个人所得税法的宣传，完善个人所得税税制体系，强化个人所得税税收征管，增强对税源的监控能力，以探索个人所得税纳税管理服务的新路径；强化财务控制意识，完善项目资金管理体制；健全专项资金监控制度，规范依法理财行为；加强财政专项资金项目监督管理，实施绩效评价，以加强对财政专项资金使用的管理和监督。同时，还应充分发挥人大、审计等其他经济监督部门的作用和有效的社会利益协商表达机制的作用，以“最大限度增加和谐因素，增强社会创造活力，确保人民安居乐业、社会安定有序、国家长治久安”①。

---

① 胡锦涛：《坚定不移沿着中国特色社会主义道路前进，为全面建成小康社会而奋斗——在中国共产党第十八次全国代表大会上的报告》（2012年11月8日），《十八大报告学习辅导百问》，党建读物出版社、学习出版社2012年版，第13—14页。

第六章　财政支出安全隐患与对策分析

萨伊在《政治经济学概论》中继承了古典经济学派代表人物亚当·斯密和大卫·李嘉图等人的“少支轻税”思想，认为“最好的财政计划是最少的开支，最好的赋税是最轻的赋税”①。时至今日，它仍然有着一定的指导意义。近些年来，地方财政支出总规模不断扩大，财政资金的供给范围未能做出大的调控，缺乏明确、科学的界定。财政支出上约束不严、增长过猛，以及虚报冒领、铺张浪费和结构不合理的现象也在许多地方普遍存在。在财政资金支出结构、支出范围、支出比例、预算管理和监督等方面仍然存在一些问题。

第一节　财政支出安全隐患分析

财政支出是国家把筹集到的财政资金，按照一定的方式和渠道，有计划地用于社会生产与生活的各个方面的分配活动。它是财政分配活动的第二阶段，也是政府履行其职能、满足社会公共需要的财力保证。财政支出通常也被称作政府支出或公共支出。财政支出规模，是指在一定时期内（预算年度）政府通过财政渠道安排和使用财政资金的绝对数量及相对比率，即财政支出的绝对量和相对量，它反映了政府参与分配的状况，体现了政府的职能和活动范围，是研究和确定财政分配规模的重要指标。当前，中国财政支出安全隐患主要表现在如下几个方面。

① 大卫·李嘉图：《政治经济学及赋税原理》，商务印书馆 1976 年版，第 211—289 页。

一、财政支出的越位与缺位

自 2007—2012 年，全国财政支出累计约 51.7 万亿元，比上一个 5 年增加 32.5 万亿元。虽然 2005 年已经开始实施稳健的财政政策，由于支出的惯性，财政支出规模仍在继续扩张。2012 年财政支出增长速度达到了 15.3%，同比之前已经逐年有所下降。能否进一步规范财政支出的范围，优化财政支出结构，提高财政支出的效益，使有限的财政资源发挥最大限度的效用，直接关系到财政政策实施的效果。

（一）财政支出的越位

财政支出的越位即支出范围过宽，包揽了许多既包不了又办不好的事务，如经营性投资支出过大、各种补贴过滥、各类事业费庞杂、财政供养人员过多、负担过重等，这种情况分散了国家财政的支出，削弱了财政支出的效益。在财政支出的越位中，最主要的是由于政府职能造成的越位。在计划经济时代，国家在生产、资源分配以及产品消费各方面，都是由政府事先进行计划，几乎所有的经济行为都依靠政府的行政调控。在这种经济体制的影响下，长久以来中国政府在财政支出上存在严重的越位现象。虽然随着改革开放的加深，以公有制为主体、多种所有制经济共同发展的基本经济制度已确立起来，但是政府在财政支出上并没有及时地调整到位，导致政府行政调控仍然在经济调控中占有相当的比重。

（二）财政支出的缺位

财政支出的缺位即财力过于分散，支出重点不明确，使得在应由财政供给的市场失灵的领域出现保障不足和无力保障的情况，如对社会保障的支持严重不足。财政支出在很大程度上是解决市场无法自行调节的领域，财政支出缺位即相当于该领域完全处于无调控的状态，这无论是对相关方面的经济建设还是社会保障制度的建设完善都是极为不利的。根据国家统计局网站的决算数据，国家财政社会保障和就业支出在 2012 年达到了约 1.3 万亿元，较 2007 年就已实现翻倍，但 2008 年以来，国家财政社会保障和就业支出占比分别是 10.9%、9.97%、10.2%、10.2%和 9.99%（见图 6-1）。再往前追溯，2008 年之前，这个比重在 10%—11%之间多年徘徊。可以看到，2012 年 9.99%的支出相比 5 年前并没有进步。这不仅使政府宏观调控的职能和力度弱化，也不利于市场经济体制的建立与完善。

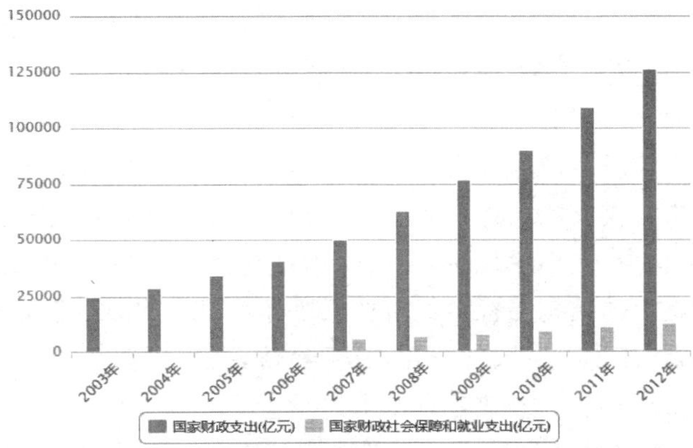

图 6-1　2003—2012 年中国累计财政支出及累计增速图(单位:亿元)

(三)财政支出的增长

根据《2014 年中央公共财政支出预算表》,2014 年中央公共财政支出预算为 74880.00 亿元,较 2013 年的 68509.39 亿元增长 9.3%,其中,中央本级和补助地方支出为 74380.00 亿元,比 2013 年增加 8.6%,中央预备费为 500 亿元(见图 6-2)。另外,补充中央预算稳定调节基金为 1164.38 亿元。在分项中,一般公共服务 2014 年的预算数为 1245.15 亿元,较 2013 年增长 2.6%;外交支出为 376.81 亿元,较 2013 年增加 6.3%;国防支出预算为 8082.30 亿元,较 2013 年增长 12.2%;公共安全支出预算 2050.65 亿元,增加 6.1%;教育支出预算 4133.55 亿元,增加 9.1%;住房保障支出 2528.69 亿元,增加 9.0%;社会保障和就业支出 7152.96 亿元,增加 9.8%。

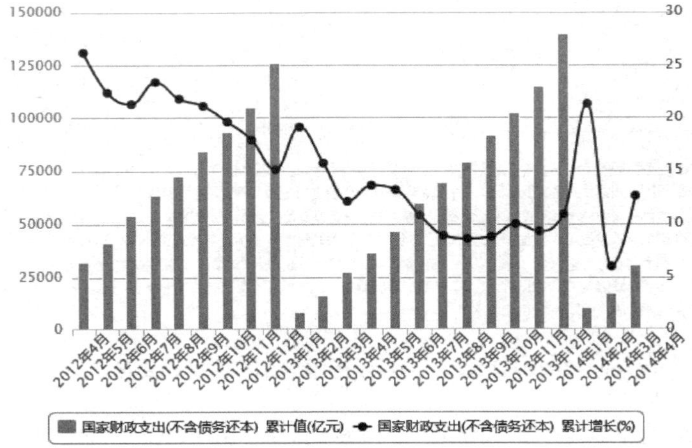

图 6-2　2012 年 4 月—2014 年 4 月中国累计财政支出及累计增速图(单位:亿元、%)

二、财政支出结构的不合理

财政支出是各级政府在财政年度内的支出总和，财政支出结构是指财政支出总额中各类支出的组合和各类支出在支出总额中所占的比重，也称为“财政支出构成”。简单地说，财政支出结构是各类财政支出占总支出的比重。财政支出的结构与社会经济的发展水平密切相关，随着国家经济的发展，财政结构产生了巨大的变化，其中经济建设、国防建设支出等比重下降，社会科教以及行政管理费等支出比重上升[①]（见图 6-3）。在这个过程中，国家对经济建设的调控能力下降，相应应对经济风险的能力也下降。另外农业的财政支出下降也不利于中国农业的现代化发展。中国是一个农业大国，农民比例依然很高，农业发展的停滞迟缓对国家的发展是极为不利的。政府的行政管理费用逐年走高更是一种财政支付的巨大浪费，是一个亟待解决的问题。财政支出结构优化是指，在财政支出总规模占国民生产总值比重合理的前提下，在一定时期内财政支出内部各构成要素符合社会共同需要且各构成要素占财政支出总量的比例相对协调、合理的状态。财政支出结构直接关系到政府调动社会资源的程度，财政支出结构对市场经济运行的影响甚至可能超出财政支出规模的影响。国家财政支出结构的现状及其变化，表明了中国政府正在履行的重点职能以及变化趋势。

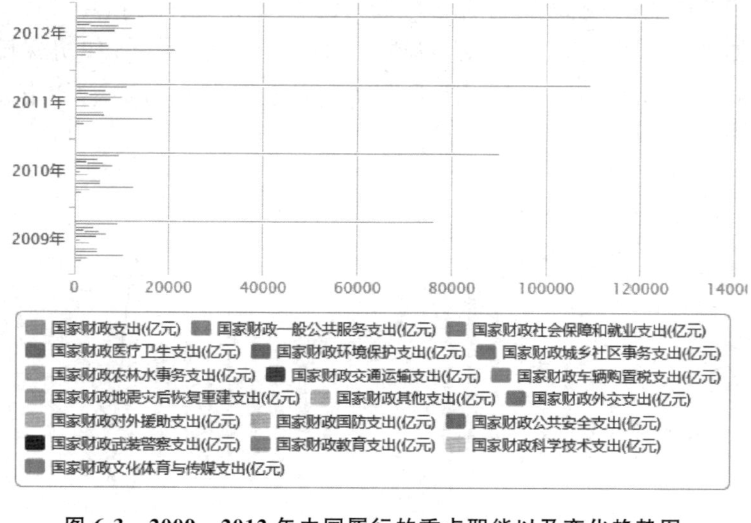

图 6-3　2009—2012 年中国履行的重点职能以及变化趋势图

① 黄瑞：《我国财政支出的现状分析及对策研究》，《东方企业文化》2011 年第 2 期。

三、财政支出比例的不合理

中国2003—2007年医疗卫生支出占同期财政支出的比重为3.56%，美国2000年占同期财政支出的比重为20.5%，德国1998年占同期财政支出的比重为18.89%，英国1999年占同期财政支出的比重为15.41%，法国1997年占同期财政支出的比重为21.71%。从表6-1可见2000—2011年世界主要国家医疗卫生占同期财政支出的比重变化。中国公共教育支出到2003年底才与低收入国家的平均水平持平。中国社会保障体系的建设仍然停留在初期阶段，社会保障总支出占GDP的比例为3.6%，而同一比例在英国是22.8%，法国是30.1%，德国是29.7%，瑞典是34.7%。当下中国虽然经济快递发展，人民的生活水平整体上有了很大的提高，但是近年来失业下岗和养老看病的问题逐渐成为困扰社会中下层人群的日常生活难题。政府在社会保障方面的财政支出比例还远远满足不了需求，其根本原因还是在于地方政府对待社会保障问题并没有给予相当的重视，还停留在简单地以经济发展即GDP的增长数值作为工作重心的阶段①。如从表6-1可以看出在卫生支出方面，政府支出占用的比重远低于私人支出，从这一点可以看出人民群众的卫生支出负担还是比较重的，政府的财政支出比例还存在着相当的不合理之处，与其他发达国家也还存在很大的差距。

表6-1 2000—2011年世界主要国家医疗卫生支出占同期财政支出的比重

国家名称	卫生总支出占GDP的比重(%)		政府支出占卫生总支出的比重(%)		私人支出占卫生总支出的比重(%)		政府卫生支出占政府开支总额的比重(%)	
	2000年	2011年	2000年	2011年	2000年	2011年	2000年	2011年
美国	13.2	15.2	43.7	45.1	56.3	54.9	19.5	21.8
英国	7.2	8.2	80.9	87.1	19.1	12.9	14.8	16.2
法国	9.6	11.2	78.3	79.9	21.7	20.1	14.6	16.6
德国	10.3	10.7	79.7	76.9	20.3	23.1	18.2	17.6
日本	7.6	8.2	81.3	82.2	18.7	17.8	15.7	17.8
澳大利亚	8.3	8.8	67.0	67.0	33.0	33.0	16.0	17.0
印度	4.3	5.0	22.2	19.0	77.8	81.0	3.4	3.5

① 曹闻民：《地方政府履行社会管理职能中存在的问题及其成因》，《中国行政管理学会2004年年会暨“政府社会管理与公共服务”论文集》。

续 表

国家名称	卫生总支出占GDP的比重(%)		政府支出占卫生总支出的比重(%)		私人支出占卫生总支出的比重(%)		政府卫生支出占政府开支总额的比重(%)	
	2000年	2011年	2000年	2011年	2000年	2011年	2000年	2011年
南非	8.1	8.7	42.4	41.7	57.6	58.3	7.9	9.9
中国	4.6	5.1	38.3	38.8	61.7	61.2	1.1	1.0

(一)中央和地方财政支出事权不明

根据《中国统计年鉴》可以看出,中央与地方在提供公共服务方面的分工相当不均。自1998年以来,中央收入占财政收入的比重基本处于50%以上,中央政府集中了全国财政收入的大多数,但中央支出占财政支出的比重一直处于31%以下,且逐渐下降,2012年该比重降至12%。地方政府收入虽然不及中央,却一直承担着大部分的财政支出。一些本应由中央承担的支出却仍由地方财政出资进行补贴,形成了"中央出政策,地方出资金"的局面,造成地方政府事权过多、财权过少、民生财政资金不足的现状。① 另外,中央和地方各级政府基本公共服务的重点职责不够清晰,职责范围往往存在重叠现象,并没有明确的区分。在一件事情上,可能中央和地方政府都存在责任,但是这种模糊的责任划分往往导致职责履行不到位,办事效率低下。

(二)财政支出中行政管理支出偏高

行政管理支出偏高,它包括用于国家行政机关、国家安全机关、公安机关、事业单位、司法机关、检察机关等的各种经费、业务费、干部培训费。在所有的支出项目中,行政管理费是增长最快的一个项目。近几年来,其占财政支出比重的攀升,增长速度已超过同期财政收入、财政支出和GDP的增长速度。行政管理费支出的偏高影响了国家财政在其他方面的支出,制约中国经济的发展和社会保障制度的完善。科技、教育、卫生、环保、社会保障等社会公共服务支出明显过低,虽然科技投入改革以来,中国对教育方面的投入增大,绝对规模从1978年的146.96亿元增加到2006年的10846.20亿元,占财政支出的比例也由13.10%增长到26.83%,但是社会文教费投入依然较低。

---

① 李娟:《我国财政支出的问题及对策》,《东方企业文化》2011年第24期。

(三)公共财政支出管理方法的粗放

中国目前的财政支出管理方法仍然处于一个粗放的状态，通常是根据前几年财政支出的平均数，再加上物价增长和事业发展的速率来编制公共财政支出预测。财政支出从某种意义上说，是行政管理必须付出的成本，但由于中国管理水平不高，行政管理中又缺少成本意识，加上人为的腐败因素，中国财政支出管理和实际运行中存在许多混乱现象和严重的低效率。这样在经费供应问题上不仅造成了各个单位之间的不均衡现象，而且导致支出中的浪费和不足。这种管理办法导致在预算确定之前，政府各部门及有关单位争项目、争投资；而在预算确定之后，财政部门则按预算向政府各部门及有关单位进行拨款，由各个相关部门单位自行使用安排。

我们可以从国家审计署近几年来向全国人大常委会所做的审计报告中发现一些比较严重的问题。其主要表现在，一是沿用基数法的预算本身缺乏科学性。因为安排支出时采用基数加增长的办法，这种计算方法本身就以承认原有的支出格局为前提，所以各项支出往往只能增加不能减少，无法使已经变化的支出格局及时得到调整，增强了财政的支出刚性。在这种情况下，财政支出处于一个逐年增长的状态；在财政收入增长有限的情况下，财政支出效率明显下降，财政压力也是越来越大。而目前来看，在当前的体制转轨中，一些单位已经在一定程度上能够完成自给自足，实现效益创收，在这种情况下，继续沿用基数法，无疑将加重财政负担，无法使财政支出真正发挥应有的效果。二是资金投资效益差。在一些重大工程的招投标中，许多项目并没有认真按照“公开、公正、公平”原则进行，地方保护、行业保护政策大行其道，屡禁不止，招标过程黑幕重重。管理混乱使工程质量低差，给工程质量留下了不少隐患，相当数量的工程在质量上无法达到要求，往往在短时间内就出现问题，不得不追加资金进行修补，国家有限的财政支出在这种重复支出中产生大量的浪费。这种情况直接导致有的项目不能按期完成，有的已建成项目运营效果差，损害了国家经济建设，降低了财政支出的效益。三是一些部门预留预算资金的问题比较突出。由于缺乏财政强有力的控制和监督，一方面预留预算资金在具体使用过程中，往往存在着浪费、挪用、乱支等不良现象，资金使用效益不高；另一方面一些工程项目的支出由少数人决策，缺乏透明度，容易滋生权钱交易、贪污受贿、损公肥私等腐败现象。四是虚报或挪用资金。如扶贫救灾款中既有虚报现象，又有挪用行为。重点工程对维护国家经济安全至关重要，但此类工程中也存在资金被一些地区非法挪用的现象。还有一些部门将事业费挪用为福利费，甚至私分。虽然个别官员挪用财政资金的行为并不是普遍现象，但却不能因此低估对国家财政安全的危害。

四、预算治理体制不够完善

预算是对未来一定时期内收支安排的预测、计划。在财政方面，财政预算则是指政府在一个财政年度内制订经过法定程序审批的基本财政收支计划。它一方面是政府实施其政策目标的重要工具，另一方面又反映政府活动的范围和方向。按照国际惯例，依法定程序审批后的预算，具有强大的约束力和高度的法律效力，任何部门不得随意变更。在中国要加强财政管理，就必须强化预算的权威性。只有加强预算的规范性，才能从体制上改变预算权威不够、形同虚设的现象。从近些年的运行情况来看，中国预算治理体制改革是比较成功的，但由于现行治理体制、经济发展水平、预算法制化以及现行利益分配格局等因素的影响，中国预算治理体制改革尚存在许多不足之处。其主要表现，一是预算科目划分不科学。目前中国现行的预算科目体系的划分，在经济与功能分类方法上存在相互交叉。这一方面可能存在科目划分不够细致，少划漏划，导致财政支出的缺位，经济发展和社会保障体制建设不健全；而在另一方面，重复的划分又会导致财政支出的浪费，不但会降低财政支出的效率，而且容易滋生腐败现象。二是预算的编审时间不合理。从审议时间上来看，每年一次的区人大会期一般时间较短，而会议期间的审议预算时间则更短，在这么短的时间内区人大难以深入地对政府预算进行细致、认真的审议修改。而且在全国财政汇编的压力下，层层公共财政预算的时间往往会更为压缩，甚至出现代编预算的盛行之风。[①] 没有充足的时间对预算项目进行周密的论证则将直接影响预算的实际效力。

第二节　财政支出安全影响因素

财政支出安全影响因素，是因收入短缺而造成财政基本职能的部分丧失所形成的风险。诸如政府部门人员工资和办公、教育、卫生、农业、公检

① 马桂武：《中国政府预算编审时间相关问题及改进对策》，《甘肃农业》2005 年第 9 期。

法经费等法定支出不能按时足额拨付，从而严重影响政府职能实现和社会稳定运行。由于受经济规模、质量、结构及体制的制约，一些地方的财政收入增幅虽小，但又必须为政府运转、各项改革和经济发展、政治和社会稳定提供必要的资金保障，特别是在深化改革、社会转轨的过程中，诸如加强农业基础地位、深化粮食流通体制改革、完善地方社会保障体系、调整提高公务员和事业单位职工工资等方面的改革和措施，以及财政供养人口逐年增加等因素，都使地方各级财政刚性支出不断增加。因此，财政负担过重，增支压力大、刚性强，收支矛盾突出是地方财政支出风险的集中表现。财政支出从某种意义上说，是行政管理必须付出的成本，但由于中国管理水平不高，行政管理中又缺少成本意识，加上人为的腐败因素，中国财政支出管理和实际运行中仍存在许多混乱和严重低效率的现象。

一、公共财政支出与收入分配的循环互动关系

公共财政支出的三大职能之一就是调节收入分配，即对收入和财富分配的结果进行纠正，从而实现公平分配。政府通过划清市场分配与财政分配的界限和范围、规范工资制度、加强税收调节、通过转移性支出等手段，实现公共财政支出向经济贫穷的地区、群体和个人倾斜以达到缩小贫富差距的目的。但实际上，相比政治上比较弱势、经济上比较贫穷的农村地区，公共财政支出更重视政治上较为强大、投资回报率更高的城市地区，于是公共财政体系普遍出现严重的城市偏向倾向，拉大了收入分配差距，背离了公共财政支出原本的目的。另一方面，公平的收入分配会提供一个稳定的经济增长环境，促进经济的发展，进而促进公共财政支出的增加，然后形成一个良性循环（见图 6-4）。

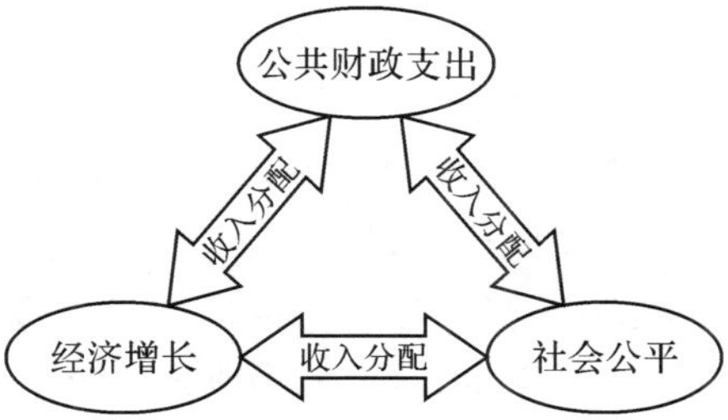

图 6-4　公共财政支出与收入分配的循环互动关系示意图

引起社会收入分配不公平的影响因素主要有以下几点：一是市场经济运行的目标是追求利益最大化，在这个过程中，如果没有外力维护收入分

配公平的话，那么社会的贫富差距将会拉大，直至危及社会稳定。二是行政垄断，加大了垄断利润成为不平等收入的“合法利器”，从而使部分人获得不合理收入。三是政府体制缺乏制衡机制，“权钱交易”等的腐败行为的存在，造成了收入分配制度的严重不平等。权力分配的不公平，导致经济运行的收入的不平等。四是社会机会不平等造成了收入分配制度的严重不平等，一部分人由于先发优势占据着大量资源，于是获得了更多的机会，总是得到高额收入，而另一部分人却由于得不到平等的机会，导致不能获得高额收入，因此机会不平等成为决定这两部分人收入差别的主要因素，与市场化的分配制度背道而驰。五是在市场机制的自发作用下，市场要素供求状况的不平衡必然形成要素收入的不合理差距。六是城乡二元经济发展结构的发展是社会不公的“绊脚石”。牺牲农村来换取城市的二元经济体制，虽然促进了国民经济的发展，但其带来的附加成本也会逐步显现，不仅会对经济发展产生不利的影响，更会对社会埋下安全隐患。

因此，公共财政体制的调整和完善的原则应当是实现财政资源分享的均等化目标。社会福利函数理论研究表明，社会福利只取决于效用最低的那个人的效用，这个社会目标被称为最大最小原则。最大最小原则意味着收入分配应该完全平等，除非偏离平等会提高受损的那个人的福利。所以，从公共产品角度来看，为了完成收入再分配，必须实施强制性的公共财政分配体制的再分配功能，以实现社会平等的目标。

二、财政支出对收入分配差距影响的实证分析

目前中国收入分配差距的扩大已成为构建和谐社会过程中的一个挑战，政府和社会对此十分关注。

(一)建立模型

在收入分配的公平方面，市场是失灵的，这时就只能依靠非市场的手段——政府的财政手段来完成这一目标。在经济学家看来，财政具有天然调节收入分配的作用，尤其是财政的支出可以通过直接或间接的方法把资金从高收入者转到低收入者手中，从而实现收入的公平分配。

依据《中国统计年鉴》与中国统计局的统计分类，实证地研究各个财政支出同中国收入分配的关系，以求进行更加实际的分析。在此建立如下模型：

$$SRB = C + \beta 1CZ + \mu \tag{1}$$

$$SRB = C + \beta 1YC + \beta 2FC + \mu \tag{2}$$

$$SRB=C+\beta 2JJ+\beta 3WQ+\beta 4DZ+\beta 5ZN+\beta 6WKW+\beta 7SB+\beta 8GF+\beta 9XZ+\beta 10ZC+\mu \quad (3)$$

由于考虑到财政支出中的增拨企业流动资金，工业、交通、流通部门事业费中有两项对收入分配比影响较小，故在这里没有选取，各变量的定义见表 6-2。

表 6-2　变量定义一览表

变量名	变量解释
SRB	收入分配不均指数
CZ	财政支出/GDP
YC	中央财政支出/GDP
FC	地方财政支出/GDP
JJ	基本建设支出/财政支出
WQ	挖潜改造资金和科技三项费用/财政支出
DZ	地质勘探费/财政支出
ZN	支农支出/财政支出
WKW	文教、科学、卫生支出/财政支出
SB	社会保障支出/财政支出
GF	国防支出/财政支出
XZ	行政管理费/财政支出

模型(1)—(3)分别分析了中国总财政支出、中央财政支出、地方财政支出，及各财政支出项对收入分配的影响。由于通常用于分析收入分配差距的指标基尼系数在测算和结果上分歧较多，所以不适于用作定量分析。而城镇居民人均可支配收入同农村居民家庭人均纯收入之比这一数据的取得较容易，发布单位具有权威性，因此数据的准确性也比较高。城乡收入差距是造成收入分配差距扩大的最主要原因，因此本著作选取城镇居民人均可支配收入同农村居民家庭人均纯收入之比作为测度收入分配差距的指标，该指数越大说明收入分配越不公平。

(二)数量分析

运用 1990—2009 年的数据对模型(1)(2)进行回归可得到：

①总的财政支出同收入分配不均指数的关系。

$$SRB=1.484989+8.791281CZ+1.232472AR-0.632820AR \quad (4)$$

(7.6)　　(7.6)

$R2=0.97$　　$DW=2.0$

②中央财政支出、地方财政支出同收入分配不均指数的关系。

$$SRB=1.880781-6.36473YC+10.93585FC \quad (5)$$

(6.2)　　(−0.82)　　(5.2)

$R2=0.46$　　$DW=0.45$

通过(4)式的分析可以得出，在1990—2009年间中国的总体财政支出与收入分配指标是呈正向关系的，说明随着中国财政支出的增加，中国居民收入分配差距也在进一步拉大。而(5)式分析表明在总的财政支出中，中央财政支出的增加能够缩小收入分配差距，而地方财政支出的确使得收入差距扩大，且前者的作用小于后者。可见在财政的收入分配、宏观经济、资源配置三大职能中，中央财政在收入分配职能中起到了很好的作用，已从关注经济增长转变到了更加关注收入分配公平的民生方面。而地方财政仍注重财政的后两个职能，使得财政支出的增加反倒加剧了收入分配不公平的程度。

由于从2007年开始统计报告中财政支出的项目有变化，为了使数据能连续便于分析，因此这里运用1990—2006年的数据对(4)式进行回归(见表6-3)。虽然统计报告的项目有变化，但实际财政支出的方向不会有太大变化，因此这里用1990—2006年的数据进行分析对实际还是很有意义的。

③各财政支出项目同收入分配不均指数的关系。

表6-3　模型(4)回归值一览表

变　量	系　数	t-Statistic
C	7.543785	1.915317
JJ	−2.347177	−0.553389
WQ	−10.65583	−1.431688
DZ	154.7101	1.972828
ZN	14.01637	1.378012
WKW	−20.74327	−1.220914
SB	−1.369203	−0.151492

续　表

变　量	系　数	t-Statistic
GF	－9.144277	－0.345485
XZ	0.667479	0.226150
ZC	－17.45379	－2.651458

从表6-3中可以看出一部分财政支出项目对收入分配有着不同的影响，且影响的程度也各不相同；而另一部分财政支出项目对收入分配差距影响是不显著的。对此我们依次进行分析。

基本建设支出是指按国家有关规定，属于基本建设范围内的基本建设有偿使用、拨款、资本金支出以及经国家批准对专项和政策性基建投资拨款。行政费指党派团体、外交、司法支出等。这两项系数不显著，说明基本建设支出和行政费支出并不能扩大收入差距，这是因为目前中国基本建设支出仍然是集中在城市或工业区域，对农村的收入影响并不明显。而行政费支出仅仅是行政运营所需要的支出，所以行政费也不能起到减少收入差距的作用。

明显能够缩小收入分配差距的是文教科学卫生事业费、财政补贴支出，而其中文教科学卫生事业费的支出对于缩小居民收入分配差距所起的作用更大。因为教育支出本来就是一种人力资本投资，而人力资本投资是提升个人社会经济地位、改善收入分配状况的重要手段。增大对教育的支出有助于那些本身竞争力较强的人积累更多的人力资本，并通过积累更多的人力资本从而在收入分配中占据更多的优势，以此来减少由于其他不合理因素所造成的收入分配不公。接受教育来改变自身命运，提高自身在社会阶层中的社会地位已成为那些在收入分配中处于不利地位的人改变这种收入分配格局的重要途径。

科学事业的支出能够为全体居民共享，因此也能很好地缩小实际的收入分配差距。财政性补贴支出主要包括粮食加价款，粮、棉、油差价补贴，棉花收购价外奖励款，市镇居民的肉食价格补贴，平抑市价肉食、蔬菜价差补贴等以及经国家批准的教材课本、报刊新闻纸等价格补贴。因为这部分支出能够直接对城乡低收入者进行补助，故也能很好地起到调节收入分配的作用。以上这两项支出主要属于转移性支出，都注重提供公共物品和公共服务以及实现它们的均等化，比较符合民生财政的理念。企业挖潜改造资金指国家预算内拨给的用于企业挖潜、革新和改造方面的资金，其中包括了为农业服务的县办“五小”企业技术改造补助，这一财政项目的支出能够缩小收入分配的差距。

社会保障支出在回归中并不显著,说明中国的社保没有充分地发挥调节收入分配差距的作用。这个情况主要是因为中国现在的社会保障仍主要在城市中进行,没有照顾到广大农村地区,或者社保在广大农村地区开展的力度较小,因此不能缩小城乡收入差距。和理论以及传统的观点不同的是,这里表明支农支出的增长却在扩大收入分配差距,这反映了中国支农支出在运用中效率低下,支农支出没有起到应起的作用反而扩大了城乡收入差距。

(三)研究结论

本著作在该模型研究的基础上,继续追溯 2010—2013 中国各项财政支出情况(具体数据见表 6-4)。

表 6-4 2010—2013 年中国各项财政支出情况一览表

单位:亿元

年份 金额支出	财政 支出	中央 财政	地方 财政	支农 支出	科教卫	社会 保障	城乡 收入比
2010	89874	15989	73884	8129	15800	9130	3.23
2011	109247	16514	92733	9890	19922	11144	3.13
2012	125952	18764	107188	11903	25594	12542	3.10
2013	139744	119272	20472	1328	26940	14417	3.03

通过分析财政支出、中央财政支出、地方财政支出、支农支出、文教支出、科学支出、卫生支出、社会保障支出等各项支出与城乡收入比之间的联系,得出以下结论:

文教、科学、卫生支出能够显著缩小收入分配差距,且其支出对于缩小居民收入分配所起的作用最大。通过教育改变自身命运,提高自身在社会阶层中的社会地位已成为那些在收入分配中处于不利地位的人改变这种收入分配格局的重要途径。因为教育支出是一种人力资本投资,有利于提升个人社会经济地位、改善收入分配状况。增大对教育的支出有助于人力资本的累积,从而在收入分配中占据更多的优势,以此减少由于其他不合理因素所造成的收入分配不公。科学事业的支出能够为全民共享,从而有效地缩小实际的收入分配差距。

基本建设支出是指按国家有关规定,属于基本建设范围内的基本建设有偿使用、拨款、资本金支出以及经国家批准对专项和政策性基建投资拨款。该项系数不显著，说明基本建设支出并不能缩小收入差距，这是因为目前中国基本建设支出主要集中在城市或工业区域，对农村的收入影响并不明显。

社会保障支出在回归中并不显著，说明当前中国的社会保障体系并没有充分地发挥调节收入分配差距的作用。其主要原因是由于目前中国的社会保障主要在城市中进行，未普及到广大农村地区或者在农村地区开展的力度较小，因此不能缩小城乡收入差距。和传统的观点相背离的是，根据模型可知支农支出的增长扩大了收入分配差距，这反映了中国支农支出在运用中效率低下，没有起到应起的作用反而扩大了城乡收入差距。

通过以上的实证分析研究可以说明，目前中国的财政支出起到了拉大收入分配差距的作用，这同目前所期望的民生财政存在一定差距。中央财政支出确实缩小了收入差距，维护了社会公平。而地方政府仍然在追求经济的高速增长，这使得地方财政支出在扩大而非缩小收入分配差距。具体的财政支出项目对收入分配差距的影响比较复杂，对收入差距的影响也都不尽相同。具体说来，基本建设支出、行政费支出对收入差距的影响不显著，文教、科学、卫生支出，政策性补贴支出对缩小收入分配差距起到了很大的作用，挖潜改造资金和科技三项费用也有助于缩小收入分配差距。而传统意义上认为能够缩小城乡收入差距的支农支出却没有发挥缩小收入差距的职能，反而在拉大城乡收入差距。因此可以说支农支出没有在实际中得到很好的利用或者利用的质量过低。①

地方政府的财政支出结构要由建设型财政逐步转变为更加关注民生的公共型财政。过去地方政府主要追求高速度的经济增长，这不仅使得经济增长同资源、环境的矛盾不断增加，而且使居民的收入差距不断扩大。高收入者的相对收入不断增加，低收入者的相对收入不断减少，破坏了正常的消费格局，也反过来影响了经济增长。

三、财政支出“越位”与“缺位”的影响因素

财政支出中的“越位”导致财政资金紧张且过于分散，削弱了财政的管理职能和导向功能，不利于快速推进经济体制的根本性转变。财政支出中

① 饶晓辉：《财政支出的效率与规模——基于中国的实证分析》，《统计与信息论坛》2007年第3期。

的"缺位"则延缓了市场经济建设进程，制约了经济增长和发展的潜力，增加企业和居民的非税负担，侵蚀税基和国家财政收入，从而削弱国家税收和财政的宏观调控能力。财政支出"越位"与"缺位"的影响因素是多方面的。

(一)由政府职能"缺陷"引起

按照市场经济理论，在市场经济条件下，市场在配置资源方面起基础性作用，凡是市场发挥作用的地方，政府就不应介入；但市场不是万能的，其"缺陷"则应该由政府来弥补。因此，要求政府和社会必须明确各自的职能分工，各司其职。从构建社会主义市场经济体制以来，由于长期实行计划经济体制的惯性，未能迅速有效界定政府在市场经济条件下的职能，因而在许多方面继续沿用着计划经济时期的做法。政府行政干预多，充分发挥市场调节少，对经济运行中出现的问题，未能娴熟驾驭，甚至不得不借助于行政命令。这反映在目前财政资源配置上，由于财政资源的相对稀缺性，又由于政府掌握着配置主动权，财政资源往往首先被用来保证满足政府职能需要(具体地说是各级政府一定时期的中心工作和任务)。反映在国家预算计划上，首先是重点保证安排国家机器正常运转的国防、行政、外交方面的正常支出，其次是保证文教、科学、卫生、体育等事业支出，最后是其他方面的支出(包括各级政府的竞争性支出，主要是国有企业以及新建的控股企业等)，政府大包大揽的局面仍然未得到根本改变，这仍然可以从公共财政预算支出内容中看出。对在市场经济体制下出现的新问题，如社保、环境、义务教育、社会救助和公共福利等方面，政府投入严重不足，是目前财政支出"越位"或"缺位"的最主要表现。这就是我们通常所说的财政支出"越位"或"缺位"①。

(二)由职能部门违法违规引起

出于种种原因，违法违规行为引起财政支出的"越位"或"缺位"有增加的趋势，无论从其规模、范围还是造成的影响等，都比以前有新的变化，有些方面还比较严重。它的主要表现就是预算资金被挪用、转移、挤占、虚领，从近年来审计部门审计的情况看，截至 2013 年 10 月底，各被审计的单位通过上缴国库、归还原资金渠道等方式整改问题金额约 3578.52 亿元，通过补办手续、清退土地等方式整改违规征地用地约 51.97 万亩，挽回和

① 李应宝:《财政支出相关问题探析》,《财政监督》2012 年第 9 期。

避免损失约389.64亿元。审计署表示，对于10个部门本级和21个所属单位套取挪用约1.15亿元资金发放津补贴和修建办公楼问题，已整改约1.13亿元，其余131万元已立案调查；此外，审计发现的175起案件线索及其他问题移送有关部门查处后，已有1204人被依法依纪处理。[①] 另外，财政支出还存在为满足一些领导、首长需要，而无视社会需要、政府需要和法律规定需要的现象，如有些领导喜欢搞个人政绩工程、面子工程，往往不惜重金，国库掏钱，劳民伤财，造成极大的浪费，产生胡子工程、豆腐渣工程等。这些支出，浪费了大量有限的财政资源，往往引起财政资金供应更加紧张，这也是产生"三乱"问题的重要原因。还有大大小小的人情支出、专项经费支出等，这些都是引起财政支出"越位""缺位"的典型原因。

（三）由部门管理技术因素引起

这里讲的技术因素，主要是指编制和执行预算计划时，实际情况变化或财政本身有关要求以及在计算、测算等方面的原因引起财政资金"越位"或"缺位"。由于中国预算管理的不完善，预算编制不够细化，预算科目设置过于粗糙，"类、款"级科目以下则难以确定预算内容，有些干脆不列入预算中，所谓灵活使用，随到随批。行政事业单位的定员定额管理制度不完善，造成虚报多领财政资金现象；此外，财政依法设置的各种后备资金的管理与使用存在不规范的问题等。这种因管理技术因素引起的"越位"或"缺位"，反映了财政资金在分配上的制度缺陷和不足。

（四）由政府行政区划级次引起

中国预算管理的原则是"统一领导，分级管理"，按照政权的组织形式，从中央到省、市、县、乡镇五级政权组织，相应设置五级财政，以保证各级政府对财力的需要，并按事权划分各自的支出范围。行政区划级次容易产生"越位"或"缺位"问题，一是中央与地方、地方各级政府之间事权交叉部分，如跨大区的大型基础设施建设、国家安全、社会环境保护、公共福利、困难救济等支出；二是由于政权划分的层次性，上级政府比下级政府拥有较大的行政权，在财政收入分配上占有主动权，国家财政收入主要集中在中央和省、市三级政府中，而占全国人口、土地面积和社会管理与服务的大部分的县、乡两级政府可支配的财力有限。特别是在经济困难地区，公共财政

① 审计署办公厅：《关于2012年度中央预算执行和其他财政收支审计查出问题的整改情况》，2014年1月10日公告。

拮据，只能保吃饭，保最低行政教育经费，或寅吃卯粮，或靠向上级借钱“度日”，更有甚者，财政部门为平衡预算，不得不砍掉一些预算项目支出，财政“缺位”现象相当严重。课题组 2012 年曾了解到某省一山区乡镇，有 10 个行政村，5 万多人口，核定乡镇编制近 50 人，含县政府的各派出机构（主要是“七站八所”）人员，一年的全部财政经费不足 40 万元，人均约 0.8 万元，相当于经济发达地区公务员一个多月的工资。而该乡镇无本级财政收入（原有的农村税费取消，镇办企业关闭、停产），全靠争取上级财政转移支付维持，或自己想“办法”解决。但政府承担的各项任务却有增无减，财政缺口难以估算。这样的乡镇在中国恐怕不是少数。按中国目前的体制，财政支出的“越位”或“缺位”在各级政府之间显然是普遍存在的，地方各级更多的是“缺位”问题。

四、公共财政体制上“缺陷”的影响因素分析

经过 1994 年的分税制改革和 2000 年的部门预算改革后，中国的财政体制较之以往取得了明显的体制创新成果。但是，财政体制却越来越不适应中国经济的发展要求，并成为中国财政预算问题的直接制度根源；财权与事权不对称，预算外资金的存在，是其最大缺陷。

（一）政策体制安排因循守旧

一是由于长期实行计划经济体制的惯性，财政体制在很多方面也较为滞后，政府职能尚未在市场经济体制转型中尽快转变，因循守旧的意识突出。如对国有经济补贴安排过重，而对社会公共性支出安排以及新生民营经济扶持过少甚至空缺，导致社会分配不公现象加剧。二是制度安排全局理念淡薄，适应公共财政发展的举措欠缺。如对农村公共设施建设支出安排不仅在政策和制度方面欠缺，而且意识也十分淡薄；维持政府运行支出多，而考虑公共支出尤其是农村公共支出因素少。

（二）预算管理不够完善严谨

总体讲，中央和省级的预算管理比地方强，地方本级预算管理比上级的预算管理强，非生产建设性预算管理比生产建设性预算管理强，城市预算管理比农村预算管理强，发达地区预算管理与落后地区预算管理强。首先从当前政府预算科目分类体系看，预算所列科目级次过少，所列内容过粗，不仅不能全面准确地反映政府的收支活动，而且在经济与功能分类上

存在重叠，导致核算口径与国际惯例不能有效衔接。其次是支出预算管理上不严谨，各级政府的预算编制和执行随意性大，缺乏科学性、严肃性，且监督缺乏有效性。特别是近年来，对上级转移支付资金的监督缺乏科学性、严格性，随意调整使用方向或项目的现象时常出现。再者是预算的编审时间较短，虽然目前各级预算编制和审议已经提前，但仍达不到有效编制预算的时间要求，尤其是在当前构建公共财政框架及推行部门预算、国库集中收付、政府采购等系列预算改革中，没有充分的时间对预算项目进行周密的论证，将直接影响预算的实际效力。

（三）收支预算矛盾相当突出

一方面，在地方尤其是乡、县两级基层存在着预算冲突，乱收税费，有钱就花，不讲究经济效益等现象。有的地方超前意识太强，预算赤字太大，不符合实际发展情况。另一方面，财力不足的矛盾制约财政机制的改革，导致其难以规范和到位，也是一个重要因素。当前，上级政府出台的政策多，但往往是给政策不给钱，资金不到位，引起地方政府配套负担重，使得举债缺乏强有力的保障。再加之当前层层财权与事权的划分不尽科学明晰，导致地方债台高筑、赤字连连、有增无减，致使不少乡、县财政走向恶性循环。这一收支矛盾的客观存在和制约，也导致很多支出预算和管理被扭曲。一方面出现了有钱就用和违纪违规、挖挤收入、乱挥霍等现象，特别是基层财政为力保工资兑现或为其他情形所迫，不顾一切地挖挤财政支出，反过来又冲击了预算的正常运行；另一方面出现的预算本身不足，部门违纪理由足等情况，也是导致当前财政支出不尽规范的一个实质性因素。

（四）支出分类不够标准科学

层层财权与事权划分不尽明确，尤其是地方与地方之间更为模糊。目前，中国财政收支分类存在着经济与功能分类方法上相互重叠，核算口径与国际惯例难以衔接，以及不全面、不细致、不标准、不准确等重重弊病。部门或行业预算不够科学准确，导致预算支出不尽公平、空间和弹性易浪费。就目前新的政府收支分类预算方案运行实践仍凸现两大实质性问题：一是仍没有把公共财政建制下的支出预算科目搞到科学精细的地步，大都仍是切块、包干、估计因素相互渗透，同时缺乏严密的科学论证。二是各级之间的财权与事权尤其是共享性与共担性的收支分类和政策划分仍不尽明晰和科学，包含以“我”为中心的“拈轻怕重”因素，总想收入多点，负担少点，自己日子好过点。这又是导致支出结构调整和改革的新的不良因素。

(五)财政监督力度较为薄弱

监督方式单一且不规范较严重，即专项性和突击性检查较多，日常监督较少；对公共收入检查较多，对公共支出监督较少；对账面账目检查较多，而对账外账目监督较少。一是专项设置重复交叉，使用零星分散。二是预算编报，基础数据不准确、多报的问题严峻。三是预算约束力不强，执行不严格。四是资金拨付不及时，滞留占压问题突出。五是结余资金多，年底突击花钱现象普遍。财政内部自身监督也不够，导致财政资金分配和执行留下了不少漏洞，财政部门腐败现象较为严重。尤其是对政府的预算监督力度、执行监督的查处和责任追究，都是人意强于法制，特别是领导意图左右预算执行的行为得不到遏制和规范。普遍而言，对各类项目建设资金的跟踪监督也很不规范、全面和彻底，导致很多项目资金随意截留甚至侵吞现象严重。另外，当前中国正处在建立和发展市场经济条件下的政府理财过程中，政府理财行为方面存在缺位、错位、越位、随意性等不规范的现象，也是财政支出效率较低的原因。

第三节　财政支出安全对策创新

随着财政基本框架改革的深入，中国财政的支出管理制度的完善越来越引起人们的关注，我们应该在财政的基本框架下，通过完善公共支付预算体系，逐步实行绩效预算，营造一个与社会和谐发展的公共预算支出预算体系的外部环境，进而促进中国财政预算支出管理更加规范，更符合经济发展的实际需要。从实际情况看，中国财政支出由于改革滞后，在支出规模、支出结构和支出效益等方面急需完善，所以迫切需要改革中国的预算支出管理制度，用预算来规范政府的收支行为、提高财政支出的效益。避免乱支、乱用、乱开口子的财政支出行为，使有限的财力发挥更大的效用。

一、强化财政支出安全顶层设计，明确政府职能定位

现代国家是由多层次的政府构成的，不同级别的政府履行着不同的经济职能，反映到财政支出的关系上，就是要确定各级政府在整个财政活动中的地位和作用。这就涉及如何在政府间进行事权的划分，如何确定各级政府

的财政收入和财政支出，并使各级政府在分配中构成一个有机的统一体。

（一）各级政府间应有明确的事权和财权划分

以公共产品为起点分析，公共产品依照受益区域的大小，可区分为全国性的公共产品和地区性的公共产品，并且地区性的公共产品还可以继续划分。全国性公共产品由中央政府提供，范围大小不同的地区性公共产品由不同层次的地方政府提供，几个地区共同受惠的公共产品主要由有关地区联合提供等。依此，财政在各级之间将收入和支出都加以明确划分，保证各级财政都有独立的收入和支出，履行各自的职责，同时由中央政府实时监控，并根据需要加以调整。各级财政的职责划分明确且相对固定，因而各级财政有权依据自己所担负的职责决定自己的具体支出数额。然后，各级政府在财政支出活动过程中，依据自身支出的需要，以支定收，组织财政收入，编制独立的预算，自求平衡，出现赤字，则自己弥补，而上级政府并不承担下级财政弥补亏空的任务。

（二）各级财政应该拥有自己独立的收入来源

中央在授予各级公共财政权利时，要表现出一定的灵活性，允许地方财政在一定的限度内独立决定或取消、停征地方税，发行和偿还地方公债。

（三）加大中央政府在财权财力上的绝对优势

中央财政在宏观调控方面的责任和权威是得到普遍承认的。这是因为，在现代社会化大生产条件下，在国际政治经济形势复杂多变的情况下，国家必须掌握足够的财权财力，中央必须具有足够的宏观经济调控能力。

二、完善财政支出的管理体制，调节支出结构和比例

财政有大部分来自税收，而面对日益扩大的收入差距、贫富差距，中国财政应重视加快中国税收制度改革，来更好地发挥调节收入分配的功能。针对中国税收种类相对单一、结构不平衡的现状，尽快开征社会保障税和财产税。社会保障税是一种特殊的，跟其他种类税收有较大不同的税收，它是专门用于社会保障支出的税收收入。以美国为例，美国于 1935 年开始征收社会保障税，其中分为工薪税、铁路员工保障税、失业保障税和个体业主税这四种类别，分门别类的税收，用于不同对象、不同用途的社会保障支出，来保证社会保障的养老保险、失业保险等各方面保障所需要的资金

来源。中国的城镇社会保障制度已相对成熟，但是农村的社会保障制度尚未健全，城乡间的社保制度在待遇水平方面存在较大的差距。缩小差距的一个有效举措就是及时开征社会保障税，用这部分税收收入来填补农村社会保障的资金缺口。

财政应将由市场和社会负担的部分退出，着力强化对科技、教育、卫生、社会保障等方面的公共性开支，逐步减少财政补贴——尤其是要彻底取消企业经营性亏损补贴，消除软预算约束，推进市场化改革进程。对价格补贴也要进行改革，因为现在中国国民收入消费水平增长很快，政府不必也没有能力再去承担对居民的庞大补贴，而应该把肉食、副食品、粮食等价格补贴与工资改革结合起来，将这部分“明补”改为工资。增加财政对农业的投入，着力优化农村经济结构，改善农业的基础设施和生态环境。除此之外，对农业进行投入时，要坚持“谁受益，谁负担”的原则。从农业建设性、事业性投资权的划分来看，凡是在本级范围内发生且主要是本级受益的建设项目，应由本级财政承担；对于全国性跨地区、具有基础性的建设项目，则主要是中央与省级财政负担。在切实转换政府职能的基础上，深化机构改革，避免重新出现“再膨胀”的现象，对行政支出应实行层层控制的体制。

社会保障制度的不完备是目前中国城乡收入分配差距进一步拉大的重要原因，而农村社会保障的财政投入不足又是其中的主要根源。为了加快农村社会保障体系的建设，一方面要调整财政支出结构，尽快扭转社会保障财政支出的城市偏向；另一方面要严格界定政府职能，确定农村社会保障财政支持的重点和优先扶持领域，并随财力的增加逐步加深财政支持的深度和拓宽广度。政府公共财政应该进一步加大对包括养老保险、农村合作医疗、最低生活保障制度等在内的农村社会保障制度的支持力度。这一财政转移支付的重要手段，降低了农村贫困群体的部分经济负担，不仅有助于缓解贫富群体之间的社会矛盾，而且能够有效地遏制城乡居民收入分配差距进一步扩大的趋势。

教育作为一种人力资本理论，是现代经济增长的后续动力和源泉，具有提高劳动者素质和提高劳动生产率、促进经济增长的功能。中国作为一个发展中国家，要加快现代化建设，缩小与发达国家之间的差距，关键就在于教育。尽管目前中国政府已经尽力加大教育的投入，对教育发展表现出较明显的财政政策倾向，可是教育的投入水平、教育支出占到总财政支出的百分比与世界上大多数发达国家相比仍然偏低。针对当前中国的教育现状，我们必须要加大对教育的投入力度，进一步提高财政支出中教育经费的比重。同时注重优化教育事业的内部结构，科学界定财政对教育事业的供应范围，并积极发展多种形式办学、多种方式教学，充分调动企业和个人参与教育投资，从而增强整个经济增长动力。

三、要加强财政支出过程管理，保证政策安排的落实

财政支出的“越位”与“缺位”其本质是政府及政府职能的“缺位”与“越位”，完善法律法规和部门规章制度体系，并严格执行这些法规制度，是使政府的财政支出能够“好钢用在刀刃上”的根本保证。

明确公共财政支出的具体条目能够限制财政支出类别和金额，是管理财政支出“越位”的有效办法。每个政府职能部门都有自己负责的内容，所以明确政府各部门财政支出的条目并非难事，难的是该限定哪些条目。与该部门职能直接相关的条目当然要有，但是一些非必须支出和可节约支出应当有所限定。比如经营性投资支出，应该制定规章制度限制投资的类别，在投资前仔细审查计划书和根据上一年或者上一期的收益来许可下一年或下一期可以支出的金额大小，如果上一年投资效益很差，则应该及时停止继续投资。财政供养人员，也是现如今“吃饭财政”的主要支出，严格控制和尽量缩减人员编制是当务之急。另外，考虑到一些边远贫穷地区行政人员吃紧，可以调配人员充足地区的行政人员去边远地区服务一两年，以更有效率地利用人力资源。

推行政府采购制度，发挥政府对经济的宏观调控作用。政府采购制度本身是一种控制支出数额、加强支出管理的手段，其运作涉及预算资金的安排、预算会计、国库拨款、支出管理政策等多方面的财政事务。依据国外经验，良好的政府采购制度的主要功能是发挥宏观调控作用。因而，中国的政府采购应有意识地发挥宏观调控作用，大型采购项目应更多地分配到欠发达地区去，还有一些产品采购项目可更多地分配到需扶持的国有企业去。这样做比单纯拨付资金更有价值，而且可以改变过去财政支出一拨了之、管理粗放的状况，提高财政资金的使用效率和效益。

预算是经法定程序审批的，政府在一个财政年度内基本的财政收支计划。完善预算管理体制是优化财政支出结构，提高财政支出效率，防止财政支出滥用乱用的基础方法。在预算编制上实行部门预算，即一个部门一本预算，它由政府各部门编制，经财政部门审核后报立法机关审议通过，反映相应部门所有收入和支出的情况，这是市场经济国家普遍使用的预算编制方法。部门预算时将预算管理的出发点和着力点转移到相应部门，以部

门编制的预算建议计划为依托，将单位所有收入统筹安排，把所有支出预算编制到项目作为主要内容，以融零基预算、综合财政预算为一体。① 这种预算管理组织形式，比传统预算的编制范围宽了许多，提高了预算的合理性和完整性，增强了各部门统筹安排资金的能力和效益。在预算执行问题上应该做到以下几点：将应上缴的收入及时、足额上缴国库；按规定及时、足额拨付预算资金，并加强监管和审核；各级预算必须申报国库；各级政府预备费动用必须报本级政府决定，周转资金不准挪作他用；预算的调整必须经各级人民代表大会及其常务委员会的审查和批准。

在中国现有的四大监管部门中，应该加强各级人民代表大会及其常务委员会对本级政府预算的审查和监督，具体措施包括：认真贯彻《宪法》《预算法》与《全国人民代表大会常务委员会关于加强中央预算审查监督的决定》等法律法规，按照依法治国的方针，强化各级人大对预算的审查监督职责，加强人大对预算的审查和管理职能，发挥好立法机关的制约作用；各级人大及其常务委员会要全面介入各级政府预算的编制、执行、调整以及决策的工作过程中，深入了解预算执行与管理中的相关问题，按法定程序及时提出质询，并报告议案，推行预算管理，依法理财，从严治财；要改善和强化对部门预算的审查监督工作，地方政府应参照中央预算改革的办法，全面推进地方部门预算改革进程；进一步加强决算审计，逐步做到政府向人民代表大会提交决算前，部门机关决算已经通过审计机关审计并签署意见。规范财政支出行为，除了健全的法律制度之外，还必须加强监督。这是防止出现“越位”“缺位”的重要保证。为此，首先是提高各级人民代表大会的监督力度，从编制预算、审核预算，到执行预算和决算，人大的监督作用越明显，财政支出也就会越规范。尽快修改《预算法》，增加财政违法责任追究、确保对困难地区的转移支付等条款，用法律维护财政的严肃性和权威性，以杜绝滥用乱用财政的现象。其次是发挥审计、会计等中介机构和各预算执行单位的监督作用，加强各级审计部门的监督。凡是财政涉及的地方，都必须审计，对有关单位和个人，实行问责制度。由于预算资金最后是由具体的部门来实施的，其执行结果直接关系到财政资金使用的规范性、效益性、公平性，所以必须加强部门预算执行的检查和监督力度，加强财会人员的法制和诚信教育的意识，然后是发挥财政部门的监督作用。财政部门是代表政府进行财政资金分配和管理的执行机构，对财政资金分配具有最直接的职责，当然也是最了解财政资金支出情况的部门。因此这是

① 詹姆斯·布坎南：《自由市场与国家》，北京经济学院出版社 1988 年版，第 69—78 页。

有效防止支出“越位”“缺位”的关键所在，也是保证公共财政、以法治财、以法理财的重要举措，也是对财政部门对本级公共财政支出的管理职能的强化和规范化。

四、建立官员责任追究制度，实现财政支出法治化

官员责任追究制度，是指通过一定程序对没有履行好相应职责的官员进行追究，使其承担政治、道德或法律等责任，接受谴责、处罚等消极后果的办法、条例、规则等的总称。首先，责任追究制度不仅针对官员个人，而且针对党政领导集体。随着民主进程的推进，决策需要遵循科学化、程序化的要求，领导集体的作用愈发显现出来，诸多重大决策、重大工程项目等都需要经领导集体讨论后方能通过，这就意味着领导集体承担责任的情况愈发常见。如果领导集体决策失误，相应的责任追究制度不仅要追究一把手的责任，也要追究领导集体的责任。其次，针对现实中有些官员或领导集体不思进取、得过且过，甚至相互拆台、拉帮结派、搞小团体的状态，扩大责任追究制度的范围，将决策失误、无为平庸、工作失误、用人失察等责任导入到责任追究的范围，并在正职领导承担责任的同时，应有意识地将领导集体相关成员也纳入考察的范围。再次，进一步明确责任追究的范围与对象，在党政领导、正副职、不同层级官员之间实行责任划分与分配，使责任追究形成一定的制度预期。最后，强化责任追究制度配套体制的完善，加强干部人事制度、绩效评估制度、政务公开制度与责任追究制度的兼容，培育责任追究的社会氛围，力求制度上的突破，使制度发挥出应有的效应。

第七章　金融风险将导致财政风险

金融风险具有较大的不确定性、扩散性、隐蔽性、突发性，累积到一定程度会引发金融危机，对整个经济体系造成极大的破坏，并进而传导至公共财政，甚至可能引发财政危机。因此，从本质上讲金融风险就是公共财政风险。

第一节　金融风险与财政安全的分析

一家金融机构发生的风险给社会所带来的后果，往往超过对其自身的影响。金融机构在具体的金融交易活动中出现的风险，有可能对该金融机构的生存构成威胁；具体的一家金融机构因经营不善而出现危机，有可能对整个金融体系的稳健运行构成威胁；一旦发生系统风险，金融体系运转失灵，必然会导致全社会经济秩序的混乱，甚至引发严重的政治危机。

一、金融风险财政化的主要弊端分析

在西方发达国家，金融风险是金融风险，财政风险是财政风险，其边界比较明晰，至少责任是明确的。但在中国，金融风险（主要是指国有独资或控股金融机构的风险）与财政风险往往是交织在一起的，一般很难将它们完全区分开来。如果说国家财政对陷入困境的国有金融机构提供帮助是源自其历史“欠账”的话，那么对陷入困境的其他金融机构提供帮助则是出于道义上的考虑。由公共财政出面化解金融风险在获得正面的社会效应（遏制金融风险向其他经济领域蔓延）的同时，也带来了一系列的负面效应，如增加财政本身的脆弱性、助长金融机构败德行为、减少国民社会福利等。

(一)增加了财政的脆弱性

所谓财政的脆弱性是指存在各种原因引致公共财政状况恶化,进而造成公共财政政策目标不能实现的状态。由于政府潜在债务的存在具有其客观必然性,所以财政本身也就具有了内在脆弱性。潜在债务平时处于潜伏状态不易觉察,一旦显性化,就变成政府的现时义务,冲击原有的预算平衡,给财政预算留下缺口,造成公共财政收支状况的恶化。

国际经验表明,当一国金融体系的稳定性出现危机时,基于公众压力和道义责任,最终政府总会被迫出面救助。对一国政府而言,金融系统就是一个"布满"隐性和或有负债这类"地雷"的重灾区,如果踏上这片"雷区",就必然要做出牺牲。对于处于体制转轨时期的中国而言,金融领域的隐性和或有债务更多,金融风险的转移更易增加财政的脆弱性。

(二)助长职员的败德行为

由于考核、监督机制不完善,委托代理链条过长,国有银行等金融机构为了完成国家或上级交给的任务,可能会自觉不自觉地利用隐性和或有债务的方式做表面文章。而这些机构的领导人,有时甚至为了自身的利益,不惜拿国家的钱财去冒险,因为成功的话,可以获得相当于冒险成本若干倍的回报。而不成功的话,损失由国家兜着,自己只是调换一个岗位,充其量也就是失去现有的工作罢了。中央政府或地方政府出面救助出问题的金融机构时,会给其他金融机构或其债权人造成一种预期:当我们出问题时,政府也不会袖手旁观。政府一次又一次的救助活动,更强化了它们对"太大而不能倒闭"的预期,同时也助长了它们的败德行为。正如央行一位学者指出的那样,面对国内无实质区别的单一性市场退出机制,高风险的机构投资者将不断被"复制"——赢了是自己的,亏了是中央银行的。其推论是:不去追逐风险是非理性的,大胆寻求高风险收入是最优的。

(三)侵蚀公民的社会福利

一般来说,一国公民在消费公共产品获得正效用的同时,也可能要承受相应副产品(财政风险)带来的负效用。当金融风险是由非人为因素造成的时候,国家财政出面化解金融风险所带来的额外支出,将构成全体公民的福利损失。当金融风险是由人为因素造成的时候,相应的财政救助支出将由大多数公民承担,而那些制造风险的人则通过风险这一途径将本应由大多数公民享有的福利转移到了自己的手上。如果是前一种情况,那是全体公民应尽的义务，如果是后一种情况，则显然有失公平。综观中国发生的众多金融机构破产倒闭事件，多数与人为因素有关。

二、金融风险转为财政风险分析

随着经济的货币化、金融的全球化以及各种金融创新活动的迅速发展，金融体系所蕴含的风险也在不断加大，金融风险主要体现在金融机构的不良资产上，不良资产大量存在往往是引发金融风险和金融危机的主要因素。根据IMF的统计，1980年以来，在181个成员方中有70%以上的国家都经历过严重的金融问题或金融危机，发生金融问题的有108例，其中由于银行不良资产引发的有72例，占66%以上。发生金融危机的有31个国家共41起，其中因不良资产引发的有24起，占58%以上。

（一）金融风险转财政风险影响财政安全的原因

由于金融风险对经济、金融乃至国家安全的消极影响，在国际上，许多大型企业、金融机构和组织、各国政府及金融监管部门都在积极寻求金融风险管理的技术和方法，以对金融风险进行有效识别、精确度量和严格控制。在现代经济越来越依赖于金融业的情形下，金融风险管理也就成为工商企业和金融机构的核心竞争力之一，同时成为广大学术界，包括数学界、信息科学界、金融理论界和实务界共同研究和关注的重要课题之一。

1. 财政作为收支主体，实际财政收支会受到金融风险的较大影响

首先，从财政收入来看，金融机构不良资产损失增加、业务萎缩必然影响税收收入。运行良好的金融机构接管、合并陷入困境的金融机构，因其享受了税收优惠政策必然减少税收，中央银行接管不良资产或破产机构（如在智利、菲律宾和乌拉圭），其利润也会下降。此外，金融风险及金融危机导致的经济衰退，会使很多产业增长乏力、利润下降，国家整个税收收入都会受到影响。其次，从财政支出来看，在金融及经济危机期间，政府为解决失业、社会稳定问题，各种救济、生活保障支出会增加；政府为了扩大需求、刺激经济复苏，政府的购买、投资等支出会增加；在本国货币大幅贬值的情况下，政府偿还外债本息的支出会大大增加。这些都会恶化财政收支状况，加大财政收支压力。

2. 政府作为产权主体，金融机构倒闭会使国有资产权益遭受损失

一是在很多国家，政府直接持有银行机构的股权，当这些机构资不抵

债、破产倒闭时，国家所持有的股权也就化为乌有；二是政府部门持有金融机构发行的债券，当这些金融机构陷入困境、破产倒闭时，其也就丧失了偿债能力。三是很多公共财政部门、中央银行将资金存入商业银行，一旦这些商业银行破产倒闭，必将危及财政存款的安全。

3.政府作为调控主体，要为因其不适当干预而产生的金融风险承担责任

除了因经营缺乏审慎性而导致金融机构风险外，政府的不适当干预也是金融风险产生的重要原因。例如政府可能制定、执行了不适当的产业政策，导致某些产业在高速发展阶段获得了较多的金融支持，但随着产业降温，金融风险就会显现出来。政府对经济的不当干预，可能会导致经济大起大落，金融体系的经营也会有较大波动。政府对银行业的兼并、重组进行干预，会使原本运行良好的金融机构滋生风险。在很多转型经济国家，在政府的干预下，国有银行还承担了大量的指令性、政策性贷款，这些贷款的质量很难得到保证。而且在转型经济国家，本来应由财政承担的改革成本，也转由银行来承担。有学者把转轨经济中金融风险产生的原因归纳为以下几点：

(1)经济增长方式与经济结构方面的原因。

(2)政府主导经济运行和经济改革的制度安排。

(3)国有企业改革滞后导致的企业风险转嫁。

(4)金融替代传统财政职能所积累的体制性风险转嫁。

(5)体制转轨中金融内在脆弱性的放大。

可见政策性、改革性因素在金融风险的形成中起了较大作用，这些系统性风险要求由公共财政来承担责任。

4.财政作为公共主体，要承担金融风险的外部性影响，从而形成外源性公共财政风险

金融外部性是金融行业中的私人成本或私人收益向第三方溢出的外部经济效应，可分为正的外部效应和负的外部效应。金融风险具有较强的负外部性，其产生的私人成本比较容易向社会成本溢出，造成公共财富和社会福利的损失。金融风险的外部性表现在：

一是金融体系具有较强的内在脆弱性，一家金融机构出现问题，整个金融体系都会受到冲击，由此引发的金融危机将导致大批金融机构挤兑、破产或倒闭，股东损失股本、债权人损失债权。

二是金融体系的核心地位和重要作用，使得金融体系一旦发生问题，就会产生破坏力极强的负外部性，对整个国民经济带来冲击。例如造成整

个社会信用体系中断，实体经济部门的支付、结算、投资受到影响；引起通货膨胀、货币贬值、资产缩水、经济衰退、失业增加，使人民生活受到影响，严重时会引起整个社会动荡、政府更迭。

三是金融体系业务关系的广泛性。例如银行由于从事存贷业务，有大量的存款人、借款人，同各种各样的社会经济主体保持着业务联系，一旦银行陷入危机，整个社会经济关系都会被破坏。有些国家的商业银行还代行金融监督、管理、统计等功能，从事一些准财政活动，即使商业银行不经营，政府也要提供。

政府作为公共主体，稳定经济、化解公共风险、维护公共利益是其重要职能和职责。维持金融体系的稳定，是一国政府义不容辞的责任。国际经验表明，金融体系面临重大风险时，政府往往会出面救助。当市场的风险大到足以影响社会稳定时，就会转化为财政风险，而不论风险的具体导因源自何处，财政总是会在最后兜底，担当社会风险的最终承担者，金融风险由此会转化为外源性的公共财政风险，金融体系不良资产等也就会构成财政的或有债务。财政的本质在于它是公共风险的最终承担者，公共风险的客观性决定了政府或有负债的必然性。

尽管为防范道德风险，不止一个政府已经宣布，当金融机构破产时，政府不会出于政治压力或经济压力而对未支付的存款人提供赔偿，但真正出现危机时，政府最终都无法置之不理。为了解决金融体系的风险，各国财政无不投入了很大力量，例如日本政府在过去数年间出资 4 亿美元来解决银行业的重组，主要用于冲销坏账、注销有问题的银行；韩国在亚洲金融危机时，政府采多种手段，把银行不良贷款率从 1998 年的 20%降到 2003 年底不到 3%的水平；印尼和泰国在解决银行资产质量问题上，也动用了大量的预算资金来化解金融风险，提升金融业的竞争力。

（二）金融风险转化为公共财政风险的形式

政府解决金融风险尤其是不良资产问题有两种形式：一个是通货膨胀，另一个是财政。在通货膨胀状态下，一方面银行存款实际利率下降，降低了银行的利息负担；另一方面银行负债的贬值，为银行提供了“隐性”资金。实际上相当于政府通过征收“通胀税”为金融风险的解决提供了资金。二次世界大战后，德国新政府利用艾哈德计划，通过新旧马克兑换、旧币贬值，解决了银行体系资不抵债的问题。90 年代，苏联解体后，俄罗斯发行新卢布并以 1∶1000 的比例兑换旧卢布，旧币大幅贬值，许多人一生辛苦积累下来的钱财化为乌有，而银行却将体系内的不良资产化解掉。这种征收

“通胀税”的做法侵蚀了银行存款人等债权人的利益，但它仅是以一种形式的金融风险代替另一种形式的金融风险，而且其社会和政治成本较大，可能导致社会的动荡和政局的不稳，使财政陷入更严重的危机。国外的经验表明，通过通货膨胀的方式化解银行不良资产是一个不得已而为之的危险措施。因此，通过财政解决不良资产等金融风险就成为比较普遍的选择。

通过财政解决金融风险又有两种方式：一是对问题金融机构清盘，由财政出面解决清算中的债权债务和有关损失；另一个是进行财政救助。具体选择哪种方式则要看成本对比情况. 国外学者研究表明，向一家濒临倒闭的银行注资要比将其清盘为好。一家银行的清盘价值要比其市场价值低得多，银行倒闭成本通常高于重组成本。政府救助的形式包括流动性支持、存款保险或一揽子保证、问题金融机构处理。流动性支持在金融危机全面爆发之前就已展开，由中央银行实施，成本体现为中央银行上缴财政收入的减少或者由政府发行的债券融资，通常被称作准财政成本。存款保险或一揽子保证属于或有债务，它是为防止引发系统性挤兑的金融恐慌而做出的担保存款人在任何条件下得到足额支付的承诺，一旦问题金融机构发生损失，或有债务就成为实际债务，形成直接的财政成本。问题金融机构处理包括再注资、不良资产恢复、资助重组并购、存款转移等措施。政府除了直接注资、出资收购和恢复不良资产、资助金融机构重组外，还要花费搜寻、监督成本。由此可见，金融危机所引发的财政成本包括流动性支付、存款保证、再注资以及其他干预成本等。

财政在对金融机构进行救助的过程中，不同的公共财政风险形式会相互转换，一是隐性负债之间的转换。如安排金融机构的兼并、重组、接管，不良资产只是从一个金融机构转移到另一个机构。二是以显性负债代替隐性负债，例如通过资产管理公司剥离不良资产，以政府债券为银行注资、置换银行不良资产等。三是以政府实际的财政支出代替隐性负债，例如以财政资金为金融机构补充资本金，偿还金融机构对债权人的债务。只有在实际支出发生以后，金融风险才得以最终消化。

(三)金融风险转化为公共财政风险的程度

金融风险对公共财政风险的影响程度，最终要体现在治理金融风险所发生的财政支出上。当一国金融体系出现问题时，市场上对政府提供财政支持的预期要远远超过政府按法律规定所应当承担的义务。20 世纪 70 年代末以来，金融危机频繁爆发，许多国家都为处理金融危机而支付了数目巨大的财政资金。美国是处理银行不良资产比较成功的典范，美国政府专门批准成立重组信托公司(RTC),并给予财政资金的支持。由于有关国家金融危机的程度不同,对危机的处理方式和介入时间不同,对危机损失的分担方式不同,财政所承担的危机解决成本也不相同。据世界银行统计,1997年,阿根廷、匈牙利、意大利、波兰、瑞典等国与国内银行体系相关的隐性或有负债的财政支出占GDP的比重近10%;在希腊、菲律宾、新加坡、英国与美国,占GDP的比重约10%—20%;而在中国、朝鲜等东亚国家,或捷克、马来西亚、泰国、中国香港、中国台湾等新兴市场国家与地区,这个比例为30%以上。[①] 国际货币基金组织1997年报告80年代以来一些国家解决金融危机的成本(见表7-1),标准普尔则对未来有关国家解决银行危机的成本进行了估计。(见表7-2)

表7-1 一些国家解决金融危机的成本一览表(1997)[②]

所耗GDP(%)	国家
50—60	阿根廷1980—1982
40—50	科威特1992;智利1981—1983
30—40	乌拉圭1981—1983
20—30	无
10—20	委内瑞拉1994—1995;贝宁1088—1990;塞内加尔1988—1991;委内瑞拉1994—1997;毛里塔尼亚1993;坦桑尼亚1992;墨西哥1994—1997
5—10	巴西1994;匈牙利1990至现在;芬兰1991—1993;加纳1982—1989;波兰1993;西班牙1977—1985
0—5	哥伦比亚1982—1987;美国1984—1991;马来西亚1985—1986;瑞典1991;几内亚1985;菲律宾1981—1987;赞比亚1995至1997;印度尼西亚1992—1994;土耳其1982—1985;泰国1983—1987

① 陈工、谢贞发:《浅析我国财政或有负债》,《中央财经大学学报》,2002年4期。

② 来源:《IMF工作报告》97/161《银行系统重建的教训》。

表 7-2　估计各国未来解决银行危机的成本一览表[1]

所耗 GDP(%)	国家或地区
50—60	泰国、中国
40—50	马来西亚、韩国
30—40	日本、中国香港、捷克共和国
20—30	埃及、印度尼西亚、沙特阿拉伯、中国台湾、巴拿马、新加坡、以色列
10—20	菲律宾、希腊、挪威、巴西、印度、罗马尼亚、德国、英国、美国、芬兰、意大利、法国、加拿大、澳大利亚
5—10	瑞典、波兰、阿根廷、匈牙利、委内瑞拉、俄罗斯
0—5	无

三、金融风险对财政安全的传导机制

财政与金融是相互渗透、相互影响、休戚相关的两大宏观经济部门。在现实经济生活中公共财政风险与金融风险具有较大的相关性、联动性，在很多情况下财政风险和金融风险可以相互转化。财政风险存在多种表现形式，但一般表现在财政收支矛盾激化，进而引起财政赤字的增加。为了缓解财政收支矛盾、弥补赤字，在现收现付制的财政预算框架下，财政当局为了缓解收支压力，一般会采取增加或者提前确认收入、减少或者延迟确认支出的财政收支政策。无论哪种选择，金融体系都难免受到冲击。

(一)金融风险与财政风险的联动影响

国家在进行宏观调控时，财政手段和金融手段都有很强的相关性，财政资金和金融资金的使用也会互相影响，探讨金融风险管理之前应该先搞清楚其与财政风险的关联。

1. 财政风险和金融风险的学理关联

财政和金融是国家经济体系中的两大主干内容，同时又是国家调控的两大杠杆，它们之间存在着一个既有明显差异，还彼此相依，同时又充满矛盾的复杂关系，有较强的共生特征。

首先，它们是有明显差异的两个概念。财政是国家政权正常运行需要

---

① 来源：标准普尔，主权信用评级服务，1997 年 10 月发布。

的资金及其主导分配的资金运用活动，是国家政权生命力的根基和动力；金融是与实体货币及信用货币相关的一切经济活动。二者之间最关键的区别和差异是：财政活动是非营利性但强制性的，而金融活动则是非强制性盈利活动，可以自由选择。

其次，它们是彼此相互联系的两种活动。具体来说，它们通过三种连接点互相联系，一是资金货币，这是它们共同的载体，金融和财政实际上都是特定资金运行机制的运行过程，且在具体运行中频繁交叉产生交集；二是宏观调控，二者在宏观层面上来说均属于国家调控经济的主体方式，这种属性决定了二者的终极目的具有一致性；三是国民收入分配，二者均深度参与国民收入的分配过程，重点均在于完成再分配的有效调节。

再次，它们是矛盾冲突频繁的经济活动。两种彼此相异且频繁碰触联系的经济活动之间肯定存在系列矛盾和冲突，对于财政和金融而言，其矛盾和冲突主要有两方面的表现：一是在某种共生条件下的侧重点不同，比如在宏观调控这个共生境遇下，财政主要的着眼点是经济结构，而金融的着眼点是经济总量；二是一方出现问题的时候会引发另一方境况的恶化，这个问题其实也是下面即将论述的两种风险的互相转化问题。

2.企业、银行、政府三个行为主体的博弈

在财政和金融发生碰触的过程中，主要活跃着企业、银行、政府等三个行为主体，他们之间多方面的博弈行为是金融风险和财政风险联动机制发挥作用的直接动因。

首先，企业和银行之间的静态博弈。二者博弈的起因是信贷业务活动的发生，其关键博弈点在于贷款额度、贷款时间和贷款利率，其中贷款时间是重中之重。一般来说，企业拖款不还而获得的经济效益远大于及时还款，所以企业一般倾向于采取前者。对于银行来说，不采取行动没有额外成本是获得最大利润的选择。两相结合，银行可能对企业的拖款现象无可奈何，最终造成不良贷款数量增加，为金融风险埋下隐患。

其次，政府、银行和企业三者之间的静态博弈。这种三方博弈实际是政府涉入企业和银行之间的博弈行为，其涉入方式主要有两种，一个是为企业提供贷款担保，还有一个是不为企业提供贷款担保，只是进行宏观调控。在政府为企业提供担保的情况下，银行一般会提供贷款，如果企业运行健康、按时还款不会引发任何风险，政府收取一定的担保费用；如果企业运行出现问题、无法还款或者恶意拖款，所贷款项就会成为不良资产，需要作为担保方的政府在处理该不良资产的时候付出一定代价，即将部分金融风险转嫁给财政风险。如果该企业投资的主业是政府因缺乏财政资金而引入推动的话，则政府会主动作为担保促成银行放贷，甚至可能动用行政力量促成，这本身就是将财政风险转化为金融风险的表现。

再次，政府、银行和企业三者之间的动态博弈。如上分析有一种理论色彩的单纯和假定，就那个意义而言，为了防控金融风险向财政风险的转移，政府方面可以选择不为病态企业担保，银行也不为之贷款。不过，做到这点的前提是政府和银行要获得充分而真实的企业披露信息，但在企业作假或者进行盈余管理的情况下，做到这一点比较困难。在真实情况下，政府、银行和企业三者之间的动态博弈实际上是包括政府选择决策、银行选择决策和企业选择决策三个环节的复杂过程。在这个过程中，每一个环节的关键着眼点一般都没有升华到防控风险的层面上，而是将重点放在短视下的成本效益最优化，即以当下利益为决策的基础。这种倾向容易导致财政风险和金融风险发生链条式裂变，甚至恶性循环。

3.金融风险与财政风险的联动转化

企业、银行、政府三个行为主体的动态博弈会促动金融风险和财政风险进行相互转化，甚至形成恶性循环的联动机制，致使财政风险中存在着大量金融问题，同时金融风险中又存在着大量财政问题。

首先，财政风险中的金融问题。引发财政风险的金融问题主要有两个方面，一是金融机构运行引发的财政压力乃至危机，在这方面主要是国有银行因经营问题出现了大量不良资产，倒逼国家投入专项资金成立资产管理公司进行剥离管理，形成了一定的财政压力；二是金融机构重组引发的财政压力乃至危机，这方面的情况实际上是上一个方面的恶化，主要体现在地方财政和金融机构之间，在这种情况下地方财政往往会主动为金融机构冲销呆账、债务补贴、减免营业税，这样就很容易直接导致地方财政危机，这是地方政府债务风险严重的主要动因之一。

其次，金融风险中的财政问题。引发金融风险的财政问题主要也表现在两个方面，一是财政体制变革给金融业发展带来的压力，随着财政变革的不断深入，财政收入在GDP中的比例越来越少，地方财政收入在国家财政收入结构中的比例也有逐渐降低的趋势，但是其负载完成的各种职能并未减少，在这种情况下政府会将大量财政压力转移给金融机构；二是积极财政政策会诱发金融风险，在经济相对低迷的情况下，政府倾向于通过债务融资或担保贷款等方式，投入大量资金到基础设施建设等规模大、收效慢的项目中，容易加大财政风险，并因为与银行等金融机构的联系而诱发金融风险甚至社会动荡。

在实际上，财政风险和金融风险相互转化不是一个单纯的单向问题，而是一个不断恶化循环的惯性机制。金融机构经营和地方金融组织重组给公共财政带来的压力,各级政府往往会以债务融资等方式转移给其他相对健康的金融机构或环节,这样一来又可能会导致后者由相对健康状态向风险化转型,如此一一循环。这种恶性循环的终极连接点有两个,一是由中央银行最终付账买单消化二者的风险问题,二是风险激化导致比较严重的经济危机。

(二)财政收入政策对金融风险的影响

财政收入政策包括税收政策和为赤字融资的非税收收入政策。从税收政策来讲,在较高财政收支压力下的税收政策安排往往会损害金融体系的稳健性。

一是对金融业实行较高的营业税、所得税税率,使金融企业实现的收入、利润的很大一部分上缴财政,影响了金融企业自我积累的能力。例如,同国际银行业相比,中国对金融企业长期征收较高的营业税、所得税,降低了金融企业税后留利所形成的资本积累。这也是中国金融业资本充足率较低的原因之一。

二是在金融企业呆坏账准备金制度上,为了不影响税收收入,往往采取不稳健的准备金制度,实行较低的呆坏账准备金率政策。比如中国在贷款呆账、坏账准备金的提取比例上,一直维持较低水平,准备金的提取难以反映资产的真实风险情况,影响了金融企业对资产损失的消化能力和未来的抗风险能力。

三是推迟确认贷款损失以不影响当期的财政收入。中国在贷款损失的确认上规定了严格的程序,很多损失类贷款得不到及时确认、核销,使得银行的欠账越积越多。

四是在金融业收入实现的规定上,对一些呆、坏账仍然计提利息,结果必然是虚增收入,财政也得以对原本不存在的收入或利润征税。银行因此虚增的应收利息或资产,最终只能通过自身的资本来抵补。

从财政赤字的融资方式来看,一般有两种形式:货币融资和债务融资。

货币融资是指财政向中央银行借款或透支,通过中央银行直接或间接增发货币来弥补财政赤字,其结果必然是增加流通中的货币量,增加通货膨胀风险。这种融资形式实质是财政赤字的货币化,相当于财政征收的铸币税或通胀税。1994 年以前,中国财政赤字主要通过向中央银行透支来解决,这也是改革以来几轮通货膨胀的主要成因。公债认购主体不同,对货币供应进而对金融风险的影响也不相同。一般来说,发行外债或向中央银行发售国家债务，会增加流通中的货币量，产生通货膨胀压力。而对商业银行发行债务，则视情况而定。在商业银行有超额准备金的情况下，一般不会增加流通中的货币量；而如果商业银行没有超额准备金，购买政府债券会使其在中央银行的准备金减少，在贷款规模不能压缩的情况下，就会把债券出售给中央银行或以债券做抵押向中央银行贷款，这就会产生与中央银行持有政府债券同样的通胀效应。可见，财政赤字与债务政策已成为引发通货膨胀的主要原因。财政赤字以及国家债务发行过大，一旦失去控制，最终将反映在货币大幅度贬值上，势必导致通货膨胀，引发金融风险。1998 年俄罗斯也是由于政府债务比例过高而引发了债务危机，导致银行挤兑、货币大幅贬值、国民抛售股票，整个金融体系面临崩溃。

债务融资是指通过银行或非银行金融机构贷款或发行债券等方式融入资金。债务融资可进一步细分为直接债务融资和间接债务融资两种模式。一般来说，对于预期收益较高、能够承担较高的融资成本，而且经营风险较大，要求融资的风险较低的企业倾向于选择股权融资方式；而对于传统企业，经营风险比较小，预期收益也较小的，一般选择融资成本较小的债务融资方式进行融资。债务融资比例，即资金总量中债务资金的比例对公司治理产生的影响。

一是提高债务融资比例能够降低企业自由现金流，提高资金使用效率。自由现金流表示的是公司可以自由支配的现金。如果自由现金流丰富，则公司可以偿还债务，回购股票，增加股息支付。当公司产生大量的自由现金流时，经理人从自身价值最大化出发，倾向于不分红或少分红，将自由现金流留在公司内使用，经理可以自由支配这些资金用于私人利益，或是进行过度投资，降低资金的使用效率，由此产生代理成本。

首先，由于对股东的支付会减少经理控制下的资源，因而减少了经理的利益，甚至在企业必须获取资金时，又会受到资本市场的监督，因此经理人倾向于不少红或少分红；其次，当公司内部留有大量自由现金流时，经理可以将自由现金流用于私人利益，这直接增加了经理的效益；再次，企业经营者有将企业扩张到超过最优规模的动机，因为经营者的权利因他们所控制资源的增加而增大，而且与销售增加正相关的经营者的报酬也会相应增加，最后导致企业进行过度投资。然而，股东的利益在于公司价值最大化和投资回报，规模大并不代表效益高。因此，如何让经营者支出现金而不是投资与回报小于资本成本的项目或者浪费在组织的低效率上，是公司治理的一项重要任务。

原本企业可以通过股票回购或发放股利的形式将现金支付给股东，从而降低自由现金流量的代理成本。但是，由于使用未来现金流的控制权留给了经理，经理从自身效益最大化出发，难以保证上述行为的必然实施，也就是说，发放股利或股票回购对经营者的约束是软性的。与此相反，企业向债权人按期还本付息是由法律和合同规定了的硬约束。企业经营者必须在债务到期时，以一定的现金偿还债务本息，否则面临的将是诉讼与破产。负债融资对经营者的这种威胁，促使经理有效地履行支付未来现金流的承诺。因此，负债而导致还本付息所产生的现金流出可以是红利分配的一个有效替代物，从而更好地降低自由现金流量的代理成本，提高资金使用效率。

二是提高债务融资比例能够优化股权结构。最早对负债融资的股权结构效应做出分析的是 Jensen 和 Meckling(1976)，他们研究表明，在经营者对企业的绝对投资额不变的情况下，增大投资中负债融资的比例将提高经营者股权比例，减少股东和经营者之间目标利益的分歧，从而降低股权代理成本。如果债权人对公司的约束是硬的，那么在股权分散，法人或管理层持股比例较小的情况下，增加负债融资，一方面能相对提高公司的股权集中度和管理者持股比例，增加大股东的监督力度和管理者与股东利益的一致性；另一方面，使债权人特别是大债权人能更好地发挥对大股东、管理层的监督和约束的职能。因此，在相对分散的股权结构中，负债融资一方面激励了管理层，对约束经营者行为，防止经营者过度投资，降低股权代理成本，改善公司治理结构，提高公司业绩起着积极的治理效应；另一方面，债权人的监督约束了大股东的私利行为，避免大股东对中小股东的侵害。而当股权过于集中时，大股东利用手中的控制权通过董事会中的绝对多数来直接控制经营者。此时，经营者为了保住自己的职位，往往会迎合大股东一起来侵占债权人、其他股东(尤其是小股东)利益。大股东的股权集中优势越明显，这种可能性就越大，此时外部融资的困难将会加大，因为当债权人和其他中小股东事先预料到大股东的这种利益侵占行为时，要么就拒绝融资，要么就要求提高投资收益。从公司治理的角度看，如果外部负债融资不能到位，这种负债的监督和约束功能将无从发挥，从而影响公司治理效率。

三是提高债务融资比例可以激励经营者努力工作。经营者与所有者有不同的风险偏好，即经营者更倾向于不冒风险，因为他们的财富同公司正常运转相联系。就公司所有者而言，他们更关注股市的系统性风险对公司股价的影响，因为对于一个分散化投资者来讲，这种分散化的投资组合策略已大大降低了行业或单个企业所特有的非系统性风险。相反，经营者却无法有效地分散化风险。对于他们来说,其拥有财富的大部分都同其所在公司的绩效有关。他们的工资收入、股票期权及人力资本的价值在很大程度上有赖于公司的正常运转。而当公司出现问题时,经营者的财富很难从公司转移。从这一点上讲,他们所遭遇的风险更像是一个债权人的风险而非股东的风险。增加上市公司的负债资本比率,提高了流动性风险和发生财务危机的可能性,提高了经营者不当决策的成本,即债务可作为一种担保机制。[①]

(三)财政支出政策对金融风险的影响

强调控制财政赤字和债务的规模,会使政府通过对支出时间的选择和支出主体的选择,来缓解财政现时支出压力。但其结果却会使公共财政风险在其他部门、在未来时期累积,由于金融部门的特殊性以及其与财政的密切关系,金融部门成为财政进行支出选择的主要作用领域。

1.财政支出的金融替代

财政支出的金融替代即所谓的信贷资金财政化,金融部门的准财政活动。财政在收支压力较大、显性风险较高的情况下,会将本来应由其承担的支出转移给金融部门承担,从而形成金融部门的准财政活动。金融部门承担的准财政活动既不同于明确的财政活动,受立法和公众的严格监督,而且也不能按商业化原则经营。这就很难保证这些支出的安全性、效益性,最终会形成金融部门的不良资产。例如在中国,国有企业资金本来由财政供应,但在放权让利的改革过程中,财政收支压力日渐增大,因此对国有企业资金实行了“拨改贷”的政策,由银行贷款替代财政支出,而由财政对银行贷款的损失进行担保。由于国有银行在办理政策性贷款的过程中,难以严格审查、审慎经营,贷款往往蕴含了较大的风险。中国股票市场也具有财政支出的替代功能,为上市的国有企业提供资金,成为上市公司的“提款机”,一方面国家为了多上市、多融资而推动股市非理性上涨,形成较大的泡沫,另一方面为了融资而实行的上市审查、审批制度很难保证上市公司的质量,这使股市蕴含着较大的风险。因此,财政支出的金融替代,在缓解财政现时支出压力的同时,也将公共财政风险转化为金融风险。

2.财政支出的跨时选择

财政支出的跨时选择即所谓的“跨时选择”。在可选择的情况下,财政

---

① 时红秀:《财政分权政府竞争与中国地方政府的债务》,中国财经出版社2007年版,第45—60页。

往往是推迟支出，将本来应由当期承担的支出推迟到未来时期，而使这一机会主义做法得以实现的媒介就是金融体系。在很多转型经济国家，政府为了减少国有企业破产倒闭所可能带来的支出压力，会通过国有银行为这些企业持续不断地“输血”，在这些企业得以延续的同时，银行的不良资产也会大量产生，银行的风险也就逐渐“储蓄”起来。而当某些银行因不良贷款过高而难以维系经营的时候，财政也总是能找到推迟确认损失或支出的办法。例如政府通过发行债务为陷入困境的银行注资；在财政担保下由中央银行向困难金融机构发放再贷款；提供担保、税收优惠等措施促成银行兼并、合并、接管；成立资产管理公司剥离金融机构的不良资产；等等。这种推迟支出做法的结果必然是使金融风险向后累积，增加整个金融体系的脆弱性。

第二节　金融风险财政化的一般分析

金融风险财政化是中国处理金融风险问题的一种特殊模式，带有很强的体制转轨特征，从本质上来说，金融风险属于公共风险范畴，这就决定了金融风险财政化的客观必然性。

一、中国现阶段金融体系的各种风险

中国的金融体系可分为三个部分：金融机构体系、金融市场体系和金融监管体系。中国的金融风险也因此由三部分构成：金融机构风险、金融市场风险和金融监管风险。而金融机构风险是中国金融风险的主要内容，其中又以国有银行的不良资产为主体，因此我们主要分析国有商业银行的风险及其转化问题。当然，某些结论也同样适用于其他金融机构的风险。

（一）金融机构风险

金融机构是指从事与金融服务业有关的金融中介机构，为金融体系的一部分，金融服务业包括银行、证券、保险、信托、基金等行业，与此相对应，金融中介机构也包括银行、证券公司、保险公司、信托投资公司和基金管理公司等。

其主要的风险类型，一是市场风险。市场风险是指因市场波动而使得投资者不能获得预期收益的风险，包括价格或利率、汇率因经济原因而产

生的不利波动。除股票、利率、汇率和商品价格的波动带来的不利影响外，市场风险还包括融券成本风险、股息风险和关联风险。二是信用风险。信用风险是指合同的一方不履行义务的可能性，包括贷款、掉期、期权及在结算过程中的交易对手违约带来损失的风险。金融机构签订贷款协议、场外交易合同和授信时，将面临信用风险。风险管理控制以及要求对手保持足够的抵押品、支付保证金和在合同中规定净额结算条款等程序，可以最大限度降低信用风险。三是操作风险。操作风险是指因交易或管理系统操作不当引致损失的风险，包括因公司内部失控而产生的风险。公司内部失控的表现包括，超过风险限额而未经察觉、越权交易、交易或后台部门的欺诈（包括账簿和交易记录不完整，缺乏基本的内部会计控制）、职员的不熟练以及不稳定并易于进入的电脑系统等。

1. 商业银行的金融风险

一是以国有银行为主体的各类商业银行不良资产比例较高。2003 年末，各类存贷款金融机构的贷款余额约为 16 万亿元，按中国银监会公布的当期银行业不良贷款比例 19.6%计，各类存贷款金融机构的不良贷款总额约为 3.2 万亿元。中国的四大国有商业银行在剥离 1.4 万亿元不良贷款后，仍有不良贷款 1.59 亿元。按照五级分类口径，截至 2002 年底，中国建设银行不良贷款率为 15.16%，中国工商银行不良贷款率为 25.52%，中国银行不良贷款率为 22.37%。目前国际上优秀的商业银行不良贷款率一般都在 3%以下，中等商业银行也不过在 5%左右。中国国有商业银行不良贷款比率已高于发生金融危机的泰国银行（7.9%）、马来西亚银行（6.4%）和印尼银行（17%）的不良贷款比重。二是资本充足率较低。巴塞尔协议要求商业银行的资本充足率不低于 8%，英国《银行家》杂志 2003 年公布的 2002 年国际银行业 1000 家银行排名中，中国的四大国有商业银行只有中国银行资本充足率为 8.15%，其他银行资本充足率较低，远低于世界银行业 10.5%的平均资本充足率水平。三是资产流动性差. 由于国有银行不良资产比重过大、资产负债结构不合理，其流动性较差，应付意外事件冲击的能力较弱。四是盈利水平低，经济效益差。2002 年工、农、中、建各行资本回报率分别为 3.7%，2.2%，7.6%，3.8%，资产回报率分别为 0.14%，0.10%，0.38%，0.14%，同国际先进银行有较大差距。

此外，中国目前的 11 家全国性股份制商业银行中，110 多家城市商业银行也同样存在资产质量和盈利状况下降、不良贷款比例高、盈利水平低、筹资能力弱等的风险。

2. 政策性银行的金融风险

中国政策性银行既存在因政策性因素而导致的先天性风险，也有因经营管理不善而造成的后天性风险。其风险也主要体现在不良资产比率高、资本不足等方面。例如农发行 1995 年底官方确认的不良贷款率为 20%，1996 年农发行共发行农业政策性贷款 6280 亿元，其中 26%被农发行确定为不良贷款，而农发行当年的资本金只有 132 亿元，不良资产是资本金的 12.3 倍。按五级贷款分类，国家开发银行 1999 年不良贷款比例为 18.66%，2000 年向信达资产管理公司剥离 1000 亿元不良资产后，不良贷款比率仍为 8.78%。①

3. 各类证券公司的不良资产问题

2002 年 5 月底，118 家证券公司净资产额为 917 亿元，各类证券公司的不良资产为 460 亿元，占当期净资产的 50%以上。

根据中国证券业协会的统计，2003 年 122 家证券公司的总资产为 1215 亿元，如果不良资产比例仍以 50%计，则当年的不良资产高达 600 亿元。②

4. 保险公司的金融风险

中国保险业发展很快，但极不规范。普遍存在短期行为，只考虑短期内多收钱，很少考虑未来支付；为了拉揽业务，向业务员支付高比例佣金，经营成本较高；投资渠道较窄，收益率低；缺乏风险规避手段和措施。目前部分保险公司已面临资金紧张问题。据有关人士分析，为了缓解保险公司财力紧张或平衡利差损失等问题，各类保险公司至少需要追加注资 200 亿—300 亿元。

5. 资产管理公司的潜在风险

1999 年国有银行向资产管理公司剥离 1.4 万亿元不良资产。据统计，到 2004 年 5 月末，资产管理公司累计处置不良资产 8231 亿元，占收购资产的 59%，累计回收现金约 1087 亿元，债权资产现金回收率 17.4%，预计全部不良资产总体现金回收率约 20%。

此外，信托业、期货、证券投资基金、农村信用社、合作基金等金融机构也有较大风险。例如，1996 年底，全国农村合作基金已发行的贷款余额近 6290 亿元，不良贷款率为 38%，2390 亿元不良贷款是合作基金 547.7 亿元资本金的 4.37 倍。从整体上看，农村合作基金似乎已丧失了

① 卢文鹅：《经济转型中的政府担保与财政成本》，经济科学出版社 2003 年版，第 139 页。

② 阎坤等：《我国当前金融风险财政化问题及对策》，《管理世界》，2004 年第 10 期。

清偿能力。

(二)金融市场风险

金融市场风险又称系统风险,也称不可分散风险,是指由于某种因素的影响和变化,导致股市上所有股票价格的下跌,从而给股票持有人带来损失的可能性。系统风险的诱因产生在企业外部,上市公司本身无法控制它,其带来的影响面一般都比较大。

其主要特征为:一,它是由共同因素引起的,经济方面的如利率、现行汇率、通货膨胀、宏观经济政策与货币政策、能源危机、经济周期循环等;政治方面的如政权更迭、战争冲突等;社会方面的如体制变革、所有制改造等。二,它对市场上所有的股票持有者都有影响,只不过有些股票比另一些股票的敏感程度高一些而已。如基础性行业、原材料行业等,其股票的系统风险就可能更高。三,它无法通过分散投资来加以消除。由于系统风险是个别企业或行业所不能控制的,是社会、经济和政治大系统内的一些因素所造成的,它影响着绝大多数企业的运营,所以股民无论如何选择投资组合都无济于事。

1.证券市场不规范引起的资本市场风险

上市公司、证券公司和基金公司等市场主体内部治理结构不规范,违规行为时有发生,弄虚作假,过度投机,操纵股市;投资机构发展滞后,缺乏稳定规范的资金来源和融资渠道;市场的风险防范体系不健全,风险防范能力薄弱,缺乏避险工具。监管体制不规范,证券市场监管体制和监管力度不适应证券市场的要求,有法不依、执法不严、违法不究的现象时有发生,对证券市场干预过大。由于上述因素影响,中国证券市场价格暴涨暴跌,波动频繁,投机性强,泡沫现象严重。在企业债券市场上,相当一部分债券到期不能偿还,企业重筹资、轻还款,各种形式的乱集资活动屡禁不止,干扰了金融秩序,影响了社会安定。

2.金融市场风险的国际传导

加入世贸组织以后,中国金融市场对外开放程度不断提高,国际化进程加速,国际金融市场风险对中国金融市场传导的可能性也加大。国外金融资本参与国内金融市场,国内外金融市场利率、汇率异动,均会带来金融资本频繁流进流出,增加国内经济运行的波动性,而国内金融市场的发育程度相对较低,金融体系不成熟,相关的法律法规体系不够完善,抵御国际游资冲击的能力还有待提高。

(三)金融监管风险

金融监管风险是指在资本市场开放过程中由于金融监管水平落后或金融监管的无效性而给资本市场或整个金融体系带来的风险。

金融监管风险是指主客观原因使金融监管人员判断失误,做出的监管评价与结论偏离实际,导致领导层决策偏差或被监管单位受到不应有的经济或行政处罚,危及宏观决策和人民银行权威的可能性。主要表现为:

1.监管不到位,发现不足

金融机构因受市场环境、经济政策、产业政策、管理机制和上级考核制度变化等因素的影响,在经营策略和经营方式上发生了相应的变化。由于经济与金融密切相关,在对金融机构实施监管过程中,客观上要求监管人员根据变化了的新情况实施有效的监管,对其财务成果的真实性以及经营的合法性、合规性做出准确的分析、评价与判断。虽然近几年来实行了非现场监管,但其信息资料来源并非完全可靠,因而仍需要通过现场监管来加以补充和完善。另外受监管对象复杂程度的影响,在对其经营合规性检查中,往往需要对其企业、客户进行查证,使本已捉襟见肘的监管资源与工作量严重失衡,监管不到位、发现不足的情况时有发生,监管结论、判断、评价失真的情况也相对增多。同时,金融监管不严,在现行监管框架下,金融业过度投机、过度冒险的经营行为得不到约束和纠正,金融资产盲目扩张,有可能成为系统性金融风险爆发的根源。

2.风险成因复杂,非确定性因素多

就金融领域而言,风险的形成较为复杂,涉及范围较广。主要包括市场风险、信用风险、利率和汇率风险、政策和管理风险、犯罪风险。这些风险的形成涉及主观与客观、宏观与微观等许多方面的因素,难以预料的事件尤为突出。另外由于部分金融机构经营方略的不一致,诸如呆账准备金由上级行统一提取,集中划拨核销;利息支出按实际支付额进账,应付未付利息由上级行按统一的比例计提;利息收入按收付实现制入账,而应付未付利息按责权发生制核算;基层行实行报账制,盈亏真实性无法通过原始凭证和记录核实等问题,造成监管人员在对效益性的监管中难以做出准确的评价和判断。同时,制度性监管滞后。一方面必要的法规制度不能及时出台,使金融行为缺乏相应的“游戏规则”,另一方面已出台的法律、法规、制度得不到执行,很容易导致金融秩序紊乱。

3.原则性不强,情感因素影响突出

金融监管人员与监管对象之间的联系和其他行政监管对象相比较更为紧密,监管人员与被监管单位各部门负责人之间在心理和感情方面的认同与否,在一定程度上影响着监管结论与判断,影响着实施经济和行政处罚的尺度,存在着金融监管趋于平淡化的风险。特别是金融宏观调控部门关系不顺,审批部门、监管部门缺乏沟通协调,常常是政出多门,相互矛盾,不能形成统一有效的风险控制。中央银行缺乏应有的独立性和权威性,对国有银行等金融机构存在再贷款软约束,各种因素往往倒逼央行发行货币,从而助长了这些机构风险的扩张,加大了通货膨胀的风险。

二、金融风险在财政领域的传导途径

由于金融问题的公共性以及国有独资或控股金融机构在整个金融体系中占主导地位的现实,解决金融风险的重担自然要落到公共财政的身上。虽然解决金融问题的主要措施是财政手段,但针对不同情况,其具体方式也不相同。

(一)金融运行机制中的财政风险

金融业是一个带有显著"公共性"的行业,也可以说是国民经济中的一个公共部门,随着整个经济的不断市场化和金融化,其公共产品的色彩越来越浓。对公共财政来说,这意味着需要提供救助和保护的可能性越来越大,政府在这方面的支出责任明显增加。

1."金融缺位"带来的财政成本

自1997年以来,工、农、中、建四大国有银行逐步完成了省分行与省会分行的合并,并大幅度削减了分支机构和经营网点,其业务不断向大城市集中。这种调整有其合理性,但客观上造成了广大农村地区的"金融缺位"。国有银行退出农村信贷市场,意味着需要其他机构来弥补,在这种情况下,给广大农村地区提供金融服务的责任部分地落在了公共财政身上。这样一来,一方面使得财政资金金融化,财政承担了金融职能,如提供农业产业化、农产品深加工所需的资金;另一方面,金融缺位使财政承担额外的成本,即除了农村公共产品成本以外的其他成本,如有偿投入资金的坏账损失。

2.金融业内控机制不健全

金融改革的滞后,从根本上制约了金融业的现代化进程。作为金融业的主体,国有银行还未能真正建立起现代金融企业的内部治理结构、内部约束和激励机制,效率低下,成本很高。具体表现在:一是成本核算意识淡薄,金融机构整体盈利水平不高。二是资源配置不合理,金融业内部资源紧缺和浪费现象并存,特别是在财务资源、人力资源、信贷资源等要素的配置方式和观念上还比较落后。三是内部管理粗放,尤其是一些基层机构,在市场营销、客户资源管理、经营决策和内控管理等方面仍然是粗放式的。金融业是一个高风险行业,内部管理失灵往往是引发金融风险,甚至破产倒闭的重要原因。有百年历史的巴林银行的倒闭,就是一个典型的案例。国有银行由于有政府的信誉做后盾,很多风险处于隐匿状态,但风险一旦暴露,就会将公共财政卷进来,造成大量的突发性支出。

3. 金融机构重组的财政成本

近几年来,为了推进金融业的市场化,中国加大了金融机构重组的力度,最大限度地减轻国有金融机构由于过去政策因素造成的历史包袱。从中央到各级地方政府,都采取了积极的财政措施来帮助国有金融机构。从这几年的实际情况来看,金融机构重组的成本多数由财政来支付。在处理金融机构的关闭、破产,或者在化解金融机构的支付危机过程中,政府主要运用财政手段来救助和维护金融秩序。

4. 金融资产管理公司产生的财政成本

中国从 1999 年起先后成立了四家资产管理公司,用于收购、管理、处置国有商业银行剥离的不良资产,最大限度地保全资产,减少损失,同时运用债权转股权、资产证券化、资产置换等市场化手段,对负债企业进行重组,推动国有企业资本结构的优化。来自银监会的数据显示,截至 2005 年 6 月末,中国四大资产管理公司共累计处置不良资产 7174.2 亿元,累计回收现金 1484.6 亿元,仅占处置不良资产的 20.69%。可以看出,不良资产的回收率是很低的,其损失只能是由财政来承担。政府通过设立国有资产管理公司来处理国有商业银行的不良资产,实质上是运用财政手段来化解金融风险,只不过是采取了一种市场化的运作形式,财政实际上总是承担着最终的责任和风险。

(二)金融风险影响财政安全原因

中国金融风险是在多种因素作用下形成的,既有政府不当干预、监管乏力、宏观经济波动、转轨成本等外部因素,也有金融机构自身经营缺乏审慎性、内部管理控制薄弱等原因。根据人民银行 2002 年对四家国有商业银行316个二级分行的检查，发现在这些银行不良贷款的形成过程中，政策性原因占29.2%，国有企业关、停、并、转、强制性破产等原因约占14.6%，国有企业经营不善、亏损等原因约占26.8%，地方政府不适当干预占10.1%，而真正因银行自身经营管理不善形成的不良贷款约只占全部不良贷款的19.3%。可见，目前金融机构不良资产主要是因外部因素形成的，银行过多地承担财政功能起了较大作用。

（三）财政风险向金融风险的转化

在中国改革过程中，由于财政收支压力加大、资金紧张，很多项目本来应由财政来负担，只好由银行信贷资金来弥补，造成财政的“缺位”与银行的“越位”，而国有银行代替财政实行准财政活动时，往往不能按照商业化原则经营，很多政策性项目经济效益低、建设周期长，违背安全性、流动性、效益性原则，脱离市场的监督，结果必然造成信贷资产质量下降。因此，从历史的角度分析，中国现阶段国有商业银行不良资产问题是经济转轨时期公共财政资金短缺问题向银行问题的转嫁，是银行资金的财政化，其实质是公共财政风险向银行风险的转化。同时，国有银行信贷资金财政化的这种准财政行为又不反映在政府预算中，脱离了立法机构和公众的监督，增加了政府债务负担的不透明度。中国国有银行的准财政活动有多种表现形式：

1.国有银行资金转化为财政收入

中国银行呆坏账准备金制度建立较晚且比率较低，呆坏账核销审批比较严格，累积下的不良资产得不到冲销；税前成本列支范围较小，虚增了银行利润；长期对银行业实行较高的税率，使银行大部分的收入转化为财政收入，银行实现的利润中仅保留一部分发展资金，影响了自身的积累，造成中国银行资本严重不足。银行对企业发放的贷款中，也有很大一部分被企业用于上缴税收，转化为财政收入。

2.用银行贷款代替财政拨款和财政补贴

一些应由财政拨款或财政补贴的政策性支出，例如农副产品收购资金、固定资产投资、技术改造资金及外贸出口周转资金等，由于国家财力不足，财政对企业应拨付的建设资金不能及时到位，把缺口留给银行，于是专业银行办理了大量蚀本贴息的政策性信贷业务。

3.用银行贷款扶助陷入困境的国有企业

实行“拨改贷”以后，国有企业的资金由财政拨款改为银行贷款，国有银行承担了对国有企业的亏损补贴和资金支持，使国有银行的政策性贷款大量增加，由 1985 年的约 1858 亿元增加到 1997 年的约 19862 亿元。在对国有企业的流动资金贷款中，有很大一部分发挥着财政职能，如弥补企业经营亏损、支付职工养老、福利、医疗等基本保障。这些政策性贷款，银行不仅要贴息，很多还要蚀本。

4. 用银行贷款支付改革、稳定成本

如银行奉政府之命，发放各种"安定团结贷款""启动资金贷款""清欠贷款""救济贷款"等，实质上是银行在代财政部门或民政部门行使职能，这部分贷款绝大部分是有去无回的。

5. 用于支持地方各种支出

在经济转轨时期，地方经济建设和各项公共、社会事业都亟须发展，需要大量资金。本来许多项目的资金应由财政承担，但因财政困难，只能少拿钱或不拿钱，其缺口就转由企补或银行解决。而企业本身维持正常生产的资金都很紧张，最后只得由银行承担。

（四）道德风险助长金融风险扩大

长期以来，国有企业一直存在着预算软约束的痛疾。在计划经济体制下，其资金饥渴是通过财政拨款来满足的。1985 年实行"拨改贷"以后，企业由过去的"财政软约束"转化为"信贷软约束"。在预算软约束下，国有企业存在很大的道德风险，不顾风险，盲目投资，使得贷款需求大量增加。而对于国有银行，国家虽作为其出资人和所有者，但并不直接注入真实资本，而是以国家信誉为担保充作资本份额。表面看，担保代替注资减轻了公共财政的压力，但实质上预留了公共财政风险的隐患。相对于注资而言，担保不要求兑现，不存在量的界限，是个"无底洞"。担保代替注资对政府行为是一种软约束，易使政府产生一种幻觉，即只要国家信誉尚存，政府就可以继续控制国有银行实行金融支持政策。这使得政府通过国有银行进行的准财政活动不再受约束。正是这一点，为国有银行不良资产的生成在源头上创造了更多的机会。

随着经济改革的深化，在国有银行信贷自主权扩大、越来越看重自身利益的情况下，国有银行可以凭借国有产权优势（风险由国家承担）为追求自身短期收益而不顾信贷风险。这种收益和风险的不对称性引发了国有银行的道德风险问题。在不改变国有产权的情况下，国有银行的信贷行为越自主，引发道德风险的可能性就越大，相应地，就越容易滋生经营性不良资产。同时,由于政策性不良资产的存在,而且其与经营性不良资产在技术上难以区分,国有银行得以借政策性不良资产之名,行经营性不良资产之实。由此产生的不良资产不止损害金融的效率,还会危及公共财政。

在银行国有的体制下,国有银行没有控制国有企业不良债务向其转嫁的机制,也没有控制不良资产和防范金融风险的内在激励,这必然导致不良资产总量的增加,使更多的或有负债长期积累,最终形成公共财政风险。米什金指出:直接向国有企业发放贷款的国有银行不需要专长来解决使得金融市场低效运行的逆向选择和道德风险问题。在这里,米什金所指的道德风险是借款方,正如前面所指出的,贷款方即国有银行自身也存在着道德风险的问题。而且,由于国有银行的道德风险问题,导致不良资产总量的增加,最终以更多的或有负债的形式形成公共财政风险的隐患。

三、金融风险向财政风险的转化

由于金融风险向财政传导的环节较多,隐性、或有债务形式较多,对财政最终所承担的与金融风险相关的成本进行估计就比较困难。例如在中国,国有银行的准财政活动所积累的不良资产,多以或有隐性负债形式形成政府的债务负担,它的财政影响是不确定的。但可以肯定的是,一旦金融机构发生危机,隐含的或有负债将转化为政府的显性债务,最终会形成公共财政支出成本。

(一)金融风险财政化存在的问题

通过前述对金融风险财政化路径的分析,可以看出中国金融风险财政化存在如下问题:

(1)缺少风险分担机制,没有私人股东、社会公众来承担部分风险,虽然在金融机构倒闭、关闭中会有部分法人债权人承受一定损失,但这些法人债权人也基本是国有单位,最终所有风险也会传导至公共财政。

(2)在金融风险财政化过程中,主要是在不同财政负债形式之间来实现风险转移,“风险只是由左口袋转到了右口袋”,并没有最终化解。

(3)金融风险转移的环节较多,使得财政表面上承担的风险看起来并不多,因此会低估风险,难以贯彻谨慎性的财政原则。

(4)金融风险存在较多的转化形式,使得金融机构在风险处理上缺乏硬约束,缺少控制风险的压力,也比较容易产生“道德风险”。

(5)在金融风险传导过程中,关键在于控制金融风险的生成环节,这一问题不解决,金融风险还会源源不断地向财政传导。而中国到目前为止的各种金融风险财政化措施,均不能阻断金融风险的再生。这也是今后防范金融风险的重点。

(二)金融风险财政化的主要途径

这包括如下几方面的情况:

(1)股权无偿划转。为了控制混业带来的风险,1999 年国家对银行、证券、信托、保险实施了"分业经营、分业管理"的体制,并将银行持有的其他金融机构的股权做了无偿划拨的处理。

(2)追加注资。如 1998 年 3 月,财政部发行特种国债约 2700 亿元,用来补充国有独资商业银行的资本金,以加强国有银行的抗风险能力。2004 年 1 月,国家又动用外汇储备约 450 亿美元,向中国银行和中国建设银行注资。

(3)冲销呆账。例如 1997 年冲销了国有商业银行的呆账约 300 亿元,1998 年冲销了 400 亿元。

(4)间接减征营业税。通过缩短国有商业银行应收未收利息的计收年限,以减小国有商业银行的营业税税基。

(5)成立资产管理公司,将四大国有商业银行的不良资产剥离出来。

(6)债权转股权,将对有问题金融机构的债权转化为股权,以减轻原债务人的负担,使其得以继续经营下去。

(7)中央银行再贷款。为了化解某些金融机构的支付危机,并对其重组,中央银行往往需要增加再贷款支持,而中央银行贷款损失最终由中央财政补助。

(8)地方财政的支持。在处理地方金融机构问题时,地方财政也需要提供多种形式的支持。

(9)中央财政的直接补偿和暗补。某些被关闭金融机构的外债,由中央财政负责偿还,这些外债多为应付国际金融机构的主权债务。在处理被关闭金融机构时,接手其相关资产和债务的国有商业银行,在一定期限内,可减免上交中央银行的再贷款利息。

第三节　建立多元化的金融风险控制

金融风险的控制，是一种在损失发生之前，实施各种控制工具，力求消除各种隐患，减少金融风险发生的因素，将损失的严重后果减少到最低程度的方法。主要方式有避免风险、损失控制和分散风险。

一、建立多元化的风险约束机制和风险分担机制

中国以国有银行不良资产为主要内容的金融风险与公共财政风险有着密切的联系，从其形成原因看，这种联系是公共财政风险向金融领域的延伸，是国有银行等金融机构长期充当国家第二财政、承办大量准财政活动的结果。从其后果看，金融风险将以各种形式转化为公共财政风险，成为公共财政的主要风险源之一。而且，在金融风险生成环节缺少监督约束机制，在金融风险消化环节缺少分担机制，必然造成风险的膨胀、公共财政负担加重。因此，必须建立多元化的风险约束机制和风险分担机制。

(一)进一步明确政府与市场的关系

在市场经济条件下，市场是第一位的。实行市场优先的原则，只要市场能干的，就先让市场干，只有在市场干不了和干不好的情况下，政府才去弥补。搞市场经济，就要按照市场经济的思维方式行事，把“市场在资源配置中发挥基础性作用”真正落到实处，落实到改革的过程之中和各项决策之中，并使之制度化，进而最终建成社会主义市场经济体制。在市场化改革的过程中，政府的主观能动性不是表现在替代市场去行事，而是如何去“配合市场”，去“呵护”市场，去“培育”市场，去“完善”市场，逐步地让市场在资源配置中唱主角。但现在一些不应该有政府介入的领域也出现了政府的身影，由此产生了许多不应有的潜在债务。尤其是一些地方政府出于政绩和“形象”的考虑，依然有着不可遏制的投资冲动，盲目投资和重复建设把本来就很拮据的财力沉淀在无望的工程上。所以划清政府与市场边界是化解政府潜在债务首要的一环。同时，在政府内部还要明确中央政府和地方政府各自的责任，完善现行的分税制体制，按照“一级政权、一级事权、一级财权、一级税基、一级预算、一级产权、一级举债权”的原则，建造完整的分级财政，彻底解决事权与财权不统一的问题，以堵住地方政府因事

权和财权不对称"倒逼"中央财政的口子。

(二)理顺和规范银行与企业的关系

中国财政风险主要来自于金融领域,而金融领域的风险又与国有企业经营业绩不佳有着十分密切的关系。因此,深化国有企业改革,建立"产权明晰、权责明确、政企分开、管理科学"的现代企业制度是防范和化解金融财政风险的重头戏。国有企业改革的关键是要抓住产权这个核心:一是要围绕企业股权多元化,广泛吸收外资和民间资本,实现企业产权多元化。二是要做好深化企业产权制度改革与转化企业经营机制的结合,包括改革劳动用工制度,建立按劳动和生产要素相结合的分配制度等。三是要做好深化企业产权制度改革与完善法人治理结构的结合。严格按照《公司法》运作,明确股东会、董事会、监事会和经理层的职责,形成各负其责、协调运转、有效制衡的公司法人治理结构。四是政府要做好各项改革措施的配套工作,真正做到政企分开,使企业切实拥有经营自主权。

(三)建立多元的金融风险分担机制

打破由公共财政独自承担金融风险的局面,建立"利益共沾、风险共担"的多元风险分担机制。一是加快国有银行改革,转变经营机制,提高国有银行竞争能力、盈利能力,加强内部积累,增加资本规模,强化内部的抗风险能力。银行依靠自身承担风险损失既能减轻财政负担,也有利于银行对经营风险进行自主约束。二是通过国有银行的股份制改革,引入民间资本、国外资本,建立起由国内外股东以其资本承担金融风险的机制,强化股东对企业、银行的风险责任。三是提高储户、消费者、普通债权人等社会公众的风险意识和抗风险能力,使其承担一定的风险。

(四)建立金融风险生成的约束机制

一是进行国有企业、国有银行的产权改革,引入私人资本,加强对国有企业、国有银行的资本约束。二是转变财政、银行职能,加强银行对企业的信贷约束,财政对银行的信用约束。三是加强对国有企业、国有银行的监督管理,尤其是强化对国有金融机构的信用监督。四是加强法律法规建设,建立政府潜在债务监控体系,构建潜在债务管理的法律框架,将潜在债务风险管理纳入法制化轨道,对金融机构在资产负债管理、风险责任追究等方面进行法律约束。金融风险财政化模式的实质是对既存金融风险的事后认定,其具有明显的被动性。长期以来,中国只统计政府的直接显性债务，不考虑政府潜在债务，这实际上是回避了潜在债务所隐藏着的巨大财政风险。为了弥补这一风险化解方式的不足，有必要建立一套政府潜在债务监控体系，将事后的认定变成事前的监控。而建立政府潜在债务监控体系更重要的目的是在源头上减少潜在债务的诱发因素，防范潜在债务向显性债务的转化。立法将潜在债务风险管理纳入法制化轨道，当地方财政出现紧急情况时，从法律上明确中央政府向地方政府提供援助的标准和程序，杜绝地方倒逼中央财政的现象。

二、加快金融机构改革，健全金融风险内控机制

国有金融机构改革是防范财政隐性风险的基础。成功的国有金融机构改革，不仅可以降低金融体系的风险水平，建立金融风险的自我约束机制，而且可以多渠道消化、分担金融风险，降低金融风险对公共财政风险的影响程度。

(一)创造新型的政府与银行的关系

长期以来，中国国有商业银行与政府一直保持着十分密切的关系，银行不能自主经营，也就不能自负盈亏。国有银行存在严重的预算软约束，一方面商业银行可以无成本、无限度地利用国家信用的隐含担保，低成本吸收社会资金；另一方面，在国有商业银行陷入经营困境时，国家可以无休止地救助。预算软约束，使得国有商业银行没有退出压力，没有危机感，不能审慎经营，从而产生了大量的不良资产。因此，要梳理政府与国有银行的关系，政府不再充当国有银行的“婆婆”“老板”，不再参股新成立的各种银行，并尽可能地减少在现有银行中的股份，不再干预银行的经营活动。

(二)进行国有银行的产权制度改革

在股权结构改革上步子要迈得大一些，尽可能多地吸收民间资本、国外资本，引入真正有效的战略投资者，真正实现产权结构的多元化。通过发行股票、增发货币、注资、债转股、发行证券基金、动用外汇储备、引进国外战略投资者、推进资产证券化等多种途径筹集、补充资本金。这既可借助非国有股东的风险规避和赢利动机，大大强化商业银行的贷款风险意识，形成金融风险的内在约束机制；又可分解金融风险的责任，一旦商业银行风险管理失误，不良资产骤增，对于其最终造成的资本缺损，所有股东

（不仅是公共财政）都负有弥补的责任，这自然降低了银行金融风险对公共财政的影响程度。

（三）提高商业银行的经营管理水平

提高商业银行的经营管理水平，应从管理体制、经营机制方面为降低金融风险创造条件，要借助于商业银行的股份制改造，健全其内部的法人治理结构，引进监事制度、独立董事制度、股票期权制度等一切行之有效的现代管理模式，建立符合现代商业银行运行机制的经营信息披露制度。加强商业银行的透明度，公开银行的经营状况，尤其是公开包括不良资产比率在内的风险水平，通过透明化经营改善经营管理，接受社会公众监督，降低逆向选择的程度，提升资产质量。明确经营责任，继续硬化贷款风险管理制度和责任追究制度，建立与不良资产等级相称的责任追究制度，直至追究责任人的法律责任。练好内功，挖掘内部潜力，在战略规划、管理水平、人才结构、技术水平、创新能力、服务理念等方面提升竞争能力，而不能仅仅依赖于政府的扶持。

（四）健全金融机构的内部控制机制

很多金融机构的风险是内控不严、监督不力造成的。例如巴林银行倒闭、日本三和证券、中航油衍生石油产品交易危机，都是内控不严、交易人员权限过大、过度投机等造成的。因此，金融机构要增强风险意识，建立、健全内部控制制度，加强内部审计，正确处理加快业务发展、加强内部管理和防范金融风险的关系，及时发现、处理内部控制薄弱环节。

三、不良资产处置中减少对财政风险的影响

银行不良资产问题是各国共同面临的难题，它不仅是引发金融风险和金融危机的主要因素，同时也是形成公共财政风险和财政危机的因素之一。

（一）不良资产原因分析

一是战略规划缺失或执行不力条件下的低水平重复建设和投资，在全国范围内造成社会资源的浪费和恶性竞争，即经济学所讲的“合成谬误”问题，加剧了不良资产的形成。这种情况表明，改革开放以后，中央和地方发展经济的愿望强烈，并以经济发展指标作为政绩考核的主要依据，而由于

多种局限，政府及官员的观念和行为、中央和地方政府的事权划分、区域经济发展的统筹规划、社会资源的合理开发和增长方式的有效匹配等，还未能在科学的发展观下统一协调。二是产业总体技术含量较低，市场竞争力不强，相当部分的企业萎缩或破产。一方面，是由于世界科技革命发展迅速，对自我耽误的中国形成优势落差。另一方面，是由于中国原有企业的技术改造投入严重不足，改革开放后从国外引进的设备和技术多数属于输出国即将淘汰或不占优势的设备和技术。同时，缺乏相应的技术工人和高级管理人员，导致很多企业创新能力低下，不能适应经济结构的优化调整和市场的发展变化而走向调整、重组或破产，无力偿还银行贷款。在这一过程中，还普遍出现了悬空和逃废银行债务现象。三是银行和企业的经营管理水平效率和效益比较低下所造成的决策失误和资源的损失浪费。在行政权力配置社会资源并主导社会事务的条件下，委托代理制容易出现权、责、利不对等的所有者缺位和"内部人控制"并存的情况，内耗、不作为、乱作为、约束和激励不足、经营可持续性不强等现象比较严重，结果有相当部分转化为银行的不良贷款。四是在经济活动领域内的各个层次和环节中的违规和犯罪等腐败行为也是银行不良资产形成的不容低估的原因。五是会计制度和税收政策等因素，导致银行消化不良，贷款能力不足。

（二）要着眼于增量控制

减少新的不良资产的形成，减少财政隐性风险源。中国国有银行等金融机构的不良资产不仅是一个存量问题，不断形成的新的不良资产更值得重视。因此，必须加快政府职能转变，加快国有银行、国有企业改革，梳理政企、政银关系，从产权关系上进一步加强对金融风险的控制，企业和政府要形成贷款适用的风险约束和责任约束，银行要加强资产负债风险管理，加强内控，把防范风险放在经营的首要位置。

第一，解决坏债问题根本上要着眼于控制增量。也就是要着眼于体制改革，使坏债减少发生。只有坏债的增长得到控制，问题才可能解决，才能走出困境，否则便是陷入恶性循环，最终引发金融危机。这里的改革，最重要的是企业的改革和政府的改革，也就是"花钱者"的改革，否则坏债问题的根子将不会被拔除。银行本身的改革当然也很重要，从短期内看，首先要加强风险管理，尽可能减少坏债；从中长期看，要从根本上改变国有银行一统天下的金融体制，鼓励非国有银行的发展，发展银行业的竞争，从产权关系上进一步加强对风险的控制。

第二，"清理已有坏债"是不重要的。现有的坏债存量，是已经花出去了的钱，再清理也是收不回来的。在这种情况下，与其用政府支出的办法去清理坏债，不如使它们继续停留在企业和银行的平衡表上，反倒有利于保持对企业和银行的一种"改革压力"。否则，体制没有改，今天清理了明天又会冒出来。只有清理现有的坏债，着力于控制增量，存量的问题才能更容易地得到解决。

(三)要加强存量的化解

采取多种措施消化不良资产存量，减少不良资产处置中财政所承担的损失。通过资产管理公司、资本市场及金融机构等多渠道、多方式消化、处置不良资产，最大限度地恢复资产价值、减少损失，公共财政的负担及存款人的风险将降到最低限度。

一是不良资产处置形式的选择。针对不同资产的特点采取不同的处置方式，或是几种处置手段联合使用，例如债转股、资产重组、资产拍卖、资产证券化等多种形式。

二是不良资产处置时机的选择。国际经验表明，银行业不良资产的重组越主动、进行得越早，不良资产重组的难度就越小，成本也越低，反之，其难度会加大，成本也会提高，对国民经济的拖累就越大。例如，美国储蓄贷款机构的不良资产问题在20世纪80年代初就已经全面暴露，当时储蓄贷款机构的亏损只在100亿美元左右，但当时美国政府并没有采取彻底重组的方法，而是采取了放松管制的措施，制定降低其资产净值的要求和改变会计处置方法等拖延的方式。到80年代末，储蓄贷款机构全面破产时，其不良资产已经达到4000多亿美元，最后政府为资产重组付出的成本高达1500亿—1800亿美元。

三是在不良资产处置中，依法保护银行等债权人的利益，防止国有资产流失。做好对不良资产的接收、评估、处置等工作，清产核资、财务审计、资产评估、交易管理、定价管理、转让价款管理等工作必须严格按规定健康、有序、规范进行，特别是要防止企业悬空和逃废金融债务，区别对待，分类处理，堵住国有资产流失的各种漏洞。

四是建立不良资产处置的激励、约束机制，遵循市场化、绩效化、公平性原则，坚持激励与风险约束并重，充分调动员工积极性，提高不良资产处置的效率。

第八章　国外财政安全预警管理及启示

西方经济学家早在20世纪30年代，就对公司财务风险的预警模型进行过研究。Fitzpatrick最早发现，出现财务困境的公司其财务比率和正常公司的财务比率相比，有很大不同，从而他认为财务比率能够反映企业财务状况，并对企业的未来有预测作用。

第一节　国外公共财政安全预警管理的经验

无论是在中国还是在国外，无论是发达国家还是发展中国家，财政安全隐患都是客观存在的，具有一定的普遍性。现根据各国市场经济发展情况把全世界划分为工业国家、发展中国家、转轨国家三部分，并对各国防范财政安全隐患的具体做法进行详细评析。

一、工业国家的财政安全监测预警管理

几乎所有工业国家在进入20世纪90年代早期时，都面临严重的财政安全隐患。这从结构性预算赤字上可得到反映，七个主要工业国家1994年结构性赤字平均为国内生产总值的2.5%，而在较小些的工业国家中该比重就更高。由于大规模的财政失衡，政府债务持续急速上涨。1980年至1995年间，这些国家的平均公共债务总额占GDP的比重从40%增至70%。大多数国家，包括比利时、加拿大、丹麦、法国、德国、意大利、日本、荷兰、瑞典和美国，公共债务比率在此期间大约增加了1倍，而希腊和西班牙的比率增加了4到5倍。而最高债务国家，如比利时、加拿大、希腊和意大利的债务比率在1995年就已接近或超过了GDP的100%。如果考虑资金未到位的社会养老金负债，工业国家的债务形势则更令人担忧。

当代工业国家法律制度完善，财政收入稳定增长，其财政安全隐患的成因主要是支出增长更为迅猛。工业国家的政府支出从1960年占GDP的28%跃至1994年的50%，有一年瑞典曾达到GDP的69%，比利时、法国、意大利、荷兰和挪威曾达到GDP的55%。政府消费支出在1960年至1980年期间急剧增加，但自1980年以后占GDP的百分比基本没有变化。最大的增长是转移支付（包括公共养老金）、补贴和利息支付。1960年，工业国家的转移支付和补贴平均占GDP的8%，但1980年跃至17%，1992年达到21%。这种转移支付占法国、意大利、挪威和瑞典GDP的1/3。工业国家的利息支付占GDP的比例在1970年（1.5%）至1992年（4.25%）期间增长了两倍，甚至所谓"冷战"结束产生的和平红利也没有使得这方面情况有所改善。国防预算在以往10年已被大幅度削减，在美国尤其如此，但工业国家的平均储蓄约占GDP的1个百分点以上。因此，这一期间的和平红利主要被转移支付的增长吸收了。

为此，在多数工业国家，政府把防范财政安全隐患的重点放在削减开支上。如2011年8月，美国两党围绕提高债务上限问题达成一项削减联邦政府赤字的妥协方案，该方案分两部分执行：第一部分要求在十年内削减赤字9170亿美元，同时将公共债务上限提高9000亿美元，该项内容已经启动；第二部分是在国会成立一个"超级委员会"，由12名两党议员组成，负责在2011年11月23日前就第二部分债务上限以及削减1.2万亿美元以上赤字的具体内容提出建议。如果"超级委员会"未能达成妥协方案，美国将在2013年启动自动削减赤字机制，即在十年内对等削减国防等安全开支和国内其他项目开支共约1.2万亿美元。

"超级委员会"领导人于2011年11月21日发表声明宣布该委员会的减赤努力失败。声明称，经过艰苦努力，两党仍无法弥合重大分歧。奥巴马则表示，如果国会无法达成削减政府赤字的新方案，他将对修改自动削减赤字方案的做法行使否决权。他指出，避免启动自动削减赤字方案的唯一途径是国会重新努力达成一项"平衡的计划"，国会仍有一年时间来解决这个问题。奥巴马批评共和党不愿在增税问题上做出妥协，他认为，国会仍有太多共和党人拒绝听从华盛顿之外的理性和妥协之声，仍继续坚持不惜代价保护占人口2%的富人利益。目前两党在减赤问题上的主要矛盾在于共和党不愿在增税问题上让步，而民主党则不希望在社会福利计划上削减过多开支。美国联邦政府的公共债务总额已经突破15万亿美元，约相当于美国的国内生产总值。不断累积的公共债务已经成为美国经济的巨大挑战。

二、发展中国家财政安全监测预警管理

20世纪80年代以来，许多发展中国家的财政状况都有明显改善。如亚洲部分国家，中央政府财政赤字占GDP的比重在1983—1989年和1990—1995年期间下降了2个百分点。但就总体而言，发展中国家公共财政赤字仍居高不下，甚至部分国家的财政赤字在90年代初有所上升。而非洲地区的平均中央公共财政赤字率在1983—1989年和1990—1995年期间上升了0.5个百分点。据统计，许多发展中国家的平均赤字多年来一直占GDP的近10%。从长期来看，政府债务不可能以高于经济增长的速度增长，这种赤字是不可能维持的，它会使财政面临较大的风险。对于许多发展中国家来说，财政安全隐患主要是公共支出迅速膨胀的结果。造成公共支出超常增长的原因：一是政府通过增加国家干预加速发展经济和实现工业化的意图，扩大了财政支出；二是公共企业的亏损；三是准财政活动的成本；四是财政管理薄弱和公共部门缺乏财政责任；五是一些发展中国家，内战、政治不稳定以及地区紧张形势导致军事开支迅速膨胀，超出了财力的承受范围。

发展中国家在防范财政安全隐患过程中就许多问题达成了广泛共识，如财政纪律的必要性，货币和金融稳定的好处，经济增长和发展，以及限制公共部门规模和作用的必要性，并针对这些问题主要采取了一系列措施：

(一)发展国民经济

那些采取果断措施防范财政安全隐患、实行强有力财政整顿措施的发展中国家，经济增长明显。根据1980—1985年期间与1990—1995年期间财政调整的程度——财政平衡占GDP百分比的变化，对发展中国家进行分类，结果显示，在财政状况改善最明显的国家中，GDP在1990—1995年期间比1980—1985年期间平均高出40%以上。

(二)削减政府支出

对许多发展中国家来说，其决策者通常选择从政治角度看更为简单的方法，那就是削减资本性支出或在价格上升的情况下冻结公共部门的名义工资从而减少实际工资。当然一些国家还是成功地实施了广泛的公务员裁减计划。如在1987—1991年间，加纳就裁减了大约10%的公务员。

(三)实施民运经济

许多发展中国家在鼓励竞争、放松限制以允许民运部门与国有企业竞争的同时,实施了大规模的民运经济计划,减轻了财政负担。

此外,发展中国家还在改进税收结构和税收征管体系,取消对生活必需品的补贴、放松价格管制等方面采取了一系列行之有效的措施。

在防范财政安全隐患过程中,许多发展中国家公共部门提供养老保障的经验说明,发展中国家在实施养老金计划的过程中应该鼓励民运部门参与进来,以避免财政负担过重,因为公共部门的行政管理能力较低。如在赞比亚,一半以上的资金被用于行政开支。当然,要建立健全民运部门管理的体系,就必须加强金融体系和官方监管能力。

三、转轨国家的财政安全监测预警管理

虽然各个国家的具体情况相差很大,但是随着中央计划的瓦解,转轨国家大都面临着严重的财政挑战。

1992 年,在 26 个转轨国家中政府总赤字高于国内生产总值 3%的就有 19 个,其中有 10 个国家的赤字率超过了 10%,亚美尼亚、格鲁吉亚和塔吉克斯坦更是超过了 30%。随着财政赤字的增加,国家债台高筑,不但无力偿还旧债,而且还不得不借新债度日。例如,2012 年中国公共财政赤字预算为 8000 亿元,再增加 4000 亿元,达到 1.2 万亿元。但由于 2012 年除了财政赤字之外,还从中央预算稳定调节基金中调入了 2700 亿元,两项相加可支配总量达到 1.47 万亿元,所以 2013 年政府仍有可支配财力,且增加幅度在千亿元左右。①

俄罗斯 1998 年 6 月底的国家债务余额已占 GDP 的 44%,应偿付的公债本息占预算支出的 30%以上。特别是从 1996 年起,俄罗斯允许部分地方政府发行短期债券,进一步加深了其财政安全隐患。

因此,转轨国家随后大都进行了大规模的财政整顿,并在实现财政合理平衡方面取得了很大进展。1998 年,26 个转轨国家中有 16 个国家政府总赤字等于或低于国内生产总值的 3%。其主要措施有:

---

① 《2013 年我国财政赤字或增 50% 赤字总额将达 1.2 万亿元》,《京华时报》,2013 年 1 月 8 日,http://epaper.jinghua.cn/html/2013-01/08/content.1960778.htm。

(一)大规模出售国有企业

许多转轨国家在出售国有企业方面取得了显著进步。截至1996年底,克罗地亚、捷克共和国、爱沙尼亚、匈牙利和吉尔吉斯共和国,就将50%以上的国有企业资产转移到了民运部门。

2005年俄罗斯总统大选期间,普京在回顾俄罗斯的经济改革并阐明政治纲领时,再三表示与戈尔巴乔夫、叶利钦时期的“改革”彻底划清界限。他对叶利钦时期的经济政策进行了严厉抨击,指责当年的政治家打着改革的旗号出卖俄罗斯利益,不顾百姓的疾苦,厚颜无耻,疯狂敛财。普京称:“10年前,政治投机者控制了联邦会议和政府的关键席位,高官们为了迎合寡头而不惜损害俄罗斯的社会和国家的利益,把国家财产挥霍殆尽,腐败是他们进行政治和经济竞争的手段,导致我们负债累累,经济崩溃,人民生活水平成倍地下降。”

(二)实行市场价格自由化

实行价格自由化以及提高管制价格水平,为多数转轨国家大幅度减少财政补贴支出提供了可能。捷克共和国、匈牙利和波兰,补贴占国内生产总值之比从转轨前的12%—25%下降到1994年的不到5%。有些国家的补贴水平甚至低于工业化国家的水平。根据世界银行2006年的统计数据,从1980年至2005年,在新自由主义全球化和私有化潮流风靡全球的时期,一百多个发展中国家的平均经济增长率仅为0.8%,远远低于“二战”后发展中国家推行国有化、促进民族工业发展的年代的经济增长率,这与中国在同一时期8.1%的经济增长率不可同日而语。

(三)企银财务与政府分离

在迈向市场经济的过程中,许多转轨国家重新界定了私人与公共部门,并在这方面取得了很大进展。它们一方面取消了让包括中央银行在内的国有金融机构从事准财政业务的做法(诸如以低于市场的利率提供信贷或为清理拖欠融资);另一方面转移企业的社会负担。当然,政府通过按成本收费逐步取消了对一些服务和设施使用的暗补。如立陶宛在家庭取暖和供热方面就实行了按成本收费,节省了大笔财政资金。

(四)加强财政支出的管理

在市场导向的法律框架下,许多转轨国家在预算程序和政府财务管理方面进行了巨大的变革,如:白俄罗斯、哈萨克斯坦、吉尔吉斯共和国、俄罗斯、土库曼斯坦就建立了新的国库系统,集中管理和支付现金。转轨后波兰的外贸通过利用外资得以快速发展,但是,经济快速增长并未有效地降低其失业率,2005 年中期失业率仍然高达 18.7%,是欧盟中最高的。紧张的货币政策有利于对通货膨胀的控制。尽管经济快速增长有助于控制赤字水平,但预算赤字仍然是深受人们关注的问题。

(五)调整财政支出的格局

重新界定政府的职能同样意味着降低政府支出,将支出构成朝市场经济的格局调整。一是削减军费开支。二是削减政府公共投资。如在中亚国家和乌克兰,目前的公共投资水平不到非利息性支出的 2%(约合国内生产总值的 1%)。三是采取措施改革公共卫生和教育部门的组织机构和财务。在资金方面,政府采取一系列替代融资战略,其中包括资产转让,出让给民运部门或二者兼用。具体地讲,各国已转向以公共医疗保险为基础的多种融资体系,资金主要通过交纳工资税收和财政的转移支付筹集。例如在俄罗斯,雇主通过按工资一定比例交纳医疗保险基金为雇员投保,同时地方政府通过交纳基金为非就业人口投保。各地区和城市医疗系统的公共医疗费用,继续由各级财政预算直接弥补。融资改革为俄罗斯财政甩掉了沉重的包袱,同时卫生和教育支出的保持和增加也成为可能。

(六)改革政府间的财政关系

在中央计划经济体制下,地方政府仅仅是中央政府的下级部门。在改革进程中,许多转轨国家的中央政府都下放了权力,同时改革了政府间财政关系体系。多数转轨国家在中央政府保留决定税率和确定税基权力的前提下,赋予地方政府依据法律规定的标准自主支出和征税的权力。俄罗斯、格鲁吉亚和乌克兰等国家的地方政府就拥有很大的财政自主权。

第二节　国外财政安全监测预警管理的具体分析

一、美国的财政安全监测预警管理

美国是典型的发达国家。众所周知,它在预算管理方面的制度创新和实践具有典型性、示范性。同样地，针对近年来的财政安全隐患，它在制度建设和管理上也走在各国的前面，形成了一套较为成熟的管理模式。

（一）风险预算和对或有债务的控制

20 世纪 80 年代，为了应对政府或有债务和相关风险，美国政府采用了一种平行预算制度。尽管这种预算制度和常规预算制度是相分离的，但政府或有债务预算仍然是由国会批准的。这种平行预算制度限定了新授权贷款总量，并且分配给各个专门的项目和机构。这种分离式预算制度在 20 世纪 90 年代早期进行了合并。1992 年，美国政府又为直接和担保贷款设置了新的预算规则。这种规则的目的在于使各种支出方式中性化，使选择拨款、直接贷款和担保贷款之间没有差异。这是一种以成本编制预算的方式，类似于荷兰的现行体制。美国的这种制度只限于直接贷款和担保贷款的风险估算和控制，并不适用于其他或有债务。

在预算控制方面，总统预算管理办公室和国会预算办公室均进行预算展望，以便预测未来预算的盈余和赤字。不过，美国没有中期财政计划，这是因为总统和国会年年进行争斗。按照美国的预算制度，负债是基于授权而招致的，并不是因权责发生制而产生的。例如，社会保障资金是独立于预算之外的，其长期资金流动预测通常被用来决定其“生存能力”，但这种预测只是基于现收现付制度而不是基于权责发生制。直到 1998 年，美国才首次发布了综合性权责发生制公共财政报告和高质量的审计报告。由于会计和预算是相互分离的，美国的财政报告和预算没有联系。在美国，主要的债务是国家债务、退伍军人和联邦公务员的津贴，以及环境清洁费用。债务究竟属于直接债务还是或有债务，主要是基于对债务发生的可能性的评估。主要的或有债务是贷款担保，如住房和教育。或有债务是和承诺一起汇报的。1990 年的美国贷款改革法案提供了处理贷款的预算规则，即贷款或贷款担保必须基于资产的净现值，在估计政府成本时考虑贷款违约和相应的补贴。在对此进行评估时，政府机构的能力是关键。

（二）监控下级的公共财政安全隐患

美国在 20 世纪 70 年代和 80 年代，经历了许多重大的地方政府违约事件，如 1975 年纽约市债券违约、1978 年的克利夫兰违约还有 1983 年的华盛顿电力公司违约等。为此，美国政府间关系顾问委员会（ACIR）对地方财政危机问题进行了一系列的研究，并向各州提出了加强对地方财政的监控，以防止地方财政危机的建议。俄亥俄州采纳了该委员会的这一建议，并建立了“地方财政监控计划”体系，并且对该体系赋予了法律地位。在1979年通过、1985年修订的《地方财政紧急状态法》中，详尽地规定了这一监控体系的操作程序。

这一监控体系是上级政府对下一级公共财政状况的一种预警系统，以防止州以及所辖地方公共财政陷入更深的困境。

其具体的操作规定如下：州审计局是负责“地方财政监控计划”体系执行的机构。它工作的第一步是对地方政府进行财政核查，以确定地方财政是否进入紧急状态。其判断依据是，按罗列的三种情况，如果地方财政符合其中之一，则审计局应宣布该地方财政进入“预警名单”。这三种情况是指：

(1)应付款比例过高。这里有两个指标：一是在财政年度末，普通预算中逾期超过30天的应付款在减去上一年年末预算节余后，超过这一年预算收入的1/12。二是截止到财政年度末，普通和专项预算中逾期超过30天的应付款，减去普通及专项预算节余额后超过该财政年度的可使用收入的1/12。符合这两个指标的其中之一就属于符合这种情况。

(2)赤字的比率过高。即上一财政年度的总赤字，减去所有可被用以弥补赤字的普通和专项预算的资金，超过本年度普通基金预算收入总额的1/12。

(3)可用的财力不足。即财政年度末，地方政府金库所持有的现金及可售证券，减去已签出的支票和担保余额，其价值少于普通和专项预算的节余额，而且此差额超过前一年财政年度金库收入的1/12。

只要上述情况中的一种或几种出现，州审计局就应发布书面通告，宣布对地方财政进行监视。在州审计局确定上述情况不再存在，并宣布从“预警名单”中将其撤销前，该监控程序一直有效。如果州审计局发现该地方公共财政状况进一步恶化，并达到了“财政危机”的程度，则应将其从“预警名单”中移至“危机名单”。

为了判断该地方财政状况是否恶化，俄亥俄州的“地方财政紧急状态法”对此做了详细的描述，即确定了构成地方政府“财政危机”的具体条件，这些条件大致可归结为以下六种“测试”：一，是否有债务违约，即债务违约达30天以上；二，是否有工资拖欠，即未能在30天内支付雇员的工资(除非2/3的雇员同意延迟支付工资90天)；三，是否要求额外转移支付，即要求从其他地方政府向该地方政府进行税收再分配；四，是否有其他支付欠款，即逾期30天以上应付账款，在减去现有现金余额后，其结果超出前一年普通预算或全部预算收入的1/60；五，赤字规模是否过大，即预算总赤字减去可用于抵补赤字的预算余额，其结果超出前一年收入的1/60；六，现金短缺是否严重，即未承诺支付的现金和可售证券余额大于前一年预算收入的1/12。

在1979年至1985年间，根据这一测试条件，俄亥俄州曾有10个地方政府被宣布处于“财政危机”状态。

根据美国的财政危机法，只要一个地方政府被宣布为“财政危机”，该州就应该成立“财政计划与监督委员会”，由该机构对该地方公共财政管理进行监督和控制。在该委员会进行第一次会议后的120天内，地方政府的首席执行官(同时也是该委员会的成员)必须向监督委员会提交一份财政改革计划。这一计划包括：消除目前财政危机；消灭所有预算赤字；收回被挪用的投资基金和专项基金的资金，恢复这些基金的余额；避免今后出现财政紧急情况；恢复地方政府长期发行债券的能力。

“财政计划与监督委员会”的主要权力和责任是：(1)审查所有税收、支出和借款政策，要求其完全符合财政改革计划。(2)确保会计账目、会计系统以及财务程序和报告符合该州审计长的要求。(3)协助地方政府调整债务结构和发行债券。通过这套监控体系，中央财政对地方政府的财政状况进行了详尽的监控，帮助地方政府避免更为严重的财政问题，从而也避免中央财政自身陷入困境。但是，这套监控体系也还是有缺陷的：一是缺乏一定的前瞻性。这些系统所用的指标是过去的财政收入、支出以及债务，未能反映未来的趋势。二是缺乏完整性。监控系统的数据来源有相当大的局限性。它们的数据来自于传统的政府会计，即这些数据只反映了地方政府的现金流量和直接债务，而对地方政府的或有负债没有反映或反映甚少。

(三)美国两党的财政交锋分歧严重

自从2011年共和党重新夺回国会众议院主导权之后，共和党希望美国财政基调从“花钱”转向“省钱”，以解决美国所面临的中长期债务问题。而奥巴马总统所属的民主党政府则希望延续宽松财政政策基调，以确保在短期内降低失业率并提振经济增长。美国两党财政交锋至少有三个分歧点：

首先，联邦政府的2014财年从2013年10月1日开始，如果国会不能在此之前批准预算，联邦政府的非核心部门将要关门。

其次，医改是奥巴马执政第一任期中最重要的政绩，但这一改革遭到共和党极力反对。共和党控制的众议院在2013年9月20日投票通过的临时拨款议案中，禁止给奥巴马医改项目拨款，白宫和民主党掌握的参议院对此强烈反对。

最后，负责通过发行债券来给美国政府融资的美国财政部已经迫近16.7万亿美元的公共债务发债上限，如果国会不调高这一上限，美国国家债务可能面临违约风险。美国财政部长雅各布·卢就多次敦促国会必须在10月15日前后上调公共债务上限。而共和党人希望将调高公共债务上限与实施奥巴马医改延期一年等内容相捆绑。

（四）美国调高债务上限与临时拨款

在1917年之前，美国财政部发行每一笔国家债务均需得到国会批准。在第一次世界大战期间，为了方便美国财政部发债，美国国会于1917年设立了公共债务上限机制，即国会一次性批准财政部一定额度的发债指标，财政部可以在不超过该上限前提下，自行掌握发债节奏。

调高公共债务上限相当于国会为财政部发行国家债务设置了一个需要不定期审批额度的"弹簧门"，这也成为反对党要求总统进行财政改革的筹码。2011年共和党利用调高债务上限的时机要求奥巴马政府大幅削减开支，对此双方进行了长期博弈，最终造成资本市场剧烈波动，并导致标准普尔历史上首次下调美国3A级主权信用评级。

奥巴马强调，历史上美国的公共债务上限已经调高超过100次，共和党不应以此来要挟。但众议院议长博纳则表示，在里根、老布什、克林顿等总统任内，调高公共债务上限都曾与政府削减赤字的谈判相捆绑。

如果在新财年开始前，白宫提出的联邦政府年度财政预算未获得国会批准，国会将批准为期数月或数周的临时拨款议案，以维持政府短期运营，同时给两党的协商赢得时间。

众议院共和党人2013年9月20日通过一个为期两个半月的临时拨款议案，让白宫有经费运行至12月15日。而参议院多数党领袖里德2013年9月24日表示，他倾向于参议院通过一个为期一个半月的临时拨款议案，让白宫有经费运行至11月15日。

根据美国立法程序，在年度财政预算没有获批的情况下，参众两院必须通过完全相同版本的临时拨款议案并送交奥巴马签署生效，方可保证联邦政府免除关门危机。

（五）财政交锋白宫关门与债务违约

白宫关门在美国并非新鲜事。近三十多年来，有十余个年份美国联邦政府都因为两党预算争斗而出现或长或短的关门现象。在克林顿总统执政的1995年11月和12月，白宫被迫两次关门，其中第二次关门近一个月，美国大量民众因此怪罪共和党，这成为助力克林顿连任的东风。此后，美国两党都将白宫关门视为“红线”。博纳已经多次强调，共和党不愿因为财政交锋导致白宫关门。

美国国会研究所的数据显示，1995年12月至1996年1月初的白宫关门给美国造成了超过14亿美元的经济损失，约28.4万非核心政府部门职员停工，部分公共服务被迫延期或取消。

如果国会不在2013年10月1日前批准新财年的临时拨款议案，联邦政府的非核心部门将要关门，例如美国国家公园将会关闭，美国人申领护照等公共服务也将受到影响，但是总统核心团队、国会、军队、边防、公共安全等核心部门的运营不会受此冲击。

美国穆迪分析公司首席经济学家马克·赞迪2013年9月24日在国会作证时说，和白宫关门相比，美国发生债务违约的外溢影响将更大，其可能会造成房屋抵押贷款利率上升和股市承压，国际投资者将质疑美国的财政信誉，美国国有企业招聘新雇员的积极性将受到打击，银行发放新贷款的意愿将下滑，美国民众的日常消费将趋向谨慎。

二、巴西的财政安全监测预警管理

在过去的几十年中，巴西政府可谓步履维艰，其经济困难来自财政危机。在此期间，巴西经历了三次严重的地方债务危机，导致了中央财政的损失。在1998年债务危机后，巴西参议院签署了78号法案，明显加强了对地方借贷的监督和控制。地方政府借贷受到了严格的限制，其主要规定有：

(1)借款渠道的限制：地方政府不允许向该政府所有的企业和供应商借款。

(2)借款额度的限制：借款额必须小于或等于资本性预算的规模。

(3)新借款额的限制：新的借款不得超过经常性净收入的18%，偿债成本不得超过经常性净收入的13%，债务总额必须低于经常性收入的200%。

(4)借款信用的限制：借款政府的财政收入超过非利息支出(基础性盈余)。曾违约者不允许借款。

(5)政府担保度的限制：政府签发担保余额必须低于经常性净收入的25%。

(6)短期往来款的限制:短期收入预借不得超过经常性净收入的8%。

(7)新债券发行的限制:除展期以外,禁止发行新的债券。

(8)债券偿还比例限制:债券到期时至少偿还余额的5%。如果借款政府的偿债支出小于经常项目净收入的13%,则必须在债务到期时偿还10%以上的余额,或者将偿债支出提高到13%的经常性净收入。

1999年9月,巴西国家金融管理委员会又颁布了2653号规定,对地方政府向银行借款实行了一系列的具体限制。这项规定主要包括两个内容:一是授权中央银行以监管者身份控制商业银行对地方政府的贷款;二是授权中央银行具体执行参议院的78号法案关于对地方政府借款监控的条款。也就是说,所有向参议院提出的借款申请首先须交中央银行审查。中央银行在收到申请后的30天内对地方政府的财政状况进行分析,如果符合相关条件再由中央银行将其申请和中央银行给出的建议提交给参议院。根据分析,如果提出申请的地方政府有违反78号法令的任何一条要求的情况,中央银行便有权拒绝向参议院转交申请。

在这一套体系下,只有那些负债和投资均很少的少数地方政府才有权借款。当然,这个新体系也还是带来了一些新的问题。它一方面增加了政府间的干预,使地方政府反过来更加依赖中央政府。另一方面,新体系保留了参议院作为特例批准借款的权力,这里就隐含了一定程度的人为因素,并有可能加剧政治博弈。

三、哥伦比亚财政安全监测预警管理

在20世纪的下半叶,哥伦比亚开始放松了预算约束,由此产生了大量的或有负债。为此,该国的国家计划部于1999年改进了资产负债表。新的资产负债表要求同时列示明确的、现有的负债和隐性的、潜在的负债,以准确地反映日益增长的财政赤字情况。通过相关的统计和分析发现,哥伦比亚的财政管理制度存在着严重的缺陷,是导致大量或有负债产生的制度根源。

为了更好地测算或有负债,政府找出了形成或有负债的最大项目,把管理重点放在了这些项目上,并出台了包括评估、预算、存款计划、国家机构意外开支准备基金(contingency fund)等相应措施。评估的方法是哥伦比亚公共信贷理事会和国际顾问共同确定风险量化的方法,1个总的方法和4个分别与道路、能源、基础医疗、饮用水部门有关的具体方法。

评估的目的在于确定或有债务预期的现值规模,并按照风险来源和债务偿还安排来细分或有债务。这有利于扩展资产负债表，确认或有债务。在评估的基础上，政府制定相应的担保政策，对所承担费用进行量化并纳入预算之中。不过，债务偿还是要按照支出列入预算，而不是按照投资列入的。

从预算的角度来看，这种预算制度的变革导致预算列出的投资减少。公共信贷理事会批准的存款计划决定了能够提供给意外开支准备基金的存款规模和时间。这一系列的支付需要按照时限建立一个资产分布格局以抵销所发生的或有债务。这种安排能够确保资金的流动性，因而能够保证提供未来一两年内出现的或有债务的所需资金。

意外开支准备基金用于偿还或有债务，其资金来源于公共部门的出资或存款。基金中的存款按照项目和各自的风险程度进行划分。因此，不同部门的存款并没有被混同。如果不出现或有债务，或者或有债务不再上升，公共部门的资金要么被退回，要么被转用到其他项目上去。

哥伦比亚是美洲地区分权程度最高的政府之一，其地方政府总支出占全国支出的40%左右。在1993年以前，哥伦比亚地方政府的借款只需履行规定的手续而不受财政部的限制。在1993年，哥伦比亚出台了80号法案，要求金融机构监视地方政府的偿债能力。根据这一法案的要求，银行为地方政府贷款评级并监控用于地方政府借款担保的数量和质量。1997年，又出台了第358号法案，对地方政府债务做了具体的限制。其主要内容为：一是地方政府资金流动性指标限制，即地方政府的利息支出与操作性盈利之比；二是中长期债务可持续性指标限制，即债务余额与预算经常性收入之比。

四、新西兰的财政安全监测预警管理

新西兰对财政安全隐患管理的一个重要特色是建立了一套政府或有债务核算和报告体系，新西兰是目前世界上少数做到这一点的国家之一。新西兰在1994年通过了财政责任法，该法案要求中央政府在其年度和每半年度的财政报告中应当包括或有债务的报告，并连同其他报告一起提交给议会，并且要在大众媒体互联网上发表，公之于众。

财政法案首先强调的是公共财政的管理原则，即谨慎的债务水平，保持适当的政府资产净值以缓冲未来可能出现的不利因素，谨慎管理财政安全隐患，有理性预期和稳定的收入。净值是政府总资产与政府总债务的差额，不仅仅是财政资产和债务的差额。为此，政府建立了有关财政取向和长期财政目标，以及它们对财政原则的符合程度的政府报告制度，同时要进行类同于中期支出计划的财政经济展望和必要的选举前财政报告。

新西兰的年度财政报告是建立在权责发生制(accrual basis)基础之上的，反映会计和预算的现实。财政报告中的或有债务报告明确区分了可以计量的(显示最大规模)和不可计量的，涵盖了国有企业的所有或有债务，并且说明了或有债务的总规模和探讨其发生的概率。与此同时，还用分立的财务报告分别显示每个部门和机构的详细或有债务。债务包括了公务员年金计划的缺口，但没有包括所有年金计划的缺口。

财政报告阐述了从前一个财务报告以来的或有债务变动情况。所有财政报告的内容，包括或有债务都需要经财政部证实。政府各个部门的职责是保管一个记录或有债务的账簿并且保证其完整性和真实性。这些或有负债的覆盖范围包括新西兰储备银行(中央银行)、国有企业以及王国政府机构(中央政府的预算内机构)。报告中所含的主要或有负债项目的解释如下文：

对担保和赔偿的解释是：政府为地方政府或企业在国内外借款提供的担保；来自私人公司和个人的有关财产坏损或价值损失的索赔要求；政府提供的存款保险。

对未缴资本的解释是：政府对国际金融机构(例如亚洲开发银行、欧洲复兴开发银行和世界银行)的未缴认的股款。

对诉讼程序和纠纷的解释是：政府机构(例如政府部门、警察、军队、税务机构、社会福利机构等)和国有企业由于在诉讼判决中败诉而可能被要求支付的利息和本金。

对其他可量化的或有负债的解释是：政府机构补助和赔偿的履约部门的或有负债；公民由于人身伤害向政府要求的索赔；政府向国际金融机构签发的应付票据；向国有企业要求的其他索赔。

除上述可量化的或有负债之外，中央政府还必须提供其他无法量化的或有负债的详细资料。

新西兰通过对或有负债的报告，弥补了政府会计只能反映地方财政现金流量和直接债务的不完整性，为全面监控地方财政安全隐患提供了有效的制度保证和技术操作手段。

五、捷克财政安全隐患监测预警管理

与新西兰一样，捷克共和国也是对或有负债建立了核算和报告体系的少数几个国家之一，该国以其预算的平衡而著名。但是，大量资金的预算外运行又是该国财政管理上的一大特色，其或有负债也主要以某些机构借款的形式在预算外累积起来。这些机构将其所借的资金用于公共项目投资或政府支出，其形式包括政策性贷款、购买资产、利息支出等。这些职责的主要承担者分别是：联合银行、捷克投资公司和国家不动产基金。这些机构以发行债券和向国有银行借款的方式筹集资金。

1999年中期，捷克政府开始建立一种监测预算外债务和后续性财政安全隐患的制度。捷克共和国通过对政府或有负债的量化估算，弥补了预算会计难以反映的或有负债项目，也很大程度上解决了由于预算外资金大规模运行可能引起的信息不全面的问题，降低了中央财政的安全隐患度。捷克共和国还根据预算外担保造成的对预算的冲击，以及可能由此造成的更大的财政安全隐患，区分了隐性的担保和显性的担保，建立了财政安全隐患矩阵。

捷克共和国对财政安全隐患的管理，还包括对真实赤字（True fiscal deficit）的测算。其方法是通过明确“隐性”赤字的涉及部门或项目，对“隐性”赤字来源进行数量汇总。该国所确定的“隐性”赤字主要包括两个方面：一是由特殊的预算外机构和国家财产基金（NPF）所花费的支出；二是通过政府担保的隐性补助。可见，由于前述构成“隐性”赤字的两个因素的存在，捷克共和国的预算承担了相当大的压力，这可以从前些年已经发生的相关机构请求预算补助得以证明。如在1998年KOB银行机构损失了144亿捷克克朗，国家为此增发债券予以弥补。该机构在之后的两年中，申请预算补助已经达到了800亿捷克克朗。而且由于新计划的实行，这类预算申请将会继续。政府担保也有同样的情况。近年来的实践表明，捷克政府每年用于满足政府担保的预算申请需要几十亿甚至几百亿捷克克朗。以这两个因素为主的“隐性”债务，最终可能使政府债务扩大。因此，捷克共和国重视对这些“隐性”债务的测算和评估，对防范中央财政的风险是非常有益的。

六、匈牙利的财政安全监测预警管理

相比之下，匈牙利是一个政府支出负担较重的国家，其财政安全隐患管理所担负的任务也显得较重。但是，匈牙利政府的财政安全隐患管理在一定的原则和一整套透明的方法下，取得了较好的成效。

匈牙利政府在财政安全隐患管理中遵循谨慎的指导思想，坚持两个原则：一是重视对隐性债务的测算与管理；二是在预算框架允许的范围内承担新的风险。这样，一方面是对政府债务这一隐性风险有了较为全面的掌握，另一方面对新的公共财政风险有了预算限制。

在缓慢的民运经济改革进程中，匈牙利在出售国有资产时，也表现得相当谨慎。具体体现在：要求现金购买国有资产，而且是逐一出售；国有资产管理局在出售时不保证民运经济企业未来的财务状况；政府虽然承担了一定的担保，但同时保留了一定的储备基金。所有这些，都使匈牙利在民运经济改革过程中有较为稳定的财政状况。

匈牙利对财政安全隐患管理的一个明显特征是具有较高的透明度。这一点既在民运经济以及对民运经济收益进行利用的过程中得以表现出来，也在重建养老金系统这方面得以体现。他们在民运经济过程中进行现金出售，而且将其收益主要用于归还外债，使资金的来龙去脉十分清晰，避免了“暗箱操作”，也使外债风险得以降低，可谓一举多得。

养老金是匈牙利最大的一项隐性负债。重建养老金系统，使政府认识到了原来没有充分显现出来的成本。养老金改革的主要做法是要求新工人到一个全额积累、私人管理的养老金系统注册，而对于原有的工人给予不同的选择：留在原来的政府管理的养老金系统，或转移到新的系统。这样一来，如果许多工人选择转移到新系统，旧体系中的养老金积欠就需要现在偿付，这加大了短期财政压力，但却减轻了以后的财政负担。为了让这项改革顺利进行，政府对进入新系统既做了限制，也采取了相应的鼓励手段。所谓限制是规定只有47岁以下的工人才能选择进入新系统；所谓鼓励是对选择进入新系统的工人承诺其获得的利益至少将等于由旧系统所支付的养老金。这种做法，既考虑了短期内的财政所能承受的压力，也保证了有一定规模的人员进入新系统，确保改革的成效。同时，政府通过在预算中设立相应的专门基金，以保障到期养老金的支付。

基于上述指导思想及其相应的做法，总的来说，匈牙利在转轨时期的财政安全隐患管理是卓有成效的。但是，由于政府主导型的改革，该国政府的财政安全隐患还是相当大的。主要体现在：

(1)预算约束力不够强。

(2)政府在许多情况下成了风险的主动承担者。

(3)政府的公共开支负担过重，债务比率过高，制约着政府负担隐性债务的能力。

(4)政府面对着包括金融部门、私人企业、私人金融公司在内的多种隐性负债，甚至一些过去并未显现的隐性负债正在显现出来。如何减少在转轨时期政府所承担的财政安全隐患，是该国现在必须继续面对的问题。

七、保加利亚财政安全监测预警管理

保加利亚财政部最新数据显示，截至 2013 年 9 月底，保加利亚政府债务总额 66.72 亿欧元，相当于保加利亚当年预测 GDP 的 16.3%，比 2012 年年底下降了 1.3 个百分点，处于较低水平。其中，内债总额为 29.93 亿欧元，相当于保加利亚当年预测 GDP 的 7.3%；外债总额为 36.80 亿欧元，相当于保加利亚当年预测 GDP 的 9.0%。外债中政府债券总额为 17.54 亿欧元。同期，保加利亚政府担保债务总额为 4.27 亿欧元，相当于保加利亚当年预测 GDP 的 1.0%，也处于较低水平。①

(一)保加利亚政府的财政负债状况

保加利亚未来的财政形势或许会经历短期的震荡。这是因为，即使在成功完成了 1992—1994 年的重组以后，保加利亚仍然是中东欧债务最为沉重的国家之一，且大多数债务是长期的。在保加利亚的债务中(占 GDP 的 83%)，大约 90%是外债，其中接近一半的外债是布雷迪(Brady bonds)公债，其余的大多数是向国际金融市场的借款，是利率浮动的美元债务。高额的债务成为其财政脆弱性的重要原因，威胁着国家信誉，阻碍其进入国际金融市场。保加利亚面临的财政安全隐患主要是外债风险、经济转轨与重组的社会经济成本，以及与基础建设和能源相关的“投资需求”成本等。

一是外债。大多数美元外债是采取浮动利率的，不仅外债偿付的数额庞大(大约占出口商品和服务的 2%—22%)，而且期限结构不合理，缺乏灵敏性，很容易产生偿债高峰，造成再融资的风险和困难。尽管保加利亚的美元出口可以暂时确保外债偿还问题，但短期外汇变动的敏感程度明显增加，利率风险很大。国际金融市场上拆借利率上升 1 个百分点，将在 2000—2004 年间增加 7000 万—8000 万美元的年度偿还额。如果增加 3 个百分点，将会使其外债年度偿付率超过 25%的国际警戒指标。

二是经济转轨和重组的社会经济成本将成为另外一个财政不稳定的因素。这些财政压力更多地是由国有企业的融资和环境债务引致的，政府在结构重组、民运经济和清理国有企业资产时不得不承担起来。

---

① 《保加利亚主权债务风险仍处于较低水平》，商务部网站，2013 年 8 月 14 日，http://fwmys.mofcom.gov.cn/article/i/jyjl/m/201308/20130800246370.shtml。

三是环境以及和环境相关的基础建设。网络和能源建设同时也引发了大量投资需求。这是保加利亚加入欧盟所必需的。到 2015 年,环境总支出大约需要投资 85 亿美元,是保加利亚 1999 年 GDP 的 69%。这意味着政府每年需要投入 5 亿美元。

四是从中期来看,保加利亚政府就面临着日益增长的养老和健康支出压力。不过,这或许可以通过改革得以减缓。可是,养老金和医疗健康改革会产生巨大的转型成本。如果改革的话,政府的赤字将增加 2%左右;如果不改革,成本更高。政府在 1999 年开始对养老金和医疗健康制度进行改革。养老金改革的目的是通过削减机构、完善制度,实现可持续发展。在医疗改革中,1999 年建立了一个医疗保险基金,任务是将卫生保健服务承包给私人和公共医疗系统,以促进二者之间的竞争。通过改革,政府承担了相应的成本,保留了传统的现收现付制,将养老金系统转变为一个新的、由基金组成的系统。

至于隐性债务,保加利亚的规模也不小,不过与希望加入欧盟的其他中东欧国家相比,还是相对轻缓的。政府对国家担保持谨慎的态度。目前,保加利亚政府担保规模约占 GDP 比重的 17%。其中,9%实际上是欠 IMF 的债务;国内担保中有 4%在 2001 年到期;其余的 4%可能在 2004 年之前造成财政损失。另外,为了促进民运部门的发展,政府担保的负债机构,如国家农业基金、出口保险机构、商业促进银行(business promotion bank)均有负债,不过目前其规模较小,不构成威胁,但可能会在未来产生较大财政压力。

(二)保加利亚的监测预警防范措施

从 1997 年起,保加利亚成立了货币协调委员会,强化了借贷和担保的限制,不允许国家银行(the National Bank)从事准财政活动,增强了财政的稳定性。货币协调委员会谨慎地控制了来自欧元债券市场的贷款。后来的俄罗斯和科索沃危机推动债券收益率曲线上扬的事实证明保加利亚采取的谨慎借债战略是成功的。在通常的 4 种公共部门赤字筹资的方式中,即发行货币、消耗外汇储备、对外借款和发行内债,货币协调委员会排除了前二者。这样,内、外债和偶然性收入(如民运经济收入)就成为政府赤字筹资和应对突发性支出的手段。不过,这样一来,在稳定财政的同时,也制约了财政手段的运用。

在金融部门,1996—1997 年的恶性通货膨胀和经济危机,以及随后保加利亚国家银行采取的应对措施,有效地清洗了银行部门。接下来的改革措施限制了存款损失和银行破产可能造成的政府显性和隐性债务。从那时起，政府便建立了一个有效的监督制度控制银行的流动性风险和利率风险。银行组合贷款的质量和外汇风险可能会造成一些风险，但不会突出财政安全隐患。

自 1998 年起，保加利亚全面强化了其债务管理能力。其中的一个步骤是：财政部统一了债务管理职能，由政府债务司专门管理。该部门包括专门来管理和追踪债务、担保和转贷的单位。作为政府的财政代理机构，保加利亚国家银行组织政府债券的发行拍卖和发展二级市场。国家银行和财政部一直在努力提高其债务监控体系的效率。国家银行监控内外债，财政部设有专门的债务数据库，涵盖了包括国家担保在内的整个政府债务。

贷款担保的情况是：保加利亚政府建立了一个调控担保的制度。特别是政府出台了担保登记制度，所有担保都要登记并且注明收益人、贷款人、项目名称、规模、币种和债务偿还期限等，还要发布与政府债务相关的未清偿担保规模的信息。政府也集中了新的担保的审批权限，要求每个担保都要由行政和司法部门、行业部门和财政部审阅和同意。最后，新担保项目经内阁通过和国会授权。不仅如此，保加利亚对担保的总量也进行了限制。根据 1997 年的 482 号法令，每年提供的担保，按照面值计算，不超过预期财政收入的 20%。后来，又将这种限制改变为按照未清偿担保债务的总规模不超过 GDP 的 20%计算。这使得财政预算在控制总规模的前提下，每个财政年度的新担保规模较为机动了。而且，这种相对宽松的担保总量限制措施也放松了对储备的要求。迄今为止，政府一直保持着谨慎储备的政策。担保储备金按照担保债务偿还额的一定比例体现在国家预算中，1998 年和 1999 年的比例分别为 50%和 20%。

保加利亚政府担保的不足是：政府担保了全部风险，而不细致考虑这些担保的具体情况和债务人的总负债额。这很容易产生借贷双方的道德风险。

保加利亚的市政府允许借款，但市政借款不得高于其年收入的 10%。其中，按照上一个月收入的 10%可以以短期无息借款的形式从中央预算借入，其余部分，可以向商业银行和其他市政府筹借，这些借款可以申请国家担保。还有，根据金融市场的发展形势和经证券交易委员会的同意，市政也能发行公债。现行法律没有明确这些公债是否受总体债务规则管束。从南美的经验来看，包括阿根廷、巴西和墨西哥，市场往往认为市政公债隐含着国家担保。如果出现违约现象，市政公债的扩张无疑会增加财政压力。就中央政府而言，市政担保和其他市政负债都会增加中央政府的财政安全隐患，而现行法律也没有管束这些情况。目前，保加利亚政府正在修补这些漏洞。

总的来说，保加利亚政府管理财政安全隐患的制度安排在许多部门是有效的，国会也能很好地审查隐性债务并及时向公众披露信息。未来的财政压力或许会来自法律的漏洞或政府试图包揽所有担保的风险。当然，政府还需要提高对财政安全隐患的识别、分析、减缓和管理等方面的能力。保加利亚政府现在还没有充分意识到其风险的规模和降低风险的急迫程度，并且，如果不实施新的方法，比如公私分享风险机制，或有债务可能会对市场经济产生负面作用，也会对未来政府预算产生不利影响。

八、印度尼西亚和泰国财政安全管理

印度尼西亚和泰国属于那些受 1997 年金融危机打击最大的国家，它们经历了政府或有债务向实际债务的快速转变并为此付出了高昂的代价。印度尼西亚和泰国的政府债务在 1997—2000 年间增长了 3 倍多(韩国和马来西亚的情况也极为类似)。大部分债务来自金融部门的政府隐性担保(为银行部门的注资成本)，来自政府对能源和公路的显性担保，来自政府对企业的到期信贷担保。尽管政府在危机后处理了许多到期债务，但新的财政安全隐患也由此显现出来。

(一)印度尼西亚的财政安全隐患管理

印度尼西亚的政府债务由 1997 年金融危机前的 530 亿美元(占 GDP 的 23%)上升到 2000 年的 1340 亿美元(占 GDP 的 30%)。债务增长量的近 3/4 是因金融危机造成的新的内债。政府发行了 720 亿美元公债为银行注资和补充印度尼西亚银行(Bank Indonesia)的流动性贷款。这是弥补过去失误的“欠账”，而不是由新支出引起的。近年来，印度尼西亚用于还债的本息负担超过政府收入的 40%，由于近一半的债务是外币债务，而且国内债务的利息和市场利率、通货膨胀挂钩，所以存在着严重的风险。因此，国内利率上升、货币贬值、通货膨胀等因素变动产生的新债务将明显增加政府未来的负担。

2000—2001 年出现的政治和经济不稳定，使得印度尼西亚的财政安全隐患更加复杂化，这需要制定一个解决财政安全隐患的制度办法。由于政府债务管理的职能被分散在财政部和印度尼西亚银行等几个部门中，以至于连收集和分析政府债务偿还情况的工作都难以完成。因此，政府决定在财政部成立一个统一的债务管理办公室，并委托其管理政府的各种债务。为了在政府债务和财政安全隐患管理方面形成自己的战略和应对能力，政府债务管理主要考虑下面三个原则：

(1)经议会同意，内阁在债务管理中选择优先考虑的目标，如债务偿还成本的最小化或财政安全隐患的最小化等。

(2)债务管理办公室形成一种分析债务管理目标选择集和可能的后果的办法。

(3)债务管理办公室在政策选择和不同意见中给政策制定者提供可行性建议。

(二)泰国的财政安全隐患管理

泰国的或有债务是依据法律和合同产生的债务(主要包括债务担保和国有企业的其他债务)和因价格支持承诺的支出。主要进行了：(1)金融机构发展基金债务。该机构是由泰国银行建立的，它发行公债为金融机构注资、提供流动性支持和弥补存款保险缺口。按照金融机构发展基金的估计，财政部门需要提供 1.1 万亿泰铢来偿还债务和支付经营费用。世界银行的估算数字是 1.1 万亿—1.4 万亿泰铢之间。(2)预算外基金债务。(3)泰国银行可能产生的资产净负值。国有企业的亏损、非担保债务、拖欠和延期费用等。政府为大多数非金融企业和特定金融机构的国内外借款提供担保。1999 年底，担保债务的总量超过 1 万亿泰铢。(4)地方政府的或有债务。

泰国进一步加强了其财政部公共债务管理办公室应对政府风险的能力。新的法律授予公共债务管理办公室的职责是分析和积极管理所有的政府债务，包括直接的和或有的债务。主要职责具体为债务偿还预测、现金管理、风险管理[1]；就如何处理或有债务方面，对政府各部门实施监控并提供相关建议。

公共债务管理办公室配合泰国银行，为政府制定出一个综合性的中期财政债务管理和风险管理计划，随后经政府批准由公共债务管理办公室负责执行。除了公共债务管理办公室外，政府还进行了更加广泛的制度协作来支持政府风险管理。例如在处理政府或有债务时，公共债务管理办公室需要和政府以及泰国银行等几个机构和部门密切配合。公共债务管理办公室在数据收集和信息处理方面需要依靠审计总署、财政计划办公室和预

① 风险管理：对货币、利率、资金提供、再贷款等的风险进行管理。

算办公室的合作。对于金融部门的或有债务，公共债务管理办公室需要听取泰国银行和金融机构管理基金的意见。而且，为了确保相关信息的准确获得，财政部已经变革了国有企业、预算外基金和其他公共事业单位等政府机构的财务报告制度。最后，财政部出台了关于国有企业和其他公共事业单位的风险披露和财政安全隐患管理的指导方针。这些指导方针会帮助政府更好地保护国有企业的权益，防止出现意外损失。

九、南非公共财政安全监测预警管理

作为非洲大陆最大的经济体，南非国内生产总值约占全非洲国家经济总量的四分之一，在过去相当长一段时间里，南非都被称为“非洲经济巨人”，矿业、制造业和农业是南非经济的三大支柱产业。在过去近二十年的时间里，南非的经济年均增长率达 3%，2005 年至 2007 年更是超过了 5%，截至 2012 年，南非的国内生产总值是 1994 年的 7.4 倍。此外，2003—2008 年，南非的贸易总额平均同比增速也超过 21%。经济的高速增长，完善的金融、法律体系，加上开放的经济环境，促使外资不断涌入南非，成为拉动南非经济的重要动力之一。不过，流入南非的外资，用于直接投资 FDI 的很少，80%以上都进入了证券市场。

(一)财政风险管理框架

南非的财政安全隐患管理既包括宏观框架，也包括微观层次的管理条款。

1. 宏观层次的管理框架

宏观层次的管理框架包括：

——为了确保会计负责而实施的财政管理全透明制度，没有遵循会计报告制度要求的行为被视为犯罪。

——能够提高透明度和可预见性的中期支出框架。

——政府间财政安排，涉及对省级政府借款能力的宪法限制措施和中央政府对省级政府发生的未经授权支出的干预权力。

——对国有企业借款的协调和监督职能。

——对银行和金融部门的管制环境，以使财政免受系统性风险的威胁。

2. 微观财政安全隐患管理框架

微观财政安全隐患管理框架包括：

——量化所有金融资产和负债。

——清晰区分或有债务和实际债务。

——严格规制担保行为：在政府无权直接管制私人机构时，不得对私人机构担保；另外，在以下情况下可以提供担保，即政府按照国际条约负有责任时，以及外国贷款涉及国家利益时。

——为了限制担保行为而收取担保费。这也使国有企业能够在同一平台上和民运部门竞争。

——通过设立财政管理法案明确充分的会计责任、清晰的报告责任，以及采用权责发生制会计，包括合并报表。

——在风险承受能力的基础上，划分国有企业不同类别来管理隐性公共财政风险。例如，为民运经济而重组企业；对公共事业采取全成本定价使补贴透明；保险商收取与风险相关的溢价。

（二）监测预警管理方法

南非用财政安全隐患矩阵来识别风险，并列出了一些可行的救助政策措施。

在南非，负责该项责任的政府机构认识到：努力填充风险矩阵中的每个风险项目，可以使政府意识到以前可能一无所知的重要财政安全隐患。

公共账户系统一般只能识别直接债务，不能识别或有债务。国际会计师联合总会（IFAC）1998 年的公共财政报告指导草案 443 段认为：在公司财务报表中，“承诺和可能发生的事情是不能精确鉴定和识别的项目”。债务的精确定义是“由过去事件产生的公司现行义务，履行这种义务将导致资源的流出”。根据 IFAC 的定义，一项在财务报表中能够被确认的债务只有出现在“它可能导致资源的流出……将会由现行义务的履行引发且数额是在履行过程中能够确实地测量的”的情况下。或有债务不能满足这些标准，因为它们是依赖于未来而不是当前的事件，而且现在不能确实地测量。

十、亚美尼亚财政安全监测预警管理

和其他低收入国家相比，亚美尼亚在 20 世纪 90 年代的后半期宏观经济绩效不错，这特别体现在汇率和公债方面。在整个 90 年代后半期，亚美尼亚的外债仍处于可控状态，而且，在 2000—2002 年间，其债务状况有明显改善。在低收入的独联体国家中，这算一个奇迹了。

(一)总体财政安全隐患状况

2000年,亚美尼亚外债净现值对出口商品和服务价值的比率为135%,对中央政府收入的比率是177%,而2002年该指标分别为102%和167%。同时其公共财政系统没有受到诸如易货贸易、养老金和其他政府欠债等地区性问题的影响。人们对亚美尼亚预算赤字的估计事实上高于同期对与亚美尼亚相比较国家的估计,而这一原因的解释基于这样的事实:在亚美尼亚,隐性的预算外赤字比其他CIS国家要低得多。亚美尼亚比其他一些经济体更成功之处在于全面减少了准财政补贴,并且将其中相当大的部分纳入经常性预算内管理。这被证明是改变宏观经济趋势的一个重要举措。

亚美尼亚基于权责发生制的合并预算赤字,在1997—2001年间,从以前约占GDP的8%下降到约占GDP的5%。和常规赤字指标相比,政府在1997年对预算赤字做了重要调整,几乎消灭了隐性赤字。但在随后的两年,情况不是很好。1999—2001年,精算赤字水平虽然低于1995—1996年的15%,但仍然接近GDP的7.5%。不过,重要的是隐性赤字自1999年后急剧下降了,并在1999—2001年间维持很少的量。精算赤字的结构也发生了变化,1995—1997年,对外借款占主要部分,之后逐步实现了多样化。

1997年,亚美尼亚主要通过电力部门的改革,对改善公共部门的预算平衡起了关键的作用。尤其自1999年以来,按权责发生制计算的赤字和精算赤字下降速度非常快,同时,这两个赤字指标在整个90年代已经相当地靠近。1995年按权责发生制计算的赤字与精算赤字的比率为1.9,到1997年为1.3,除1998年上升为2.2外,1999年、2000年又降为1.2,2001年为1.3。这意味着未计入预算(包括货币供应)的公共部门运作的合并赤字和公共部门正积累起来的财产(如亚美尼亚中央银行积累的外汇储备)相比已不那么巨大了。通常的财政分析低估了这种赤字状况的改善,原因是忽略了亚美尼亚当局迅速增加的外汇储备。1995年其外汇储备为1.095亿美元,占GDP的8.5%;到1998年,已上升到3.406亿美元,占GDP的17.9%。将外汇储备积累纳入考察范围,对于分析公共财政状况来说,是非常重要的。

(二)亚美尼亚财政监测预警管理的结构

这里主要包括隐性补贴的现状,准财政补贴现状与或有负债的现状。

1. 隐性补贴的现状

一是低利率的软预算信贷(soft low-interests budget credits)已经成为政府对苦苦挣扎的国有企业提供隐性支持的一条主要渠道。大多数情况下,这些信贷没有偿还,而是被政府一笔勾销了。该类信贷大部分投向国有能源和公用事业公司,作为其对用户提供具有准公共补贴性质的低价格服务的一种补偿。事实上,这些信贷代表的是传统的预算补贴,应该重新分类并如实列入政府预算账户里。

二是欠税是隐性补贴的另一种重要渠道。亚美尼亚的欠税水平尽管在CIS国家里算是低的,但也构成财政的一项主要负担。1997—2001年间,该类欠款尽管有些被核销了,但年均欠税增长率接近GDP的1%。亚美尼亚的欠税集中在一些纳税大户,到2001年底,30个最大债务人欠税收总债务额的47%和养老基金总债务的56%。能源部门的税收债务总计大约占税收债务总额的1/3。

三是民运经济收益的使用。亚美尼亚政府通过经常预算程序使用了民运经济收益,而且,从特别民运经济账户支出的资金大部分用于每年由预算法律批准的公共投资上。可是,1998年亚美尼亚天然气配售网络公司民运经济就是以天然气与普通股置换的方式重组的,其收入没有纳入公共财政系统。事实上,这是政府近年来最大的隐性补贴。作为一种支付手段,天然气配售公司给政府提供为期4年的天然气服务。同时,政府将该公司提供的天然气作为免费资源提供给电力部门以支持热电厂的电力生产。如果按照市场价格,该补贴的总值约1.237亿美元,平均每年补贴额相当于1998—2001年GDP的1.6%。

四是政府对外借款以支持电力、公共事业部门公司的运作。进口能源而导致的债务是20世纪90年代亚美尼亚外债总量增加的一个重要原因。大约一半的非优惠双边债务,总共大约有800万美元或占GDP的4%,来自能源部门。

2. 准财政补贴现状

正如其他CIS国家一样,亚美尼亚的QFAS非常集中于能源和公共事业部门。从历史上看,只要这些公司的准财政补助行为,即低价格提供服务,累积到难以承受并可能导致国家能源供应中断的程度,政府就会被迫介入。政府通过提供额外的财政资金支持这些部门的供求双方,即准财政补贴的提供者和供水、灌溉、运输部门的受益者,也支持制造业中最大的国有企业。这种公共财政支持既可以采取一般性补贴方式,也可以采取隐性补贴方式。不过,从总体上看,政府因自有资源有限难以给予足够的财政补贴,因此,相当部分是通过外国政府借款、E&U 部门公司的拖欠(内外拖欠)、减少这些部门的维持费用和资产更新方面的资金来延续的。E&U 部门通过两个途径补贴其客户:低价和不收费用。按照 CIS 国家的地区标准来看,亚美尼亚能源和公用事业的价格补贴是很小的。从 1999 年开始,这些部门的大部分价格足够弥补各自的运行费用。已有的估计表明,1997 年价格补贴的总量相当于 GDP 的 2%,1998 年为 1.5%,但 1999—2000 年,价格补贴(主要为灌溉)低于 GDP 的 0.5%(世界银行,2001),其中居民家庭受益为 2/3,其余的为商业企业获得。

免费服务实际上已成为准财政补贴的主要渠道。主要公共事业部门每年总的免费规模,1996 年相当于 GDP 的 8.7%,1998 年相当于 GDP 的 7%。不过,自 1999 年以来,政府进行了大幅改革,逐步减少了免费服务。2001 年,该比例下降到 2%左右。由于过度补贴和低效管理而造成的损失,成为亚美尼亚准财政赤字的主要因素。这也是转型国家中的一个共同特点,所不同的是亚美尼亚的赤字稍小些,而且这些赤字相当大的一部分被确认为政府的直接债务,透明度高。为减少部门未清偿债务,政府已经通过各种渠道逐步扩大对 E&U 公司提供直接的和隐性的补贴。

3.或有负债的现状

政府对商业借贷的担保是构成政府或有债务的核心问题。亚美尼亚大部分的银行信贷通过显性和隐性担保方式贷给了企业部门。虽然目前显性担保被禁止,而隐性担保却很普遍。能源公司是银行系统最大的借方,其份额占 1998 年以来银行对企业贷款总额的 40%。银行贷款规模过分集中在能源部门的原因,首先是来自政府的直接压力,其次也出于银行部门认为能源部门总是会受到政府救助的这种想法。尽管该方面贷款的份额自 1998—2000 年在逐步下降,但份额总量仍很高。这对银行部门和政府预算来说,都是一个相当大的风险。

防范财政安全隐患的一些建设性措施和其他低收入及能源依赖性国家相比,亚美尼亚的宏观经济和财政纪律比较健全,其原因是准财政活动相对较少:

——在转型的早期,亚美尼亚就引入了一个自由贸易体制,它自动地消除了导致准财政补贴的许多因素,如通过进口配额和多元汇率制度。

——亚美尼亚的税收立法禁止政府为特殊大型企业进行专门的税收豁免。

——自 1996 年以来,亚美尼亚央行在货币政策上变得更加保守,并且越来越独立于政府。这在很大程度上降低了直接利用中央银行信用和其他干涉方式作为准财政工具的可能性。

——亚美尼亚严格限制地方政府和养老基金的商业借款。

——尽管亚美尼亚的预算外基金仍然很庞大，但已经几乎全部花在政府行政管理上，没有资助企业部门的投资或项目更新上。

——政府差不多已经脱离了非现金替代的陷阱，如严格限制预算延滞支付和纳税大户欠款之间的对冲。

——亚美尼亚的社会保障制度（养老基金）的财政可持续性很强，主要是由于付给大部分退休者的养老金水平非常低。

——银行系统民运经济充分，且规模小，限制了其从某个潜在的银行危机溢出到其他经济方面的可能。

——货币危机的可能性低，因为外汇储备的政策很富有进取性。其外汇储备水平很高，在 1997—2001 年间，外汇总储备占 GDP 的比重维持在 15％以上。

十一、其他国家财政安全监测预警管理

这里主要谈谈荷兰、加拿大和澳大利亚。

（一）荷兰

荷兰对担保的控制机制是在 20 世纪 80 年代建立的，其原因是一系列的财政困难。荷兰以各种方式将担保在政府预算内与常规支出合并编制，即将所有的新担保作为支出记录。依据规则，预算外担保支出曾经要求在预算内按照担保面值预备全额资金，这种预算外担保额现在实际上已经被当作预算支出对待了。这样，由于预算的约束，授权的担保额实际上挤出了同等数额的直接预算支出。事实上，按照全额担保价值纳入预算管理，而不是依照预期担保支出管理，明显的意图是抑制政府担保行为。荷兰预算不仅限制了担保的总额，而且对每个部门的担保额也进行了限制。

（二）加拿大

加拿大的或有债务在 1998 年已经升到 GDP 的 8％。其中，2/3 是贷款和贷款担保，而且大部分是国有企业的。在 20 世纪 80 年代，贷款担保造成了大量损失。有鉴于此，荷兰建立了授权担保的标准，包括风险评估、回收率、民运部门的风险和风险共担状况等。预算按照净现值为担保提供支

持，此外还包括利息补贴以及其他支持。受保人需要按照估算的未来损失额交纳担保费用和相应的管理费用。同时，预算也限制了担保的总规模，所有担保还需要由财政部长和国会同意。另外，还建立了对担保的常规检查和报告制度，总审计师也要对其进行详细的审查。

（三）澳大利亚

澳大利亚的诚实预算法案规定了财政的中期战略、目标和目的。像新西兰那样，澳大利亚也建立了权责发生制会计和预算月报制度。在预算战略文件中，关于财政风险的说明包括经济、财政预算指标，以及或有债务的变化情况。影响超过 2000 万澳元的财政安全隐患和或有债务，则单列说明。或有债务分为可计量的和不可计量的两种。预算报告提供了负债的详细情况，主要是债务、公务员津贴和应付未支付的下级政府拨款。

第三节　国外财政预警管理经验对中国的启示

西方发达国家公共财政框架的基本特征是：相对分权化的财政体制框架和相对集权化的财政管理框架。公共财政管理更多地从“管理”的角度进行构建。公共财政管理者与其他管理者都在努力减轻因资源来源和资源量的不确定性带来的管理上的困难。同时，他们都力图协调组织与外部利益的关系。公共财政管理者和所有其他的管理者一样，希望能够达到所有真正的全面目标都得到确定的程度，达到组织能够生存下去的目标。

一、防范财政安全隐患要结合本国国情

我们在比较借鉴时，注意到财政体制带有不同国家特色。出于各国的政治体制、行政区划、国家大小、民族状况、地区差别等因素的差异，各国财政的级次及各自职责、收支规模和制度等方面都会表现出差异。因此，各个国家防范财政安全隐患的内容都要密切结合本国情况。由于公共财政风险的主要成因在于支出增长迅猛，工业国家的应对措施重点就是削减财政支出；而发展中国家、转轨国家的财政安全隐患是多方面矛盾长期积累的结果，除了削减财政支出外，还采取了其他一系列符合各自国情的措施。我们在防范财政安全隐患时，也要结合中国国情全盘考虑，统筹兼顾。如与成熟市场经济国家相比，中国市场发育不成熟，许多在西方国家可以通

过市场解决的事务，在中国则必须由政府来推动。同时，中国目前正在加速工业化进程，努力缩小与发达国家的差距，这也就决定了各级政府还必须承担大量的经济建设任务。在培育市场、发展经济和社会各项事业、建立社会保障体系、维护社会稳定等方面，财政都必须投入大量的资金予以支持，而不是简单地按照“公共产品”理论从这些领域完全退出。

二、发展经济壮大财源以解决财政困难

地方财政安全隐患是经济困难的必然结果和集中反映，要使财政走出困境，根本出路在于发展经济，夯实地方财政基础，构造一个经济发展(收入增加—投入增大—经济增长)的良性运行机制，这是世界各国解决财政问题的通行办法，也是解决当前地方财政困难的根本途径。在尚未完全摆脱农业经济形态特征，工业化进程亟待加快的情况下，中国又面临着知识经济、经济全球化的挑战，没有强有力的财政资金支持，经济就难以实现长期健康稳定快速增长。就目前的情况而言，财政支持经济发展的重点是“寓取于予”，对符合国家产业政策的行为和地方经济发展急需或重点发展的行业、项目、产品等加大支持力度，鼓励其优先快速发展。

三、要注重从体制上防范财政安全隐患

俄罗斯等转轨国家在防范财政安全隐患过程中就实行了诸如出售国有企业、价格自由化、企业和银行部门的财务与政府相分离等一系列措施。这对于减轻财政包袱，缓解财政困难起到了积极的作用。与此相对照，我们今天还在国有企业改革、投融资体制改革等方面畏首畏尾，裹足不前，使财政背上沉重的负担。为此，在体制转轨过程中，在强调稳步推进的同时，必须大胆地结合中国实际确立改革目标，大力推进改革进程，加快经济发展，取得经济发展、财政实力壮大的“双赢”。

四、在中央与地方之间要合理划分财权

任何国家不管采取何种政体，都必须确保中央财政的领导和制约地位，保证公共财政是一个完整的统一体。不过，工业公共财政体制之所以能形成一个完整的统一体，得益于法律手段和经济手段的运用。其各级财政和预算是对议会负责的，因而，中央财政依靠行政命令安排和指挥地方

财政的活动受到很大控制。为此,各级财政活动的协调,主要是依赖于法律手段和经济手段来进行。也就是通过全国性的立法,规定中央和地方各自应承担的职责、收支范围,从而在划分各自活动范围的同时形成有机统一体,而又可以依赖法律去加以修正等,来使各级财政间的关系适应已变化的政治经济和财政环境。

在防范财政安全隐患过程中,发展中国家和转轨国家也开始借鉴工业国家经验,渐渐注重政府间的财政关系,许多国家已开始允许地方政府在一定的限度内独立决定或取消、停征地方税,发行和偿还地方公债。而在中国,虽然每次的财政体制改革都通过契约形式明确规定了中央和地方政府间的财政关系,但中央政府并不真正受到这些协议的约束,而是根据财政形势的需要对中央和地方政府之间的财政关系进行变更。

以 1994 年的财政改革为例,在这一过程中,尽管地方政府可以在某些条款或具体的转移支付项目上与中央政府讨价还价,但由于中央集权的体制特征,在是否接受新税制以及整个财政体制的安排方面,地方政府并没有多少谈判能力。因此,一旦中央政府决定要改变税制和中央与地方政府间的财政安排,地方政府就必须接受,后者最多只能在边际上进行讨价还价。故完善中国财政制度的根本出路在于在中央和地方政府之间进行适当的分权,增强地方政府在财政方面的发言权,并在二者之间建立有效的监督机制。

五、加快财政支出和预算管理制度改革

在财政整顿过程中,无论是工业国家,还是发展中国家、转轨国家都强调完善支出改革,遏制财政支出增势。近年来,中国也积极构建地方公共财政支出体系,实施包括以部门预算,国库集中收付制度和政府采购制度为核心的预算支出管理制度改革,努力使财政逐步从一般竞争性领域退出,重点满足社会公共需要。今后,我们要继续总结经验教训,完善相关制度,加快改革步伐。

此外,要扩大地方财政报告覆盖面,进一步提高对财政信息公开的要求,尤其要提高财政安全隐患透明度。对此,可先要求地方政府提供财政安全隐患报告附表,待条件成熟后,再编制财政安全隐患预算,通过预算收支来对风险进行直接管理。

第九章　财政安全指标体系与预警机制

财政风险是威胁一国经济安全的重要因素，因此防范财政风险成了一国财政工作的重要组成部分，同时其来源的广泛性和不确定性，也使得财政风险的防范成了财政工作的难点。尽管财政风险产生的原因是多方面的，但从其产生到显现再到恶化需要一个过程，因此通过建立一套行之有效的公共财政安全预警系统，可以尽早地发现并规避财政风险，进而避免出现财政危机。

第一节　制定公共财政安全战略

财政安全不仅仅是财政部门的安全，也不仅仅是财政运行本身的安全，它更是国家安全的重要内容，是国家政治、经济、军事安全的保障。财政安全战略是为国家安全大战略服务的，在具体实践中，它总是寓于国家安全战略之中。

一、从国家安全的战略高度认识财政安全的重要地位

冷战后国家安全内涵有了新的扩展和深化，国家安全在国际关系中的目标由原先追求单一的军事安全向追求综合安全转变。综合安全是一个国家整体的、全方位的安全，除了军事安全以外，国家经济安全、财政安全、政治安全、环境安全、粮食安全等非传统安全因素占有越来越重要的地位。没有军事安全，其他安全就可能没有保护；而没有其他安全的支持，军事安全也是空谈，不会持久。这说明国家安全手段正由单一的军事力量走向多样化，如政治的、经济的、科技文化的、外交的手段等等。而任何一种安全因素，作为政府保障国家安全的手段，都离不开国家财力的支持。从各国

历史来看，从来没有一个国家国库空虚而军事力量强盛的，也没有一个国家公共财政无力而外交强大的。这就是公共财政安全在各种安全因素中的地位所在。

从国际局势看，中国社会经济转轨需要一个长期和平稳定的国际环境，但当今国际形势变化有许多不确定因素，国家安全面临新的严峻考验。科索沃战争的爆发恶化了国际安全环境，使现行国际安全机制遭到破坏。超级大国凭借其不断膨胀的经济、科技和军事实力，企图用武力建立起符合西方价值观念的国际秩序。特别是西方国家在所谓"后国际关系"及"全球公民社会"理论下，根据所谓"人道主义高于主权"的"新理念"，对发展中国家内部事务指手画脚，动辄以经济制裁、禁运，甚至武力相威胁。霸权主义和强权政治不仅没有消失，反而越发得逞，多极世界难以形成，使得冷战后人们对于"和平与发展"时代的企盼被蒙上阴影。国际上各种反华势力加紧对我国推行"西化""分化"战略，周边不稳定因素依然存在，后冷战时期一次次弱肉强食的局部战争使人们重温了历史教训——落后必定挨打。

从经济发展来看，世界经济全球化时代，在给民族国家经济带来发展机遇的同时，也产生了许多新的不稳定因素，外部冲击形成的经济风险、金融风险增加。应当说，全球化是发展中国家加快发展、提升国家综合竞争实力的大好机会，但同时它也是对国家政治经济安全能力的严峻考验。

从各国实践来看，公共财政安全战略处于政治安全与经济安全的交叉点，即财政安全既是政治安全、政局稳定的基础，也是国家经济安全的条件。建立强大的公共财政，保证国家必要的财政能力，并非什么新的观点和主张。古今中外理论实践早已证明，一个国家如果财政能力弱小、国库空虚，即使其他条件再优越，也无法避免其国力下降、走向衰败的命运。事实上，一个理性的政府，必定是一个对国家长治久安负责任的政府，不会只顾眼前利益，对公共财政长期处于困境和压力之下熟视无睹。所以，中国财政问题应从国家安全的战略高度认识，充分考虑财政安全的目标和措施。

二、通过制度创新确保与政治权威相适应的财政能力

中国政府历来重视政府的政治权威性，基本目的之一，就是要进一步树立中央的权威性。实际上，中央的权威一方面要从政治上树立，另一方面更需要经济上的保障。否则，失去经济基础，政治权威即使一时树立起

来也难以持续。这种经济基础保障主要就是国家统一的财权和政府集中的财力，它决定了一个政府能力的大小强弱。

改革以后，特别是在经济上，公共财政走了一条放权让利的道路，国家在财政等方面的能力逐渐弱化，与中国政府在政治上的权威性不相适应的是，公共权力越来越缺乏必要的财政支持。包括财政能力在内的基础性权力弱化，它具有很强的制度性特征，既有政府职能转换中政府主动“退出”因素，以及为经济社会转轨支付“成本”的原因，也有转轨过程中制度安排滞后，造成各利益集团对国家基础性权力侵蚀的原因。

实际上，转轨时期国家权力和利益的保护，也应当是政府职能转变的一个主要任务。在计划经济体制下，政府实行全能式统治，在没有遇到众多个体对国家财产、国家权力和利益的挑战时，不必设置专门保护国家利益的政府职能。转轨过程实际上也是利益分化过程，在这个过程中分利集团逐渐形成，个人、集团、地方的权力和利益也得以充分扩展。相比之下，国家的权益增长显得不成比例，社会整体利益的保护也没能在制度变迁中得到体现。因此，转变政府职能必须把保护和增强国家基础性权力——公共财政能力体现在政府功能的设计中。政府应当通过制度创新确保与其政治权威相适应的财政支撑能力。

三、稳固安全的公共财政是迅速提高综合国力的关键

综合国力，是一个主权国家得以生存和发展，并在国际上发挥影响力的各种能力的合力。在当今全球化条件下，各个国家正是通过提高综合国力来扩大自身的竞争力和影响力，以求得生存和发展的。一国综合国力强弱取决于其经济发展水平、科技潜力以及国防实力高低等，但综合国力的核心是公共财政实力，能否在特定情况下迅速提高综合国力，主要取决于国家直接掌握的经济实力——公共财政能力的强弱。对于一个正在转轨的发展中大国来说，中国要在有限的时间内迅速提高综合国力，以其应有的身份跨入新世纪，必须扩大政府在政治和经济方面的权威性和影响力，特别是必须建立一个与政府政治权威和经济快速发展相适应的强大的公共财政，充分发挥“集中力量办大事”的优势。

综合国力不仅代表一个国家生存与发展的总体实力，也是一个国家盛衰发展的重要标志。世纪之交，国际政治经济形势发生新的变化，综合国力的竞争更加激烈，国力强盛对于国家前途和命运比任何时候都显得重要。尽快提高中国综合国力，是世纪之交国际国内形势的必然要求。

综合国力概念，是相对于以前单纯以军事实力为中心的国力论提出来的，并被普遍接受和重视。尤其是战后，随着科技进步以及世界经济全球化进程加快，人们对国力的认识发生变化，开始强调根据多种因素来分析影响国家生存与发展的综合能力。综合国力要反映一个主权国家在国际社会体系中谋求的根本利益——国家利益，即生存与发展，诸如国家安全、政治稳定、经济强盛、科技先进、外交灵活、军事强大等。关于综合国力的构成要素，学术界由于研究角度和侧重点不同而说法各异。按比较典型的归纳，综合国力构成要素可概括为政治力、经济力、科技力、国防力、文教力、外交力和资源力等七个方面：

——政治即国事，政治力在综合国力构成中处于核心地位。

——经济是国家建设与发展的基础，经济力在综合国力构成中具有决定性作用。

——科学技术是第一生产力，它在经济建设和社会进步中有着重要作用，科技力是综合国力构成中具有先导性的要素。

——国防力指国家安全和国家利益的防务实力。

——文教力指文化和教育实力，即一个国家的文化被普遍接受程度与教育水平，是表示国家盛衰的一个重要因素。

——外交力指一个国家在对外活动和国际事务中所具有的影响力。

——资源力主要指资源、环境及信息等，是一国社会经济发展的重要物质基础和条件。

现代各国综合国力的竞争中，以军事、外交等为直接表现形式，以经济实力和科技为基础，以政治、文教和资源等为保障，但说到底是经济实力的竞争。无论是对外的国防力量和外交实力等方面，还是从内部科技文教事业发展等方面，无不以国家经济实力为基础。公共财政实力不仅在国家经济实力中具有重要地位，而且在整个综合国力构成因素中占有重要地位，任何一项国家能力都离不开国家财力的支撑。可以说，正是由于公共财政实力的重要性，经济力才成为整个综合国力的基础。国内外实践经验证明，通过公共财政手段动员一定的经济资源、集中掌握必要的财力，可以保障国家自觉地、有目的地提高综合国力。尤其是在特殊时期，国家的实力更是主要体现在政府动员经济、应付紧急情况的能力上。

发达国家近一百多年来综合国力不断提高，与其说是市场经济发展的结果，毋宁说是政府作用不断扩大、公共财政能力不断强化的结果。几乎所有发达国家都为扩大公共财政能力为其经济结构调整、科技进步及军事装备打下了基础，包括 20 世纪的两次世界大战期间各国军事力量较量以及“冷战”时期超级大国的军备竞赛，无不以雄厚的公共财政实力为后盾。一些发展中国家和地区正是在政府主导型经济发展模式下，通过政府动员必要的经济资源，在短期内实现了综合国力的迅速提升。

可见，从迅速提高综合国力来看，公共财政实力在一定程度上比一些经济总量上的实力指标更为重要。强大的公共财政实力，可以使“穷国”变为“强国”；反之，国库空虚、财政乏力，即使经济再发达、其他条件再优越，也未必不是“弱国”。公共财政能力弱小，已经成为中国综合国力提升的制约因素。

——由于财政压力长期存在，财力严重不足，一些地方政府机构的正常行政管理经费都难以按时拨付，这会直接影响到国家机关的正常运转，削弱政府的政治影响力和权威性。

——由于财政困难，公共财政对宏观经济的调控能力受到影响，特别是在经济结构调整和产业升级、国有企业改革等方面力不从心，财政政策工具的调控余地和作用力度受阻。

——科技教育事业发展更是受到国家财力限制，特别是基础科学研究和义务教育这些应当由政府提供的“公共产品”严重不足，这与中国经济的快速发展是不相称的，对可持续发展极为不利。

——中国的国防、外交事业尽管取得了成就，但受国家财力制约也是有目共睹的事实。只有从战略高度认识财政风险，才能在具体的实践中确定明确的财政安全战略目标和有力的措施。

四、稳固安全的公共财政是迅速提高综合国力的关键

公共财政安全战略目标包括：

(一)建立统一的国家财权

规范、合理的公共财政制度是统一的国家政权的基础，是政府政治权威性和宏观经济调控能力的保障。统一的财权包括统一的分配权、统一的融资权和统一的国有资产收益权。在统一的财权下，建立起与市场经济相适应的公共财政制度，彻底摒弃原来计划经济时期遗留下来的财政观念、管理制度和管理方式。

(二)稳固和平衡国家预算

稳固、平衡的国家预算是公共财政安全运行的基础。当然，国家预算

平衡是相对的、动态的。有时可能会由于主观政策安排或客观经济影响出现国家预算不平衡情况，但它必须在适度的范围内，在可控的程度内。无论是政府宏观政策安排，还是客观环境因素，都不应影响政府坚持长远的预算平衡目标，而且这种平衡应当是稳固的、实实在在的，而不是表面的、虚弱的。

（三）良好的财政政策环境

财政政策是市场经济条件下政府对国民经济进行宏观调控的一个重要工具。健全的市场机制和规范的经济关系是财政政策有效运行的必要环境，这包括有效的市场机制、真正独立运作的市场主体和健全、协调的宏观调控体系。

（四）合理的风险分散机制

我国计划经济时期，公共财政的职能曾经通过计划进入到每个企业内部的财务分配，公共财政收支包揽了企业的大部分货币收支，也包揽了所有干部职工很大一部分的消费开支，因此每个企业和每个干部职工的全部生存风险也就不得不由公共财政来承担。在国有企业占主导地位的情况下，政府事实上包揽了企业的一切生存风险，企业又包揽了个人的一切生存风险，因此所有的风险最终都集中到政府。在转轨时期，一个重要的变化是向企业放权让利和给每一个人充分的发展空间，国家计划退出企业的货币收支和个人的消费开支活动。

（五）应对危机的财政能力

无论是发生对外军事对抗和战争，还是遭遇严重的外来经济冲击，无论是出现经济动荡，还是大的自然灾害，国家都应当随时以足够的后备财力应对。这些财政安全战略目标是一个有机整体，它们是相互联系、相互制约的；同时，它们又有各自特殊的意义和要求。例如，统一的财权目标，更多的是从政治和政权的角度讲的，稳固平衡的国家预算则主要是对财政本身的要求，后两条是从宏观社会经济环境着眼提出来的。值得注意的是，强调公共财政安全，并不是要放慢财政改革和发展，相反是要加快改革和发展。财政安全来自改革的不断深化，财政安全的目的是保障顺利改革和持续发展。

五、政府应从宏观经济上运筹公共财政安全战略步骤

根据中国财政实际状况，一般来讲，在实施公共财政安全战略的步骤上要实现这几个同步：

（一）从公共财政内部安全机制和外部经济环境上同时入手

防范公共财政危机、确保财政安全既要从财政内部下功夫，更要从财政外部采取措施。正如国家军事安全不只是军队的事情一样，公共财政安全光靠财政部门的努力也是远远不够的，需要政府从宏观上运筹，需要各部门和社会各方面全力配合和支持。例如，除财政本身的体制改革、强化管理和政策选择外，更要从国家分配制度优化、行政体制改革和政治改革多方面下手，为公共财政安全营造良好的政治、经济环境。

（二）分散财政风险和防范新的财政风险同时进行

已经显现出来的公共财政风险容易引起重视，而潜在的安全隐患则可能被忽视，这在一定程度上取决于人们对公共财政风险隐蔽性、潜伏性特征的认识，要真正做到防患于未然。

（三）中央财政和地方财政应该同步进行财政风险防范

公共财政安全从最终负担来讲主要是中央政府的事情，但它与地方政府的积极配合也是分不开的。由于目前中国法律规定，只有中央财政可以打赤字和发行公债，并且许多重要的财政支出也由中央财政承担，中国政府面临的显性债务主要表现在中央财政上。几乎所有地方政府都存在巨大的隐性债务负担，包括预算赤字挂账、国内外借贷和其他拖欠款项。中央政府的公共财政风险往往直接或间接来自地方财政的风险转移，这要求地方政府依法行政、依法理财，主动防范和化解地方公共财政风险，不至于给中央形成大的财政安全威胁。所以，中央和地方政府应同步进行风险防范。

（四）财政安全与政府的其他重大社会经济任务应结合起来

财政安全与政府的其他重大社会经济任务应结合起来，如财政安全与金融安全、财政安全与国有企业改革、财政安全与结构调整、财政安全与对外安全等。一般来说，财政安全与其他重大社会经济任务结合规范公共财

政安全活动，有助于使政府比较好地平衡社会整体利益与各种利益集团利益。所以，公共财政安全活动是一种结合其他重大社会经济任务的经济活动。但是，人们很容易发现，尤其是在一些国家里，越来越多的公共财政开支被转移到某些滥用权力的政治家所代表的利益集团手中。这种表现为非个人化的滥用权力被认为是政治行为过度参与财政过程所导致的，对社会经济发展会产生相当大的负面影响。如果这些非个人化的力量都对财政政策产生影响，那么就会出现一种缓慢发生但稳定变动的趋势，即政府机构越来越庞大、财政开支更多、居民的税负更加沉重等。尽管能够在一定范围内、一定程度上解决公共财政活动过程中的过度政治参与问题，但是不可能从根本上解决财政基金分配中的所有问题。无论如何，财政安全与其他重大社会经济任务都应该是紧密结合的。

(五)国内自身加强财政安全建设应与国际合作协调相结合

国家安全并不是孤立的，而是相互依赖的，特别是新的世界形势下，国家间需要建立安全共同点。实际上，国家的许多内部安全因素是国际冲突的根源，而国际冲突也会反过来影响各国内部安全。特别是随着国际经济关系发展，国内政治经济安全往往与国际政治经济安全联系在一起，解决风险需要国际的协调与合作。从财政上讲，也是如此。近年来，各国财政领域的协调和合作越来越多，包括双边和多边国际税收协调，就债务、投资以及防范金融危机等问题的多边协调机制、世界银行、国际货币基金组织以及区域经济（如亚太经合组织财长会议）定期和不定期的磋商协调等。充分利用这些机会，主动走出去，积极参与国际财政经济安全机制，在国际协调中扩大自己的发言权，既维护国家利益又积极合作，在地区和国际经济协调中扮演与中国政治经济地位相称的角色，是全球化时代公共财政安全建设的重要手段。

六、防范地方财政危机是目前中国确保财政安全的关键

把防范地方公共财政危机作为确保公共财政安全的关键所在，既是从中国地方政府隐性负债和隐性赤字日益严重的现状出发，也是借鉴国外防范财政危机的经验所得出的结论。从国际上看，无论发达国家还是发展中国家，都把中央对地方公共财政风险控制和财政危机防范作为关键任务。因为在实践中，地方政府往往容易发生违约和无力支付的行为，而中央政府不得不充当“救火队”的角色。美国是一个联邦制国家，在防范地方公共

财政危机方面也具有特点，这就是美国政府间关系顾问委员会(ACIB)发挥的重要作用。

1945—1969年间，美国出现了431起州及地方政府的债务违约事件。到20世纪70年代初期，美国城市财政状况的稳定成为公众关注的问题。例如，1975年纽约市债券违约、1978年克利夫兰违约以及1983年的华盛顿电力公司的违约等。1973年，美国政府间关系顾问委员会(ACIB)对地方公共财政危机问题进行了研究，并提议采用一系列指标作为预警信号，建议州政府加强对地方财政的监控，以防止地方财政危机发生。1985年该委员会在其《破产违约等其他地方财政紧急情况》的后续报告中，对这些指标进行了修改。1985年报告中提出的8项指标如下：

(1)赤字——普通预算开支超过收入的5%之上。

(2)持续赤字——普通预算开支连续两年超出收入的5%之上，且第二年数量更大。

(3)赤字增长——支出增长率超出收入增长率。

(4)平衡衰缺额——累计普通预算赤字(净债务)占普通预算收入的百分比。

(5)流动性——净流动资产(流动性资产减去短期债务余额)占普通预算支出的百分比。

(6)债务期限——财政年末是否存在短期债务。

(7)纳税征管——财产税收缴率。

(8)退休金缺口——应付养老金占养老基金收入的百分比和应付养老金占养老基金总资产的百分比。

俄亥俄州采纳了该委员会的意见并建立了“地方财政监控计划”体系，1979年通过、1985年修正的俄亥俄州《地方财政紧急状态法》详细规定了这个监控体系的操作程序。这个监控体系类似于全国天气服务中心发布的监控报告，是一种预警系统，可以防止地方政府(包括郡、市、学区和州立大学等)进一步陷入财政困境。

了解国外有效的实践方法，是为了总结对我们有用的经验。我们从中可以得出有益启示：一是要进一步认清地方政府已经或可能出现的财政危机对公共财政安全的影响，把防范地方公共财政危机作为目前我们确保公共财政安全的一项重要战略。二是明确中央政府在防范地方公共财政风险、处置地方财政危机中的应有作用。三是及时采取措施，抑制地方公共财政风险不断扩大的趋势，当前特别要对地方政府诸如“融资”“担保”等可能加剧公共财政风险的做法实行严厉控制。在条件成熟的情况下，适时建立起符合中国实际的地方公共财政风险监控体系。四是要通过进一步改革理顺中央与地方的财政关系，真正划清政府间的事权和财权，明确并强化各级政府在防范公共财政危机、确保财政安全方面的职责。

第二节　公共财政安全中的政府行为

从整个政府的角度来观察，防范公共财政危机应该从公共风险的控制入手。从前面的分析中我们知道，公共财政风险是公共风险转化的结果。在这个意义上，公共风险是公共财政风险的源头，只有控制了公共风险，才能有效地减少公共财政风险。同时我们也知道，有些公共财政风险是政府干预公共风险失当导致的。因此，如何减少政府干预公共风险的各种失误，也是防范公共财政危机的一个重要方面。除此之外，建立公共部门的风险管理机制也是防范公共财政危机不可忽视的环节。

一、控制财政安全中的公共风险

公共风险与一定体制框架有内在关联性。面对既定体制框架下的公共风险，化解的主要手段是公共财政，即通过将其转化为公共财政风险来减少公共风险。通俗地说，就是通过增加公共财政的债务和支出责任来减少社会公众面临的风险。

(一)建立财政安全制度安排

自 1978 年以来，朝着市场化方向进行的各项改革，实质上就是为了建立一种新的制度安排，以防范和减少公共风险。尽管目前从理论上还不能证明市场经济制度在防范公共风险上的作用最大，但至少从历史实践来观察市场经济制度比计划经济制度具有更强的防范公共风险的能力。一个突出的表现是，市场经济制度具有转移、分散和对冲风险的功能，而计划经济制度却没有。而且计划经济制度还往往导致各种风险积聚和集中，形成隐性危机。因此，从总体思路来看，公共风险的控制有赖于市场经济制度的不断完善。

中国是一个正向市场经济转轨的国家，各项改革都是围绕市场化来进行的。整个改革就是为了建立社会主义市场经济体制。应当说，改革的方向和目标是清晰的，尤其是 1992 年邓小平南方谈话以来，这一点已经深入人心。目标清楚了，但并不等于达到目标的路径也是清楚的，实际上，我们迈向市场经济的路径并不十分清晰，在存在多种路径选择的情况下，谁也不知道，哪条路径是最优的。故我们长期以来都是采取"摸着石头过河"的改革方式，带有十分明显的"试错"性特征。不言而喻，试错，是有风险的，这个过程产生的风险往往会形成公共风险。在转轨时期，公共风险会扩大，这是改革必须要面对的。就像需要开刀治疗的病人，必须面对开刀带来的风险。对于由此而产生的公共风险，寄希望于制度创新本身是不可能的，只能靠公共财政兜底来解决。这就是说，在改革转轨时期，必须有一个强大的公共财政，这是及时化解改革过程中公共风险的基本保障。在制度安排的意义上，壮大财政实力本身就是为整个市场化改革顺利进行而建立的一项制度安排。

在经济转轨时期，控制公共风险的首要一项制度安排就是建立一个强大的公共财政。对于这一点，多数情况下会被视为部门观点而得不到认可，即使得到认可也往往不是从制度安排的角度来解读的，因而大大降低了这一要求的深刻含义。这项着手于强化财政的制度安排，其实是着眼于市场化的改革，也就是着眼于通过市场经济制度的不断完善来防范、化解和减少公共风险。

那么，如何完善市场经济制度呢？现阶段我们能做些什么？这是一个十分复杂的问题，在这里我们无法进行完整的论述。就其重要性程度而言，课题组认为以下两个方面对公共风险的控制具有关键性意义：

1. 政府与市场的关系

这两者之间的关系是市场经济制度的核心问题。尽管从理论上和实践上看，这个问题取得了很大的进展，但总体而言，仍没有得到解决，由此制约了市场机制在化解公共风险方面的作用。这集中表现在市场主体对政府的高度依赖性，以及政府时而对市场表现出的不信任态度。

一方面，市场主体，包括企业和个人，都希望政府来分担或整个承担自己面对的各种各样的风险，自担风险的理念相当淡薄。另一方面，政府对市场在经济发展过程中的作用经常持怀疑态度。尽管在口头上都在说"市场在资源配置中发挥基础性作用"，但一旦进入实际操作，经常出现政府替代市场的现象，如前面提到的目前全国各地搞得热火朝天的招商引资活动，就十分典型地反映出政府对市场的不信任态度。政府通常不是去考虑如何培育市场、维护市场，而是更多地考虑如何直接抓项目、引资金，以此来促进经济增长。这一点在地方表现尤为明显。

经济发展的动力一是市场，二是政府。在市场经济条件下，应更多地发挥市场的力量。我们推行市场化改革，其目的也在于此。但在现阶段广大政府官员的心目中，发展经济主要还得靠政府，政府不由自主地替代了市场，排斥了市场，限制了市场，这使市场机制化解的风险能力难以得到增强。同时，政府过多地介入市场的领域，也会不可避免地招致各种风险。

由此看来，如何进一步地明晰和界定政府与市场之间的边界，“让市场在资源配置中发挥基础性作用”真正落到实处，并变成一种制度化的存在，是控制公共风险的关键。

2.城市与乡村的关系

从控制公共风险的角度来分析，现行的城乡关系最大的缺陷是割裂了市场，阻碍了全国统一市场的形成，限制了市场机制在转移、分散、对冲风险的作用。城乡分治的体制造就了两个不同的市场：城市市场和农村市场。前者发育程度相对较高，而后者还是刚刚起步，甚至在许多地方仍停留在自然经济状态。两个市场的巨大反差，导致了二者之间的相互排斥、冲突和矛盾。许多城市工业品超出了农村市场的需求，因而难以在农村市场销售，导致城市生产能力过剩，产品积压，大量工人失业；而大量的农村劳动力因文化素质低，不适合城市市场的需求，因而难以进入城市市场，导致了农村劳动力过剩，许多家庭陷入贫困之中而不能自拔。这使整个国民经济陷入了非良性循环状态，直接放大了公共风险。而且，这也使从城市起步的中国市场化改革遇到了前所未有的巨大障碍，构建市场经济制度的步伐由此变得迟缓起来，这种状况扩大了短期公共风险，也在长期意义上削弱了控制公共风险的能力。

(二)有效地与社会公众沟通

通过制度创新，弥补制度缺陷来控制公共风险，只是问题的一个方面，而另一个方面也是十分重要的，即如何做到有效地与社会公众沟通。这对控制公共风险具有不可替代的重大作用。

公共风险不具有完全的客观性，公共风险的大小与社会主流的价值观念、社会公众的认识以及社会心理等主观因素有一种内在的关联性。除了来自自然界的公共风险不受人的主观活动影响以外，产生于社会、经济内部的各种公共风险都与人们的主观活动、主观认识和主观判断密不可分，有的甚至就是由人们不同的认识和价值观念导致的。在市场经济条件下，社会公众的看法是一个至关重要的影响因素，而且是一个有很大独立性的因素。但社会公众的看法(包括价值观、认识、信心、信任、预期等等)是可以调控的，政府通过某种适当的方式、手段和方法，可以在短期或长期意义上引导、影响甚至改变社会公众的看法，从而达到“化险为夷”的目的。在现代社会，有效地与社会公众进行多方面的沟通是控制公共风险的重要途径。

从 2003 年的 SARS 危机中即可明显地看出这一点。当 SARS 疫情在广东流行时，政府若是及时地与公众沟通，如发布疫情状况，公布 SARS 的有关症状及其传染性强弱，告诉公众应注意的有关事项，让公众了解政府正在采取的相关措施，等等，提高透明度，加强与社会公众的沟通，也许就不会有后来的全国性大恐慌，由此导致的公共风险和公共危机就可以大大缩小。我们应该从中得到不少启发。

二、减少对公共风险的不当干预

政府对公共风险的干预，是一个广义的概念，不仅包括经济学意义上的政府干预，而且还包括社会学意义上的政府干预，这超出了我们平常所说的政府干预经济的界定。政府既是国民经济管理者，也是社会活动的管理者，因此，政府既干预经济，也干预社会；既化解经济领域的公共风险，也化解社会领域的公共风险。无论是干预经济，还是干预社会，政府都会出现各种各样的失误。而这些失误多数是体制性的原因造成的，如前面提到的“风险大锅饭”制度。可见，要减少政府干预公共风险的失误，还是离不开深化改革和制度创新。不过与控制公共风险的制度安排相比，在这里主要是讨论公共部门内部的制度安排，并以此来减少政府在干预公共风险过程中带来的公共财政风险。

（一）控制政府的预算外活动

这里不是指预算外资金和预算外收费的问题，而是指脱离国家预算约束的政府活动和政府行为。在中国现实生活中，政府的预算外活动是十分广泛的，主要有两大类型：

1. 基金型预算外活动

政府的预算外活动通过预算外的基金来实现。如政府的某一个部门为了加快其事业发展，运用预算外收费手段筹集资金，建立一个用于某一特定项目的基金，其收入和支出都是在预算外运行的，并不向立法机关报告。有些部门有大量的收费，但并不建立特定用途的基金，而是由部门自主决定支出范围。这实际上也是一种预算外基金，只是一种非专用型基金罢了。通过预算外基金来实现的政府活动，在一定时期发挥了某种程度的积极作用，确实也加快了一些事业的发展。但从总体来看，普遍的预算外政府活动带来了大量预算外收支，削弱了健全的财政基础，加大了公共财政风险。这种基金型的政府预算外活动实际上是一种“拆东墙补西墙”的行为。部门利益从中得以实现，而整个公共财政风险却由此扩大。通过几年来的预算外改革，这类政府活动大大减少了，但另一类的政府预算外活动却增加了。

2. 政策型预算外活动

通俗地说，政策型预算外活动是指“给政策，而不给钱”的那类政府活动。例如为特定项目提供担保，通过金融机构提供支持，在土地转让等方面提供优惠，给予特许经营权，等等。表面看起来，这不需要花钱，在预算中无须列一笔开支，只要发个文件，给一个政策，政府干预的意图即可实现。在中国，这种政策型的政府预算外活动是十分普遍的，在地方尤其明显。从 20 世纪 80 年代延续到 90 年代中期的大量“安定团结贷款”和各种指定性贷款，就典型地反映出政府的这类预算外活动。尽管政府曾试图通过成立国家开发银行等政策性银行来限制和规范这类预算外活动，但并没有达到预期的目标。在地方，这类活动仍是有增无减，如地方政府自办金融机构成立各种“窗口公司”来间接融资，以满足政府的需要。在地方政府财力较为紧张的情况下，政府更偏好使用各种预算外的支持方式。对于一些明确需要政府出面来救助的事项，例如，农村合作基金会呆账损失的承担，政府也往往是采用预算外的方式来解决，如转嫁给农村信用社。从短期来看，这既摆脱了财力不足的困境，又促进了经济增长，化解了公共风险，一举两得。但从长期来观察，这类预算外活动将会给政府带来大量负债，增大政府未来的支出压力，扩大公共财政风险。

3. 风险评估改革措施

政府对经济、社会的干预都是以某种政策形式体现出来的。如经济过热的时候，采取紧缩政策；而当经济过冷的时候，则采取扩张政策。再如，在市场经济社会，往往会出现社会财富分配差距拉大的现象。出于社会公平和社会公正的考虑，政府会采取各种社会保障政策，并形成一种制度安排。

2014 年中国进一步加强了政府全口径预算管理，把地方政府性债务收支分类纳入预算管理，国务院也同意由财政部代理发行或继续试点由地方政府自行发债弥补地方财政收入；推动加快了环境保护税、房地产税等立法进程，使中央财政收入预算从约束性转向预期性，由收入任务数变为收入预约计数。这一年国债余额限额约为10.1万亿元人民币，地方财政收支差额约4000亿元，比上年增加约500亿元。2014年继续实施积极的财政政策，保持一定的刺激力度；研究制定了地方政府债券自发自还改革方案，推动部分地方开展改革试点；对有一定收益的公益性事业发展举借的专项债务，主要由地方政府通过发行；推广运用政府与社会资本合作模式，鼓励社会资本通过特许经营等方式参与。

这项政策的实施应该说成效明显，它拉动了经济增长，增加了就业岗位，维护了社会稳定。但其中蕴含的风险也逐渐变成现实，如不少国家债务项目报废，成为不良资产；银行与之配套的贷款也随之变成了不良资产；银行对大量非盈利项目的配套贷款实际上已经成为政府的账外债务；中央对地方转贷资金的回收，其希望日渐渺茫；已建成的国家债务项目的维护成本随着完工项目的增加而不断扩大；等等。

政府的各项政策或改革措施，应是公共选择的一种结果，其中蕴含的利益和风险，也应该是由参与公共选择的人们来承担。但现实生活中，各项政策和改革措施的出台是由政治家们根据各方面的情况及自身的偏好来决定的。在流行的决策思维中，存在一种普遍的倾向：重视某项政策可能带来的好处，轻视甚至忽视该项政策实施引致的风险，尤其是公共财政风险。从我们的历史经验来看，这种决策思维倾向通常会导致财政成本的增加，加大后一个时期的财政压力，在风险超出政府任期的情况下，在没有外部压力时，其政策或改革措施中的公共财政风险常常是被掩盖的。政府官员对其决定的一些政策和改革措施实施风险评估的意愿是不强的，缺乏避险动机，这时需要引入一种强制力来强化这种动机。如设定一种制度性程序，对各级政府的各项政策或改革措施，进行强制性的公共财政风险评估。或者说，在决策程序中加入公共财政风险评估环节，以显现各项政策或改革措施在各个不同时期的财政成本和财政压力，并对公共财政风险评估情况进行汇总，纳入政府的中长期预算之中。这既防范了因盲目性而带来的公共财政风险，也为各项政策或改革措施的持续实施提供了一个清晰的预算保障，有利于政府政策或改革措施保持连续性，不至于因财政方面的问题而导致某项政策或改革不可持续。

4.政府运作的透明度

提高政府运作的透明度，可以有效地防范公共财政危机，其作用来自两个方面：

一是促使政府更普遍地运用“谨慎原则”于各项决策及其实施过程，提高透明度能产生一种来自于社会公众的压力。这种压力是无形的，是一种无言的监督,“阳光下的操作”能使政策制定者和实施者小心谨慎,强化敬业精神,提高决策及其实施过程的科学化程度。

二是扩大公众的参与程度。政策或制度是公共性的,与社会公众的利益有密切关系,在其决定和实施过程中,应当有社会公众的广泛参与。这一方面有利于各项政策和制度安排体现社会公众的意愿和要求,增大政府政策和制度改革的社会认可度;另一方面,有利于集思广益,提高科学决策的水平。而要做到这一点,必须以提高透明度为前提。实际上,在透明度很高的条件下,社会公众广泛参与政策制定及其实施的过程,就是一个社会公众评估公共财政风险的过程。尽管这个社会化的评估过程不能替代专业性的公共财政风险评估过程,但社会公众的广泛参与,可以提高其对公共财政风险的认识、理解和可接受程度。社会公众对公共财政风险的可接受程度提高了,也就意味着公共财政风险减少了。政府透明度的高低与一定的政治体制及其行政管理体制相关,对中国来说,提高政府运作的透明度是一个渐进的过程,难以一下子全面铺开。就目前而言,可结合 WTO 的要求,深化公共部门的各项改革,如行政体制改革、投资体制改革、行政审批制度改革、财政体制改革、预算管理体制改革等,逐步提高政府运行的透明度;在财政领域,就政府收支状况、赤字状况和债务状况等方面可以更全面、更详细、更及时地向社会公众披露,减少信息不对称带来的误解和不信任,特别是不断提高政府各种救助承诺的透明度,减少道德风险,使各类潜在的被救助对象形成更明确的预期,淡化“等、靠、要”的依赖思想,从而避免风险累积和向政府转移。

三、建立公共财政风险管理机制

防范公共财政危机的根本途径在于加快改革的步伐,这既包括经济体制的改革,也有行政体制的改革。

清晰界定各级政府之间的风险责任,防止下级政府随意地向上级政府转移自身应当承担的公共财政风险。对于最低限度的不可避免的救助,应建立一种制度安排,让下级政府清楚地了解在什么样的情况下上级政府才会救助,强化各级政府规避风险的动机,提高其防范风险的努力程度。

在优化政府各部门职责配置的基础上,重新审视政府部门之间的财政关系,明确各个部门的风险责任。对于融资、担保等财政经济行为应在统一的框架下实施,建立统一的规则,防止各个部门各行其是,偏离整体的目标。

对于国有企业和非营利组织，既要进行明确的授权，也要明确清晰的可操作的风险责任，使其在经营权的层次上形成利益与风险的对称机制。建立内控制度，防止所有者权益被“内部人”控制。同时，形成风险约束，强化经营者的避险动机，让经营者自我控制盲目的融资和投资行为，避免拿着国有资产去冒无谓的风险。在此，明晰所有者和经营者各自的风险责任，并使这种风险责任建立在法律的基础之上是至关重要的，它比理想化的“政企分开”更具有可行性和可操作性。

针对金融机构的特殊性，政府的目标不应放在事后的救助上，而是放在改革和完善整个金融业的经营体制上，形成一种良好的制度安排，把金融风险控制在萌芽状态。一是分业还是混业经营，应尽快明确其方向；二是对于小额贷款形成明确的制度框架；三是强化金融机构内部的资产、负债管理，引导其采用先进的管理方法和管理技术，如内部评级、风险敞口评价、风险定量模型等，动态地控制金融风险的产生。

建立新的政府评价机制，从时间上明确各届政府之间的风险责任，防止政府隐藏任期内的风险，或向未来转移风险。

提高政府债务的透明度。借鉴IMF和欧盟披露公共财政风险的规则，建立中国的公共财政风险披露机制。尤其对政府的或有债务，应尽可能地全面披露。

建立公共财政风险预算。可深化的政府债务，应进入政府的预算安排。这要求改变现行的编制年度预算的做法，编制中长期预算，同时改变政府会计基础，逐步采用权责发生制，编制政府的资产负债表。

建立针对政府政策措施的未来财政成本的评估分析制度，测量各项政策可能引发的公共财政风险。

动态评估公共财政风险敞口，尽可能让已经发生的风险通过一定的技术手段显现出来，防止在操作层面上（非制度层面）隐藏公共财政风险，以帮助政府决策。

控制赤字和债务的增长速度，并使之尽可能低于经济增长率，以防止公共财政风险的扩散。在已有的债务存量难以清理和缩减的情况下，只要债务增量控制住了，公共财政风险的扩张速度就会下降，随着时间的延长，公共财政风险在理论上可趋向于收敛。这进一步告诉我们，公共财政风险不是来自过去和现在，而是来自于未来。因此，防范公共财政危机的重点，不是削减现有的公共债务规模，而是如何对未来的各种不确定性做出一个合理和科学的制度安排，以减少公共财政风险，并提高对公共财政风险的可控性。

四、增强政府抗风险的综合能力

防范公共财政危机，除了控制和减少各种公共财政风险来源以外，另一个重要的方面就是要不断提高政府抗击风险的能力。这种能力的提高，依赖于三大资源——经济资源、政治资源和社会资源的规模大小及其整合能力。政府拥有的公共资源严重不足，例如发放公务员工资都很困难，在这种情况下，政府抗击风险的能力无疑是弱小的。但另一方面，即使政府拥有大量的公共资源，如果没有实现有效的整合，则政府的抗击风险能力仍是弱小的。因此，政府的抗击风险能力取决于两个因素：一是公共资源的规模，二是政府的整合能力。在某种意义上，政府对公共资源的整合能力高低比公共资源的数量更重要。从中国的现实来看，政府缺少的不是公共资源，而是整合能力。如何提高政府的资源整合能力是增强政府抗击风险能力的关键。

经济资源的整合，可以通过编制政府的资产负债表来实现。尽管这是一个十分复杂的问题，但已有一些国际经验可资借鉴，在这里不做过多阐述，事实上，通过一些改革，我们的整合能力已经有所提高。税费改革，对流量资源的控制力已经大大增强了，只要持之以恒地不断深化这方面的改革，实现流量资源的整合应该说是为期不远。部门预算改革，对政府各个部门的财产状况做了初步的摸底调查，这不止为部门预算的编制打下了一个基础，也为整合政府的存量资源提供了许多经验。随着部门预算改革的逐步到位，政府各个部门的财产整合也能逐渐实现。但其他资源如何整合还缺少有效的载体，特别是国有土地资源和国有资产，目前还处于分割状态，没有统一的记录、分析和报告，谁也说不清到底有多少资源。例如国有资产的管理，国资委仅仅管理196家大型国有企业资产，其他中央企业的国有资产如何管理，还不明确。对国有金融企业的国有资产如何进行管理，由谁来管理，现在仍处于不明状态。不止如此，政治资源和社会资源同样处于割裂的状态。这两种资源虽是无形的，但与经济资源有互补性，而且可以在一定程度上替代经济资源来抵御公共财政风险。中国历史上的一个案例，可以充分说明这两种资源在抵御风险和危机的巨大作用。1958年"大跃进"之后，出于多方面的原因，中国经济、财政实质上都已经处于崩溃的状态，可以说发生了严重的经济危机和财政危机，即使如此，全国依然秩序井然，社会稳定、政治稳定。这全依赖于当前政府拥有丰厚的政治资源和社会资源，社会公众的信心和信任依然不减，政府与社会的关系没有因为出现危机而陷入紧张状态。正是以丰厚的政治资源和社会资源做后盾，进入20世纪60年代的大调整才很快收到了成效，度过了新中国成立以来最为困难的时期。

在一定条件下，政治资源和社会资源都可以转化为经济资源，其互补性很强，但这也需要政府来整合。也可以这样说，我们关注了经济资源，却忽视了十分重要的政治资源和社会资源，更不用说三者之间的有效整合。我们面临的现实是，不但需要整合经济资源，而且要把经济资源、政治资源和社会资源全部整合起来，这样才能形成强大的风险防御能力，从而减少公共财政风险。

五、构建公共财政应急反应机制

随着时间的推移，风险总是会变成确定的现实。但具体的时间是不确定的，往往带有突发性，要保持公共财政的稳定性和可持续性，就需要建立一种应急反应机制来应对突发性的支出需求。

（一）财政应对财政安全问题需要财力准备充分

中国现有的财政应急反应方式不能适应新时期化解危机的需要。其最突出的表现是风险意识和危机意识不强，思想准备不足，机制建设更是滞后，缺少应急预案和公共财政安全应急管理程序，应急财力方面也谈不上准备充分。虽然在2003年上半年SARS危机中财政部门表现不错，但主要是"人为"因素，而不是有一个完善的应急反应机制在发挥作用。从长期来看，缺乏机制保障的应急反应能力再强也是靠不住的。

（二）构建财政的应急反应机制的基本架构

公共财政的应急反应机制应当属于国家应急反应机制的一个重要组成部分，或者说属于国家危机管理系统的一个子系统，它不是独立的。从财政的角度来说，主要是为及时化解公共危机提供财力保障，并辅以相应的政策调整和具体措施，构建公共财政的应急反应机制是一个复杂的系统工程，涉及方方面面，难以一蹴而就。重要的也许不在于能否马上建成，而是我们现在就需要考虑，并将其列入我们的行动计划。

中国应在总结国外紧急状态立法经验的基础上，在《宪法》中明确规定紧急状态制度。或者制定统一的《公共危机法》，统一规定紧急状态下的政府应急机构和应急机制。在此基础上，《预算法》或《财政基本法》应对公共危机状态下的预算调整、执行和监督的各法律主体权限范围做出规定，一旦发生财政安全问题即可启动，以避免不必要的法律障碍。例如中央财政向中央银行透支，一般情况下会被法律所禁止，但只要启动应急机制，这项法律禁令应自动解除或有条件地解除。也就是说，公共财政方面所有应急工具的使用都应当有明确的法律依据，而不能满足于“相机抉择”①。

第三节 构建公共财政风险预警系统

虽然产生公共财政风险的原因是多方面的，但是任何财政风险都有一个逐步显现和不断恶化的过程，因此，如果对财政运行过程进行跟踪、监控，就能及早地发现公共财政风险信号，预测面临的公共财政风险。设立和建立公共财政风险预警系统，能够使政府在财政危机的萌芽阶段采取有效措施，避免危机的出现。

一、公共财政风险预警指标体系及其构建理由

以预算为基础的直接显性公共财政风险预警系统，主要是对财政危机发生的可能性进行预警。其指标体系应包括：反映宏观经济总体态势的指标组，反映财政收支状况及债务状况的指标组，反映财政分配体制的指标组，反映财政支出效益的指标组。在这四个指标组中，最能直接衡量一国公共财政风险的指标组当然是反映财政收支状况和债务状况的指标组，即赤字和债务指标。赤字反映了一个财政年度产生的公共财政风险流量，而债务则蕴藏了过去累积的公共财政风险存量。所以，最能直接反映公共财政风险的指标就是赤字和债务指标。这也是国际上普遍用来衡量一个国家债务风险的通用指标组。而其他指标，都要通过影响赤字或债务指标来间接影响公共财政风险。

(1)宏观经济指标组能预警公共财政风险的原因在于，宏观经济指标的变化会引起赤字和债务指标的变化，进而再引起预警公共财政风险的变化。它们是预警公共财政风险变化的先行指标。

(2)财政分配体制从制度上决定了国家、企业和个人在国民收入分配

---

① 相机抉择：指政府在进行需求管理时，可以根据市场情况和普通调节措施的特点，机动地决定和选择当前究竟应采取哪一种或哪几种政策措施。

中取得的份额,同时也决定了中央和地方财政在全国财政收入分配中取得的份额。这两方面都会对财政自身的举债能力产生直接影响,而财政自身举债能力指标又直接反映了财政承担公共财政风险的能力和政府负债风险程度。

(3)财政支出绩效对公共财政风险的影响,主要是通过支出效率影响财政支出总量、赤字和债务指标的变化,来间接影响公共财政风险的。

因此,我们在构建公共财政风险预警模型时,应根据各指标组的地位而授予不同的权重。其中,财政收支状况和债务状况指标组权重应该是最大的。而其他三组指标组的权重,应根据其在不同时期对政府债务的影响程度具体确定。

二、公共财政风险预警指标的具体选取

财政风险是一系列因素综合影响的结果,财政运行过程中存在着各种显性风险和隐性风险、体内风险和体外风险、即期风险和远期风险。因此,通过哪些指标来评估财政风险程度,仍然是一个较难解决的问题。我们按照系统性、相关性、代表性、动态性和层次性原则,主要根据因果关系来分析财政风险的成因,从而确定财政风险的预警指标。

(一)反映宏观经济总体态势的指标

由于宏观经济的主要目标是经济增长、充分就业、物价稳定、进出口平衡与汇率稳定,因此,反映宏观经济总体态势的主要指标有:

1. 经济增长率 X1

经济增长率指实际 GDP 比上年增长的幅度,其中实际 GDP＝名义 GDP/GDP 平减指数。经济增长率这个指标反映了该国的经济增长速度,当然也反映了该国的经济总体态势。

2. 失业率 X2

失业率是指失业者在劳动力中所占的比重,它反映了一国的充分就业情况,也是反映经济总体态势的指标之一。

3. 通货膨胀率 X3

通货膨胀率用 GDP 平均指数或消费者价格指数计算。其中 GDP 平均指数的计算公式为:GDP 平均指数＝以现价表示的 GDP/以不变价表示的 GDP。

(二)反映财政收支状况及债务状况的指标

反映财政收支状况及债务状况的指标主要是赤字和债务指标，主要有四类指标：

1. 反映年度收支状况和财政管理水平的指标

即赤字率 X4，赤字率＝年度财政赤字/年度 GDP，国际警戒线为 3%，国际上许多国家都把财政赤字率作为衡量一国政府负债风险的重要指标，《马斯特里赫特条约》更是严格规定欧洲经济和货币联盟入围国家的财政赤字率不得超过普戒线 3%。因此，财政赤字率理应是衡量公共财政风险的重要指标。

2. 反映财政本身举债能力的指标

举债若超过了财政所能承担的债务限度，财政将面临很大的风险，甚至引发财政危机。反映财政举债能力的指标主要有：

(1)公共财政债务依存度 X5：X5＝当年国家债务发行额/全国财政支出。它反映了全国财政支出对债务的依赖程度，国际等戒线为 20%。

(2)中央财政债务依存度 X6：X6＝当年国家债务发行额/中央财政支出。它反映了中央财政支出对债务的依存程度。国际普戒线为 25%—30%，由于中国地方政府不能发行地方公债，因此，讨论债务依存度时，主要是中央债务依存度。

无论是国家债务依存度还是中央债务依存度，如果依存度过高，都表明财政支出已经过分依赖债务收入，财政收支平衡处于非常脆弱的状态。这将对未来财政的发展和收支平衡构成巨大的潜在风险。在中国，中央债务依存度已经是长期高于 50%了，这表明中央财政已经面临很大的公共财政风险，也反映了中央政府宏观调控能力的弱化。

(3)债务支出收入比率 X7：X7＝当年债务还本付息/当年债务收入。X7 反映了一国财政借新债还旧债的程度。而且从另一侧面分析，X7 越大表明越来越多的债务收入是用来偿还国家债务本息的，是用于消费性支出的。因此，国家债务中用于投资性支出的比重不断下降，这样就大大降低了国家债务的偿债能力。国家债务偿债能力的低下，表明新增国家债务将缺乏保障基础，财政举债面临风险增加，债务支出收入比例从借新还旧程度和国家债务的偿债能力两方面反映公共财政风险。

(4)偿债率 X8：X8＝当年的国家债务还本付息额/当年财政收入。X8 是一个比债务支出收入比率 X7 更能反映借新还旧程度的国际通用指标。

它反映了当年财政收入中用于国家债务还本付息的份额。同时，债务收入的有偿性和财政资金的有限性，决定了政府负债规模必然要受到公共财政资金状况的制约。因此，政府负债规模应控制在与财政收入相适应的某个适当的水平上，超过了这个适当水平，表明政府面临较大的债务风险。关于国家债务偿债率的数量界限，许多学者主张应控制在8%—10%范围内。

(三)反映国民经济应债能力指标

反映国民经济应债能力指标主要有四个：

1. 国家债务负担率X9

X9＝国家债务余额/当年GDP。国家债务的应债来源就是GDP，X9既反映了国民经济应债能力和国家债务干预经济的程度，又表明了国家债务发行的限度和余留空间。国家债务发行如果超过了国民经济应债的能力，不但会使国家债务不易发行，国家债务债信降低，可能产生国家债务危机，而且还可能使政府过分干预经济(如挤出效应等)，对经济的正常运行产生更大的危害，国家债务负担率是国际惯用的衡量政府债务风险的指标，这一指标的国际警戒线为45%。

2. 国家债务借债率X10

X10＝当年国家债务发行额/当年GDP。它反映了当年GDP对当年国家债务增量的利用程度，也表明经济对国家债务发行的承受程度，是衡量政府给经济和社会增加的债务负担程度的指标，西方发达国家的借债率一般在3%—10%，而大多数都尽量维持在8%左右。因此，不妨借鉴国际经验把这一指标的警戒线定位在8%—10%。

3. 反映居民应债能力的指标

反映居民应债能力的指标有两个：居民个人的国家债务负担率X11＝国家债务余额/居民储蓄存款余额，国家债务对居民储蓄的弹性X12＝当年国家债务发行增加额/当年居民储蓄存款增加额。因为居民的应债能力有限，若这一指标过高，超过了居民的应债能力，政府的债券不但不易发行，政府债信降低，产生政府债务危机，而且还会使政府过分干预经济，产生挤出效应，挤占私人投资，后果更加严重。若X12高，说明国家债务发行增长速度大大超过储蓄余额增长速度，使国家债务发行的潜在空间在不断缩小。

4. 国家债务偿还率X13

X13＝国家债务到期付息额/GDP。该指标越高，表明国家债务期限结构越不合理；债务偿还越集中，政府面临偿债高峰期的风险越大，这一指标的国际警戒线为6%。

(四)反映外债承受能力和风险状况的指标

反映外债承受能力和风险状况的指标主要有以下三个：

1. 外债负债率X14

X14＝外债余额/GDP。它表明外债给经济造成的负担水平，当然它也反映财政承担外债的风险程度。这一指标的国际公认安全线为25%。

2. 外债偿债率X15

X15＝当年外债还本付息额/商品和劳务出口总额。它反映了一国外债偿还能力和所承担的外债风险，这个指标的国际警戒线为20%。

3. 外债债务率X16

X16＝当年债务余额/商品和劳务出口总额。它反映该国外债偿还能力和所承担的外债风险状况，这个指标的国际警戒线为100%。值得一提的是，拒绝清偿和拖欠外债的直接和间接后果比拒付内债的情况更为严重，会使政府的国际信誉大大降低。因此，除非万不得已，一国政府一般不会拒付或拖欠外债。若外债风险很大，说明政府的总体政府负债风险已经很大了。从这个方面看，外债风险指标在公共财政风险中的地位也是相当重要的。

(五)反映财政分配体制的指标

财政分配体制是决定财政收入在GDP中所占的份额、中央与地方财政能力大小的体制因素，财政能力大小反映了财政承担风险的能力，财政分配体制不合理将是引起公共财政风险的根源之一。财政分配体制指标主进行了：

1. 全国财政收入占GDP比重X17

X17＝全国财政收入/GDP，这一指标在发达国家普遍在30%—50%之间，而发展中国家则普遍在18%—30%之间，中国一直在10%—15%之间。这表明中国财政能力在抵御公共财政风险方面非常有限，当然这一比重过低，也使得财政收入不足，对连年赤字无能为力，加重了政府的负债风险。因此，这一指标是衡量公共财政风险的重要体制指标之一。

2. 中央财政收入占全国财政收入比重X18

X18＝中央财政收入/全国财政收入，这一指标最能反映中央一级政府财力大小，以及中央政府承担公共财政风险的能力。国际上这一比重平均为60,中国这一比重一度偏低,它是中央财政支出对债务依赖过度、偿债能力低的主要原因,也是反映公共财政风险的更深层次原因的重要体制指标之一。

3. 税收弹性 X19

X19=税收增长百分比/GDP 增长百分比。众所周知,财政支出的增长往往快于 GDP 增长。合理有效的税收弹性是保证国家财力增长,增强抗风险能力的重要因素。税收弹性过低,只会不断增加中国的赤字和债务风险。一般说来,税收弹性应保持大于1的水平,最低也不能低于0.80。

4. 预算内收入占政府收入比重 X20

X20=预算内收入/政府收入。其中,政府收入=预算内收入+预算外收入+制度外收入。在中国,预算外收入和制度外收入的使用和管理是十分不规范的,它们的使用也往往是低效的,有限资金的浪费只会加重公共财政风险。因此,对于现阶段,这一指标对于反映中国的公共财政风险具有很重要的现实意义。

(六)反映财政支出绩效的指标

反映财政支出绩效的指标对于预警公共财政风险的重要性是小于前述各类指标的,它属于更浅层次的指标体系。这类指标主要通过影响其他重要指标来间接影响公共财政风险。比如,财政支出效率低下,造成财政资金浪费,增加政府负债,进而影响公共财政风险。针对中国现有的财政支出问题,有必要选取如下指标预警公共财政风险的变化:

1. 财政支出总量指标

财政支出对财政收入的弹性 X21:X21=财政支出增长率/财政收入增长率。由于这个指标与财政赤字联系非常密切,这个指标值若长期大于1,政府就会面临长期的财政赤字,面临较大的政府负债风险。因此,这个指标对于预警公共财政风险具有非常重要的作用。然而,在运用这个指标的时候,还应该把它与经济的运行周期联系起来,因为财政支出的增长和财政收入的增长在经济运行的不同时期有各自的特点。

从理论上讲,在经济状况良好的时期,公共财政收入是不断增长的,增长速度较快。而且,由于经济运行良好,政府干预经济的范围在不断缩小,财政支出也会因此不断减少或增长缓慢。可以说,此时财政收入的增长快于财政支出的增长,即 X21<1。在经济衰退的时期,财政收入的增长会不断减小,甚至为负增长。而政府为了经济衰退的减缓或重新启动经济,实

行反周期宏观调控政策，财政支出的增长会不断加快。此时，财政收入的增长会慢于财政支出的增长，即 X21＞1。然而，实际情况往往是：在经济运行良好的时期，财政收入增长较快，财力较宽裕，财政支出会由于缺乏内在控制和官僚们追求预算规模的极大化而继续在原来的基础上增长，增长速度不变或加快。而当经济转入衰退期时，政府为了启动经济，必须加大宏观调控的力度，财政支出会在原来的基础上更快地增长。当经济转入又一个增长期时，财政支出的增长速度仍然不会慢下来，这就是财政支出的刚性增长。财政支出的刚性增长是财政支出盲目膨胀的原因之一，在这种情况下，X21 的值就会长期大于 1，政府面临的就是长期的财政赤字和不断增长的政府负债风险。

因此，对一个经济周期的 X21 平均值的监控，能预警将来几年要面临的赤字和政府负债风险。X21 是一个预警公共财政风险很有用的指标。

2. 财政支出结构指标

公共投资性支出占财政支出的比重 X22、社会文教支出占财政支出比重 X23、社会保障支出占财政支出比重 X24、行政管理支出占财政支出比重 X25 和财政支出越位率 X26(X26＝财政越位支出/财政总支出)。

首先，公共投资性支出占财政支出的比重反映了财政利用有限资金对经济建设的贡献，这在发展中国家尤为重要。其次，世界各国财政支出结构的普遍规律是，越是经济较为发达的国家和地区，财政对教育、科技和社会保障等方面支持力度越大，相应的支出比例水平也较高。反映这方面支出的 X23 和 X24 越大，财政支出结构的绩效较优。再次，行政管理尽管对于维护国家政权的存在和运作具有非常重要的地位，但是，某个水平(临界值)的行政管理费足以维持提供必要的数量和质量服务时，超过这个水平就成为一种多余和浪费，甚至产生效益负值。针对近年来中国行政管理支出膨胀的情况，这一指标对于评价财政支出绩效具有非常现实的意义。最后，中国在经济体制转型过程中，存在财政支出的“越位”是合理的。但随着市场经济体制的建立和不断完善，财政的“越位”支出应该逐渐减少到零，应该按照公共财政构建公共财政支出框架，合理有效地利用现有有限财政资金。

3. 财政投资效益指标

这方面的指标主要是公共投资效果系数 X27。X27＝公共投资产生的社会总效益/投资成本。在这个指标中，财政投资的社会效益计算比较复杂，要科学地运用成本效益方法分别计算社会总效益和投资成本。公共投资效果系数是衡量财政支出绩效的重要指标。

对财政支出的结构和支出效益监控，能及时地发现财政支出中存在的问题，能有效利用和节约现有有限的财政资金，对财政资金的利用状况进行监督。这种监控和监督，既能有效地减少财政赤字，又能减小政府负债风险。

三、建立公共财政风险预警模型的基本构架

在公共财政风险预警指标的选取和分析中，讨论了四个指标组反映和预警的公共财政风险。其中，反映宏观经济态势的指标是预警公共财政风险的先行指标，也是内在因素之一，用R1表示宏观经济态势指标变化（或者说经济走势变化）产生的公共财政风险（或者说决定的公共财政风险大小）。反映财政收支状况和债务状况的指标是反映和预警公共财政风险的最直接指标，也是最重要的指标，不妨用R2来表示赤字和债务指标变化引起的公共财政风险。财政分配体制是影响公共财政风险的体制因素和更深层次因素，用R3来表示反映财政分配体制的指标变化产生的公共财政风险。财政支出绩效是预警公共财政风险的间接因素，用R4来表示财政支出绩效指标变化引起的公共财政风险。而一国面临的综合公共财政风险用R表示。于是，通过建立方程组来预警一国面临的公共财政风险如下：

$$R=F(R1,R2,R3,R4) \qquad (1)$$

$$R1=f(X1,X2,X3) \qquad (2)$$

$$R2=g(X4,X5,\cdots,X16) \qquad (3)$$

$$R3=h(X17,X18,X19,X20) \qquad (4)$$

$$R4=m(X21,X22,\cdots,X27) \qquad (5)$$

在(2)式中，由X1，X2，X3决定的宏观经济态势与它们决定的公共财政风险R1呈逆向变化关系，即宏观经济运行良好时，R1减小；经济转入衰退期时，R1增大。在(3)式中，各指标的变化方向与它们决定的公共财政风险R2呈正向变化关系。各指标越大（超过警戒线），R2越大。在(4)式中，财政分配体制指标并不是说越大越好，应该是越接近它们的合理值，公共财政风险R3越小。各指标值与各指标的合理偏差越大，R3越大，各指标值与各指标的合理值偏差越小，R3越小。当然，各指标的合理值应该因时、因地制宜。在(5)式中，财政支出绩效与它决定的公共财政风险呈反向变化关系。财政支出效率越高，公共财政风险越小；反之，R4越大。

在(1)式中,由于赤字和债务指标在整个指标体系中占最重要地位,所以,R2在方程中的权重是最大的,而R1在方程中的权重次之。当然R与R1,R2,R3,R4是呈正向变化关系。同时,由于其他指标都是通过赤字和债务指标来间接影响公共财政风险的,所以R2和R1,R3,R4又具有很强的相关性。

第四节 财政安全态势的指标体系与监测预警系统

与金融安全不同的是,财政安全的影响因素比较明显,目前已形成比较统一和全面反映一国财政安全态势的指标体系。这些指标有的从形成赤字的收入与支出的流量方面,考察形成财政风险的内在原因,有的从政府的偿债能力等存量方面考察财政的安全状态,并且适当考虑财政与货币政策或其他市场之间的关系。

一、财政总体安全指标

从财政赤字指标看,2010年,全国财政赤字约10000亿元人民币,占国内生产总值(GDP)的比重为2.5%,低于3%的控制水平。2011年,中国拟安排9000亿元的赤字,显著低于2010年初安排的10500亿元,赤字率也将下降到2%左右。从国债负担率指标看,2010年末,中央财政国债余额67548.11亿元,比上年增加7310.43亿元,增长12.1%,国债负担率(国债余额占GDP的比重)为17%。①

(一)宏观税率

宏观税率即财政收入占GDP的比重。该指标可以直接衡量公共财政的行政能力。在完善的市场经济国家,财政收入基本等于税收收入,所以称前述比例为宏观税率。宏观税率因一国所处的阶段和社会福利政策不同而有较大差异。

---

① 《财政部官员:财政状况总体安全 国债有发行空间》,中国新闻网,2011年8月15日,http://www.chinanews.com/fortune/2011/08-15/3259542.shtml。

(二)债务依存度

债务依存度即国家债务收入占当年财政支出的比重。它反映一国财政支出中有多少是依靠发债支持的,能直接说明财政赤字在政府总支出中的比重。显然,较高的债务依存度是引发财政风险的根源之一。目前,国际公认的债务依存度的警戒线是25%。

(三)债务负担率

债务负担率即累积债务余额占当年GDP的比重。该指标从存量角度反映一国财政的安全状态,是一个长期积累的结果,它直接影响一国政府的融资能力和履行政府职能的选择余地。客观地看,一国的财政危机通常是直接从债务负担过重开始的。

(四)财政赤字占当年GDP的比重

财政赤字占当年GDP的比重这一指标主要用于衡量一国财政赤字的相对大小。《马斯特里赫特条约》规定该指标不应超过3%。

二、外债管理安全指标

外债关系到一国的国家主权信用,而且偿还外债通常需要动用国家外汇储备。因此,国家的外债偿还能力以及该国的外汇储备往往会成为国际投机资本攻击其金融市场的诱发原因。外债管理不当或其潜在缺陷往往有可能直接引发一国的金融危机,因此,对外债问题的监测需要一些特殊管理指标。

(一)短期外债率

短期外债率指一年之内需要偿还的外债占全部外债的比重。该指标主要考察的是一国的债务期限结构。显然,在短期债务率较高的年份,需要十分关注当期的债务偿还能力与流动性,以确保到期债务能按时偿还。目前,国际公认的短期外债率的安全线是20%。

(二)外债偿债率

外债偿债率即一国的外债还本付息额占商品劳务出口外汇收入的比重。它主要说明一国的外汇收入对所需偿债外汇的支持能力。如果该比率过低，则只有靠借新债偿还旧债，这很可能导致一国外债借偿的恶性循环。目前，国际公认的外债偿债率的安全警戒线是20%。

（三）外债率

外债率即一国的外债余额占外汇收入的比重。它与外债偿债率一起，分别从流量和存量上考虑国家独立的偿债能力。目前，国际公认的外债率的安全警戒线是100%。

（四）负债率

负债率即一国的外债余额占GDP的比重。它主要用于衡量一国所承受的外债相对其经济实力的大小。目前，国际公认的负债率的安全警戒线是25%。这里需要指出的是，以上两组指标都只是考虑国家对显性债务的偿还能力。

实际中还会有一些隐性国家债务。例如，国家或政府担保的企业负债，一些政府部门发行的建设债券，如果当事人没有清偿能力，这些债务最终都会变成国家负债。因此，在考察具体国家的财政安全状况时，还需要充分考虑这些隐性负债，包括数额和第一当事人的偿还能力。

三、财政与其他市场以及经济政策的关系

建立完善的财政安全监测预警指标体系，还必须考虑财政与其他市场或经济政策的关系。以下是一些需要考虑的常用指标：

（一）呆坏账/CDP

呆坏账/CDP这一指标本属于金融安全领域的指标，但在财政与金融独立性不强、二者交叉程度较高的国家，银行相当部分的呆坏账是由财政支出信贷化引起、造成的，银行呆坏账的结果也必须由财政来承担。因此，财政安全监测预警指标体系中就必须考虑这类指标。类似的指标还有呆坏账占信贷资金的比重。

（二）银行资金利润率

同CDP一样，也适用于财政、金融缺乏独立性的国家。

(三)货币流动性比 M1/M2

货币流动性比 M1/M2 这一指标主要反映货币的流动性和交易的活跃程度。一般而论,货币流动性较低的国家,宜实行扩张的财政政策,以刺激消费和投资。

(四)货币乘数

货币乘数这一指标主要反映货币供给量对基础货币的倍数关系,即基础货币每增加或减少一个单位所引起的货币供给量增加或减少的倍数,不同口径的货币供应量有各自不同的货币乘数。

(五)国际储备

国际储备这一指标主要反映一国的清偿能力,特别是外债清偿能力。这里需要说明的是,具体研究某国的财政安全状况时,还需要更多、更具体的指标以丰富监测预警内容。

四、建立财政安全监测预警系统基本思路

目前,人们提出的建立财政安全监测预警系统的思路主要有两类。一种思路是建立类似宏观经济模型的计量经济模型,即找出决定财政收入总量、财政收入增长率、财政支出总量、财政支出增长率、预算外收入总量及其增长率、预算外支出总量及其增长率等主要经济指标,并用计量经济模型求出这些变量的函数关系,这样就可以较为准确地预测各年的财政状况,甚至财政危机发生的时间。

但该思路的假设前提是:财政体制和收支结构不会发生较大变化。然而,实际情况是,在许多国家,特别是发展中国家的财政体制正发生着重大变化。即使在发达国家,在不同的经济发展阶段,也会有不同的财政支出要求或收入决定因素。也就是说,决定财政收支的因素会不断变化,各因素的影响程度也会发生变化。特别是,财政与金融等其他经济系统存在着紧密的联系,很难用简单的方程式表示变量之间的主要关系。因此,从 20 世纪 70 年代起,计量经济模型已很少作为预测之用,正是基于这一点,本著作的财政安全监测预警系统研究不再对计量经济模型做过多的描述。

这里需要特别描述的是另外一种思路,与金融安全监测预警相类似,我们倾向于通过建立一套合理的指标体系,来对一国的财政安全态势进行

监测预警。课题组认为，一国财政安全状态的实际判断，可以用一组指标与警戒线的逼近程度来衡量。目前，关于财政安全态势的预警指标和警戒阈值，国际上也已形成了一种较为成熟和一致的看法（主要指标及相应阈值前已列出）。另外，评价一国的财政安全态势，更应注意造成一国财政不安全的内在机制，而不应单纯用存量指标来评价一国的财政安全水平。同时，即使前述存量指标或某些时期的短期流量指标很健康，也不能认为该国的财政状况一定是安全的。只有一国的财政系统与国民经济形成了良好的互动关系，不存在制度性债务积累因素，才可以说该国的财政系统从长期来看是健康而稳定的。

第十章　公共财政安全预警机制的构建

在社会主义市场经济条件下,经济领域的各种公共风险都有可能转化为财政风险,它们直接关系到国民经济持续、快速、健康的发展和国家的长治久安。我们必须全面分析地方财政风险的判别指标和测算流程,探讨化解地方财政风险的方法。对地方财政风险预警机制的研究,可以为具体展开实际预警操作提供参考方案,从而进一步为地方财政领导根据财政风险状况进行决策提供依据。

第一节　构建地方公共财政风险预警机制

目前中国地方财政运行中的各类风险问题正逐步突显并引起各方关注。一些国家已经认识到要实现政府干预的有效性,建立地方公共财政风险预警机制是一项基础性的工作。因为地方公共财政风险一般最终会转化为中央公共财政风险,所以系统研究地方财政领域内可能存在的风险及判别指标和测算流程,保证公共财政安全,更显得十分重要。

一、地方财政风险预警机制目标与基本原则

公共财政风险预警机制的目标是根据地方公共财政风险现状,构建符合中国地方公共财政风险状况的公共财政风险预警系统和风险防范化解机制,实现公共财政风险管理的规范化、系统化和科学化。

具体而言,预警机制的功能目标包括三个:

一是预警功能。即通过确定一系列预警指标及判别标准,实现对公共财政风险预警。首先,通过主要指标测算出地方财政的风险度值,其次,通过一系列的宏观和微观的参考监控指标体系衡量地区公共财政

风险状况。

二是实时监控功能。即通过对财政债务的项目结构、地区结构实行实时监控,对负债的变动趋势做出分析评价。

三是风险预算功能。即依据每一项负债的参数(金额、期限、利率和偿还方式等)以及债务违约概率,确定未来偿还债务对财政资金的支出需求,形成一个长期的、滚动的债务预算。

地方公共财政风险预警机制的基本技术原则包括两个方面:

一是实用性原则。当前地方财政负债形成机制复杂,缺乏完整的统计数据,财政债务状况底数不清,没有普遍认可的指标及判别依据。在这种条件下,构建地方公共财政风险预警系统必须坚持实用性、适用性和可行性原则,这一原则贯穿在界定债务范围,确定指标体系和判别标准的全过程。

二是动态性原则。坚持动态性原则的原因主要有两个方面:其一,现阶段地方财政负债体现了明显的转轨性和体制性特征。有些负债是经济社会转型过程中政府应承担的成本,随着社会主义市场经济的日趋完善,这些债务将会逐渐被消化,与此同时,一些新的负债形成机制将会产生,债务形成机制具有动态性。其二,所选择的指标及标准应体现适用性原则,即不是以理论预警值来确定,而是根据当前地方负债的特征来确定,随着债务的变动,指标及其判断标准应不断做出调整,使之不断趋向理论值。

二、地方财政风险监测预警机制的基本内容

财政作为综合经济的反应,直接关系到国民经济的持续、健康、快速的发展,关系到社会稳定和国家的长治久安。然而目前中国财政运行过程中的各类风险问题正逐步凸显并引起各方关注,理论界和实际操作部门也正在研究财政风险问题的防范和化解措施。风险越大,说明社会经济生活中存在的公共风险越多,国家机器正常运转遭受损害的可能性越大。因此,财政风险不只是财政部门本身的风险,还是政府的风险,系统研究财政领域内可能存在的风险及判别指标和测算流程,便在这个时期具有了直接而现实的意义。

(一)以债务为核心

公共财政风险是社会经济风险在财政领域的集中体现。随着社会分

工越来越细，社会经济运行过程中的私人风险越来越多地转化为公共风险，政府承担风险的范围不断扩大。具体而言，地方公共财政风险的影响因素主要有社会环境、经济环境、政策环境、体制环境和融资环境，这些因素的影响又最终表现为对即期和潜在的财政资金的要求。如果即期财政收入不能满足这些资金需求，则财政只能通过负债来满足，即表现为财政债务的增加。上述因素最终会通过债务的形式表现出来，因此地方公共财政风险预警系统的研究对象是财政债务，主要包括财政直接债务和财政或有债务。直接债务是指在任何情况下都会发生而且数额确定的政府债务，可以通过一些具体的基础参数计算得到。如政府外债负担可以通过借款额度、币种、利率、期限和汇率计算得到；或有债务是指基于某一偶然的或有事件的政府债务，其发生的概率及由此引发的财政支出规模依赖于某一或有事件的发生，如自然灾害、银行危机等。

在确定了以债务为地方公共财政风险预警系统的研究对象之后，需要解决的主要问题是如何界定债务以确定债务的外延，从而使研究对象具体化。或有负债具有广泛性和不确定性，缺乏必要的统计数据和技术支持。如地方金融机构风险，需要掌握地方性金融机构运行状况的具体财务指标；国有企业转制所引起的公共财政风险需要分析有关国有企业改革的政策、企业自身的经营状况及财务状况；社会保障改革成本所涉及的问题也有很多，地方政府所承担的责任难以确定。因此对由或有负债产生的公共财政风险应单独进行研究，以附加报告的形式对系统进行补充，供领导决策时参考。地方公共财政风险的研究对象主要集中在目前为止确定的财政债务，即财政可以准确掌握的、具有可靠统计数字的债务，这包括三个方面的内容：

一是财政直接债务，即财政承担第一性付款责任且付款责任明确的政府债务，如外债、国家债务转贷资金等。二是财政担保所形成的财政债务，即以契约或合同方式产生的，财政承担第二性付款责任的政府债务。三是财政运行过程中形成的硬赤字。财政运行过程中由于收支矛盾尖锐形成的赤字包括两个部分，硬赤字和软赤字。硬赤字是指地方财政以欠发工资、拖欠债务等形式存在的收支缺口；软赤字是指地方财政对必要的公共设施和公共服务的投入不足。对硬赤字的处理方式是将每一笔硬赤字都认为是一笔新债务，同时，将该笔债务计入逾期债务。

（二）以项目为基础

财政债务最终表现为一些具体的项目，这是公共财政风险管理的微观基础，也是公共财政风险管理的最终落脚点。根据项目的资金来源、资金投向对项目进行分类，分析不同项目对财政预算资金的要求，确定每一类项目的风险程度；依据项目的具体属性——金额、期限、利率、汇率等确定出每一类项目的财政支出状况和一般预算收入的支付要求，并以债务的风险头寸作为参考指标，确定风险状况。

（三）以网络为依托

现代信息技术的发展为财政网络化管理提供了可能，也为公共财政风险以项目为统计基础提供了技术支持。网络技术运用到财政领域可以提高财政部门的工作效率，同时网络技术也为公共财政风险管理落实到项目上提供了技术支持。

（四）层次分析和趋势分析为主要方法

层次分析包括指标分层和层级分析，趋势分析主要运用的方法是简单移动加权平均。对省市两级而言，由于数字的范围和规模比较大，可以得出稳定的统计规律，因此可以采用加权平均的方式确定未来的财政一般预算收入内所承担的债务支付责任。

（五）流动性和清偿能力为监控对象

流动性是指当年财政收入是否能够满足支出的要求，在债务上则反映为对到期债务能否及时、足额偿还。清偿能力是指在一个相当长的历史时期（如一个 5 年或 10 年期间）能否满足财政支出的要求，反映在债务上，则主要表现为财政收入能否满足财政的支出要求。如果财政可以及时、足额偿还债务，则认为财政具有流动性和清偿能力，财政是安全的。如果不能，则认为财政是有风险的，需要采取恰当的措施进行防范和化解。

在上述内容的基础上，经过深入研究当前国内外有关公共财政风险预警指标选择的理论和实践，根据中国地方公共财政风险的表现形式及现状，选择 3 个指标：以新增债务违约/地方一般预算收入反映地方财政的流动性，以地方财政债务余额/地方一般预算收入反映地方财政的清偿能力，同时选取地方财政逾期债务余额/地方一般预算收入反映地方财政的流动性和清偿能力的补充。

新增债务违约是指每年从 1 月 1 日开始至预警日的全部新增加的违约债务之和，至 12 月 31 日止；下一年度的新增债务违约则从下一年度的 1 月

1日起重新测算。可见新增债务违约是一个增量。逾期债务余额是指某地区至预警日为止的全部逾期债务的总额，是一个存量，一笔债务在计入新增债务违约的同时也计入了逾期债务余额。财政债务余额是指至预警日为止的某地区全部债务的余额，包括逾期债务余额和未逾期债务余额，它同样是一个存量。选择上述指标是基于这样几点考虑：

第一，国外在选择债务的标准时，比较注重GDP的概念，认为GDP反映了一个国家或地区的偿债能力，是最终的偿债基础。但考虑到中国地方GDP统计上的一些问题以及财政收入形成机制的不成熟、体制的变迁等因素，认为地方财政一般预算收入更能说明地方财政偿还债务的物质基础。

第二，反映地方财政流动性风险的指标国外主要采用债务收入比率、偿债率等，这些指标用于债务产生方式规范，地方政府拥有独立融资权的情况，可视为地方财政存在债务违约风险时测算风险的主要指标。在中国则由于地方政府不拥有直接融资权，而且地方财政债务违约现象在一定程度上存在，地方财政面临比较严重的流动性困难，因此选用地方财政的新增债务违约作为流动性的监控预警指标。

第三，反映清偿能力的指标，对财政形成长期支付压力的表现是债务余额，因此地方财政的清偿能力主要以地方财政的债务余额来进行监控。

第四，政策的、体制的、经济发展的、历史的、管理上等原因，地方政府有相当规模的逾期债务。这些债务既表现了对财政当期支付的要求，也反映了对财政长期支付的要求，因此选择地方财政逾期债务余额作为考察地方财政流动性和清偿能力的第三项指标。

在评价地方公共财政风险程度时，赋予三项指标不同的权重。公共财政风险首先表现为流动性风险，当期财政收入不能满足财政支出的需求时称财政出现了流动性风险，它对地方公共财政风险的影响程度最大，因此赋予第一项指标权重均为0.4。第二项、第三项风险指标主要反映了长期支付需求和债务总量情况，同样对地方公共财政风险有一定程度的影响，赋予两者权重为0.3。指标权重的确定依据的是该指标对公共财政风险评价的重要程度，当然，具体的权重设定应通过专家意见最终确定。则地方公共财政风险度的判别公式为：

地方公共财政风险度：(新增债务违约/地方一般预算收入)×权重+(地方财政债务余额/地方一般预算收入)×权重+(地方财政逾期债务余额/地方一般预算收入)×权重。在实际情况中，由于某地区不会仅存在一项债务，则具体计算某地区的前三项指标值时，只需要将相应地区每笔债务预警年度的新增债务违约、逾期债务余额和债务余额的值汇总即可，则公共财政风险度仍然可以根据我们上面给定的公式得出。这样，通过将某地区现实和潜在的公共财政风险度量化，可以更清晰地知道目前的公共财政风险主要出在哪个环节，风险已达到了什么程度，从而便于为领导决策提供辅助参考依据。

三、地方财政风险监测预警机制的运行流程

地方公共财政风险预警是一个完整的系统工程，是在预警监控室所涉及的各个环境和行为进程中设立的各种采集、测评、调节和控制的综合体。

（1）对风险体系进行系统研究和分析，保证监控室确立风险预警目标，并为如何选定风险预警方式和建立管理结构打下坚实的基础。

（2）确定地方公共财政风险分类和结构，以便所建立的风险预警机制有明确的监控与管理对象。

（3）选择准确的风险监测指标，确定对风险监测指标的采集标准和时间间隔，保证对风险状态了解及时和准确。

（4）根据以往地方财政运行过程中风险显现的分析，确定风险临近或作用于选定地区的安全阈值（由专家判断得出），以便作为风险评估的基本标准。

（5）确定地方公共财政风险预警子系统的中间控制过程，除去通过人力和组织结构上的保证，还尽可能通过先进的计算机和网络等技术手段，实现上述目的。中间控制过程包括中间控制变量值的获得、权重的确定、流程的管理等一系列过程。

（6）建立风险管理的组织框架，明确各种风险相应的管理部门职责，并为监控室选定具备风险监评与控制能力的专业人员。

（7）建立风险控制指令和对风险处理的行为标准，并与风险预警指标数据的采集和测评建立对应体系，保证地方公共财政风险测评的连续性。

（8）保证风险预警调节传导的有效运行，控制各个风险管理工具和手段的应用效果，同时确保预警监控室与管理部门的风险机制协调。

（9）当确定风险进入后期转化阶段时，须拟定对风险处置、转移、控制等一系列管理方案，提高风险抗御能力。

风险预警的实施进程可以归纳为风险识别、风险估测和风险评价 3 个大的阶段。风险识别是对潜在的各种风险进行系统的归类和全面的分析以掌握其性质和特征，便于确定哪些风险应予考虑，同时分析引发这些

风险的主要因素和所产生后果的严重性，这个阶段是对风险进行定性分析的基础性工作。风险估测是通过对所收集的大量资料的研究，运用概率论和数理统计等工具估计和预测风险发生的概率和损失幅度，这个阶段工作是对风险分析的定量化，使整个风险管理建立在科学的基础上。风险评价是根据专家判断的安全指针，来确定风险是否需要处理和处理的程度。

第二节　完善中国财政赤字与债务规模预警机制

中国的财政赤字和政府债务规模适度性问题，始终是社会各界普遍关心的焦点，特别是在当前宏观经济出现变化的情况下，继续实行积极的财政政策更是不可回避的话题。

一、财政赤字与债务预警系统

财政赤字与债务规模预警系统从一般意义上的理解和定义是，财政赤字和债务规模的警戒线指标体系或上限控制指标体系。

(1)西方宏观经济学中的新凯恩斯主义和新古典学派，以及理性预期均衡学派，近年来较多的争论是围绕财政赤字与债务的利弊问题，但涉及财政赤字与债务规模"量"或"度"方面的研究很少。

(2)从实践上看，公共财政赤字与债务规模较大的一些国家，如 OECD 中的意大利、丹麦、比利时、美国、法国、德国等发达国家并没有因为财政赤字与债务规模持续保持较大规模而引发金融危机或经济风险，而财政赤字与债务规模很小的国家，如韩国、泰国也没有因为财政状况较好而幸免于金融危机。所以，从现象上很难讲财政赤字与债务规模较大，跟经济风险有必然的联系。这就是说风险形成现实危机是有其爆发条件的。

(3)目前中国在研究财政赤字与债务规模上，许多人引用马斯特里赫特条约中规定的赤字占 GDP 比重不超过 3%，债务占 GDP 比重不超过 60%的标准，作为赤字和债务规模的警戒线，这是一种误解。OECD 专家学者的解释是，上述标准是依据欧盟国家建立欧元体系时，以德、法等国的财政赤字和政府债务分别占 GDP 比重的现实状况作为参考的，而不是依据现成科学的经济理论和计算公式得出的数据。其关键的意义和目的不是 3%和 60%的数字本身，而是为了使加入欧元体的成员国都要将财政赤字和债务占GDP的比重控制在大致相同的水平上，以利于欧元体成员国之间在利率和汇率上的协调。因此准确地讲，3%和60%不是赤字和债务的警戒线，而是欧元体系成员国的限制线。

(4)中国长期以来，受计划经济下财政平衡思想和政策的束缚，对财政赤字和债务问题以"赤字有害论"为主流观点，因此对赤字和债务的规模和数量界限研究得较少。

在这种背景下，研究确实难度很大。鉴此，起步的研究思路和目标是要研究在利用财政赤字与债务政策的过程中，如何防止带来经济风险或公共财政风险。具体研究的内容包括：财政赤字和债务会引起什么样的风险和危机，怎样引起风险和危机；应采取哪些指标来衡量赤字及债务的规模；中国目前的赤字和债务规模究竟有多大；结合中国经济发展阶段和经济管理体制、运行机制，探讨中国合理的赤字规模和预答系统。

二、财政赤字与债务危机分析

财政的风险和危机与金融的风险和危机有不同之处，也有相同点和密切的关系。不同之处是，在政治稳定的前提下，即使财政入不敷出，政府也可以用财政信用方式融资缓解收支矛盾。由于财政信用有税收做保证，所以它比金融风险小。此外，债权人如果需要变现，可以在国家债务二级市场上转让政府债券，证券市场可以分解财政信用的一部分风险。金融风险与危机的相同点和密切关系是：第一，目前中国发行的凭证式国家债务数额较大，这部分债券具有储蓄存款的特点，即允许债券持有人提前兑现，一旦公共财政信用降低，不排除这部分债券出现挤提风潮。第二，财政运用货币融资方式来筹资，会引起货币流通量的增加，在一定条件下引起通货膨胀。因此，初步的认识是，一般情况下由赤字和债务引起的公共财政风险和危机，往往不是直接表现为其支付能力出现问题或信用出现危机，而是通过一定的路径和运行机制，传导给以下方面，形成金融或经济风险：

(1)以往的研究表明，财政的支付困难，如果用货币融资的方式解决，会引起通货膨胀，货币融资的规模越大，可能引起的通货膨胀率越高。从这个意义上讲，财政的风险和危机表现为它引起的突发性的通货膨胀风险。

(2)赤字和债务引起利率提高，产生"挤出效应"。另外由于政府在资源配置中占了更大的份额，如果政府资源配置的效率低下，就会造成经济效率的损失。

(3)外债大量累积或汇率变动等原因导致外资大量和迅速流出，产生国际收支危机。如果上述分析和判断成立的话，那么财政赤字和债务恐怕不会直接造成财政本身的支付风险和危机，相反它们是一种应对财政支付风险和危机的工具，但是这种工具在一定条件下会引起金融风险和经济风险。因此，财政赤字与债务规模的预警系统研究主要不是围绕防范财政本身的风险和危机，而是研究多大的财政赤字与债务规模会引起突发性通货膨胀或国际收支危机，或者是对经济增长、经济效率形成严重的负面效应。

(4)建立科学的衡量财政赤字与债务规模的目标体系。目前，衡量财政赤字与债务规模的指标很多，由于使用的口径和指标不同，得出的结论也就不太有可比性，甚至在判断和政策的选择上也是“南辕北辙”。最典型的矛盾说法是，由于债务依存度很高，难以扩大债务，而债务占 GDP 的比重很低，扩大空间很大，等等。从国际和国内来看，描述财政赤字与债务规模的指标大致分为三类：

第一类指标：将赤字和债务分别与 GDP 相比较，即财政赤字占 GDP 的比重，债务余额占 GDP 的比重。这类指标反映财政赤字和债务在国内生产总值中的份额。其特点是从整个国民经济总体上来衡量和把握财政赤字与债务的规模，反映经济整体对赤字和债务的承受能力。目前国际上，尤其是 OECD 国家主要使用这个指标。

第二类指标：将赤字和债务分别与财政收支相比较。中国常用的指标有：(1)赤字依存度，即赤字占当年财政支出的比重。(2)债务依存度，即债务发行额占当年财政支出或中央财政支出的比重。(3)偿债率，即国家债务当年还本付息额占当年财政收入的比重。这类指标的特点是就财政本身来描述赤字与债务规模的大小，反映财政对赤字和债务的承受能力，但这类指标在国际上使用得较少。其原因是，市场经济国家主要把财政状况放在经济中考虑，不是单纯地就财政论财政，而是把财政作为政府调控经济的手段和工具。他们在分析财政赤字政策和债务的利弊时，也是从财政对经济的影响来分析的，而不是就财政收支来评价财政状况。这恐怕是 OECD 等国际组织使用赤字与债务占 GDP 比重指标，而不使用债务依存度指标的主要原因。

第三类指标：具有一定特殊意义的指标。主要包括：(1)居民的应债能力，即债务发生额占当年居民储蓄存款余额的比重。这个指标主要反映应债主体对债务的承受能力。中国使用这个指标是因为目前国内购买国家债务的主体与发达国家有所不同。发达国家购买和持有国家债务的主体是各种机构(如基金组织、金融机构等),而中国购买和持有国家债务的主体是居民。当然这种情况在近年来正在发生变化。这一指标的意义在于如果应债主体的能力较强(主要与储蓄率有关),赤字与债务规模扩大就有了基础,反之,则将限制政府赤字与债务的扩大。(2)国家综合负债率,即将政府债务、银行坏账和全部外债与名义 GDP 进行比较。这是在第一类指标的基础上,根据中国情况进行的扩展。这个指标的特点是,将公共财政风险定位在引发金融风险和危机上,与我们前面的分析一致。这种观点更进一步地说明,改革以来国有银行事实上承担了本应由财政承担的一些职能,国有银行目前的许多(还需进行量化分析)不良资产是由此形成的。从实质上讲,这部分不良资产应是财政的不良资产,应由财政通过发债来弥补。所以在中国使用这个指标是有道理的。

对于以上各类指标,课题组认为,应将财政放在经济中进行考虑,而不能单纯就财政论财政,为正确衡量、及时预警和有效控制财政赤字和债务规模,应以第一类和第三类指标为主,以第二类指标为辅。

三、中国财政赤字与债务规模

财政赤字和政府债务是关系到经济健康发展的重大议题。传统观念强调平衡预算,量入为出,不搞赤字财政。随着经济周期日益严重,财政预算的观念发生变化。新的观念是,在一个经济周期内平衡预算,即经济衰退的时候增加政府开支或减税,允许财政出现赤字;经济高涨的时候政府减少开支或增税,获得财政盈余,偿还因财政赤字而积累下来的债务。还有人认为,政府不应该过分关注财政赤字和债务,而应注重整体经济的平衡。因为赤字和债务过大,会加重利息负担,导致经济失衡。

(一)第一类指标中财政赤字占 GDP 比重中的赤字口径

窄口径赤字:当年的财政收支差额,不包括当年应付的债务利息。美国称之为净赤字。

中口径赤字:包括当年的债务付息。美国称之为总赤字。

大口径赤字:总赤字加上社会保障部分的盈余状况(这里所指的社会保障部分,不是现有的社会保障基金的账户盈余,而是指包括社会保障欠账的状况)。

目前中国公开使用的是以窄口径或中口径赤字来计算其占 GDP 的比重的方式。课题组认为,今后应考虑社会保障的盈余状况。但由于这部分资金不是直接由财政预算控制的，所以财政对这部分资金的状况难以把握。当前根据中口径计算的赤字占 GDP 的比重为 2.2%左右，与 OECD 绝大多数国家相比较，确实不高，但如果按大口径赤字计算这一比重可能就会有明显的升高。

（二）第一类指标中，关于债务的口径

窄口径的债务：预算报告数字。

中口径债务：预算报告数字加国有银行坏账和全部外债。

大口径债务：窄口径债务加上全部或有债务。根据世界银行 1998 年 11 月对中国《有关或有债务的政策建议报告》中列举的或有债务包括：(1)国有银行系统中的坏账和增加资本金的需求。(2)随着目前现收现付制的逐渐取消而产生的退休金债务。(3)国家担保的公共和非公共部门的国外借款。(4)粮食收购和流通中积累的损失。

从数量上看，目前窄口径债务占 GDP 的比重为 10%左右，中口径为 47%左右，大口径为 52%—100%之间。

综合上述，可以得出的初步结论是，中国的明账债务占 GDP 比重(按窄口径计算)不大，暗账(按大口径计算)不小。如果只算明账不算暗账，就可能得出发债的空间相对较大的结论；如果算上暗账，那么再试图通过债务融资用于新的基础设施投资的余地就较小；如果不这样做，就需要通过债务运作，将一部分国有股或资产变现，以此来冲减政府债务规模。

（三）关于第二类指标的分母(即财政收支)范围

目前传统的计算债务依存度和国家债务偿债率的分母是预算内的收入或支出加上债务的还本付息。按照国际惯例，凡是政府财力都应统一在财政预算中。中国由于处于体制转轨过程中，预算外和制度外资金的数额很大，其中相当大部分的资金应是财政资金，如果仅仅将预算内资金作为财政收入或支出，而不把预算外、制度外资金作为财政资金计算，计算结果显然是有偏颇的。课题组认为应按照国际惯例用完整的财政收支口径计算债务依存度和国家债务偿债率水平。当然，目前由于中国还没有将预算外和制度外财政资金容纳在统一的财政预算体系内，所以，债务依存度和国家债务偿债率仍处于相当高的水平，需要我们加快税费制度改革以建立统一的财政预算体系。多大的赤字或债务规模能够引起通货膨胀并对经济形成严重的负面影响，这个问题在国际上没有现成的理论，中国也是在逐步探讨之中，这里只能提出一些初步的分析意见。

第一，从理论上看，如果为弥补赤字而进行债务融资，只要承债主体有意愿且有能力购买国家债务，在利率不提高的情况下，就不会引起通货膨胀，并且有利于拉动经济增长，降低失业率。在满足上述条件下，赤字和债务的规模就可以相对大一些。

第二，如果为弥补财政赤字而进行货币融资，即财政向中央银行发债，导致货币发行，便可能引起通货膨胀。货币融资方式的运用与赤字和债务规模大小之间存在某种不确定性。如果赤字与债务规模大到无法通过债务融资来弥补或偿债时，就只能通过货币融资方式来解决。如果赤字或债务规模不大时，也可以用货币融资方式来弥补赤字或偿债。

目前中国的储蓄率一直保持在40%左右的较高水平，而且中国在发行国家债务的条件上，采取国家债务利率略高于银行利率的做法，同时财政又控制着银行利率，这些条件都有利于债务融资的扩大。

第三，从较长的时期看，不能持续地使用赤字和债务政策为政府融资。因为即使没有通货膨胀风险，政府的赤字债务规模在GDP中的比重过大，也很可能影响资源配置的效率，从而导致经济增长质量的降低和经济增长减速。

第四，关于财政本身对赤字与债务的承受能力，取决于以下因素：

(1)经济的增长率。经济增长率越高，财政收入增长越快，财政对赤字与债务的承受力越大。

(2)利率水平。通过货币政策使利率在长期内保持在比较低的水平上，对于减轻财政的债务负担具有重要意义。

(3)财政对于债务的运作和管理。这包括债务发行的期限、方式和利率的设计，国有资产的重组变现和市场运作，等等。

(4)中国政府支出的结构调整和支出使用效率的提高。财政赤字与债务政策是对应经济衰退、失业率升高而采取的短期性宏观调控手段和工具。但从国际经验和中国改革以来的实际情况看，一旦在短期内使用了赤字政策，还本付息的负担就会使得赤字和债务成为一种经常的财政融资方式，而财政平衡则成为罕见的情况。将中短期财政目标定位为追求平稳的政策，可能只会使政府处于十分被动的境地。

课题组认为，应将中短期财政政策目标定位在控制一定规模下的适度财政赤字和债务上，或者称为基本平衡的财政政策。如果我们不采取上述的宏观政策，可以替代的宏观政策有两种：一是调低经济增长率（在目前按保守的估计大约要调低GDP增长2—3个百分点），扩大失业面。二是实行可容忍的通货膨胀政策，化解和消化结构失调带来的经济损失，其中包括国有银行和企业的坏账损失。在这种政策下，经济可能会保持一定的增长率，控制失业率的上升。因为在解决经济结构失调问题的宏观经济对策上，不能期望不付出任何的成本。

这些成本包括：或者是经济衰退、大量失业，或者是通货膨胀，或者是扩大政府赤字与债务。这三样都是不受欢迎的东西，但政府只能在这三者中进行权衡和选择。"衰退和失业"首先以牺牲部分人利益为代价，"通胀"以大多数人的利益损失分担为代价，"赤字"以政府为承担代价的形式主体，从长期来看，仍要由大多数人来承担。从风险来看，"赤字"政策的风险是小于"衰退"和"通胀"风险的。正是从这个意义上讲，在市场经济国家中，20 世纪 60 年代和 70 年代中期，政府在面对宏观经济问题进行政策选择时，往往会自觉不自觉地侧重选择赤字与债务政策，可能其道理就在于此。对当前中国的宏观经济情况而言，采取措施扭转物价持续负增长对于维持适当的经济增长速度、化解银行债务和减轻政府赤字与债务压力是有利的。相反，通货紧缩的形势只能迫使政府采取扩张性的财政政策，否则只能容忍经济的衰退。

四、中国赤字与债务预警系统

在当前我们还无法得出一个确切而科学的赤字与债务警戒线的情况下，我们的指导思想只能是使经济达到一定增长目标，使通货膨胀率控制在一定的指标下，力求将赤字与债务控制在尽可能低的水平上。

在中国运用扩张性财政政策过程中，主要监测以下两个指标变动情况：

(1)用赤字占 GDP 的比重监控赤字规模。建议赤字的口径依照国际惯例，按当年财政收支差额加上利息进行计算。用欧元体系限制线的 3% 作为参照系进行控制，最高不要超过 5%。

(2)用国家综合负债率监控债务规模。由于国家综合负债率除了考虑内债余额占名义 GDP 的比重外，而且也考虑了国有银行坏账以及全部外债占 GDP 比重的情况。从稳健的角度出发，在目前没有更为完整的科学指标的情况下，用这一指标监控债务规模较好。据计算，1997 年和 1998 年国家综合负债率均低于日本、泰国、印尼和韩国按大致相同口径计算的综合负债率，可以考虑的控制线为 70%—75%。但从实证的角度看，这一控制线仍低于上述国家的水平。

通过对下列因素指标的观测，掌握和控制扩张性财政政策变更和调整的时机：

(1)当通货膨胀率由负增长转变为正值,并呈现跃升势头时,表明货币需求和供给增长较快,经济开始走出低谷。

(2)扩张性财政政策产生明显的“挤出效应”。

(3)民间投资开始活跃并呈增长态势。

(4)利率呈上升压力和趋势。

在以上情况出现后,扩张性财政政策可以考虑向平衡或从紧政策转换。

第三节　建立金融危机预警机制

金融危机的预警是属于金融危机防范的具体措施,也是一项防范危机的重要措施。近二十年来,鉴于金融危机不断爆发,特别是进入 20 世纪 90 年代以来,经济全球化、金融自由化发展的不断深化,经济危机、金融危机的相关性和连动作用加强,也就是说,一国金融出问题必然会影响和连动其他国。某一项经济金融指标出问题,也可能引起其他方面的问题。因此,防范金融危机是一项系统工程,金融危机的预警也是一项系统工程。

从宏观经济出发,根据各种因素和具体指标的变动预测金融危机爆发的可能性的程度。但是,宏观经济的发展是建立在微观经济发展基础上的。因此,我们除了要建立完善的金融危机预警系统外,还应强调加强和防范微观经济的金融风险,特别是金融机构的金融风险,做好对商业银行的风险预警。当然,这个问题应属本章研究的范围。

东南亚各国的金融机构在危机爆发前的运行指标的不良状况,就证实了预警防范的重要性。

一、金融危机预警机制基本框架

金融危机预警系统的基本框架应该是:明确金融危机预警的对象,分析金融危机的预兆,预报金融危机爆发的可能性和程度。

(一)明确金融危机的预警对象

明确金融危机预警的对象是什么,才能做到有的放矢。这就类似于做天气预报,要针对刮风、下雨、下雪、冰雹进行有目的的分析预测,不能仅仅笼统地预报天气好或者不好。对金融危机这样一个庞大、复杂的概念进行综合性量化分析和预测更是十分困难的。因此,也需要针对不同类型的金融危机进行综合分析预测。金融危机的发生,多属于各种类型金融危机的综合并发症,很难将一场金融危机严格地定义为某一类金融危机。但是,在大多数情况下,一场金融危机的爆发,总是某种经济状态突出地先行失衡并引发具有某种特色的金融危机。这种金融危机蔓延到其他领域,会导致全面性金融危机的爆发。对于金融危机的预警,应该是对先行爆发的金融危机进行预警。这对于有效地防范金融危机的爆发具有实际意义。因此,我们不妨将金融危机的预警分为四个系统分别进行分析预测。根据前文所述,金融危机的根源是经济周期的波动性和金融体系的内在脆弱性,而金融危机的爆发是由四种经济状态的某一种或某几种出现严重失衡直接引发的。因此,我们建立四个金融危机预警系统,分别针对货币供求均衡、国际收支均衡、资本市场均衡和资金借贷均衡,以及其中某一均衡状态严重失衡所引发的货币体系危机、货币汇率危机、资本市场危机或银行业危机进行预警。

(二)分析金融危机的预兆

金融危机的预兆,表现在某些金融指标的数据变化上,能够有效地通过大幅度变化来预兆金融危机的金融指标主要有:

1. 货币供应量(M2)增长率

货币供应量增加幅度如果不当,有可能造成金融资产泡沫,金融泡沫破裂,会使银行出现巨额呆账,带来金融风险。此外,货币供应量增长过快不仅容易引发通货膨胀,直接削弱一国国际竞争力,而且还会导致货币政策的低效率。再者,如果货币供给量的增长大大超过实际货币需求的增长,国外投资者对通货膨胀的预期将会强化,从而引发资本外逃,造成对本币的投机性冲击。

2. 实际利率

实际利率高,反映出投资回报率高。但是,较高的利率伴随着较低的经济增长率,预示着经济可能存在潜在的问题。

3. 通货膨胀率

通货膨胀率上升对一国经济有危害,并影响到该国在国际金融中的地位。一般来说,一国通货膨胀率上升,证明该国货币购买力下降,汇率水平长期看跌。

4. 国内信贷增长率

国内信贷增长率若超过经济发展对货币的客观需要量,则一方面会使流通中货币过度，造成通货膨胀压力，另一方面也会使金融体系内在脆弱性增大。

5. 实际 GDP 增长率

一国实际 GDP 增长率不断下降，标志着该国经济缺乏活力，经济基础脆弱。

6. 财政收支差额/GDP

财政赤字与通货膨胀关系密切，如果财政赤字是通过中央银行增发货币的办法加以弥补，则将不可避免地造成通货膨胀，从而形成本币贬值压力，不利于汇率的稳定。即使财政赤字暂时不通过中央银行增发货币的办法来弥补，过大的财政赤字也会带来国家信用的下降，带来通货膨胀和本币贬值的预期，并可能由此引发资本外逃。

7. 外汇储备可供进口月数

人们通常用外汇储备支持进口时间长短来衡量该国的国际支付能力。

8. 外汇储备/短期外债

外汇储备/短期外债比例被认为是最重要的信号，因为这一比例是偿债能力的象征。投资者十分关注一国的偿债能力，如果对一个国家的偿债能力有怀疑，他们将不再愿意让该国延期即将到期的贷款。

9. 短期外债/外债总额

短期外债是指在短期内(通常指一年以内)必须偿还的外债本息之和。短期外债对流动性的要求很高，通常可以用该比例来衡量一国的外债结构是否合理。这一指标反映了一国近期内的债务负担，反映了偿债时间的紧迫性，如果没有足够的外汇储备做后盾则极易引发债务危机。

10. 实际汇率及其波动程度

实际汇率下降是不祥之兆，要结合历史观察一国相对名义汇率的变化情况，如果这个国家实际汇率不断下降且波动幅度较大，则该国存在着货币高估，或存在这种趋势。

11. 外国直接投资/外债

外国直接投资是一种中长期投资。对此，外商有更多的承诺，需承担更多的义务。该比例越小，表明流入的外资越短期化，外资结构越不合理，越难以经得起时间的考验。

12. 经常项目差额/GDP

经常项目差额/GDP 比例式中经常项目差额是指经常项目逆差。这一指标是把对外经济与整个国民经济联系起来进行分析的。我们可以从两方面来看待经常项目逆差问题。一方面，如果逆差控制在一定的规模之内，比如保持在国民生产总值5%以下水平，则这种逆差对发展中国家从发达国家引入先进技术等是有意义的。另一方面，如果逆差无限扩大，远超过5%的水平，则经济均衡会受到影响。一般来说，如果经常项目长期处于逆差状态，说明该国出口不畅，进口增长过快，对外贸易失衡。

13.贸易差额/GDP

一国存在长期贸易赤字表明该国在国际经济中的地位因宏观经济长期失衡而下降，或者汇率高估。

14.外汇储备/GDP

外汇储备是一个国家抵御金融风险能力的重要指标。因为从正面来说外汇储备既可以用于偿还外债，又可以用于稳定本国货币的币值。反过来，若该比例大幅度下降，即外汇储备不足时，也会导致本币贬值，或出现外债支付危机，还会影响正常的进出口贸易。

15.外债总额/GDP

一国偿还对外债务的能力不仅与外汇储备有关，而且与整个国家经济实力有关。国际上经常使用负债率（负债率＝外债余额/当年国内生产总值）来衡量一国资本项目对外支付的潜在能力。一般来说，外债规模必须与外汇的收入水平相适应。

16.（FDI＋经常项目差额）/GDP

资本流动构成及一国资本市场的开放程度是一国对外部门稳定与否的重要影响因素。用外国直接投资来弥补经常项目逆差，还是用容易抽走的证券投资资本来弥补，将会带来不同的后果。一般来说，外国直接投资的比例越高，接受这种投资的国家就越不容易因资本突然外逃而遭受损失。

17.短期资本流入/GDP

短期资本流入/GDP比例越高，表明资本流入结构中的短期性资金比重越大。短期性资金更易受利益驱动，稳定性极差，而且资金流入国难以对其进行有效统计和管理。短期资本的大进大出，会引起汇率的剧烈波动，易于引发金融危机。

18.股市价格指数波动幅度

股市价格指数变动是金融不稳定的表现。金融风险的积聚和释放会通过股市反映出来，突出地表现为股市价格指数波动异常。若股市价格指数大幅度下挫，则会导致金融资产缩水，金融资产泡沫破裂，从而形成大量的金融机构不良资产,进一步恶化经济,甚至诱发金融动荡。

19. 不良资产/银行总资产

银行不良资产比例是反映银行脆弱性的最主要的指标。银行高不良资产比例构成了对整个金融体系甚至整个经济的威胁。此外,不良资产比例越高,也表明银行部分资金运用失误。银行是负债经营,过高坏账率会导致银行支付能力降低,信用评级下降,从而使筹资成本上升,盈利能力下降,直接侵蚀银行抵御风险的能力。从历史的经验来看,发生金融危机的国家几乎无一例外地存在着大量的银行坏账。当这个比例超过贷款总额的 20%时,应该说问题已经十分严重了。

20. 银行资本充足率

银行资本充足率这一指标显示了金融机构抵御外部冲击能力的强弱。资本充足率严重不足时将难以防范在外部冲击下的银行倒闭事件的发生。《巴塞尔协议》规定了反映所有银行风险程度的适当的最低资本充足率,它反映的是银行所承担的风险程度。高资本充足率有助于降低存款者、债权人和其他相关利益人遭受损失的风险,有助于实现整个金融体系的稳定。

针对上述四种经济均衡状态——货币供求均衡、国际收支均衡、资本市场均衡和资金借贷均衡,我们可以根据定性分析来判断一下以上各个金融指标数据变化与各种经济均衡状态的相关程度。通过对这些金融指标数据的变化情况进行分析,就可以在一定程度上预测金融危机爆发的可能性。

二、金融危机预警指标的有效性

我们需要通过对大量的金融危机预警指标的数据变化情况进行分析,分别从不同角度来研究金融运行状况,才能科学地预测金融危机爆发的可能性和程度。因此,如何选择综合性强、敏感性高、具有评估依据性质的金融危机预警指标,是构建金融危机预警系统的关键环节。

(一)金融危机预警指标的选定

自 20 世纪 50 年代以来,金融危机像幽灵一样不时地在某个国家爆发,继而疾风暴雨般地震撼国际经济,甚至席卷全球。为防范金融危机,许多经济学家们提出建立金融危机的预警指标。但是,预警指标种类繁多,对金融危机的预报功能大小不一,它们没有得到合理的排序。本著作在吸取学者们部分研究成果的基础上，拟对预警指标体系进行规范化处理，确定指标预报作用的顺序。

1. 金融危机预警指标的选定原则

对金融危机预警指标的选定，应该遵循以下几个原则：

(1)针对性。针对某种经济状态进行分析、预测，分析其运动趋势可能带来的影响和结果。

(2)重要性。并非相关指标一概纳入，而是只选择那些关系密切的、重要的、在造成影响和后果的过程中所起的作用将在各种相关因素中占据相当大比重的指标。

(3)操作性。预警系统中所采纳的各项指标应力求能够从广泛的经济数据中获取相关的可靠信息，无论是统计还是计算，都应具备可操作性。

2. 金融危机预警指标的选定办法

金融危机预警指标的选定，至少需要确定三项基本要素：预警信号、临界值和预警期限。

(1)预警信号的定义。金融指标的数据变化使课题组认为已经达到预兆发生金融危机的水平，我们就可以说它已经发出了预警信号。

(2)临界值的确定。金融指标的数据变化达到预兆发生金融危机的这一水平，我们可以用"临界值"来描述。临界值总的确定原则是：在这一点上将会发生危机，而没能发出预报的概率与发出错误预报的概率相等。在实际操作中，临界值的确定既可以参照同一国家在金融稳健时期各项指标的数值，也可以参照经济金融背景相似国家在金融稳健时期各项指标的数值。从金融危机预警研究的成果来看，有的金融指标在国际上有公认的临界值标准。例如，国际清算银行《巴塞尔协议》对"金融机构的资本充足率"这一指标制定的最低标准是8%；国际公认"经常项目逆差占GDP的比重"这一指标不宜大于5%；目前国际上一般将短期外债占外债总额的比例接近或超过25%视为危险信号；目前国际上规定一国的外债总额不应超过GDP的50%；国际组织要求外汇储备至少可支付3个月的进口用汇；国际经验表明坏账比例应控制在10%以内；财政赤字占GDP的比例应控制在3%以下；等等。因此，若某国或某地区的金融机构的资本充足率普遍地、持续地小于8%，我们就可以认为该指标发出了预警信号。对于发出预警信号这一事件，我们可以用符号"D"来表示。反之，我们就可以认为该指标未发出预警信号。未发出预警信号这一事件，我们可以用符号"S"来表示。

对于没有明确的国际公认的临界值指标，我们可以根据历史上发生金融危机过程中有关指标数据变化情况来分析测定。

(3)预警期限的测算。各种金融指标数据的变化并不是在同一个时间一起预兆金融危机即将爆发，而是陆续地、先后地显示对某种金融危机爆发的预兆。每个金融指标数据的变化对金融危机爆发显示预兆的时间，取决于该种金融指标的危机敏感程度。在设计金融危机预警模型时，应针对各种金融指标，设定一系列的预警期限。此外，不同类型的金融危机，应该有不同的预警期限系列。预警期限的设定，应根据历史上爆发金融危机事件过程中有关金融指标数据变化情况统计资料来分析测算。

(二)金融危机预警指标有效性的统计检验

对历史上多次发生的金融危机中各项金融指标数据变化情况的统计，可以统计检验选定的金融指标预警金融危机的有效性。

(1)对预警信号、临界值和预警期限进行统计检验。

(2)对金融指标预警能力进行统计检验。

为了检验我们选定的各个金融指标的预警能力，我们把每个金融指标在历史上的表现分为 A，B，C，D 四类。在金融危机爆发之前，各个金融指标发生着不同程度的变化，由此发出金融危机的预警信号。如果我们在有效的预警期内按月份对金融指标的变化情况进行统计，我们就可以用 A 表示该金融指标应该发出预警信号时明确发出预警信号的概率，B 表示该金融指标在不应该发出预警信号时发出预警信号的概率，C 表示该金融指标在应该发出预警信号时未发出预警信号的概率，D 表示该金融指标在不应该发出预警信号时未发出预警信号的概率。一个可以接受的金融预警指标应该符合如下条件，即 $A+B>1.5$，$C+D>0.5$。当然，这种条件要求可能会忽略一些相关的金融指标，但是它应该能够把最重要的金融预警指标归纳到研究统计的范围里。

通过对金融危机预警指标的有效性进行统计检验，我们才有可能获得有效的金融危机预警指标，并据此建立金融危机的预警系统。

三、建立有效金融危机预警系统

金融危机预警系统，是指运用某种统计方法预测某经济体在一定时间范围内发生货币危机、银行危机以及股市崩溃的可能性大小的宏观金融监测系统，除指标体系外，还包括主要的法律框架和组织结构等制约安排。

根据中国金融经济实际情况，真正对国家金融安全能直接产生重大影响的是外债与国际储备之间的关系。其中，最需要重视的是债务率、偿债率、负债率等三个指标。除上述指标外，以下几个指标对中国建立金融危机预警系统也是非常重要的，如银行呆坏账指标、汇市和股市的波动、房地产泡沫、通货膨胀和通货紧缩率等。

（一）选定金融危机预警指标

根据金融危机预警指标的选定原则，我们可以选出一系列相关指标。然后，根据历史上发生金融危机事件的统计资料，对这些指标进行有效的统计检验，即可得出一组有效的金融危机预警指标。

（二）确定金融预警指标的权重

根据金融危机预警指标与各类金融危机的相关程度，我们可以估算出每个预警指标在预警系统中的权重。然后，根据历史上发生金融危机事件的统计资料，对这些权重进行统计检验，即可得出一组可使用的权重数据。

（三）测算金融危机发生的概率

由于选定的金融危机预警指标很多，其中任何一项达到我们设定的临界值，我们都可以把它视为发出危机信号。但是，这种信号发出后，金融危机发生的概率有多大呢？

理论上，在预警期内，达到临界值的指标越多，金融危机发生的概率就越大。

（四）确定金融危机的预警级别

根据金融危机爆发的概率，可以将金融危机爆发的可能性划分为几个级别，例如：

A 级：警戒级，$40<P\leqslant 70$。

B 级：危险级，$70<P\leqslant 85$。

C 级：高度危险级，$85<P\leqslant 100$。

（五）评估金融危机爆发的程度

根据对金融危机预兆的分析，我们可以将金融危机可能爆发的程度划分为几个等级进行评估和预警。从历史统计资料中可以看到，在各类金融危机爆发之前，上述预警指标在预警期内大多曾经发出过预警信号。如果多种金融指标严重恶化，金融危机爆发的能量仍然得不到释放，金融危机能量积累越多、积累时间越长，则爆发的程度就越严重。

（六）预测金融危机爆发的时间

根据统计检验的结果，我们发现各类预警指标的预警信号的敏感性不同，因此，我们将得出一系列金融危机的爆发时间。利用数理统计手段，我们就可以在一定的置信度上估计出金融危机爆发的时间区间。

第十一章　公共财政安全监测指标体系的构建

结合中国财政风险的具体情况，利用财政风险来源矩阵构建与其一致的矩阵式财政风险监测指标体系，并利用该指标体系对中国不同种类和总体财政风险状况进行评价分析，监测和度量中国的财政风险，对于防范和控制财政风险有重要的积极意义。

第一节　营造公共财政安全外部环境

中国开放经济的基本特征主要体现在外贸比重的迅速增加和利用外资的大量增长。改革开放以来，中国大步跨入世界经济全球化行列。对外开放政策作为一项国策，强调要利用两个市场、两种资源。从一定角度说，实行对外开放政策即标志着中国经济步入全球化行列，随着改革深入和对外开放程度的扩大，中国经济参与全球化的进程正在加快。面对全球化，公共财政首先要促进生产组织国际化，即促进从制度上、体制上创造生产要素流转的条件。

一、维护国家整体利益不受侵犯

一国实现经贸国际化本身并不是目标，它只是手段，其目的在于更好地发展本国经济，提高综合国力，而公共财政正是国家整体利益的直接代表。一国参与经贸国际化后，其效益都必然直接或间接地同本国财政状况相联系。公共财政无论在任何时候、任何条件下都坚持经贸国际化中的国家利益原则，要求在经贸国际化进程中不以损害国家利益为代价，不拿原则做交易。同时在积极争取经贸国际化的同时，不断改善本国的财政经济状况，进而把经济建设的立足点放在依靠自己力量的基础上。事实上，世界经济发展历史经验证明，稳定的国内经济秩序、丰裕的公共财政、强大的综合国力正是实现一国经济由内向型向外向型转变的基础和前提。一个国家的综合国力越强，财政状况越好，对外开放度就会越高。

二、利用外资解决本国资金不足

利用外资解决本国发展经济的资金不足或进行有目的的资金调节已成为一种惯例。财政在利用外资方面的主要职能作用体现在：一是直接成为引资主体或充当“担保后盾”。在这种情况下，财政实际上成了引入外资的直接主体。其他一些进行直接投资的外资虽然不需要贷款国财政直接做出担保，但贷款国的财政状况和债信能力却是决定这些外资是否进入的重要因素。在这种场合，财政便成为外资进入的信心保障。二是确定合理的外资规模，引进外资的绝大部分（除很少的国际无偿援助和赠款外）将形成相应的外债负担，合理的外债规模必须确定在公共财政的偿债能力基础上。三是统筹借用外资，增加对“瓶颈”产业的投入。财政可以通过对统筹外资的分配、投向的政策引导和直接参与部分外资项目的管理来贯彻这一职能。如农业、水利、交通、能源、教育卫生、环保、城市建设等领域，既是外国政府和国际金融组织贷款主要流入的领域，又是中国政府鼓励的投资方向。因此，中国财政对这些外资的统筹安排和合理使用，不仅对调整投资结构、增强综合国力具有重要意义，而且对引进中国先进技术和管理经验、弥补财政预算内资金不足也具有重要意义。

三、参与双边多边国际财政合作

随着对外开放不断扩大和国际地位的提升，中国财政部门积极参与国际财政经济领域的合作，对外交流日趋活跃。特别是亚洲国家金融危机后，中国财政部门在双边、多边国际合作方面的努力更是有目共睹。2014年以来中国财政部门参与多边、双边国际财经合作情况如下：

在2014年全国商务工作会议上，商务部部长高虎城曾指出，2014年商务工作要继续积极参与国际经贸规则制定，以开放促改革、促转型。加快实施自贸区战略：积极推动中韩、中日韩、中澳自贸区谈判；推进区域全面经济伙伴关系协定（RCEP）谈判；开展中国—东盟自贸区升级版谈判；推进中美、中欧投资协定谈判；抓住多哈回合“早期收获”达成这一有利时机，切实履行贸易便利化承诺。

商务部国际司司长张少刚认为，按照中央的部署，我们要以周边为基础，加快实施自贸区战略，建立高质量、高标准、面向全球的自由贸易网络。在已建成的12个自贸区的基础上，2014年重点推动了中韩、中日韩、中澳自贸区建设，推动RCEP谈判。此外，根据国务院总理李克强在第十六次中国—东盟(10+1)领导人会议上的讲话精神，中国—东盟自贸区升级版注入了新的内涵，使中国—东盟自贸区的建设能更好地服务于双方的双向发展。

高虎城在会上指出，要深化多双边经贸合作，服务经济外交大局；积极参与全球经济治理，要围绕中央确定的主题和议题，筹备好亚太经合组织(APEC)贸易部长会；加快推进亚太地区贸易投资自由化和便利化，大力开展经济技术合作，提升我国对区域合作的引导力和影响力，为领导人非正式会议奠定成果基础；积极参与二十国集团峰会，开展经贸议题对话；落实好《金砖国家贸易投资合作框架》；深化与周边发展中国家的经贸合作，务实推进次区域经贸合作。商务部世贸司司长尹宗华也表示，经过长时间努力，“巴厘一揽子协议”终于达成，成为世贸组织成立以来达成的第一个全球性贸易协定。

尹宗华表示，在2014年中，世贸组织对中国进行了第五次贸易政策全面审议，世贸司准备充分，为贸易便利、自由、稳健发展提供了良好环境。他同时指出，在加快实施自贸区战略的同时，要继续坚持多边贸易体制。在2014年之后中国成为世界进出口规模第一大国，维护好、发展好多边贸易体制最符合我国的利益。在所有贸易体制中，多边贸易体制对于维护贸易秩序，维护以规则为基础的、公平的、透明的、非歧视的贸易环境是非常重要的。在多边贸易体制当中进行市场开放和规则谈判，并推动达成协议，意味着同时与众多成员进行谈判，谈判结果适用于所有成员，保证了最高效。严格的争端解决机制将使违规者受到惩罚，为规则的强制执行提供了保障。财政参与国际经济协调，有利于避免外来经济冲击的影响，保证公共财政经济安全，特别是为全球化时代防御区域性和全球性金融和经济危机进行了有效探索。

四、积极采取财政税收政策措施

加入WTO既为中国经济持续稳定发展带来了历史性机遇，也对中国许多产业的发展带来了严峻挑战。随着关税的降低，国内商品的价格优势将会逐渐消失，同时由于技术与管理水平与发达国家存在差距，也会对经济发展带来负面影响，主要是：以往那些严重重复建设的行业和企业在市场开放后，会受到市场竞争机制更加严厉的惩罚，预计相当一部分企业要重新选择发展方向，还有一部分企业会被淘汰；由于中国高科技产业和服务业的发展起步较晚，不少行业和产业还是空白，如果我们不尽快发展，国外企业就有可能长驱直入地抢先占领市场。

（一）调整关税政策，维护国家经济安全和利益

WTO 规则的一个基本要求，就是打破国家间的各种贸易壁垒，促进公平的世界贸易自由化，这对税收来说，首先是涉及关税问题。在此，我们既要遵循 WTO 的原则，又要结合本国现实，善于利用原则的例外条款，并在不与原则抵触的情况下，正确选择和运用关税政策，以维护国家经济安全和利益，保护国内民族产业的快速健康发展。

首先，在逐步降低关税总体水平的同时，要合理调整关税税率结构。在降低关税水平和非关税壁垒关税化的情况下，仍要重视发挥关税应有的保护民族产业作用，这就是随着关税总体水平的降低，要依据有效保护理论和关税结构理论，利用 WTO 规则允许保护国内幼稚产业的例外条款，并与国民经济结构的调整和产业政策的要求相结合。

其次，不断合理调整和设计关税税率结构，实现关税税率由上游产品向下游产品的合理"关税税率升级"机制。一般来说，进口原材料的关税税率应该低一些，进口制成品的关税税率应该高一些，大宗进口商品的关税税率应该高一些，而少量进口商品的关税税率应该低一些。此外，要参照国际惯例，认真研究从量税、季节税、临时关税等复合税制度，逐步扩大适用商品的范围，这既能保证关税调节作用的充分发挥，又能够保护税基不受侵蚀。

再次，进一步清理和规范关税减免政策。取消不规范的减免税政策，使中国的名义关税与实际关税相接近，这是中国关税改革的基本目标之一，也是关税水平合理化的基本标志，特别是要整顿和治理保税区，规范对加工贸易的管理。要根据保税区管理中出现的一些新情况和新问题，进一步强化管理措施，规范保税区的功能界限和政策，兴利除弊，使保税区成为真正意义上的"境内关外"，发挥其应有的功能，加强海关征管，加大反走私力度。

此外，要加快建立和完善反倾销税、反补贴税制。中国从 1997 年以来到现在，仅有三次运用了这个手段，而经仲裁，确定征收反倾销税的，只有新闻纸一案。关于征收反倾销税、反补贴税的规定，只是在 1997 年 3 月公布的《中华人民共和国反倾销、反补贴条例》中被笼统地提到，《中华人民共和国进出口关税条例》也仅是见到"可以征收特别关税"一词，法制建设很

不健全。对此,我国应立即制定公布反倾销、反补贴税法,并认真掌握使用,以保护中国经济安全和国内产业,并促进进出口业务的顺利开展。此外,可以借鉴有关国家的做法,研究制定“紧急关税法”,为在必要时利用相关保障条款保护国内产业提供法律依据。

(二)调整和完善出口税收政策,支持、鼓励和推动外贸出口增长

要用足 WTO 规则中允许出口退税的条款,完善增值税出口退税政策,实行全额彻底退税。当前对各类企业所实行的不同退、免税计算办法,造成的实际退税差别,要通过采用统一的退税办法,加以消除。特别是还要研究改用消费型增值税,扩大增值税的征收范围,彻底排除“多征少退”现象,以增强中国产品在国际市场上的竞争能力。同时,可考虑进一步扩大出口退税税种范围,可以把营业税列入退税范围,也可以把随同增值税等三税征收的城市维护建设税、教育费附加列入退税范围,因为后两种税实质上是增值税等的附加税,是属于所称的间接税,而不是所称的直接税。

要运用税收保护稀有资源和紧缺物资。加入 WTO 后,列名禁止出口的产品将减少,除对少数产品继续运用出口关税的手段进行限制外,也可考虑再运用手段,对少数需要限制出口的稀有资源和紧缺物资,不退免应征的增值税、消费税,或视情况差别,减少退免税,如采用低于法定税率的退税率等。此外,要逐步取消 WTO 规则禁止性的出口税收支持措施。从中国实际看,还存在一些涉嫌属于禁止性出口补贴的税收支持措施,如现行税法规定,外商投资举办的产品出口企业,当年出口产品产值达到当年企业产品产值 70%以上的,可以按照税法规定的税率,减半征收企业所得税。企业出口商品贴息,免征企业所得税,这是以出口业绩为标准进行的所得税优惠,属于 WTO 协议明确列举禁止的以出口为唯一条件或几项条件之一的所得税减免补贴,应当在适当时候予以取消。

(三)尽快统一内外税制,建立公平税负的竞争环境

除必须统一内外资企业所得税外,还要逐步取消内外资企业及个人在适用其他税种方面的差异。目前中国的内外资企业适用不同的税法,如外商投资企业和外籍人士是缴纳车船使用牌照税、城市房地产税,而内资企业和中国公民是缴纳车船使用税、房产税、城镇土地使用税,在计算征收和税负上都有一些差别。按照统一税法和公平税负的要求,我国应尽快对内外资企业实行统一的车船税、房屋和土地税。现在中国只对内资企业征收

城市维护建设税、耕地占用税、教育附加税，外资企业则不用交纳，这一税收优惠政策有悖于税收的公平原则，对此应改变现行做法，对外资企业也要开征上述税种。

另外，这些年，公众要求进一步深化个税改革的呼声越来越高，大家不仅希望继续提高起征点，更呼吁从分类向综合征收迈进。政府对此极为关注，多年前就将个税改革方向定为将现行的分类税制改革成综合和分类相结合的个人所得税制。在十八届三中全会通过的《中共中央关于全面深化改革若干重大问题的决定》中，明确提出"逐步建立综合与分类相结合的个人所得税制"。综合与分类相结合的个人所得税制将产生诸多积极的影响。中国税务学会理事、中山大学税收与理财研究中心主任杨卫华指出，推进个税改革及征管模式的转变，有利于进一步完善我国个人所得税制，从而达到公平税负，为我国市场经济创造一个公平竞争的环境，以调动一切劳动者的积极性。

然而，出于各种原因，综合与分类相结合的个税改革多年来并未取得实质性进展。如今，工薪阶层生活压力日益加大，改革的呼声因此越来越高。"目前我国社会贫富差距不断扩大，这个问题不解决，最终会成为社会不稳定的因素，而个税能够间接起到缩小贫富差距的作用，通过调节收入差距来缓和目前由于收入分配不公带来的社会矛盾，能够促进社会和谐稳定。"杨卫华教授如是说。①

有专家认为，本届政府视改革为最大的红利，相信综合与分类相结合的个税体制改革会尽快落地。对于改革内容，北京大学国家发展研究院教授林双林认为：建立综合和分类相结合的个人所得税制，即把工薪、股息财产所得和其他收入综合在一块征税，形式上类似于日本实行的综合与分类相结合的模式。对于综合征收的部分，应把所有收入进行加总，制定统一的税率，而分类的部分则单独制定税率。中国社会科学院专家张斌建议，个税改革应该更加体现以"人"为中心，综合考虑收入情况和负担情况。在建立起综合与分类相结合的税制后，逐步实现以家庭为单位征收和差别化扣除模式，从而充分照顾到每个家庭的实际情况。

同时，改革的突破口还是应该选择以个人为单位而不是以家庭为单位。对个人经常性所得或者劳动所得采用综合征收模式，每个月按月预缴个税，年终汇算清缴多退少补。对于个人的其他收入，如利息、股息、红利所得，偶然所得和其他所得则采用分类征收模式，课题组认为财产转让所得也应分类

---

① 罗兰：《现行个税论为工薪税，不能见鹅就拔毛》，《人民日报（海外版）》，2014 年 3 月 3 日。

征收，对这些收入一次性征收，不用汇算清缴。同时，在征管上，最根本的一点就是要改变税源监控模式，加强现金管理，减少现金流通。

（四）着力强化重要产业和领域的财政投资，增强国民经济发展后劲，充分运用财政投资手段

依据国家的产业政策和宏观调控意图，对国家的重要产业和领域给予支持和投资倾斜，以提高产业的竞争能力，增强国民经济的长远发展后劲，这是应对 WTO 挑战的重要措施。

首先是要适应 WTO 规则的要求，强化对农业的投入。世界各国对农业都给予了不同程度和范围的支持，但这也是造成国际农产品贸易不公平竞争的主要原因之一。根据 WTO 农业协议，将不同的国内支持措施分为两类，一类是不引起贸易扭曲的政策，称"绿箱"政策，另一类是产生贸易扭曲的政策，称"黄箱"政策。目前中国财政支农中的各类支出基本属于"绿箱"政策范围内的支出，但与 WTO 农业协议相比，有些属于"绿箱"范围的支出项目我们还没有，有些支出力度还不够。因此，今后财政支农政策面临的主要任务是，按 WTO 规则要求，针对中国农业发展后劲严重不足的现实矛盾和薄弱环节，着力强化公共财政对农业的支持力度。具体来讲，一是加大对农业和农村基础设施建设投入；二是支持农业结构调整；三是要完善农业社会化服务体系，并根据财力可能，逐步增加不发达地区的农业发展支出，建立起日益完善的农业救助性支持体系。

其次是采取有效措施，加大对科技进步与发展的支持力度，除继续发挥财政科研投入的主渠道作用外，财政部门要利用政策的导向作用，促使企业建立技术创新机制，通过筹集科技研究开发资金和科技成果转化基金等方式，积极增加技术开发经费，有计划、有重点地推进企业科技进步。

最后，从国有经济的角度来看，它在中国国民经济中始终占据主导地位，而且是财政的重要支柱性财源，支持国有经济发展将是公共财政的一项长期任务。"入世"后国有经济面临新的压力和冲击，由此客观上要求进一步加强财政的支持力度，而且要有紧迫感；要积极支持国有经济进行企业组织结构调整，支持国有经济的技术改造，提高国有经济的技术水平和竞争能力；要进一步落实并完善国有大型企业集团改组、改制的有关企业所得税优惠政策，减轻企业负担，增强企业积累，这是公共财政投资政策的一个重要间接措施。

(五)提高财税政策的透明度、公开性和统一性

按照世贸组织的规则,各成员包括税收在内的各项法律规章、政策、制度、措施都必须予以公布,增加透明度和可预见性,以有利于国际贸易的运行。为适应加入 WTO 的需要,国家必须提高财税政策的透明度、公开性和统一性,这也是建立和实现中国社会主义市场经济下公共财政发展目标的必然要求。因此,今后在颁布全国性的财税政策和法规时,必须采取公报申明方式,对有关政策法规的内容和管理程序做出公开说明。各地区和部门必须严格执行全国统一公布的财税政策、法规,并按国民待遇原则,在政策法规的适用性方面实行内外一致。

第二节 完善公共财政安全监测预警管理

为改进中国公共财政安全监测预警管理存在的问题,本著作将从完善预备费管理,建立切实可行的应急预算制度,建立风险分担的法律框架以及设计财政安全预警系统等方面,来探讨公共财政安全预警管理的对策。

一、建立全国财政预警中心

中国目前缺乏一个全国性的、统一的公共财政安全监测预警机构。全国性的财政预警机构有助于中央到地方能够形成一个自成体系的危机处理机制,能够进行快速反应与决策,保证公共危机状态下财政预警的顺利进行。如美国的联邦紧急事务管理局,该机构负责日常的公共危机预警工作,它在中央政府、地方政府、私人商业部门和社区志愿者之间起非常重要的桥梁作用,是危机预警中的重要决策、协调、指挥和执行机构。中国应该建立一个高效的指挥中心,在国家面临财政安全问题时,专门负责公共财政预警和救治工作的调度和指挥。该指挥中心是整个预警机制的核心决策者,也是公共危机应对策略的制定者,其效率高低直接关系到预警工作是否有效。同时,一个指挥中心能否高效工作很大程度上依赖于是否能在第一时间获得全面、及时的信息。因此,我们应该建立一个专门的情报信息库,用来采集中国公共危机的相关信息,再加以其他情报部门的公共危机处理工作,使指挥中心发挥最及时、最有效的调配功能。

二、设计财政安全预警系统

公共财政安全预警系统 FRW—SM[①] 是由一系列指标体系和数据处理、输出方法构成的有机联系的整体。它是运用经济理论和各种数学模型及方法为主要分析手段，通过监测网络，利用监测预警指标体系、监测预警模型、监测预警结果对财政运行状况进行总体模拟、分析、预测和反馈研究，从而指导财政管理，促进财政经济持续、稳定、协调发展。公共财政安全预警系统是政府宏观经济调控信息系统的重要组成部分。

(一)公共财政安全预警系统

系统包含“公共财政安全监测”和“公共财政安全预报”两个流程，二者相互贯穿。

1. 公共财政安全监测

指国家或政府对财政活动的运行状况、管理过程所进行的监督、测定、计量、分析和评估。具体包括：

(1)测定和分析财政活动的运行轨迹，研究其实际运行与期望状态(理想轨迹)的偏差及其趋势和成因，为控制其运行提出具体的调控措施。

(2)评估公共财政活动的过程和效果，督促其在制度和法律范围内恰当地履行自己的职能，贯彻国家财政政策、协调调控措施，分析和测定这些政策和措施的实施效果。

(3)分析财政系统环境的变化及其对经济运行和宏观调控的影响，评估开展财政制度改革的利弊得失，并研究对策。

(4)监测可能诱发重大波动和严重偏差的公共财政安全，为开展预报、防范工作提供依据，指明问题所在。

2. 公共财政安全预报

这是狭义上的风险预警功能，主要体现为数据的变动和处理。风险预报，即对财政经济运行过程中可能发生的严重破坏经济运行，影响人们生活的主、客观的波动和偏差进行预报和分析，并为宏观经济调控提供警报和排警的对策、建议。

---

① 公共财政安全预警系统：FISCAL RISK WARNING SYSTEM，可缩写为 FRW—SM。

(二)设计公共财政安全预警系统的运行机理及模块

根据风险警情的发生、发展的基本规律和宏观调控的客观需要，该系统主要包括以下要素：

1. 利用警义

警义，即一些已设立并且可以由各区域按其特殊性重新组合的指标体系，及指标体系按其所反映风险类别的不同而构成的指标子系统。

2. 明确警情

警情，即一些值得引起人们警惕的客观情况。在FRW—SM中，警情被量化、抽象为对警义的比较和警义的变动及其程度，这是预警过程的内容。

3. 分析警兆

警兆，即爆发警情必有的先兆。通过这一环节，FRW—SM实现了“由抽象到具体”的应用准备。FRW—SM的核心，正在于根据警兆来预报警情的程度。

4. 寻找警源

警源，即导致警情发生的根源。寻找警源，就是运用“从现象到本质”的科学方法，对数据资料进行反复分析认证，并合理区分和离析不同警源不同作用过程和作用效果。正是基于寻找“警源的特殊性”，FRW—SM将警义区分为若干子系统。

5. 预报警度

警度，即反映“警情”的“警义”中所含的“警”的强度或程度。预报警度，就是根据警兆的实际变化，联系警兆的报警区间，参照系统预设的，或已经筛选的自行组合的警义及警限等级标准，监测风险程度，预测风险变动趋势。

三、确立财政预警系统方法

主要是确定预警区间和预警界限。

(一)预警区间的确定

对于公共财政安全的预警，本著作给出三个界限值，确定四个信号灯，依次为安全区(绿灯)、较小风险区(黄灯)、较大风险区(橘黄灯)和濒临危机区(红灯)。同时，每一种信号灯赋以不同的分值，如“红灯”3分、“橘黄灯"2 分、"黄灯"1 分、"绿灯"0 分，将每一时间点上每个指标表示的所不同信号分数记为知 S_{tk}，$(t=1,2,\cdots,N;k=1,2,\cdots,m)$，其中 N 为样本个数，m 为指标数。对于每一个指标根据其与公共财政安全的相关程度赋以不同的权重 $W_k(k=1,\cdots,m)$，合计得到综合指数，记为 It：

$$I_t = \sum_{k=1}^{m} W_k S_{tk} (t=1,2,\cdots,N) \qquad (1)$$

每个时点上综合指数最高为 $3\sum_{k=1}^{m} W_k$，当综合指数达到最高分时表示所有的指标都处于濒临危机区，财政状况恶化，财政危机爆发；每个时点上综合指数最低为 0，表示所有的指标都处于安全区，不存在公共财政安全。如果将综合指数以百分比的形式表示，可由下面公式得到，记作 i_t：

$$i_t = I_t * 100/\left(3\sum_{k=1}^{m} W_k\right)(t=1,2,\cdots,N) \qquad (2)$$

它表示在每一个时间点上风险发生的可能性，最大为 100，最小为 0。最后通过综合指数的界限值来综合判定当时的预警信号应亮哪一种灯。

（二）预警界限值的确定

预警界限值是否合适，对于准确地监测各项公共财政安全指标的变动情况，从而对整个公共财政安全状况做出正确的判断影响很大。本著作预警界限值的确定依据下面几项原则：

1. 上下限确定的原则

确定每一个指标的上下界的依据主要考虑以下几个方面：

(1)国际警戒线。在所选的指标中有一部分指标我们参考其国际警戒线。赤字率的国际警戒线为 3%，国债负担率的国际警戒线为 45%，偿还率的国际警戒线为 6%，外债负债率的国际警戒线为 20%，中央财政的债务依存度的国际警戒线为 25%—30%。但在实际应用中，考虑到中国发债的时间并不长，有的指标没有直接沿用国际警戒线，而根据实际情况做出相应的调整，其中一部分指标将国际警戒线作为下界(绿灯与黄灯的界限)。

(2)结合中国现实的经济状况和未来经济发展的目标，如经济增长率(保持 7%)、中央财政收入占全国财政收入的比重(约为 60%)。

(3)根据经济学原理，结合有关专家的建议。如财政收入占 GDP 的比重，发达国家普遍在 30%—50%之间，而发展中国家普遍在 18%—30%之间；借债率，西方发达国家的借债率一般在 3%—10%；税收弹性，一般来说，税收弹性应保持大于 1 的水平，最低也不能低于 0.8；等等。

2. 中间界确定的原则

在确定上下界的基础上，大部分指标的中间界限值是根据 GARCH 模型计算出来的，个别指标取两个界限值的均值，如财政收入占 GDP 的比重。确定预警中间界限值的方法——GARCH 模型 Generalized AucoRegressive Conditional Heteroskedasticity Model。Engle 教授(1982)首次提出 ARCH 模型，并得到迅速发展。Bollerslev(1986)提出的 GARCH 模型是对 ARCH 模型的修改和推广。GARCH 模型包括均值方程和条件方差方程两部分。

均值方程为：

$$Y_t = \beta_0 + \beta_1 X_{1t} + \cdots\cdots + \beta_k X_{kt} + \varepsilon_t \tag{3}$$

其中 ε_t 为随机误差项，并且 $\varepsilon_t—N(0, \sigma_t^2)$

条件方差方程为：

$$\sigma_t^2 = \alpha_0 + \alpha_1 \beta_{t-1}^2 + \alpha_2 \sigma_{t-1}^2 \tag{4}$$

用 GARCH 模型界定预警界线的基本方法是：将各预警指标值的时间序列 $y_{k.t}(k = 1,2,3,\cdots,m;t = 1,2,\cdots,N)$，在由上下界所确定的三个区间生成三个新的序列。落在大于上界的区间(红灯区)的序列记为 $y_{k.n_1}(n_1 = 1,2,\cdots,N_1;k = 1,2,\cdots m)$，落在上下界的区间(黄灯和橘黄灯区)的序列记为 $y_{k.n_2}(n_2 = 1,2,\cdots, N_2;k = 1,2,\cdots,m)$，落在小于下界的区间(绿灯区)的序列记为 $y_{k.n_3}(n_3 = 1,2,\cdots,N_3;k = 1,2,\cdots,m)$，其中 N_1,N_2,N_3 分别为三个序列的样本容量。令

$$I_{k.1} = \overline{y_{K.2}} + \frac{\sigma_{k.2}}{\sigma_{k.1} + \sigma_{k.2}}(\overline{y_{k.1}} - \overline{y_{k.2}})(k = 1,2,\cdots,m) \tag{5}$$

$$I_{k.2} = \overline{y_{K.2}} + \frac{\sigma_{k.2}}{\sigma_{k.3} + \sigma_{k.2}}(\overline{y_{k.3}} - \overline{y_{k.2}})(k = 1,2,\cdots,m) \tag{6}$$

其中，$\overline{y_{k.1}},\overline{y_{k.2}},\overline{y_{k.3}}$ 和 $\overline{\sigma_{k.1}},\overline{\sigma_{k.2}},\overline{\sigma_{k.3}}$，分别表示序列 $y_{k.n_1},y_{k.n_2},y_{k.n_3}$ 的样本均值和标准差，如果序列存在异方差，则

$$\sigma_{k.i} = \frac{1}{N_i}\sqrt{\sum_{n_t}^{N_t}\sigma_{k.n_1}^2}\ (i = 1,2,3),(k = 1,2,\cdots,m) \tag{7}$$

其中 $\sigma_{k.n_i}$ 为序列 $y_{k.n_i}(i = 1,2,3)$ 在不同时点的异方差，根据式(Ⅳ)得到。若序列不存在异方差，则 $\sigma_{k.i}$ 为通常意义下的标准差，记作

$$\alpha_0(k = 1,2,\cdots,m) \tag{8}$$

我们把 I_k 作为指标的中间界限值。

但对于这些已经确定的界限值不是绝对不变的，而应该随着经济结构和经济状况的变化进行调整，例如经济增长率。

(三)综合预警界限值的确定原则

在确定各指标的界限值以后,还需要确定综合指数的界限值。由(2)式得到公共财政安全预警的综合指数 It,根据专家意见以及中国的实际情况,取 80 为"红灯"与"橘黄灯"的界限值,60 为"橘黄灯"与"黄灯"的界限值,40 为"黄灯"与"绿灯"的界限值。

第三节　财政安全评分定级与监测指标体系

国外对财政风险的研究始于 20 世纪 80 年代。近年来,世界银行、国际货币基金组织、欧共体都在加强对财政风险的研究,并明确提出了在公共财政报告中披露财政风险的要求。中国对财政风险的研究始于 20 世纪 90 年代的中后期,特别是在 1997 年的亚洲金融危机全面爆发以来,财政风险引起了社会各方面的广泛关注,尤其是各级政府对财政风险的认识已经发生了很大的变化。但是结合中国财政风险的实践进行的研究较少,基本上是分领域的专项研究。如对国债风险的研究、对地方财政风险的研究、对财政赤字风险的研究、对地方政府或有负债的研究、对我国财政风险形成原因的研究、对防范财政风险对策的研究等,且都是侧重在某个领域的某个方面的研究。

一、公共财政安全预警系统评分定级

主要是测定预报警度和确定预警界限。

一是测定预报警度。开展公共财政安全预警的关键在于测定和预报警度。测定和预报警度,分为两个层次。

第一层次:进行定量描述。定量描述,即确定反映警情指标的具体数值。例如:有些警义的数值表现是增减率,其计量单位为百分比,根据历史经验和经济理论就可以找出其极大值、极小值,然后,观察其实际数值在极大值与极小值之间的变化状况。在这一层次后,FRW—SM 将进行第一次输出。

第二层次:进行定性处理。定性处理即在第一层次的定量描述下,进一步将极大与极小值的最大可能区间划分为性质不同的子区间,并使不同的子区间代表不同的警情、警限。

二是预警界限的确定。对于任何一种监测预警系统来说,各警区的警

限尤其重要，而重中之重则是“无警警限”的确定。这具体包括三种类型：

Ⅰ类型：无警警限区间由其下限决定，即无警警限以其下限警情指标以不低于某一数值为好。如“税收收入依存度”。

Ⅱ类型：无警警限区间由其上限决定，即无警警限以其上限警性指标以不高于某一数值为好。如“拖欠公教人员工资比率”。

Ⅲ类型：无警警限区间为一特定区间，即无警警限由其上限、下限共同确定，其警情指标以在某一特定区间内变化为宜。如“社会保障水平”。FRW—SM中各子系统可确定自己的最佳方案，但依国际惯例，建议采用Ⅰ类型。（高宁，2003）事实上，FRW—SM引入不同系数使三种类型的绝对值均转为相对数，从而解决了这个形式上的不同。由于FRW—SM采用“预警警限”之Ⅰ类型，所以，评级分数值越大表明警度越高，之后，FRW—SM将参数照前述输出形式输出风险等级并提出预警。

二、公共财政风险监测指标体系构建

根据财政风险来源分类矩阵，结合中国具体情况，我们将财政风险分为不同层次，结合风险矩阵建立财政风险监测指标体系，如表11-1所示：

表11-1　中国财政风险监测指标体系

财政风险类型	直接的（任何情况下都会产生责任）	或有的（基于某一特定事项的发生才发生）
显性的（由特定法律或合同确认的政府债务）	R1 X1：财政集中率 X2：税收收入占财政收入比重 X3：税收弹性 X4：中央财政收入占全国财政收入的比重 X5：投资性支出占财政支出的比重 X6：财政赤字率 X7：外债负债率 X8：国债负担率 X9：中央财政债务依存度 X10：国债偿债率	R2 X11：经济增长率 X12：失业率 X13：通货膨胀率 X14：政策性金融机构不良资产风险指数
隐性的（政府道义上的责任，主要反映公众预期以及利益集团）	R3 X15：预算外支出占财政支出的比重 X16：财政支出对财政收入的弹性 X17：预算外收入占财政收入比重	R4 X18：地方担保风险指数 X19：金融体系风险指数

该指标体系除 R_2 以外，其余指标均是从风险来源矩阵的直接意义将相应可测指标分层次的，而 R_2 中四个指标的前三个主要是反映宏观经济运行的，使用这些指标主要原因在于中央政府的担保在中国较少发生，而或有显性的负债主要靠宏观经济运行侧面反映出来。政策性金融机构不良资产风险指数直接反映或有显性的一部分风险。

根据表 11 的财政风险监测指标体系，对指标的具体计算或者估算方式分层阐述如下：

第一层次指标（R_1）为直接的显性债务，指由特定法律所确认的、在任何环境下都可能发生的债务：

X_1：财政集中率＝财政收入/GDP。

X_2：税收收入占财政收入比重＝税收收入/财政收入。

X_3：税收弹性＝税收增长率/GDP 增长率。

X_4：中央财政收入占全国财政收入的比重＝中央财政收入/全国财政收入。

X_5：投资性支出占财政支出的比重＝投资性支出/财政支出（由于投资性支出没有完全的统计口径，所以可以根据财政支出的项目，以中央财政支出中的基本建设支出、企业挖潜改造资金、科技三项费用、增拨企业流动资金、地质勘探费五项合计数为估算依据）。

X_6：财政赤字率＝财政赤字/GDP。

X_7：外债负债率＝外债余额/GDP。

X_8：国债负债率＝外债余额/GDP。

X_9：财政债务依存度＝当年国债发行额/中央财政支出额。

X_{10}：国债偿债率＝当期国债还本付息额/当期财政收入。

第二层次指标（R_2）为或有的显性债务，指由特定法律所确认的、基于某一特定事项才发生的债务。

X_{11}：经济增长率＝（当年实际 GDP/上年实际 GDP）－1。

X_{12}：失业率＝失业者人数/全体适宜劳动总人数。

X_{13}：通货膨胀率可用 GDP 平减指数或消费者价格指数计量（GDP 平减指数的计算公式为 GDP 平减指数＝以现价表示的 GDP/以不变价表示的 GDP）。

X_{14}：政策性金融机构不良资产风险指数。该指标没有具体数据值，具体定量分析时的方式是采用专家评价法进行评价，直接使用风险指数。

第三层次指标（R_3）为直接的隐性债务，指由任何情况下都可能出于政府道义发生的债务，具体包含以下指标：

X_{15}：预算外支出占财政支出的比重＝预算外支出/财政支出。

X_{16}：财政支出对财政收入的弹性＝财政支出增长率/财政收入增长率。

X_{17}：预算外收入占财政收入比重＝预算外收入/财政收入。

第四层次指标（R_4）为或有的隐性债务，指由某一特定情况下出于政府道义发生的债务：

X_{18}：地方担保风险指数。该指标主要反映政府因担保而涉及的公共财政风险。

X_{19}：金融体系风险指数。该指标反映国家金融体系不足造成的风险，而国家为了稳定金融等必须承担的财政风险。

上述 19 个指标反映了财政风险的程度，能构成一个完整的财政风险监测指标体系。

三、公共财政风险监测指标体系应用

根据上述风险监测指标体系，利用《中国统计年鉴（2004—2013）》等年鉴数据，借鉴国际经验对原始数据进行标准化处理，综合评价 2004—2013 年中国财政风险各个种类和总体状况。其综合评价结果如表 11-2 所示。

表 11-2　中国财政风险综合评价结果表

年份	直接显性财政风险 R_1	或有显性财政风险 R_2 ①	直接隐性财政风险 R_3	或有隐性财政风险 R_4	总体财政风险 R 综合得分
2004	47.95%	34.04%	35.10%	31.25%	37.09%
2005	43.32%	32.08%	42.98%	32.65%	37.76%
2006	43.65%	31.83%	38.65%	34.90%	37.26%
2007	65.05%	33.86%	32.39%	39.85%	34.69%
2008	47.38%	32.09%	50.91%	30.50%	40.22%
2009	42.12%	27.90%	68.23%	32.90%	42.79%
2010	55.54%	31.28%	32.31%	34.90%	38.51%

① R2＝(X11＋X12＋X13＋X14)/4。X14 项政策性金融机构不良资产的风险指数是经过对刘丽琼的《我国金融机构不良资产的现状、成因与对策》的分析之后，选择了对不良贷款率作为评定政策性金融机构不良资产风险指数，并在中国人民银行官网、互联网上查找以及自己推算不良贷款率得到的。

续　表

年份	直接显性财政风险 R_1	或有显性财政风险 R_2 ①	直接隐性财政风险 R_3	或有隐性财政风险 R_4	总体财政风险 R 综合得分
2011	55.77%	31.77%	—%②	36.30%	41.28%
2012	44.10%	29.00%		33.80%	35.63%
2013	43.21%	—%③		23.35%	33.28%

根据上述综合评估的结果可以看出，目前我国或有隐性财政风险相当突出，而显性财政风险几乎处于平稳状态。这说明中国政府对可控财政风险的防范控制较有力，而对于不可控的或有隐性财政风险还需要加强控制，这些有赖于中国财政管理体制的不断完善，特别是对地方财政担保的制约需要进一步加强，总体上来说，中国的财政风险仍然处于警戒状态，各级政府务必小心翼翼。

① R2=(X11+X12+X13+X14)/4。X14 项政策性金融机构不良资产的风险指数是经过对刘丽琼的《我国金融机构不良资产的现状、成因与对策》的分析之后，选择了对不良贷款率作为评定政策性金融机构不良资产风险指数，并在中国人民银行官网、互联网上查找以及自己推算不良贷款率得到的。

② 预算外收入与预算外支出两项都属于预算外资金，但我国财政部在 2011 年称“2011 年 1 月 1 日起，将按预算外资金管理的收入全部纳入预算管理，将其合并入预算资金内”。故此不能继续查询 2011—2014 年的数据。

③ R2=(X11+X12+X13+X14)/4。其中 X11、X12、X13 此三个从 2004—2012 年的数据均在 2013 年《国家统计年鉴》中查得，而由于 2013、2014 年的数据彼时还未发表出来，故此没做统计。

结　语

20 世纪 90 年代末，公共财政应急风险预警管理问题就得到了学术界的关注，并取得了一些研究成果。但是，现有的公共财政应急风险预警管理研究，在很多方面还不能满足新时期防范公共财政风险与应对公共危机的财政供给和保障预警的实际需要，主要是财政预警方法单一且视角僵化问题。其主要原因是已有的公共财政应急风险预警不同指标权重的分配确定过于主观。其往往是根据个人判断进行的赋权，不同的主观赋权对风险计量和评价影响甚大。尽管有些学者通过了 AHP 等相对科学的赋权方法，但是，这些做法也都是基于各指标与公共财政应急风险值之间呈线性关系的假设之上。① 然而，公共财政应急风险的形成和发展机理极其复杂，单一的线性关系往往难以奏效。同时，已有的公共财政应急风险预警研究均是基于历史资料的静态分析，难以满足对公共财政应急风险预警管理的深入研究和公共财政应急风险预警管理的高效运行，这是因为：

一、公共财政和公共危机的各种风险时刻存在

市场经济条件下，经济领域的各种风险都有可能转化为公共财政风险，直接影响到国民经济持续、快速、健康发展和国家的长治久安。公共财政作为社会风险的最终承担者，其自身一旦发生风险，破坏性更大，后果更严重。② 因此，我们务必要增强忧患意识，自上而下对症下药，综合施治，将公共财政风险逐步化解。而公共财政应急风险预警管理对策的设计创新，正是为了实现公共财政应急风险预警管理的规范化、系统化和科学化；进行公共财政风险和公共危机的预控，提前采取措施，防范或规避风险，并在公共财政危机和公共危机发生时，将损失降至最低程度。

由于公共财政在其复杂的运行过程中，往往会衍生出各种不确定性因素，而政治、自然、技术等各方面的因素均可能引发财政风险和公共危机。因此，“公共财政应急风险预警管理”包含为应对公共财政风险而进行的预警管理和为应对各种公共危机而进行的财政供给和保障的预警管理。其

---

①② 邵学峰：《公共财政安全：根源、影响、与防范——对提高中国公共财政安全的思考》，《学习与探索》2007 年第 2 期。

“预警管理”是为防范各种可能引发的公共财政风险和公共危机，以确保政府始终拥有救灾应急及其他难以预见的特殊开支的财力；通过对公共财政应急风险预警管理主要问题及原因的分析，从而提出公共财政应急风险预警管理对策设计创新内容。它是在可能产生财政风险和公共危机的警源上确立的预警指标和设计预警模型，能对可能引起财政风险和公共危机的各种要素及其所呈现出来的信号和征兆，随时进行动态监测，对其发展趋势和可能发生的风险和危机类型及其危害程度做出科学合理的评估，并用公共财政应急风险警度向有关部门发出警报的预警管理。

然而，公共财政和公共危机的风险时刻存在，这就需要公共财政应急风险预警管理在实践中健全真正管用的机制和系统，用科学合理的公共财政应急风险预警指标体系对财政风险和公共危机状况进行实时监控，警钟长鸣，防患于未然。[①] 我们要贯彻落实党的十八大报告关于财政改革的精神，坚持总体目标：围绕一条主线，兼顾两大职责，遵循三项原则，突出四个重点。即以全面提升预算执行质量为主线，认真履行严格监管和优质服务职责，准确把握安全、规范、效率的工作原则，重点推进支付管理、现金运作、机制完善和队伍建设。

二、公共财政应急风险预警管理运行存在问题

近几年来，中国经济运行中的风险，如国有企业的社会压力、金融业的脆弱性、失业引起的贫困人口的增加、基础教育的大量欠账和生态环境的不断恶化等，都可能引发公共财政的突发性支出。特别是在市场化过程中，中国经济金融化程度不断提高。如考虑到中国银行现有不良资产率，金融风险转化为金融危机的可能性就更大了。当金融风险超出金融体系自身承受力时，财政的介入和救助就不可避免。然而，公共财政应急风险预警管理还不适应目前防范财政危机和公共危机的实际需要。

(一)公共财政应急风险预警能力基础薄弱

一是法律基础薄弱。全国人大及其常委会等国家权威机构在各自的职权范围内享有对财政安全问题的决定权和涉及财政的重大事项的审查权、批准权，其中《立法法》第八条也规定了全国人大对涉及金融、财政、税收、外贸

---

① 苏明、刘彦博：《我国加强公共突发事件应急管理的财政保障机制研究》，《经济与管理研究》2008年第4期。

和海关等基本制度问题享有专门立法权，但是宪法性法律却很少提及公共财政应急立法，关于中央与地方的财政权划分以及公民应享有的财税监督权更缺乏明确的宪法原则指引。2007 年中国出台了《中华人民共和国财政安全问题应对法》，其第四十九条中规定："自然灾害、事故灾难或者公共卫生事件发生后，要启动本级人民政府设置的财政预备费和储备的应急救援物资，必要时调用其他急需物资、设备、设施、工具。"[①]但整个法规并未对财政应急预警管理的相关内容做出说明，更没有对财政应急预算的编制、申报、执行等权限进行明确规定。该法规定的"国务院和县级以上人民政府应当采取财政措施，保障财政安全问题应对工作所需经费"的概念笼统，使中国在建立健全应急物资储备保障制度的时候，容易产生地方各级财政应急程序设置与技术操作的漏洞。

二是责任基础薄弱。公共财政救灾应急方面缺乏风险成本分担责任机制，如中央与地方之间、政府的各个部门之间、政府与社会公众之间等，在公共危机状态下，如何分担各自的风险成本。现在的状况是谁也不知道在危机状态下自己应该承担多大的风险成本。对于地方政府，风险成本是由自己承担，还是由中央和地方政府共同承担？对于企业，评定公共危机危害程度的标准是什么，政府应当在何种程度下提供怎样的帮助？对社会大众，公共危机的影响程度如何，公众在何种程度下需要政府的帮助，未受危机影响的人又当如何提供帮助？所有这些问题都在还没有确定的情况下，公共财政应急效率将大打折扣，各个行为主体的行动就会迟缓，出现相互扯皮、观望而不作为的现象，甚至出现企业风险向政府转移的现象，政府各部门风险向财政转移，下级政府风险向上级政府转移，本届政府风险向下一届政府转移，最终的结果必然是由中央公共财政来兜底。中央公共财政一旦发生无法兜底的情况，危机将难以控制，事态将进一步扩大，公共财政危机也会像"防洪堤坝决口"一样无可避免。如此一来，中央财政必然陷入被动，公共危机状态将无休止延长而难以化解。

三是应急基础薄弱。这突出表现在公共财政管理中"财政应急风险管理"的缺位。公共危机是公共风险的产物或现实结果，要减少公共危机造成的突发性支出，关键在于防范和化解公共风险。如果公共支出的安排不能以防范公共风险为导向，那么公共财政的应急反应能力将会丧失牢固的基础。一旦出现公共危机，将难以应对。其实，诸如公共安全、公共秩序、生态环境、基础教育、基本生活保障等领域的公共风险早已萌生，公共财政

① 2007 年 8 月 30 日，第十届全国人大常委会第 29 次会议通过了《中华人民共和国突发事件应对法》。

预警管理就是如何使这些公共风险最小化。同时,中国的行政等级区划从中央到乡镇共分为五个等级,财政资金的分配也受到冗长等级链的影响,财政应急资金的使用缺乏效率。各类财政资金运行时间的不确定性会导致部分资金无法在救灾的最佳时间到达受灾地区,出现“应急资金不应急”的现象,这是影响公共财政应急资金使用效率最重要的因素。

(二)预备费管理不善增加了财政应急风险

这主要涉及中央财政预算执行中救灾应急资金开支范围、标准不够明确等问题。而地方公共财政预备费则与年度预算绑在一起,没有实行单独预警管理,地方财政预备费通常是不转向下年的,没有滚动积累的制度规定。《中华人民共和国预算法》(下文简称为《预算法》)第三十二条规定,各级政府预算应当按照本级政府预算支出额的1%—3%设置预备费,用于当年预算执行中的救灾应急开支。

《预算法》第七章只对“预算调整”做了一些规定,没有对紧急状态下救灾应急开支予以明确说明。于是在紧急状态下有时会出现这样的情况:政府主管部门的权力膨胀,中央财政部门被动拨款,地方有关部门便乘机“狮子大开口”,从而使预算编制、执行和监督趋于一种无序状态。以5·12汶川大地震为例,截止到2008年7月13日,各级政府共投入抗震救灾资金就已经达到590.43亿元[①]。其中,地方政府共计投入53.47亿元,而中央政府投入高达536.96亿元,其投入是地方政府的10倍之多,大大超出当年法定提取区间的数额(如表11-3所示)。

表11-3 2008—2013年中央本级预备费支出情况一览表[②]

单位:亿元

年份	中央本级预算支出	中央本级提取的预备费	中央本级预备费占本级预算支出比例(%)	法定提取区间
2008	13205	350	2.65	132.05—396.15

① 《快讯:截至12日12时各级政府共投入抗震救灾资金590.43亿元》新华网快讯,2008年7月12日,http://news.xinhuanet.com/newscenter/2008-07/12/content_8534748.htm。

② 数据来源:2008—2013年《政府财政年鉴》及2008年以来各年的预算执行情况和预算草案报告。中央本级预备费占本级预算支出比例=中央本级预备费/中央本级预算支出。法定提取区间=中央本级预算支出×1%—中央本级预算支出×3%。

续 表

年份	中央本级预算支出	中央本级提取的预备费	中央本级预备费占本级预算支出比例(%)	法定提取区间
2009	14976	400	2.67	149.76—449.28
2010	16049	400	2.49	160.49—481.47
2011	17050	500	2.93	170.50—511.50
2012	18519	500	2.69	185.20—555.50
2013	20203	500	2.48	202.00—606.10

在现行体制下,中央在地方转移支付过程中"讨价还价"的现象严重存在。财政救灾资金的应急特点是其申报程序比较单一,加上灾难造成的混乱,导致了财政资金的申报、审批以及使用都缺乏有效的监督。① 有些地方政府极度依赖中央财政,自身基本不提或少提预备费,使得在大灾发生之后,形成支出责任错位的现象。有的地方政府甚至虚报补助、谎报灾情、夸大损失。而且,中央与地方政府之间缺乏针对灾害应急的财政责任分担机制,导致财政救灾支出无计划性;中央与地方政府之间财政救灾应急尚未建立激励相容的合作机制,导致财政救灾应急支出效率低下;公共财政转移支付制度的不完善,加剧了中央与地方政府之间财政应急预备费总量不足的矛盾。可见,公共财政预备费预警管理不规范的主要原因,在于现行公共财政资金的分配、预警管理体制的不完善和政府与社会、中央与地方政府之间在救灾应急开支处置上事权与财权的配置不当。

(三)房地产泡沫加剧了公共财政应急风险

据调查,国际金融危机爆发后,中国政府为应对危机的庞大资金,很大部分都流向了房地产市场。长期以来,某些地方政府用土地"招拍挂"制度的负效应,过度地抬高了土地价格。为消化高价土地,一些房产商也就随之抬高房价。从而,许多中低收入家庭在高房价面前只好"望房兴叹"。据中国社会科学院调查,与房地产泡沫和空置房平行存在成反比关系的现代

---

① 为加强对救灾资金的管理,2002 年 8 月至 9 月,财政部门派出检查组,对甘肃省 2001 年至 2002 年 6 月末救灾资金和救灾物资的申请、拨付和使用情况进行了检查。检查发现,该省通渭县民政局利用多种手段,采取多种方式,挤占、挪用、截留救灾资金,违规违纪性质严重,情节恶劣。

中国，有85%的中低收入家庭无力购房[①]，中国社会对房地产业现状的不满，已达到新的沸点。

同时，房产商与地方政府、土地、房产、税收、规划等相关部门有着千丝万缕的联系。在高额利益的诱惑下，一些政府官员甘当不法房产商的保护伞。而正是这种官商勾结，才使得中央政策在一些地方不能很好落实，消费者权益得不到有效保护。据调查，有的地方出现不法房产商与地方官员相互勾结，沆瀣一气，强拆强买的现象，其肆意践踏国家法律和政府形象，在民众中造成非常恶劣的影响。

现在，被市场经济奉为神灵的供求关系理论，似乎已很难解释中国房地产市场的现状：若供不应求，就不该有如此大量的空置房；若供过于求，就不该有那么多的人买不起房。房地产市场博弈的结果，恰恰是中低收入群体"居住权"的丧失。如今，中央财政面临双重压力。一是房地产价格泡沫，房价泡沫一旦破灭，很有可能危及中国的宏观经济。二是国民的居住权，中低收入群体是否都"居者有其屋"，已不言而喻。这双重压力都将影响到中国社会经济的稳定。目前，中央财政面对着畸形繁荣的房地产市场，既要保证供给也要扩大需求，既要促进总量适度发展也要合理调整供给结构。同时，在大量空置商品房找不到销路的窘况下，还要千方百计地建设足量的保障性住房，以解决中低收入群体住房困难的棘手问题。可见，这一窘境无不与中国房地产市场畸形发展的"绑架"有关。房地产泡沫加剧了公共财政应急风险。

据课题组调查，中国金融机构在房地产市场里的贷款已达几十万亿。因此，房地产价格迅速下跌，使银行存量房贷面临巨大风险。据分析，中国房地产市场身兼投资和消费两大功能，同时还可以带动几十个行业的发展。自地方政府从土地出让金中获得大量的第二财政收入以来，土地价格就通过房地产市场一浪高过一浪。这便是中国房地产市场畸形繁荣，房价居高不下的根本原因。一直以来，地方政府、行业主管部门、行业组织、房产商、银行和有钱人相互捆绑，形成了房地产利益共同体和既得利益集团。他们通过对房地产经济源头的垄断和炒作，以及各方面的利益勾结，便达到了源源不断地从购房者手里鲸吞巨额财富的目的。可见，中国房地产市

---

① 中国还存在"土地是用来吃饭，还是用来居住"的矛盾。中国农业劳均耕地只有0.36公顷，排世界倒数第3位。如果对日益城市化的人口需要的住宅土地供应不够，在供求作用的推动下，房价无疑会持续上涨，致使85%需要住房的居民买不起和住不起房，由此也会酿成非常严重的社会问题。

场大量的泡沫是房地产利益共同体“捆绑”营运的恶果。

三、公共财政应急风险预警管理对策设计创新

十八届三中全会指出：财政改革举措的主要目的是明确事权、改革税制、稳定税负、透明预算、提高效率，加快形成有利于转变经济发展方式，有利于建立公平统一市场，有利于推进基本公共服务均等化的现代财政制度，形成中央和地方财力与事权相匹配的财税体制，更好发挥中央和地方两个积极性。要解决以上问题，有必要根据公共财政应急风险预警管理的内在规律，从构建公共财政应急风险预警机制、梳理财政应急风险预警流程、完善中国预备费的管理和健全房地产的管制制度等方面来进行对策设计创新。

（一）构建公共财政应急风险预警机制

面对公共财政应急风险，力求将或有风险直接化、隐性风险显性化，规范和完善对它的统计和度量标准，警惕公共风险向财政风险转化，这就需要构建公共财政应急风险预警机制，其内容如下：

1. 建立基础数据库

基础数据库的信息来自监测，要建立有效的公共财政应急风险预警机制，就必须通过对大量的监测信息进行整理、分类、存贮、传输。监测活动的主要对象是外部和内部环境因素。建立监测信息档案，进行全面比较，其手段是采用科学合理的指标体系并按程序化、标准化、科学化的方法来处理；按照公共财政的隐性和显性、内生性和外生性等不同类型，分别对其收入、支出、公共投资、预算赤字和债务等几大方面的风险进行近期、中期和远期的评估；据此建立相应的基础数据库，并对各类数据的采集标准和时间间隔做出明确的规定。

2. 确立预警指标

要遵循规范性、重要性、综合性、灵敏性、互补性、可操作性和特殊性等原则，根据可能产生的公共财政应急风险的类型、成因和因果关系进行分析，并配合对历史数据的统计，从中找出关键因素，逐步确定公共财政应急风险的预警指标。可以将公共财政应急风险预警指标，分为收入、支出、公共投资、预算赤字、债务管理以及系统安全等问题，分别测算出公共财政应急风险度数值，进而建立相应的参考监控指标体系，分别设计出公共财政

应急风险预警指标判别标准，这就必须符合系统性和相关性原则，而且尽量选择操作性强、灵敏度高的指标作为关键指标。确立预警指标，应以构建公共财政应急风险预警指标体系为目标，这可以结合公共财政应急风险先导指标法[①]、指数合成法[②]、矩阵分析法[③]、风险价值评估模型法[④]、AHP法[⑤]、BP神经网络法[⑥]等，对公共财政应急风险进行准确的监测，力求将或有风险直接化、隐性风险显性化。

3. 设计预警模型

在一定程度上，公共财政应急风险预警模型是个单纯的数学关系式，也可以是个多元多列的数学关系式。其各项因子由相关预警指标构成，并通过计量分析方法确定数据样本。在数学关系式设计中，各因素的权重系数的设置是关键。在实践中可以通过选取历史样本数据，在初步测算基础

① 财政应急风险先导指标法：主要是利用个别先导指标来判断政府财政应急风险大小。通过实证分析，论证和揭示与中国现阶段国民经济发展相适应的赤字率和债务率及其警戒线，并将赤字率和债务率作为先导指标。这种方法简单易行，但先导指标如何得到，以及其是否具有代表性，决定了预警是否具有科学性和准确性。

② 财政应急风险指数合成法：根据历史资料对每个指标设置预警区间，然后根据预警区间确定指数，再对各指标的指数进行简单算术相加，分别得到内部合成指数、外部合成指数，最后得到全部政府财政应急风险的预警指数。

③ 财政应急风险矩阵分析法：在进行财政应急风险评价时，将财政应急风险的严重程度相对地定性分为若干级，将财政危机发生的可能性也相对地定性分为若干级，然后以严重性为表列，以可能性为表行，制成表，在行列的交点上给出定性的加权指数。所有的加权指数构成一个矩阵，而每一个指数代表了一个财政应急风险等级。该方法的优点是简洁明了，易于掌握，适用范围广；缺点是确定风险可能性、后果严重度过于依赖经验，主观性较大。

④ 风险价值评估模型法：将制度因子，即“内生变量”纳入财政应急风险分析框架，构建包括国有化率、市场化指数、财政分权指数和交易费用率这4个制度因子在内的财政应急风险影响模型；确立一个与预警指标体系相适应的合理测度，即预警界限值；将预警指标划分为3个层次：总体指标、结构指标和分析指标，并赋予结构指标以不同的权重，得出直接显性财政应急风险的总体指标。

⑤ 财政应急风险AHP法：层次分析法(Analytic Hierarchy Process)，AHP是对定性问题进行定量分析的一种简便、灵活而又实用的多准则决策方法。其特点是把复杂问题中的各种因素划分为相互联系的有序层次，使之条理化，根据对一定客观现实的主观判断结构(主要是两两比较)把专家意见和分析者的客观判断结果直接而有效地结合起来，将一层次元素两两比较的重要性进行定量描述。

⑥ 财政应急风险BP神经网络法：BP(Back Porpagatino)神经网络是当前神经网络应用中最为广泛的一种人工神经网络，具有典型的2层或2层以上的多层神经网络。但是，BP算法也存在训练速度慢、隐藏层和隐藏节点的个数难以确定等问题。

上，经过德尔菲法[①]的分析和判断确定下来，同时，通过编制计算机软件应用程序，对所有相关历史数据分别组合并进行全部代入式测算，由此得出相关权重的数值和中间控制变量值。在公共财政应急风险预警指标系统中，预警作用应该包括事前、事中和事后各个环节，公共财政应急风险发现得越早，采取措施越早，损失便越小，矫正的成本也越低。鉴于此，有必要在一些地方，先化繁就简，化整为零，针对公共财政应急风险的具体指标，分类设计独立的公共财政应急风险预警模型进行试点。

4. 实施预警管理

公共财政应急风险预警管理的运行：一是公共财政应急风险诊断。即对可能会发生的各种公共财政应急风险的特性进行系统归类和全面分析，对已识别的问题，进行成因、过程的分析和发展趋势的预测，并对其主要公共财政应急风险的成因背景、发展过程及可能的发展趋势进行定量描述，以确定哪些风险最有可能发生以及引发这些风险的主要因素和概率。二是公共财政应急风险评估。现有公共财政应急风险预警管理的最终目的，是建立公共财政安全值的评估系统，对那些最有可能发生的风险进行后果量化，预测其一旦发生的损失程度以及对其进行补救的最佳时机和所需要付出的代价，并通过预先设置的安全值预警区间来确定警度，最终决定是否应该采取控制方案和措施。三是公共财政应急风险预报。通过预测提供超前的公共财政运行趋势，判断出公共财政运行总体和部分关键指标状态是处于无警、轻警、中警还是重警，并通过蓝、黄、橙、红四种色域代表的警号系统，向有关部门发布多媒体警报演示。

(二)梳理公共财政应急风险预警流程

公共财政应急风险预警流程是由一系列指标体系和数据处理、输出方法构成的有机联系的过程。它是运用经济学理论和各种数学模型及方法为主要分析手段，通过监测网络，利用预警指标体系、预警模型、预警结果对财政运行状况进行总体模拟、分析、预测和反馈研究，从而为公共财政应急风险预警管理的科学决策提供依据。

---

① 德尔菲法(Delphi Method)，又称专家规定程序调查法。该方法主要是由调查者拟定调查表，按照既定程序，以函件的方式分别向专家组成员进行征询；而专家组成员又以匿名的方式(函件)提交意见。经过几次反复征询和反馈，专家组成员的意见逐步趋于集中，最后获得具有很高准确率的集体判断结果。

1.设计公共财政应急风险预警流程

这包含:公共财政应急风险监测和公共财政应急风险预报两个过程,二者相互贯通。

一是公共财政应急风险监测。即政府对财政活动运行状况、管理过程所进行的监督、测定、计量、分析和评估。包括:(1)测定和分析公共财政活动的运行轨迹,研究其实际运行与期望状态的偏差及其趋势和成因,为控制其运行提出调控措施。(2)评估公共财政活动的过程和效果,督促其在制度和法律范围内恰当地履行自己的职能,贯彻国家财政政策、协调调控措施,分析和测定这些政策和措施的实施效果。(3)分析公共财政系统环境的变化及其对经济运行和宏观调控的影响,评估开展财政制度改革的利弊得失研究的对策。(4)监测可能诱发的重大波动和严重偏差的财政应急风险,为开展防范和预报工作提供依据。

二是公共财政应急风险预报。即通过自身的信息触角,根据采集到的信息经过综合分析,包括主观与客观、科学与经验、模糊与精确、定性与定量、个人与群体、内部与外部有机结合,对财政活动过程中可能诱发重大经济波动和严重偏差的风险,进行有效甄别,科学判断,并决定向有关部门妥善及时地拉响"警报器"。这包括:(1)发布预报级别。预报级别由公共财政安全各相应职能部门依照相应专项预案中所确定的预报等级提出具体预报建议,报上级相关部门审核后统一发布。(2)变更预报级别。上级相关部门在接到预报建议报告后,经分析研究,认为问题势态严峻,有扩大、蔓延趋势,可能涉及多个经济领域,或将对全局性工作造成重大影响时,可以变更预报建议,提高预报级别。反之亦然。

2.探索预警流程运行机理模块

公共财政应急风险预警流程运行机理,即以预警收集(财政应急风险指标管理和信息管理)为起点→以预警分析(财政应急风险数据处理和专家分析)为重点→以预警决策为关键→以预警执行(为财政应急风险管理系统提供警报演示和相关预案启动的建议)为终点(见图 11-1)。

公共财政应急风险预警流程运行模块分为:

(1)警源监测。警源是产生警情的根源,是整个预警过程产生的起点,一般表现为各种指标。公共财政应急风险预警指标是指公共财政应急风险状况的绝对数、相对数或平均数。公共财政应急风险预警指标是在其各种警情信息的评价指标的基础上,经过定性和定量分析之后,判断出哪些警情的发展变化有可能出现影响、破坏公共财政安全稳定的警度标准,并

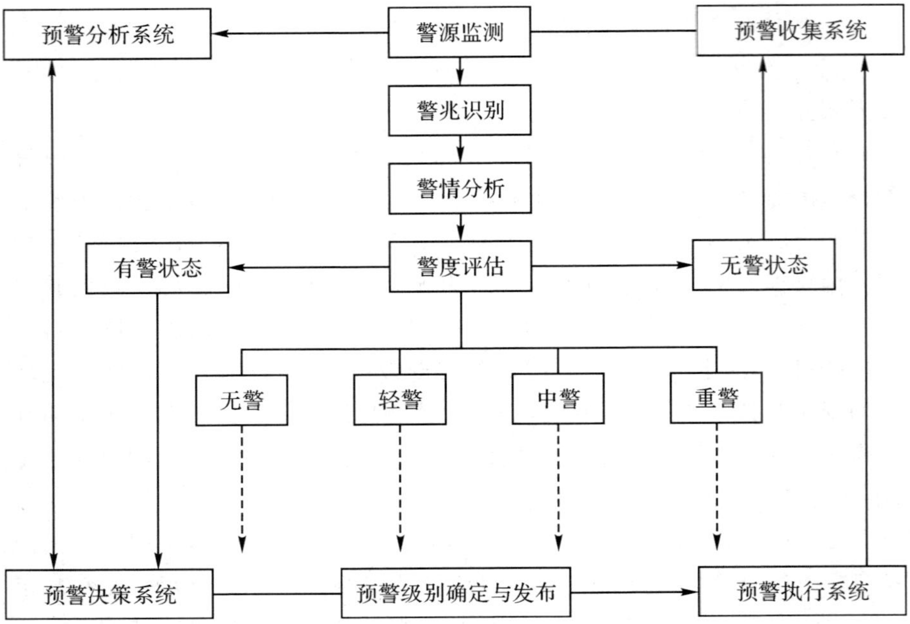

图 11-1　公共财政应急风险预警运作流程图

向社会发布。寻找警源之目的即对警情进行必要分析，寻求警情变化的征兆，进行预先财政应急风险预警。

(2)警兆识别。警兆是财政应急风险警情出现的征兆，即根据警兆来识别财政风险警情的程度。警兆根据可否直接表现为外部现象特征指标，分为景气警兆和动向警兆。由于财政风险警情在爆发之前必然有警兆，所以分析财政风险警兆及其预报区间便可预测财政风险警情。警兆表现为影响公共财政风险指标变动的异常。这种异常和警源可能是直接关系，也可能是间接关系。

(3)警情分析。警情是一些值得引起人们警惕的客观情况，是预警的前提。可以通过财政风险预警流程中所选择的若干重要预警指标的预测信号来反映。在财政风险预警流程中，警情通常以与负面状态相联系的指标来表示。对这些指标，往往以各种定性与定量方法确定其静态或动态的风险变化区间，实际数值超过特定的区间就表明财政风险警情出现，警情严重时可能引发财政危机。

(4)警度评估。警度是预警之目的，是反映财政风险警情指标数值实际变化的程度或强度；是根据财政风险警兆的实际变化，联系警兆的预报区间，参照指标系统和警情等级标准预设的，可以监测财政风险程度，预测财政风险变动趋势。根据警兆的危险程度，可以将财政风险进行不同程度的分级，以区分警兆的危险程度来判断财政秩序处于何种状态，最终向有关职能部门发出财政风险预警。

（三）完善财政应急预备费的预警管理

预备费是国家财政预算为应对各种风险和公共危机而设置的专项基金。

1. 建立风险分担制度框架

在政府各个部门之间，政府与企业、居民之间等方面构建风险分担的责任机制和配以相应的制度，包括合理的法规框架、适当的组织体系等。中央应该收回部分事权，在公共安全、医疗保健、教育、环境保护和食品安全方面承担更多责任。同时，优化转移支付结构，严控专项转移支付规模，提高一般性转移支付比重来加大对地方财权的弥补。只有将技术和制度两方面科学紧密地结合起来，并通过制度创新来弥补现行体制内的缺陷，才能逐步解决“财政应急风险大锅饭”问题。在进一步完善激励机制的同时，应明确各级政府应对公共危机的责任和义务，从而减少风险的积聚集中、相互扯皮、互相观望等不作为行为。

面对中国已经和可能存在的公共风险与公共危机，政府迫切需要筑起国家财政安全防御体系。当然，这个体系非常复杂，涉及方方面面，如目标系统、应急决策系统、应急动员系统和反馈系统等，不可能一蹴而就。但重要的是现在就需要认真考虑，并列入我们日常的行动计划，从而使社会经济生活中的各种风险在相应的层次和环节中得以化解，达到控制公共风险之目的。

2. 建立财政应急预算制度

一是各级政府要在完善公共财政应急风险预警管理的基础上，把所需经费纳入财政预算体系之中，制定相应的财政救灾应急预算制度。救灾应急预算可以按照项目支出滚动管理的要求，每年编制，滚动修改。各级政府应编制平时状态下执行的正常预算和紧急状态下专门化解危机的应急预算，既要保证支出项目的连续性和年度之间的衔接，又要偏重于危机状态下的救灾应急预算安排。二是把预备费和年度预算分开管理。要根据各种可能发生的紧急状态来编制预算，设计不同的资金用途以及应对紧急状态下的专款专用账户，并设立明细科目。当灾难性事件发生时可迅速从该账户中支取救灾资金予以应对。三是财政救灾应急预算制度必须以法规形式加以确定，以保证其延续性、严肃性和有效性。

3. 完善预备费基金式管理

一是要提高财政预备费比率，增加救灾应急应的专项基金。但是按《预算法》的1%—3%设置预备费的规定，从近几年应对各类灾害的公共财政支出情况来看，预备费的提取比率确实过低，难以满足当前的实际需要。因此，建议财政部门可根据近些年的实际情况，适当地提高预备费的提取比率，将预备费提取比率从1%—3%预设为3%—5%加以试行(见表11-4)。

表 11-4　提取比例调整后的预备费提取区间(2008—2013)①

单位：亿元

年份	中央本级预算支出	预备费提取区间	预备费提取区间
2008	13205	3%—5%	396.15—660.25
2009	14976	3%—5%	449.28—748.8
2010	16049	3%—5%	481.47—802.45
2011	17050	3%—5%	511.5—852.5
2012	18764	3%—5%	562.92—938.2
2013	20203	3%—5%	606.09—1010.15

二是实行预备费基金式管理。完善预备费基金式管理，是化解公共财政应急风险的核心环节，为此要合理制订公共危机状态下的财政救灾应急支出计划。而且，救灾应急预算的编制，应建立在科学分析和谨慎评估突发性救灾应急支出的基础上。由于预备费与年度预算捆绑在一起，没有实行单独的项目管理，这既浪费了财力又没有达到设置预备费的真正目的。因此，预备费要实行基金式管理，把当年没有用完的预备费结转到下年度使用，并在制度安排上规定不得以任何理由花掉结转下来的预备费。这样，在没有发生灾害的年份里，预备费可以得到有效积累。

三是拓宽预备费基金的来源。各地方公共财政预备费在除按本级支出额的一定比率设置外，对每年的预算超收收入和财政盈余，可以按一定比例增加预备费基金；对于中央财政下拨的救灾应急结余款项，也可以追加到预备费基金。

① 数据来源：根据2008—2013年的统计年鉴及2008年以来各年预算执行情况和预算草案报告，假定的提高后的预备费提取比例。预备费提取区间＝中央本级预算支出×3%—中央本级预算支出×5%。

(四)健全房地产管制应急的预警制度

实践证明,只有加强政府对房地产业的科学管制,健全房地产管制的预警制度,才能使房价回归理性,使房地产业平稳健康地发展,从而减少公共财政应急风险。

1.规范好房地产市场并缩小供需缺口

调控房价需要政府各部门和单位的密切配合,形成合力,综合运用财税、金融、法律、行政等手段。同时,要健全房地产管制的预警制度。对房产商,政府需要采取必要的手段,降低行业垄断,实现公平竞争;对中低收入群体,政府应当建立保障性住房建设资金归集专户和融资机构,推行廉租住房共有产权保障模式,健全准入退出机制,采取政府主导、社会融资、企业自建等多种方式,努力增加公共租赁住房供给;对土地供给,政府应改革土地制度,降低市场进入门槛,实现公平竞争,使房地产业的利润趋于正常化;对房地产市场,政府可以通过调整土地供给来控制房地产的规模,缩小供需缺口。政府要严格执行差别化住房信贷和税收政策,规范预售许可等项目的监管,抑制投机性购房需求;加大对闲置土地、囤积房源、违规预售、散布虚假信息、暗箱操作等违法违规行为的查处力度。此外,对信用等级优良、开发产品质量好、配合行业管理、社会责任感强、社会反响好的房产商实行激励政策。

2.加强住宅地建设和商品房销售预警管理

一是要加强返回地用地审批预警管理。对于已审批的返回地项目,严禁任何组织以任何形式上市流通,严禁房产商和经纪人员、公职人员等参与返回地建房指标买卖。二是要完善商品房销售管理预警制度。房管部门应结合市场实际,制定具体措施,商品房项目开盘时,可售房源应一次性投放市场,不得捂盘惜售;禁止房产商强制、套销和以拍卖方式销售商品房。三是要加大对闲置土地的处置力度。国有建设用地使用权公开出让后,应严格按用地使用权出让合同的约定办理。四是要加快现有商品房项目开发进度。对已获商品房用地开发权的在建和未建项目,应加快开发进度。五是要严格实行商品房买卖合同实名制度。

3.披露相关信息并建立住房保障机制

由于房地产市场存在着严重的信息垄断和不对称,购房者很难做出较为理性的抉择。因此,政府应加强房地产业相关信息的披露,及时公布已出台的相关政策及国家最新调控意向等信息。相关部门应按年度发布地方土地供应、廉租房、经济适用房、普通商品房的项目计划和建设进度，使购房者减少其决策风险。

相关部门和各地政府应优先考虑供应廉租房、经济适用房和中小套型普通商品住房的建设土地，其供应量应尽可能满足需求量。要增加中、小套型普通商品住房用地供应量，并将单位土地面积的住房建设套数和套型等规划条件明确写入土地使用权出让合同或划拨决定书，以保证商品住房建设供地规模的完整性，提高居住品位。同时，稳步扩大旧城拆迁、旧村改造规模，缓解改善型住房需求增长过快的矛盾，以建立住房保障机制，使房地产管制预警制度得以落实。

总之，本著作中公共财政应急风险预警指标的选取，预警系统的设计和预警方法的选择，反映了当前公共财政应急风险预警管理研究的基本现状。由于公共财政救灾应急方面缺乏风险成本分担的责任机制，所以公共财政应急风险责任基础薄弱；由于公共财政管理中“财政应急风险管理”的缺位，各类财政资金运行时间的不确定性，所以部分资金无法在救灾的最佳时间到达受灾地区，出现“应急资金不应急”的现象。这是应急基础薄弱最重要的因素。由于整个法规并未对财政应急反应机制的相关内容做出说明，更没有对财政应急预算的编制、申报、执行等权限进行明确规定，所以公共财政应急风险法律基础薄弱——这些便是公共财政预警风险能力基础薄弱的重要原因。现行的公共财政资金的分配、预警管理体制的不完善，政府与社会、央地政府间在财政预算执行中的救灾应急开支处置上的事权与财权的配置不当，显得公共财政预备费预警管理不规范；房地产利益共同体“捆绑营运”，房地产市场大量的泡沫给公共财政埋下了安全隐患。

要解决这些问题，我们必须遵照中共第十八届三中全会会议公报有关深化财政体制改革的精神，遵循财政应急风险预警管理的内在规律，建立基础数据库，确立预警指标，设计预警模型和实施预警管理，以构建公共财政应急风险预警机制；设计公共财政应急风险预警模型，探索财政应急风险预警运行机理及模块，以梳理公共财政应急风险预警模型；建立风险分担制度框架，健全财政应急预算制度和探索预备费基金式管理，以完善财政应急预备费的预警管理；规范好房地产市场，缩小供需缺口，加强住宅用地建设和商品房销售管理和及时披露相关信息，建立住房保障机制，以健全房地产管制的预警制度，从而进行公共财政应急风险预警管理的对策设计创新。另外，要进一步落实中央八项规定精神，着力控制“三公”经费支出，着力解决“吃拿卡要”问题，着力解决接受会员卡、商业预付卡问题，着力解决“形象工程”“政绩工程”和各种节庆、论坛、招商会、国际性会议泛滥等问题，着力解决滥建楼堂馆所问题。要统筹制定领导干部办公用房、住房、配车、秘书配备、公务接待、警卫、福利、休假等工作生活待遇标准，落实不赠送、不接受礼品的规定，切实解决违反规定和超标准享受待遇的各种问题。要深化财政体制、审批体制、决策机制等方面的改革创新。要加强宣传引导，营造良好舆论氛围。

同时，还需要我们在公共财政应急风险预警管理工作和理论研究方面，根据公共财政应急风险原理和实践，设计统一的风险指标体系，测定其风险等级标准，建立可靠的公共财政应急风险信息采集系统，定期对公共财政应急风险形势进行评估分析，对可能发生的公共财政应急风险提出预警报告，为公共财政安全的科学决策和管理提供准确、及时、全面、可靠的依据；防范各种可能引发的现实或潜在的财政危机和公共危机，以保证政府履行其职能的财力需要，特别是保证政府始终拥有应付各种财政安全问题和公共危机的财力，从而确保国家政权稳定与社会和谐发展。

参考文献

[中文]

[1] 安秀梅. 地方政府或有负债的实证分析[J]. 中央财经大学学报,2002(6):40-45.

[2] 安春明,等. 关于地方政府债务风险生成机理的探讨[J]. 社会科学战线,2009(2):263-265.

[3] 保罗·克鲁格曼. 萧条经济学的回归[M]. 北京:中国人民大学出版社,1999.

[4] 保罗·萨缪尔森,等. 经济学[M]. 17版. 北京:人民邮电出版社,2004.

[5] 布坎南. 自由市场与国家[M]. 北京:北京经济学院出版社,1988.

[6] 布坎南. 民主财政论[M]. 北京:商务印书馆,1993.

[7] 布坎南,等. 赤字中的民主[M]. 北京:北京经济学院出版社,1988.

[8] 白景明. 对我国当前财政收入高增长的理论解析[J]. 财政与发展,2008(3):7-11.

[9] 白彦锋. 建立中期预算框架的国际比较与借鉴[J]. 中央财经大学学报,2009(9).

[10] 曾娟红,等. 促进我国经济增长的最优财政支出结构研究[J]. 中南财经政法大学学报,2005(4):77-81.

[11]边立婷. 我国国债发行规模影响因素的定量研究[J]. 中国外资,2011(8):55-56.

[12] 财政部预算司. 中央部门预算编制指南(2012)[M]. 北京:中国财政经济出版社,2012.

[13] 财政部税收制度国际比较课题组. 美国税制[M]. 北京:中国财政经济出版社,2000.

[14] 财政部财政科学研究所. 我国地方政府债务风险和对策[J]. 经济研究参考,2010(14).

[15] 张志华,等. 澳大利亚的地方政府债务管理[J]. 经济研究参考,2008

(22):25-28.
[16] 张志华,等.美国的市政债券管理[J].经济研究参考,2008 (22):16-20.
[17] 张志华,等.法国的地方政府债务管理[J].经济研究参考,2008 (22):32-33.
[18] 张志华,等.日本的地方政府债务管理[J].经济研究参考,2008 (22):14-16.
[19] 丛明.我国财政改革与发展的政策取向[J].中国社会科学,1997 (5).
[20] 丛树海.财政扩张风险与控制[M].北京:商务印书馆出版社,2005.
[21] 丛树海,等.中国财政风险指数预警方法的研究[J].财贸经济,2004 (6):29-35.
[22] 陈共.财政学[M].北京:中国人民大学出版社,2007.
[23] 陈工,谢贞发.浅析我国财政或有负债[J].中央财经大学学报,2002 (4):14-17.
[24] 陈学安,等.财政风险:特点、表现及防范对策[J].财政研究,2001 (3):44-47.
[25] 陈红艳.从2004"审计风暴"报道看新闻媒体的舆论监督[J].新闻采编,2005 (1):34-35.
[26] 陈华,等.美国经济刺激计划政策工具的运用与反思[J].税务研究,2010 (5):85-87.
[27]陈大会.论国有企业应收账款管理与防范[J].现代商贸工业,2010 (3):173-174.
[28] 陈西果.欧洲主权债务危机爆发的原因、影响及启示[J].武汉金融,2010 (5):21-24.
[29] 陈光焱.中国财政通史:清代卷[M].北京:中国财政经济出版社,2006.
[30] 陈小悦,等.政府预算与会计改革——中国与西方国家模式[M].北京:中信出版社,2002.
[31] 陈浩武.论政府对股票市场的监管[J].金融研究,1998 (7):17-22.
[32] 严武,等.证券市场管理国际比较研究[M].北京:中国财政经济出版社,1998.
[33] 程振煌,等.我国地方政府财政适度举债规模实证研究——以昆明市呈贡县为例[J].经济问题探索,2008 (7):179-181.
[34] 查先进.信息分析与预测[M].武汉:武汉大学出版社,2000.

[35] 楚辞. 美国地方财政风险预警机制及其启示[J]. 财会研究,2007(12):19-21.

[36] 曹敏,等. 我国现行分税制的主要缺陷及其完善[J]. 上海经济研究,2006 (11):33-37.

[37] 曹莉,等. 主权债务危机解决方案的国际机制[J]. 中国金融,2011(17):46-48.

[38] 崔志坤. 防范与化解地方政府债务的制度创新[J]. 商业时代,2007(4):60-61.

[39] 大卫·N. 海曼. 公共财政:现代理论在政策中的应用[M]. 北京:中国财政经济出版社,2002.

[40] 戴维·罗默. 高级宏观经济学[M]. 上海:上海财经大学出版社,2003.

[41] 窦欣. 基于 DEA 模型的县级财政支出效率研究——以河北省为例[J]. 天津商业大学学报,2011 (2):14-19.

[42] 窦尔翔. 中国产业投资基金发展的路径选择[J]. 中国人民大学学报,2006 (5):8-15.

[43] 杜国亮. 应收账款的财务管理[J]. 审计与理财,2006 (2):40-41.

[44] 董彦岭,等. 金融危机背景下各国政府救市政策的比较分析[J]. 经济与管理评论,2010 (3):54-59.

[45] 邓小平. 邓小平文选[M]. 北京:人民出版社,1993.

[46] 邓建丰,等. 浅析欧美储备货币汇率波动下人民币汇率走势[J]. 经营管理者,2010 (6):98.

[47] 邓子基. 以收定支还是以支定收[J]. 财政研究,2002 (3):2-5.

[48] 党均章,等. 地方政府融资平台货款风险分析与思考[J]. 银行家,2010 (2).

[49] 段炳德."以支定收"还是"以收定支":浅析我国财政收支关系的实证研究[J]. 北京工商大学学报,2007 (1):54-58.

[50] 欧阳华生. 我国国家审计公告信息分析:2003-2006——解读我国财政违规资金特征[J]. 审计研究,2007(3):8-15.

[51] 欧阳日辉. 政府预算外收入膨胀及其对财政政策的影响[J]. 经济研究参考,2008 (30):15-16.

[52] 樊纲. 论"国家综合负债"——兼论如何处理银行不良资产[J]. 经济研究,1999 (5):11-17.

[53] 樊丽明,等. 中国地方政府债务管理研究[M]. 北京:经济科学出版社,2006.

[54] 冯芸,等.货币危机早期预警系统[J]. 系统管理学报,2002 (1):8-11.
[55] 冯静.地方政府债务控制:经验借鉴与模式选择[J]. 财贸经济,2008 (2):81-84.
[56] 范柏乃,等.地方政府债务与治理对策研究[J]. 浙江大学学报,2008 (2):48-56.
[57] 伏玉林.地方政府债务困境的实质[J]. 探索与争鸣,2012 (2):51-54.
[58] 付江涛,等.货币危机预警指标体系的构建及实证分析[J]. 世界经济研究,2004 (12):17-23.
[59] 方红生,张军.中国地方政府竞争、预算软约束与扩张偏向的财政行为[J].经济研究,2009(12):4-16.
[60] 方红生,等.中国地方政府扩张偏向的财政行为:观察与解释[J]. 经济学,2009 (3):1065-1082.
[61] 傅志华. 国家财政安全论[M].北京:人民出版社,2002.
[62] 傅道忠.略论我国地方政府债务风险及防范[J]. 吉林省经济管理干部学院学报,2004 (5):38-40.
[63] 冯静.我国地方政府发债面临的问题及对策[J]. 财政研究,2009 (4):9-12.
[64] 冯兴元,李晓佳.论城市政府负债与市政债券的规则秩序框架[J]. 管理世界,2005 (3):48-56.
[65] 范柏乃,等.地方政府债务与治理对策研究[J]. 浙江大学学报,2008 (2).
[66] 国家统计局. 2006年中国统计年鉴[M].北京:中国统计出版社,2006.
[67] 国家统计局. 2007年中国统计年鉴[M].北京:中国统计出版社,2007.
[68] 国家统计局. 2008年中国统计年鉴[M].北京:中国统计出版社,2008.
[69] 国家统计局. 2009年中国统计年鉴[M].北京:中国统计出版社,2009.
[70] 国家统计局. 2010年中国统计年鉴[M].北京:中国统计出版社,2010.
[71] 国家统计局. 2011年中国统计年鉴[M].北京:中国统计出版社,2011.
[72] 国家统计局. 2012年中国统计年鉴[M].北京:中国统计出版社,2012.
[73] 国家统计局. 2013年中国统计年鉴[M].北京:中国统计出版社,2013.
[74] 郭玉清.化解地方政府债务的目标设计与制度选择[J]. 天津社会科学,2009 (6):74-81.
[75] 高鸿业. 西方经济学[M].北京:中国人民大学出版社,2003.
[76] 高志立,等.财政风险及其构成内容的理论分析[J]. 财政研究,2001 (2):30-34.

[77] 高铁梅,等. 我国经济预警信号系统的维护与应用[J]. 预测,1997(5):35-38.
[78] 高飞. 浅谈金融危机时期商业银行风险管理[J]. 商场现代化,2009(15):214-215.
[79] 高顺芝,等. 金融危机背景下我国商业银行的风险管理[J]. 长春工业大学学报,2009 (3):274-279.
[80] 高培勇. 以支定收:界定税收收入规模的基本思路[J]. 税收征纳,2002 (1):9-10.
[81] 高培勇. 中国税费改革问题研究[M]. 北京:经济科学出版社,2004.
[82] 高培勇. 中国财政困难的由来:从运行机制的角度分析[J]. 经济科学,1995 (5):16-22.
[83] 高宁. 我国财政风险预警系统设计[J]. 理论界,2003 (5):50-51.
[84] 桂又华,等. 欧洲主权债务危机:原因、影响及启示[J]. 区域金融研究,2010 (9):45-49.
[85] 郭庆旺,等. 现代西方财政政策概论[M]. 北京:中国财政经济出版社,1993.
[86] 格里高利·克拉克. 应该读点经济史:一部世界经济简史[M]. 北京:中信出版社,2009.
[87] 龚强,等. 财政分权视角下的地方政府债务研究:一个综述[J]. 经济研究,2011 (7):144-156.
[88] 哈贝马斯. 公共领域的结构转型[M]. 北京:学林出版社,1999.
[89] 哈维·罗森. 财政学[M]. 北京:人民大学出版社,2003.
[90] 呼显岗. 地方政府债务风险的特点、成因和对策[J]. 财政研究,2004(8):42-45.
[91] 侯荣华,等. 中国财政风险研究[M]. 北京:中国计划出版社,2005.
[92] 洪源,等. 我国地方政府债务可持续性的一个综合分析框架[J]. 财经科学,2006 (4):96-103.
[93] 华金秋,等. 政府审计如何协调与媒体监督的关系——以救灾资金管理为例[J]. 中国石油大学学报,2009 (6):11-15.
[94] 黄肖广. 财政资金的地区分配格局及效应[M]. 苏州:苏州大学出版社,2001.
[95] 黄敏. 债权债务的理论与实务[M]. 成都:四川科学技术出版社,2006.
[96] 黄力克. 马克思经济危机理论与西方经济周期理论的比较[J]. 当代经济研究,2006 (5):18-21.

[97] 黄君洁. 中国财政分权的现实问题研究[J]. 厦门大学学报,2007 (6): 97-104.
[98] 黄鹏. 宏观税负的国际比较与实证分析[J]. 税务研究, 2001 (4): 76-80.
[99] 黄群慧. 国有企业管理现状分析[M]. 北京:经济管理出版社,2002.
[100] 黄宇光,等. 当前我国财政收入比重若干问题的再思考[J]. 改革, 1992 (5):84-92.
[101] 黄春蕾. 中国地方政府债务管理动力问题研究[J]. 经济纵横,2006 (4):20-23.
[102] 洪源. 中国财政风险非参数预警系统构建与实证分析——基于风险因子和 AHP 法的研究[J]. 河北经贸大学学报,2011 (9).
[103] 洪江. 试析中央与地方在分税制问题上的博弈与改善[J]. 广东行政学院院报,2008 (5):66-70.
[104] 胡宗义,张杰. 我国开放式基金业绩评价的实证研究[J]. 财经理论与实践,2007 (3).
[105] 胡鞍钢. 中国就业形势分析[J]. 经济研究参考,2002 (59):2-7.
[106] 胡锋. 财政赤字率和政府收入赤字率研究[J]. 经济与管理研究, 2010 (1):11-16.
[107] 胡锋. 我国政府财政赤字率究竟是多少[N]. 中国经济时报,2009-11-24.
[108] 胡锋. 宏观税负水平与财政政策工具的选择[N]. 中国经济时报, 2009-12-11.
[109] 胡家勇. 我国政府规模为什么持续膨胀[J]. 改革,1998 (3):87-92.
[110] 何秉孟. 亚洲金融危机:最新分析与对策[M]. 北京:社会科学文献出版社,1998.
[111] 乔纳森・卡恩. 预算民主:美国的国家建设和公民权(1890—1928)[M]. 北京:中国人民大学出版社,2001.
[112] 潘颖. 财政刺激仍有空间[N]. 证券市场周刊,2010-3-27.
[113] 庞皓. 计量经济学[M]. 北京:科学出版社,2010.
[114] 彭必源. 对外国学者非议马克思利润率下降规律的分析[J]. 当代经济研究,2008 (1):1-4.
[115] 贾康,等. 完善省以下财政体制改革的中长期思考[J]. 管理世界, 2005 (8):33-37.
[116] 贾康. 归咎于分税制改革,是把板子打错了地方[N]. 中国税务报,

2010-11-17.
[117] 贾康,等.中国政府收入来源及完善对策研究[J]. 经济研究,1998(6):46-54.
[118] 贾康,等.实行费改税开征社会保险税的研究[J]. 财政研究,2001(1):25-34.
[119] 贾康.我国分税制改革思路及政策安排:回顾与前瞻[J]. 金融发展评论,2010 (11):14-19.
[120] 贾康,等. 公共财政与公共危机:“非典”引发的思考[M].北京:中国财政经济出版社.2004.
[121] 贾康,等.国债适度规模与我国国债规模的现实规模[J]. 经济研究,2000 (10):46-54.
[122] 贾康,等.关于中国养老金隐性债务的研究[J]. 财贸经济,2007 (9):15-21.
[123] 贾绍华. 中国税收流失问题研究[M].北京:中国财政经济出版社,2002.
[124] 姜永华,等.分税制改革新路向[J]. 中国报道,2008 (2):72-75.
[125] 金欣雪,等.我国财政收入影响因素分析[J]. 科技情报开发与经济,2007 (26):140-142.
[126] 金永军,等.2009 年地方债:一个政治经济学的分析框架[J]. 武汉金融,2009 (7):21-24.
[127] 金翌.国际金融危机下我国商业银行的风险管理[J]. 企业家天地,2009 (6):65-66.
[128] 江洁,等.国内外情报失察研究述评[J]. 图书情报工作,2011 (6):24-28.
[129] 敬志红,等.地方政府性债务风险与化解对策研究——以湖南省为例[J]. 发展研究,2011 (3):65-69.
[131] 李亚玲,汪戎.人力资本分布结构与区域经济差距:一项基于中国各地区人力资本基尼系数的实证研究[J]. 管理世界,2006 (12):42-49.
[132] 李君如,等. 建设中国特色农村社会保障体系[M].北京:中国水利水电出版社,2008.
[133] 李翀.我国对外开放程度的度量与比较[J]. 经济研究,1998 (1):26-29.
[134] 李嘉图. 政治经济学及赋税原理[M].北京:商务印书馆,1976.

[135] 李子奈,等. 计量经济学[M]. 北京:高等教育出版社,2005.
[136] 李波. 省以下地方税主体税种选择[J]. 中南财经政法大学学报,2007 (6):85-90.
[137] 李冬梅. 我国发行地方公债的新制度经济学分析[J]. 财经问题研究,2005 (2):60-63.
[138] 李士雷,等. 欧洲主权债务危机的成因与现实警示[J]. 黑龙江金融,2010 (8):20-22.
[139] 李涛. 欧元区倍受拖累 意大利步履艰难[N]. 国际金融,2000 (2).
[140] 李艳辉. 国有企业应收账款形成的原因及防范措施[J]. 湖南经济管理干部学院学报,2005 (3):55-56.
[141] 李恩柱. 企业应收账款风险的防范[J]. 财会研究,2007 (2):29-31.
[142] 李慧. 英国的绩效预算改革及启示[J]. 经济导刊,2008 (5):44-46.
[143] 李凡. 公共预算推动政治体制改革[J]. 法治与社会,2010 (2):12-14.
[144] 李娟. 论国库集中收付制度对预算外资金管理漏洞的解决及几点建议[J]. 国际商务财会,2006 (1):47-48.
[145] 李冬妍. 公共财政框架下我国预算制度改革研究[J]. 中南财经政法大学学报,2011 (2):42-47.
[146] 李新辰,等. 深化"收支两条线"管理是预算改革的必然趋势[J]. 中国财政,2005 (6):21-23.
[147] 李小彦. 企业财务风险管理探析[J]. 会计之友,2012 (23):10-12.
[148] 李燕. 地方性政府债务期待规范化、透明化管理[J]. 中央财经大学学报,2009 (12):1-5.
[149] 刘孝诚. 中国财政通史:中华民国卷[M]. 北京:中国财政经济出版社,2006.
[150] 李本松. 当前世界金融危机的政治经济学批判与反思[J]. 石家庄经济学院学报,2010 (4):1-4.
[151] 李明洋. 浅析欧债危机对山东省外贸企业的影响及策略[J]. 中国商贸,2011 (2):229-230.
[152] 李萍,等. 中国政府间财政关系图解[M]. 北京:中国财政经济出版社,2006.
[153] 李樱杕. 地方基层政府债务治理的压力障碍与对策[J]. 中国乡镇企业会计,2007 (12):88-89.
[154] 林双林. 中国财政赤字和政府债务分析[J]. 经济科学,2010 (3):

5-16.
[155] 李炜光.分税制的完善在于财权和事权的统一[J]. 税务研究,2008(4):13-15.
[156] 廖家勤.中国地方预算决策自主权缺失问题分析[J]. 中央财经大学学报,2006(5):12-16.
[157] 林翰,等.论分税制框架下的税收竞争异化[J]. 经济体制改革,2006(5):121-125.
[158] 林毅夫,等.政策性负担、道德风险与预算软约束[J]. 经济研究,2004(2):17-27.
[159] 刘尚希. 财政风险及其防范问题研究[M]. 北京:经济科学出版社,2004.
[160] 刘尚希. 财政风险及其防范研究文集[M]. 北京:经济科学出版社,2000.
[161] 刘尚希,等.政府或有负债:隐匿性财政风险[M]. 北京:中国财政经济出版社,2002.
[162] 刘尚希,等.论财政风险[J].财政问题研究,1997(12).
[163] 刘尚希.论公共风险[J]. 财政研究,1999(9):12-19.
[164] 刘尚希.财政风险:一个分析框架[J]. 经济研究,2003(5):23-31.
[165] 刘尚希,等.政府债务:风险状况的初步分析[J]. 管理世界,2002(5):22-32.
[166] 刘尚希,等.政府或有负债:隐匿性财政风险解析[J]. 中央财经大学学报,2003(5):7-12.
[167] 刘迎秋.论中国现阶段的赤字率和债务率及其警戒线[J]. 经济研究,2001(8):3-14.
[168] 刘国光.中国经济适度快速稳定增长的理论与对策[J]. 经济研究,1997(10):3-6.
[169] 刘正均.财政审计一体化研究[J]. 审计研究,2009(1):39-40.
[170] 刘成.政府的隐性债务、或有债务风险与国债政策的可持续性[J]. 经济研究参考,2002(60):13-23.
[171] 刘鹏.发达国家公共危机预警机制的特征[J]. 经济纵横,2007(7):67-69.
[172] 刘星,等. 中国地方财政风险及其控制与防范[M].北京:中国财政经济出版社,2006.
[173] 刘明辉,等.政府审计结果公开机制评析[J]. 审计研究,2005(2):

26-30.
[174] 刘晓宇. 地方政府融资的现状、问题及对策[J]. 广西经济,2010 (6):27-28.
[175] 刘静,等. 发行地方公债应“谋定而后动”[J]. 中国改革,2006 (11):65-66.
[176] 刘玮新,等. 降低国债风险提高财政安全[J]. 辽宁经济,2004 (9):47-47.
[177] 刘成. 政府的隐性债务、或有债务风险与国债政策的可持续性[J]. 经济研究参考,2002 年(60):13-23.
[178] 刘红梅,等. 美、英水利财政支出绩效评价实践[J]. 经济体制改革,2008 (5):149-153.
[179] 刘志广. 我国地方政府财政收入来源及其规模[J]. 地方财政研究,2010 (4):14-19.
[180] 梁亚红,等. 自然资源安全评价指标体系构建研究[J]. 中国矿业,2008 (1):16-19.
[181] 梁萍,等. 对化解地方政府债务问题的思考[J]. 科技创业月刊,2006 (8):95-96.
[182] 梁力军,等. 论商业银行的风险管理与危机管理[J]. 财会通讯,2009 (12):140-142.
[183] 郎咸平,等. 欧元危机:渊源与解题[J]. 银行家,2010 (6):72-77.
[184] 林艳宏. 从地方融资平台的飞速发展揭示我国地方政府债务成因[J]. 中国外资,2011 (8):49-50.
[185] 雷雯. 应收账款管理、催收、回款与客户关系维护[M]. 北京:企业管理出版社,2006.
[186] 龙海阳,等. 地方政府发行债券可行性的经济学探微——在全球金融危机的视角下[J]. 北华大学学报,2009 (3):16-20.
[187] 卢文鹏. 经济转型中的政府担保与财政成本[M]. 北京:经济科学出版社,2003.
[188] 卢现祥. 西方新制度经济学[M]. 北京:中国发展出版社,2003.
[189] 聂新军,等. 我国地方政府审计供给及其影响因素分析——来自江西、广东两省的调查报告[J]. 当代财经,2008 (7):98-102.
[190] 廖义刚,等. 政府审计之职能与特征:国家理论视角的解说[J]. 会计研究,2008 (2):86-92.
[191] 蓝庆新,等. 当前我国财政风险问题及化解措施[J]. 上海立信会计

学院学报,2004 (3):36-39.
[192] 倪红日. 应该更新"事权与财权统一"的理念[J]. 国际税收,2006 (12):5-8.
[193] 南旭光,等. 基于等比例危险模型的金融危机预警[J]. 重庆大学学报,2007 (5):138-142.
[194] 罗哲,等. 财政赤字中的道德风险[J]. 四川大学学报,2002 (2):37-40.
[195] 罗云毅. 财政赤字率和债务率:《马斯特里赫特条约》标准与国际安全线[J]. 宏观经济研究,2002 (10):44-48.
[196] 吕婧姝. 财政资金安全性问题的调研报告[J]. 新财经,2011 (2):264.
[197] 类承曜. 我国地方政府债务增长的原因:制度性解释框架[J]. 经济研究参考,2011 (38):23-32.
[198] 靳俐. 以支定收和以收定支之辨析——与邓子基教授商榷[J]. 财政研究,2002 (6):76-78.
[199] 年秀梅. 金融危机时期商业银行的风险管理漫谈[J]. 经济技术协作信息,2010 (19):83-83.
[200] 马克思. 资本论(1)[M]. 北京:人民出版社,1975.
[201] 马克思. 资本论(4)[M]. 北京:人民出版社,1975.
[202] 马克思,恩格斯. 马克思恩格斯选集:6[M]. 北京:人民出版社,1961.
[203] 马克思,恩格斯. 马克思恩格斯选集:7[M]. 北京:人民出版社,1959.
[204] 马克思,恩格斯. 马克思恩格斯选集:5[M]. 北京:人民出版社,1995.
[205] 马克思,恩格斯. 马克思恩格斯选集:16、23、26[M]. 北京:人民出版社,1974.
[206] 马文俊. 从相关性角度看当前主权债务风险及对中国的启示[J]. 商业文化,2011 (5):116.
[207] 马恩涛. 我国财政风险预警系统研究[J]. 经济与管理评论,2007 (4):84-88.
[208] 马海涛. 中国税制[M]. 北京:中国人民大学出版社,2009.
[209] 马锟. 深化"收支两条线"改革进程强化预算外资金管理[J]. 财会研究,2005 (12):11.
[210] 马元燕. 分税制改革后省级预算外收入膨胀的原因分析[J]. 公共管理学报,2005 (1):49-55.
[211] 马金华,等. 我国地方政府债务监管中存在的问题及对策分析[J].

中央财经大学学报,2010 (7):7-10.
[212] 马金华.地方政府债务:现状、成因与对策[J]. 中国行政管理,2011 (4):71-72.
[213] 马蔡琛.实行权责发生制政府会计改革的反思[J]. 会计之友,2006 (5):71-72.
[214] 马蔡琛.我国复式预算管理模式的改革取向[J]. 中国财政,2005 (5):50-51.
[215] 马蔡琛,等.公共支出绩效管理的国际比较与借鉴[J]. 广东社会科学,2006 (2):30-34.
[216] 马蔡琛. 变革世界中的政府预算管理——一种利益相关方视角的考察[M]. 中国社会科学出版社,2010.
[217] 马国贤.效率——公共财政建设的核心问题[J]. 财贸经济,2000 (10):39-44.
[218] 马国贤.政府绩效评价的历史与发展简析[J]. 铜陵学院学报,2008 (6):3-8.
[219] 马建堂,等.日本经济:全面衰退、积重难返、教训深刻[J]. 世界经济,2002 (1):3-12.
[220] 马拴友,等.国债与宏观经济的动态分析[J]. 经济研究,2006 (4): 35-46.
[221] 马骏,等.中国预算改革的目标选择[J]. 华中师范大学学报,2005 (3):33-42.
[222] 马骏. 中国公共预算改革:理性化与民主化[M].北京:中央编译出版社,2005.
[223] 马骏.中国预算改革的政治学:成就与困惑[J]. 中山大学学报,2007 (3):67-74.
[224] 米尔顿·弗里德曼. 资本主义与自由[M].北京:商务印书馆,1986.
[225] 米建国. 中国宏观经济政策大思路[M].北京:新华出版社,2000.
[226] 孟祥松.地方政府举债与风险防控的会计学思考[J]. 中国城市经济,2010 (8).
[227] 毛蕴诗. 跨国公司在华撤资——行为、过程、动因与案例[M].北京:中国财政经济出版社,2005.
[228] 牟放.化解我国地方政府债务风险的新思路[J]. 中央财经大学学报,2008 (6):8-12.
[229] 那明.美国拉弗最高税率估计及减税政策评价[J]. 南京财经大学学

报,2008 (3):46-49.
[230] 潘文轩.地方政府投融资平台运行风险及其化解——以偿债风险为中心[J]. 地方财政研究,2010 (4):4-8.
[231] 平新乔,等.中国财政分权与地方公共品的供给[J]. 财贸经济,2006 (2):49-55.
[232] 千家驹. 旧中国公债史资料[M].北京:中华书局出版社,1984.
[233] 乔新生.地方政府发行债券应该缓行[J]. 中国改革,2006 (11):64-65.
[234] 饶友玲,等.地方政府财政风险:表现形式、成因和防范[J]. 中央财经大学学报,2004 (4):1-5.
[235] 萨伊. 政治经济学概论[M].北京:商务印书馆,1963.
[236] 陕西省审计学会课题组.财政审计的未来发展和对策思考[J]. 审计研究,2009 (2):5-9.
[237] 沈沛龙,等.基于可流动性资产负债表的我国政府债务风险研究[J].经济研究,2012 (2):93-105.
[238] 时红秀.地方政府债务规模究竟有多大[J]. 中国经济时报,2010-7-5.
[239] 时红秀. 财政分权、政府竞争与中国地方政府的债务[M].北京:中国财政经济出版社,2007.
[240] 时红秀.中国地方政府债务的形成机制与化解对策[J]. 山东财政学院学报,2005 (1):3-11.
[241] 时炜,等.地方政府债券的经济影响分析[J]. 财经理论与实践,2009 (3):40-43.
[242] 史明霞.深化财税体制改革的思考[J]. 中央财经大学学报,2008 (9):18-22.
[243] 石俊志. 金融危机生成机理与防范[M].北京:中国金融出版社,2001.
[244] 石绍宾.地方债为公共品融资:条件与效应分析[J]. 税务与经济,2007 (2):24-28.
[245] 宋玮.欧洲主权债务危机下半场或将至[N]. 中央证券报,2010-04-21.
[246] 宋立.地方公共机构债券融资制度的国际比较及启示——以美国市政债券与日本地方债券[J]. 经济社会体制比较,2005 (3):76-83.
[247] 宋常,等.我国地方审计机关审计结果公告研究——以我国省级审计

机关 2003—2009 年　审计结果公告信息为样本[J]. 当代财经，2009 (9):121-126.
[248] 孙克竞. 我国政府预算绩效管理改革的经验借鉴与现实定位[J]. 经济前沿，2008 (12):35-39.
[249] 孙国相. 论防范和化解财政风险[J]. 财贸经济，2001 (2):17-21.
[250] 孙靖. 跨国公司内部转移价格对我国经济的影响及防范措施[J]. 经济纵横，2001 (10):48-50.
[251] 孙涛，等. 开放视角下的国家综合负债风险与市场化分担[J]. 经济研究，2007 (7):64-73.
[252] 苏忠林. 中国地方政府债务现状与改革出路[J]. 中南财经政法大学学报，2006 (2):67-71.
[253] 邵晓琰. 积极财政政策背景下的财政风险研究[J]. 辽宁师范大学学报，2011 (3):28-30.
[254] 邵学峰. 财政风险:根源、影响与防范——对提高中国公共财政安全的思考[J]. 学习与探索，2007 (2):155-158.
[255] 斯蒂格里茨，等. 公共经济学[M]. 上海:三联书店出版社，1997.
[256] 宿世芳. 关于 50 年代我国从苏联进口技术和成套设备的回顾[J]. 当代中国史研究，1998 (5):51-53.
[257] 汤超仁. 财政改革与地方经济发展[M]. 北京:中国财政经济出版社，2009.
[258] 汤安中. 反省分税制改革[N]. 中国经济时报，2004-09-24.
[259] 唐朱昌. 新编公共财政学[M]. 上海:复旦大学出版社，2004.
[260] 童振源. 东亚经济整合与台湾的战略[M]. 北京:政大出版社，2009.
[261] 田霞梅. 我国宏观税负合理水平探讨[J]. 现代商贸工业，2010 (8):177-177.
[262] 王俊豪. 政府管制经济学导论——基本理论及其在政府管制实践中的应用[M]. 北京:商务印书馆，2001.
[263] 王晓霞. 论财政安全问题的显性化及其原因[J]. 税务与经济，2008 (2):30-34.
[264] 王亚芬，等. 我国财政风险安全预警系统的建立与应用研究[J]. 财政研究，2004 (11):25-27.
[265] 王新华. 入世以来跨国公司在华投资新趋势[J]. 价格月刊，2003 (10):20-22.
[266] 王慧敏. ARCH 预警系统的研究[J]. 预测，1998 (4):55-56.

[267] 王美涵. 中国财政风险实证研究[M]. 北京:中国财政经济出版社,1999.
[268] 王朝才. 地方财政风险管理与控制研究[M]. 北京:北京经济科学出版社,2003.
[269] 王金龙. 或有债务及其造成的财政风险[J]. 经济研究参考,2005(90):21-26.
[270] 王志乐. 跨国公司在华发展新趋势[M]. 北京:新华出版社,2003.
[271] 王晟. 我国财政信息公开制度构建研究[J]. 政治学研究,2011 (1):84-93.
[272] 王芳. 政府审计质量的影响因素研究——基于需求方与供给方视角的分析[I]. 上海:复旦大学,2009:90-105.
[273] 王国松. 财政稳定与金融脆弱性:理论与中国的实证研究[J]. 管理世界,2004 (7):53-60.
[274] 王绍光. 正视不平等的挑战[J]. 管理世界,1999 (4):160-170.
[275] 王宁. 中国财政赤字率和政府债务规模警戒线初探[J]. 财政研究,2005 (5):2-3.
[276] 王朝阳,等. 规范地方政府融资平台的若干建议[J]. 中国发展观察,2010 (9):48-50.
[277] 王惠岩. 政治学原理[M]. 北京:高等教育出版社,1999.
[278] 王婷. 地方财政支出综合绩效评价实证研究——以江苏省为例[J]. 市场周刊,2010 (1):57-58.
[279] 王廷惠. 金融危机:原因、演化与国际传递[J]. 贵州财经大学学报,2002 (4):1-8.
[280] 王志俊,等. 对地方政府融资问题的思考[J]. 财政监督,2007 (22):77-80.
[281] 王晓霞. 论财政安全问题的显性化及其原因[J]. 税务与经济,2008 (2):30-34.
[282] 王利军. 基本养老保险财政风险的防范[J]. 辽宁经济,2005 (9):30-30.
[283] 王辉. 欧洲主权债务危机的根源、影响与启示[J]. 财政研究,2010 (5):75-77.
[284] 王晰. 中国农业经济安全及其保障[J]. 湖南农业大学学报,2003 (4):29-31.
[285] 王肖戎,等. 结构化改进竞争性假设分析方法[J]. 社科纵横,2009 (6):114-116.

[286] 郭娜,等.我国行业收入差距的影响因素及实证分析[J]. 价格理论与实践,2009 (12):61-62.
[287] 王玥娟.财政支出适度规模影响因素的实证分析[J]. 广东财经职业学院学报,2004 (3):8-13.
[288] 王燕,等.欧洲主权债务危机形成机理及对中国的启示[J]. 财会学习,2010 (48):67-70.
[289] 王国华. 外债与社会经济发展[M].北京:经济科学出版社,2003.
[290] 王德胜. 企业危机预警管理模式研究[M].济南:山东人民出版社,2010.
[291] 王雍君. 中国公共预算改革:从年度到中期基础[M].北京:经济科学出版社,2011.
[292] 王秀杰,等.地方政府债务管理问题研究[J]. 沈阳农业大学学报,2008 (3):274-276.
[293] 王天义,等.地方政府债务风险透视[J]. 人民论坛,2011 (26):12-14.
[294] 汪朝霞.我国养老金隐性债务显性化部分的测算与分析[J]. 财贸研究,2009 (1):80-85.
[295] 吴厚德.略论财政风险及其防范[J]. 财政研究,2001 (3):48-52.
[296] 吴国培.深化投融资体制改革[J]. 政协天地,2014(2):33-33.
[297] 吴国培,等.希腊主权债务危机的成因及对中国的启示[J]. 发展研究,2010 (7):60-62.
[298] 吴易风.西方经济学家论马克思经济学——马克思诞辰 190 周年[J].中华魂,2008 (1):26-30.
[299] 魏凤春,等.中国潜在财政危机的成因与对策[J]. 战略与管理,2002 (1):75-86.
[300] 魏也.分税制改革应弥补现存缺陷[N]. 上海证券报, 2008-07-01.
[301] 魏国.中国分税制的制度分析[J]. 经济论坛,2009 (1):13-19.
[302] 阮加,等.收入分配问题现状、原因及对策探讨[J]. 经济学动态,2011 (2):59-62.
[303] 西奥多·W.舒尔茨. 论人力资本投资[M].北京:北京经济学院出版社,1990.
[304] 席晟,等.审计结果公告制度的阶段性判断与实施效果分析[J]. 审计研究,2006 (5).
[305] 徐诺金. 货币的未来[M].北京:中国金融出版社,1999.

[306] 徐爱丽.优化我国地方财政支出结构问题的探讨[J]. 理论界,2010(1).
[307] 徐瑞娥.国外地方政府债务管理概况[J]. 地方时政研究,2009 (4).
[308] 许德清.人大对政府基金和预算外资金加强监督的几点思考[J]. 人大研究,2008 (1):19-20.
[309] 许芬.我国政府或有债务风险及预算管理[J]. 宁夏社会科学,2007(6):43-46.
[310] 许梦博,等.地方政府债务问题的国际比较及启示[J]. 求实,2009(10):44-47.
[311] 许毅. 北洋外债与辛亥革命的成败[M].北京:经济科学出版社,2003.
[312] 许毅,等. 国民政府外债与官僚资本[M].北京:经济科学出版社,2004.
[313] 许毅,等. 清代外债史论[M].北京:中国财政经济出版社,1996.
[314] 谢识予. 经济博弈论[M].上海:复旦大学出版社,1999.
[315] 谢平,等.金融腐败:非规范融资行为的交易特征和体制动因[J]. 经济研究,2003 (6):3-13.
[316] 亚当·斯密. 国民财富的性质和原因的研究[M].北京:商务印书馆,1974.
[317] 约翰·梅纳德·凯恩斯. 就业、利息和货币通论[M].北京:商务印书馆,1999.
[318] 颜鹏飞,等. 凯恩斯主义经济政策述评[M].武汉:武汉大学出版社,1997.
[319] 叶静怡,等.论欧盟财政功能分工与财政一体化滞后[J]. 经济科学,1999 (6):117-123.
[320] 余永定.财政稳定问题研究的一个理论框架[J]. 世界经济,2000(6).
[321] 余永定,等. 经济全球化与世界经济发展趋势[M].北京:社会科学文献出版社,2002.
[322] 余南平.欧洲主权债务危机的理论挑战与现实警示[N]. 文汇报,2010-04-07.
[323] 余露.欧洲主权债务危机的演进、成因及其对中国的启示[J]. 河南工业大学学报,2011 (2):67-70.
[324] 严友良,等.应如何看待天文数字的地方债[N]. 时代周报,2010-06-14.
[325] 殷士浩,等.政府资产风险:地方财政风险分析的一个新视角[J]. 财

贸研究,2004 (4):76-82.
[326] 阎坤,等.我国当前金融风险财政化问题及对策[J]. 管理世界,2004 (10):21-28.
[327] 于海峰,等.防范与化解地方政府债务风险问题研究[J]. 财政研究,2010 (6):56-59.
[328] 于元元.我国商业银行的风险管理概述[J]. 商情,2009 (26):94-94.
[329] 于海泉.政府财政管理信息系统安全域划分的有关问题探讨[J]. 天津经济,2009 (7):59-61.
[330] 于新生.城市基础设施贷款中所潜藏的风险[J]. 中国审计, 2004 (5): 66-67.
[331] 杨和雄.中国产业投资基金的理论与实践[J]. 上海金融,2006 (6):49-51.
[332] 杨慧声,等.西部地方债券市场:模式选择与制度设计[J]. 经济学家,2006 (3):107-114.
[333] 杨灿明.产权特性与产业定位——关于国有企业的另一个分析框架[J]. 经济研究,2001 (9):53-59.
[334] 杨海珍,等.中国资本外逃:估计与国际比较[J]. 世界经济,2000 (1): 21-29.
[335] 杨中侠.引进外资增长快:喜多? 忧多? [J]. 国际融资,2004 (8):16-20.
[336] 杨森.浅议地方政府性债务管理与监督[J]. 时代经贸,2008 (4):52-53.
[337] 杨小勇,等.货币政策效果与货币需求构成的关系及政策建议[J]. 经济学动态,2010 (8):50-54.
[338] 杨庭军.加强外债资金管理有效规避财政风险[J]. 湖南行政学院学报,2006 (2):64-65.
[339] 杨荣海.对我国政府建立债务危机预警体系的探讨[J]. 经济问题探索,2007 (2):16-21.
[340] 杨舜娥. 地方财政理论与实践[M]. 北京:中国财政经济出版社,2010.
[341] 杨聪杰,等.地方政府债务问题:认识、借鉴及对策[J]. 理论导刊,2006 (11):66-68.
[342] 杨雅琴.呼吁中国财政中期预算[J]. 经济研究导刊,2009 (18): 13-15.
[343] 叶子荣,等.论国债风险[J]. 经济学家,2001 (1):108-114.
[344] 裴育.关于财政风险预警系统构建的基本思考[J]. 财政研究,2003 (7).
[345] 裴育.构建我国财政风险预警系统的基本思路[J]. 经济学动态,

2003 (9):26-29.
[346] 游祥斌. 公共部门绩效预算研究[M]. 郑州:郑州大学出版社,2007.
[347] 董娅. 预算外收入纳入政府收入分类体系现实约束分析[J]. 财经论丛,2007 (2):19-23.
[347] 张国盛. 地方政府债务管理[M]. 北京:中国时经出版社,2008.
[349] 张培刚,等. 发展经济学[M]. 北京:经济科学出版社,2001.
[350] 张其春,等. 政府公共风险管理机制整合框架构建[J]. 湖北社会科学,2007 (2):32-34.
[351] 张维平. 预警和应急:建立和完善突发事件预警和应急机制研究[M]. 北京:线装书局出版社,2011.
[352] 张雷宝. 公债经济学——理论・政策・实践[M]. 杭州:浙江大学出版社, 2007.
[353] 张海星. 财政机会主义与政府或有债务的预算管理[J]. 财政研究,2007 (11):20-22.
[354] 张海星. 政府或有债务问题研究[M]. 北京:中国社会科学出版社, 2007.
[355] 张志超,等. 政府财政政策的国际比较[M]. 北京:经济科学出版社,2001.
[356] 张庆龙,等. 论政府审计与国家经济安全[J]. 审计研究,2009 (4):12-16.
[357] 张静. 经济增长影响要素实证分析[J]. 生产力研究,2004 (4):18-20.
[358] 张晓晶. 符号经济与实体经济(金融全球化时代的经济分析)[M]. 上海:三联书店,2002.
[359] 张春霖. 如何评估我国政府债务的可持续性[J]. 经济研究,2000 (2):66-71.
[360] 张卓元. 中国的国有企业改革与公共政策变迁[J]. 财贸经济,1999 (2):13-18.
[361] 张志斌. 国有企业下岗职工基本生活保障与失业保险制度并轨对我国就业形势的影响[J]. 经济研究参考,2002 (59):14-21.
[362] 张明,等. 中国的货币政策与汇率政策均应及时调整[J]. 国际经济评论,2010 (3):92-107.
[363] 张明. 警惕美联储购买美国国债中蕴涵的巨大风险[N]. 21 世纪经济报道,2009-03-23.
[364] 张远. 地方政府债务的效应及形成机制新探[J]. 南京政治学院学

报,2005 (3):71-75.
[365] 张军,等. 中国为什么拥有了良好的基础设施[J]. 经济研究,2007 (3):4-19.
[366] 张宇蕊,等. 绩效预算管理改革实践——一个国际比较的分析框架[J]. 山西财经大学学报,2008 (11):18-23.
[367] 张晓桐. 计量经济分析[M]. 北京:经济科学出版社,2003.
[368] 张明喜,丛树海. 我国财政风险非线性预警系统——基于 BP 神经网络的研究[J]. 经济管理,2009 (5):147-153.
[369] 张志超. 国际债务、经济增长与政策选择[M]. 西安:陕西人民出版社,1993.
[370] 张锋利. 公共财政条件下政府外债管理模式的思考[J]. 陕西综合经济,2006 (6):19-21.
[371] 张维迎. 博弈论与信息经济学[M]. 上海:上海人民出版社,1997.
[372] 张馨. 透视中国公共债务问题:现状判断与风险化解[M]. 北京:中国财政经济出版社,2004.
[373] 章江益. 财政分权条件下的地方政府负债——美国市政公债制度研究[M]. 北京:中国时政经济出版社,2009.
[374] 章耀. 浅谈我国公债规模的控制[J]. 中国高新技术企业,2008 (22):12-12.
[375] 中国社会科学院财政与贸易经济研究所. 人大代表政府预算知识 200 题[M]. 北京:中国民主法制出版社,2008.
[376] 中国社科院财贸所课题组. 中国财政收入规模:演变与展望[J]. 经济学动态,2011 (3).
[377] 中共中央文献研究室. 改革开放三十年重要文献选编[M]. 北京:中央文献出版社,2008.
[378] 中国基层公共财政改革课题组. 推进中国基层财政体制改革[J]. 财贸经济, 2006 (8).
[379] 中央时经领导小组办公室课题组. 我国地方政府债务风险和对策[J]. 经济研究参考,2010 (14).
[380] 中国检验检疫编辑部. 欧债危机能否影响中国出口[J]. 国检验检疫,2010 (6):1-1.
[381] 吴垠. 包含内生型制度因子的财政风险分析框架——模型及实证分析[J]. 财经研究,2005 (31):5-13.
[382] 赵优红,等. 我国政府投融资体系的现状及完善[J]. 财政研究,2005

(10):37-38.
[383] 赵志君.面临美国债务危机的中国战略[J]. 中国发展观察,2011(8):37-39.
[384] 赵宗博.欧元区国家主权债务危机的根源与本质[J]. 求实,2011(3):67-70.
[385] 赵晖.经济学视角下中央与地方的关系[J]. 统计与决策,2005 (24):47-49.
[386] 赵保卿,等.政府绩效审计供需均衡分析——基于公共产品供需均衡视角[J]. 审计研究,2008 (1):26-30.
[387] 赵燕,等.基于税收制度的政府行为解释[J]. 城市规划,2008 ,(4):22-32.
[388] 赵志君. 中国宏观政策与体制分析[M].北京:中国市场出版社,2007.
[389] 赵涛. 罗斯福新政[M].北京:经济科学出版社,1999.
[390] 陈共.如何认识中国财政收入规模[J]. 广西经济,20011 (4):27-30.
[391] 赵小康,等.企业决策者情报失察成因分析[J]. 情报探索,2009(11):43-45.
[392] 赵晋平.欧洲主权债务危机影响下的国际经济形势展望与我国的对策[J]. 国际贸易,2010 (7):43-46.
[393] 郑联盛.欧洲债务问题:演进、影响、原因与启示[J]. 国际经济评论,2010 (3):108-121.
[394] 郑梦山,等.跨国公司的发展特征及其对我国经济的影响[J]. 长江论坛,2003 (6):45-46.
[395] 邹传教.定位与监督:完善公共财政框架的两个核心问题[J]. 江西财经大学学报,2004 (5):49-50.
[396] 周业安,等.地方政府竞争与市场秩序的重构[J]. 中国社会科学,2004 (1):56-65.
[397] 周天勇,等.政府与投资行为及经济增长模式相关问题研究[J].全国人大财经委委托课题研究报告,2007.
[398] 周天勇.中美中央与地方财政税收关系比较[J]. 技术经济与管理研究,2006(1):7-9.
[399] 周天勇.高负债发展模式的金融风险[J]. 经济研究,1998(5):3-11.
[400] 周品爱.构建公共财政应急机制应对公共风险[J]. 中共桂林市委党校学报,2008 ,8(2):23-26.
[401] 周礼华.地方政府债务管理问题研究[J]. 经济论坛,2004 (8):5-7.

[402] 周忠辉，等. 我国财政收入影响因素的实证研究[J]. 现代经济：现代物业中旬刊，2011 (8)：16-17.

[403] 周雪光. "逆向软预算约束"：一个政府行为的组织分析[J]. 中国社会科学，2005 (2)：132-143.

[404] 周济勤. 对预算外资金管理的思考[J]. 财会研究，2005 (2)：64-65.

[405] 周雪梅. 谈发行地方政府债券与城镇化建设——以贵州省为例[J]. 商业时代，2011 (19)：65-66.

[406] 朱剑红. 我国 GDP 占世界比重升至 9.5%[N]. 人民日报，2011-03-25.

[407] 朱民，等. 危机挑战政府——全球金融危机中的政府救市措施批判[J]. 国际金融研究，2009 (2)：4-33.

[408] 朱玉明，等. 化解地方政府债务问题研究[J]. 财政研究，2006 (4)：46-50.

[409] 任艳玲. 政府职能越位与缺位的财政支出分析[J]. 西安邮电学院学报，2006(4).

[外文]

[1] AACHAUER D A. Fiscal policy and Aggregate Demand[J]. The American Economic Research, 1985,31:3-13.

[2] ALBERTO A, DRAZEN A. Why Are Stabilizations Delayed[J]. American Economic Review, 1991,81(5): 1170-1188.

[3] ALCXANDRU M, PATRICK V. Endogenous Growth, Government Debt and Budgetary Regimes: a Corrigendum[J]. Journal of Macroeconomics, 2010,32(6):709-711.

[4] ALESINA A, D RODRIK. Distributive Politics and Economic Growth[J]. Quarterly Journal of Economics,1994,109:465-490.

[5] ALESINA A, R PEROTTI. Income Distribution, Political Instability and Investment [J]. European Economic Review, 1996, 40: 1203-1228.

[6] ALESINA A, TABELLINI G A. Positive Theory of Budget Deficits and Government Debt. Review of Economic Studies, 1990, 57: 403-414.

[7] ALLEN R, RADEV D. Managing and Controlling Extrabudgetary Funds. OECD Journal on Budgeting, 2006,6(4):7-36.

[8] ASCHAUER D A. Is Public Expenditure Productive [J]. Journal of Monetary Economics,1989,23:177-200.

[9] ALESINA A, Tabellini G A. Positive Theory of Budget Deficits and Government Debt [J]. Review of Economic Studies, 1990, 57: 403-414.

[10] AVINASH D, Londregan J. Political Power and the Credibility of Government Debt[J]. Journal of Economic Theory, 2000,94(9):80.

[11] ASCHAUER D. Is Government Spending Productive? [J]Journal of Monetary Economics ,1989,23:177-200.

[12] ABIAD, ABDUL. Early Warning Systems for Currency Crises: A Survey and a Regime-Switching Approach [R]. IMF Working Paper,2003.

[13] BERG ANDREW, PATTILLO CATHERINE. Are Currency Crises Predictable[R]. IMF Working Paper, 1998.

[14] BERG ANDREW, BORENSZTEIN EDUARDO, PATTILLO CATHERINE A. Assessing Early Warning Systems: How Have They Worked in Practice? [R]. IMF Working Papers, 2004, 52.

[15] BARRO R J, MARTIN X S. World Real Interest Rates[J]. // BLANCHARD O J, S FISCHER(ed.). NBER Macroeconomics Annual, 1990, MIT Press.

[16] BARON R. Are Government Debt Real Wealth? [J]. Journal of Political Economy, 1974, 82: 1095-1117.

[17] BARRO R J. Economic Growth in a Cross Section of Countries[J]. Quarterly Journal of Economics, 1991, 106, 2(5): 407-443.

[18] FRANCIS BARING. Observations on the Establishment of the Bank of England and on the Paper Circulation of the Country[M]. London: Printed at the Minerva Press, 1797.

[19] BERNANKE B, CERTLER M. Monetary Policy and Asset Market Volatility[J]. Federal Reserve Bank of Kansas City Economic Review, 1999, 84(4): 17-52.

[20] BEMANKE B S, CERTLER M. Inside the Block Box: the Credit Channel of a Monetary Policy Transmission[J]. Journal of Economic Perspective, 1995.

[21] BINMORE SWIERZBINSKI. Treasury auctions: Uniform or discriminatory[J]. Review of Economic Design, 2000(5): 387.

[22] BLOMMESTEIN H J, THOR SAARI. Statistical Yearbook on African Central Government Debt: Overview of a New OECD Publication[J]. OECD Journal on Financial Market Trends, 2010, 98(1): 181-188.

[23] BOAKIN M J. Concepts and Measures of Federal Deficits and Debt and Their Impact on Economic Activity[M]. // Arrow K J, BOAKIN M J (eds). The Economics of Public Debt. London: Macmillan, 1988.

[24] BINH T, NGUYEN. A quantile regression decomposition of urban-rural inequality in Vietnam[J]. Journal of Development Economics, 2007, 83: 466-490.

[25] BOWER W C, DAVIS RICHARD G, KOPF DAVID H. The Public Debt:A Burden on Future Generations [J]American Economic Review, 1960,50:701-706.

[26] BUCHANAN J M, MUSGRAVE R A. Public Finance and Public Choice: Two Contrasting Visions of the State[R]. Cambridge: The MIT Press,1999:103-129.

[27] BERNANKE B S,GERTLER M. Inside the Block Box: the Credit Channel of a Monetary Policy Transmission[J]. Journal of Economic Perspective,1995.

[28] BERNARD C. The Press and Foreign Policy[D]. Princeton: Princeton University Press,1963.

[29]BESLEY T P. A Handcuffs for the Grabbing Hand? Media Capture and Government Accountability[J]. London School of Economics and Political Science Working Paper,2001:20-68.

[30]BORDO M. The Lender of Last Resort: Alternative Views and Historical Experience[J]. Federal Reserve Bank of Richmond Economic Review,1990,3.

[31]BARRY H P,DIAMOND J. Guidelines for Public Expenditure Management[R]. International Monetary Fund. 1999:25.

[32] BORDO M. Financial Crises Banking Crises Stock Market Crashes and the Money Supply: Some International Evidence(1870—1933) [M]. // CAPIE FORREST, WOOD GEOFFREY E. Financial Crises and the World Banking System Edited. New. York:St. Martin's Press. 1986:190-248.

[33] BERNANKE B, GERTLER M. Monetary Policy and Asset Market Volatility[J]. Federal Reserve Bank of KansasCity Economic Review, 1999,84(4):17-52.

[34]CROCKETT A. The Theory and Practice of Financial Stability[J]. Economist,1996,144(4):531-568.

[35] CODHART C,HUANG H. A Model of the Lender of Last Resort [R]. IMF:Washington DC Working Paper No. 39, 1999.

[36] CARLEON K M, SPENCER R W. Crowding Out and Its Critics [J]. Federal Reserve Bank of St Louis Renew,1975(10):1-19.

[37]CHALK N A. The Sustainability of Bond-financed Deficits: An Over-

lapping Generations Approach[J]. Journal of Monetary Economics. 2000,45:293-328.

[38] CORSETTI G, NOURIEL R. Fiscal Deficits. Public Debt and Government Solvency: Evidence from OECD Countries[J]. Journal of the Japanese and International Economics. 1991. 5(10):354-380.

[39] DAVIDSON P. Making Dollars and Sense of the U. S. Government Debt[J]. Journal of Post Keynesian Economics. 2010, 32(7): 661-666.

[40] DANIELSSON J. Financial Risk Forecasting: The Theory and Practice of Financial Stability. Economist,1996,144(4):531-568.

[41] DIAMOND P A. National Debt in a Neoclassical Growth Model[J]. American Economic Review,1965,55:1125-1150.

[42] DOM J A. The Debt Threat: A Risk to U. S.—China Relations? [J]. Brown Journal of World Affairs. 2008,14:151-164.

[43] ENOCH C S, KHAMIS M. Transparency and Ambiguity in Central Batik Safety Net Operations [R]. Working Paper, 1997, No. WPH7/138.

[44] EVANS P. Do Budget Deficits Raise Nominal Interest Rates? Evidence from Six Countries[J]. Journal of Monetary Economics, 1987,20.

[45] FELDSTEIN M. The Effects of Fiscal Policies When Incomes Are Uncertain A Contradiction to Ricardian Equivalence[J]. The American Economic Review. 1998,78(1):14-23.

[46] FORNI M, REICHLIN L. Risk and Potential Insurance in Europe [J]. European Economic Review. 1999,43(7):1237-1256.

[47] FELDSTEIN M. Government Deficits and Aggregate Demand[J]. Journal Monetary Economics. 2007,9:1-20.

[48]FINGER C,JONGWOO KIM. "A Stress Test to Incorporate Correlation Breakdown"[J]. RiskMetrics Journal,2008.

[49]GRIER K, TULLOCK G. An Empirical Analysis of National Economic Growth 1951—1981[J]. Journal of Monetary Economics, 1987,2(1).

[50] GOODHART C, HUANG H A. Model of the Lender of Last Resort[R]. IMF Working Paper, 1999,39.

[51] GOLDFELD S M, SICHEL D E. The Fiscal Crisis of the States: Lessons for the Future[R]. Washington D C : Georgetown University, 1990.

[52] GREINER KAUERMANN. Sustainability of US public debt: Estimating smoothing spline regressions[J]. Economic Mod-elling,2007(2):350.

[53] GREGORY HANSEN. Residual based tests for cointegration in-models with regime shifts[J]. Journal of Econometrics,1996(1):99.

[54] GUPTA K L . Budget Deficits and Economic Activity in Asia[M]. New York: Routledge Press,1991.

[55] HANA P. Government at Risk: Contingent Liabilities and Fiscal Risk[J]. The Work Bank,1998:85-103.

[56] HUMPHREY T M. Lender of Last Resort:The Concept in History[J]. Federal Reserve Bank of Richmond Economic Review, 1985, 75:8-16.

[57] HILDRETH W B. Debt and the Local Economy: Problems in Benchmarking Local Government Debt Affordability[J]. Public Budgeting & Finance,2002,22(10):99-114.

[58] IMF. Government Finance Statistics Manual[R]. International Monetary Fund. 2001a.

[59] JACINTAL N. The Prospects for Foreign Debt Sustainability in Post-Completion Point Countries: Implications of the HIPC-MDRI Framework[J]. Development Policy Review, 2008,26(3):171-188.

[60] KANG J, ZHAO Q H. The Size of China's National Debt[J]. World Economy and China, 2001,1.

[61] KARL D,JACOPO Z. Sustainable Government Debt in a Two-good Two-country Overlapping Generations Model[J]. International Review of Economics. 2010,3(9):289-316.

[62] KARMENDI R C. Government Debt Government Spending and Private Sector Behavior[J]. The American Economic Review, 1983,73: 994-1010.

[63] KAUFNAN G. Lender of last Resort A Contemporary Perspective[J]. Journal of Financial Services Research, 1991,5: 95-110.

[64] KOPITS G,CRAIG J. Transparency in Government Operations[R].

IMF Occasional Paper,1998,158.
[65] LANDAU D. Government Expenditure and Economic Growth: A Cross-country Study [J]. Southern Economic Journal, 1983, 49: 783-792.
[66] LEWIS B. Local Government Borrowing and Repayment in Indonesia: Does Fiscal Capacity Matter[J]. World Development, 2003,31 (6):1047-1063.
[67] LERRICK A, MELTZER A H. Blueprint for an International Lender of Last Resort[J]. Journal of Monetary Economics,2003,50:289-303
[68] LOVELL M C. Tests of the Rational Expectation Hypothesis[J]. The American Economic Review,1986,76:110-124.
[69] LONG J B. Shoud We Fear Deflation? [J]. Working Papers on Economic Activity, 1999, 1.
[70] LIN S L. China's Government Debt: How Serious [J]. China: an International Journal, 2003, 1(1): 73-98.
[71] LLOYD ELLIS, HU, ZHU X D. Fiscal Shocks and Fiscal Risk Management [J]. Journal of Monetary Economics. 2001, 48: 309-338.
[72] MA J. Monitoring Local Fiscal Risks: Selected International Experiences[R]. World Bank Working Paper. 2001.
[73] MARIO I B, KHAN M S. Government Policy and Private Investment in Developing Countries. Staff papers. 31. International Montary Fund.
[74] MEADE J. Planning and the Price Mechanism: the Liberal-Socialist Solution[M]. London:Men and Allen. 2012:49-55.
[75] MELTZER. A. Financial Failures and Financial Policie[M]//Kaufman G G, Kormendi R C (Ed.). Deregulating Financial Services: Public Policy in Flux. Cambridge Massachusetts: Rallinger. 1986.
[76] MIRON A. Financial Panics, the Seasonality of the Nominal Interest Rate and the Founding of the Fed[J]. American Economic Review. 1986,76: 38-125.
[77] MISHRA K. Hidden Deficits and Currency Crisis[J]. World Bank Washington DC,1999.

[78] MISHKIN. Financial Policies and the Prevention of Financial Crises in Emerging Market Economy [R]. NBF: R Working Paper 8087, 2001.

[79] OLIVER B. Debts Deficits and Finite Horizons[J]. Journal of Political Economy. 1985,92:223-247.

[80] OKAFOR, LUKE,EMEK ,et al. Foreign Debt and Domestic Savings in Developing Countries[J]. Latin American Business Review, 2008,9:189-226.

[81] PERSSON T, VENUE G T. Is Inequality Harmful for Growth? Theory and Evidence. [J] American Economic Review. 1994,84: 600-621.

[82] POLACKOVA H. Population Aging Financing of Government Liabilities in New Zealand. Policy Research Working Paper[N]. The World Bank. 1997.

[83] RICHARD A M. Tax Progressivity and Income Inequality (Joel Slenirod eds)[D]. Ann Arbor: University of Michigan. 1994:341-356.

[84] ROCHET J, CHARLES , TIROLE J. Interbank Lending and Systemic Risk. Journal of Money, Credit and Banking,1996,28(4):733-764.

[85] ROODRIGUZ E, HEBBEL S. Public Sector Deficits and Macroeconomic Performance[D]. Oxford University Press,1994.

[86] SELGIN G A. Legal Restrictions. Financial Weakening and the Lender of Last Resort[J]. Cato Journal, 1989,9(2).

[87] SAATY L. The Analytic Hierarchy Process [M]. New York: McGraw Hill Company,1980:25-40.

[88] SCHICK A. Off Budget Expenditure: An Economic and Political Framework[J]. OECD Journal on Budgeting,2007,7(3):7-38.

[89] SCHICK A. Budgeting for Fiscal Risk[M]. The World Bank. 2000.

[90] SCHWARTZ A J. The Misuse of the Fed's Discount Window Review[J]. Federal Reserve Bank of St. Louis. 1992,Issue 9.

[91] SCALIA. Bidder profitability under uniform price auctionsand systematic reopening: the case of Italian treasury bonds[J]. Bank of Italy Economic Research Paper . 1997,303.

[92] SMITH. Relevance of laboratory experiments to testing resource al-

location theory[J]. Evaluation of Econometric Models,1980(4):345.

[93] SIMON. The treasury's experiment with single-price auction in the mid 1970s: Winner's or Taxpayer's[J]. The Review of Economics and Statistics,1994(4):754.

[94] SCHWARTZ A J. Why Financial Stability Depends on Price Stability[J]. Economic Affairs Autumn,1995.

[95] STANLEY F. The Role of Macroeconomic Factors in Economic Growth[J]. NBER Working Papers 4565. National Bureau of Economic Research, 1993,Inc.

[96] URIBE M. A Fiscal Theory of Sovereign Risk[J]. European Central Bank Working Paper. 2002,187.

[97] WILLEM H B, TOBIN J. Debt Neutrality: A Brief Review of Doctrine and Evidence. in von. Furstenberg. G. M. (ed). Social Security versus Private Saving. Cambridge. Massachusetts: Ballinger Publishing Company. 1979.

[98] WOO J. Economic Political and Institutional Determinants of Public Deficits[J]. Journal of Public Economic, 2003,87:387-426.

[99] YAKITA A. Sustainability of Public debt. Public Capital Formation and Endogenous Growth in an Overlapping Generations Setting. Journal of Public Economics. 2008,92:897-914.

[100] ZONG GUO WEN. Case study on the use of genuine progress indicator to measure urban economic welfare in China[J]. Ecological Economics, 2007,63:463-475.